U0455780

文化产业研究 27辑

—CNKI来源

单位：
游部—南京大学文化和旅游研究基地／
长三角文化产业发展研究院／
产业研究基地／
化产业学会／
商学院

主编／顾 江
副主编／郭新茹 周 锦

南京大学出版社

图书在版编目(CIP)数据

文化产业研究. 27 辑 / 顾江主编. -- 南京 : 南京大学出版社, 2021.11
ISBN 978-7-305-24992-1

Ⅰ. ①文… Ⅱ. ①顾… Ⅲ. ①文化市场—世界—文集 Ⅳ. ①G114-53

中国版本图书馆 CIP 数据核字(2021)第 186492 号

出版发行 南京大学出版社
社　　址 南京市汉口路 22 号　　邮　编 210093
出 版 人 金鑫荣

书　　名 文化产业研究 27 辑
主　　编 顾　江
副 主 编 郭新茹　周　锦
责任编辑 谭　天

照　　排 南京南琳图文制作有限公司
印　　刷 江苏凤凰数码印务有限公司
开　　本 787×1092　1/16　印张 26　字数 450 千
版　　次 2021 年 11 月第 1 版　2021 年 11 月第 1 次印刷
ISBN 978-7-305-24992-1
定　　价 68.00 元

网　　址 http://www.njupco.com
官方微博 http://weibo.com/njupco
官方微信 njupress
销售热线 025-83594756

* 版权所有,侵权必究
* 凡购买南大版图书,如有印装质量问题,请与所购图书销售部门联系调换

《文化产业研究》编委会

丁　帆　　王月清
王廷信　　王燕文
左　健　　刘玉珠
刘志彪　　安同良
孙志军　　花　建
李　炎　　李凤亮
李怀亮　　杨　忠
吴　俊　　何成洲
沈坤荣　　张异宾
陈冬华　　范从来
金元浦　　金鑫荣
周　宪　　周安华
周晓虹　　胡惠林
洪银兴　　顾　江
顾焕章　　徐　宁
高书生　　黄昌勇
黄韫慧　　梁　勇

学术支持单位

文化和旅游部—南京大学文化和旅游研究基地

南京大学长三角文化产业发展研究院

江苏文化产业研究基地

江苏省文化产业学会

南京大学商学院

目 录

学术前沿

文化政策

文化消费

文化贸易

文化金融

版权经济

产业集聚

产业创新

文化旅游

CONTENTS

Academic Frontier

Cultural Policy

Cultural Consumption

Cultural Trade

Cultural Finance

Copyright Economy

Industrial Agglomeration

Industrial Innovation

Cultural Tourism

学术前沿

“后疫情时期”传统舞台表演艺术创新发展的机遇与思路

高宏存　张晓丹

摘　要:经济社会的深度数字化转型、科技领域持续演化发展的创新,推动传统舞台表演艺术形成新的发展态势:现代技术赋能舞台表演艺术创新,传统舞台表演艺术在场性与在线性的联动。“后疫情时期”特殊的社会发展环境,使传统舞台表演艺术的创新发展面临诸多问题:疫情限流阻碍演艺行业恢复发展、演艺形态单一、内容创新不足、运营模式陈旧、产业链条单一、盈利价值单薄等。福祸相依,特殊的社会发展环境孕育了以互联网平台为支撑的网络表演形式、内容、运营模式的繁荣创新,为传统舞台表演艺术的创新发展提供了宝贵的机遇。政府、文艺院团等相关主体应正视“危机”,利用“机遇”,通过精准施策出台刺激性政策与创新性扶持政策相结合的“套餐式”政策,鼓励演艺机构开发云产品,创新内容生产模式,组建云上演艺联盟,重塑演艺生态链,适应互联网时代创新发展的思路,促进传统舞台表演艺术创新发展。

关键词:“后疫情时期”　传统舞台表演艺术　创新发展　机遇

一、引　言

舞台表演艺术,通常是通过表演者的演唱、演奏、语言以及人体动作等,面对面地向现场观众展现艺术思想和审美价值的艺术服务活动,表演的呈现依托现实的物理空间载体,具有明显的在场性特点。中国传统舞台表演艺术主要包括音乐、舞蹈、戏剧、曲艺和杂技等展现中国不同特色的民族艺术类型。随着经济社会的持续发展以及文化消费水平的提升,舞台艺术门类和表现形式不断丰富,网络舞台表演正受到越来越多年轻人的追捧,B站网络演出、网络云综艺、脱口秀等表演形式,在线上线下演出掀起追捧热潮。与此同时,以昆曲、京剧等为代表的传统舞台表演艺术,借力互利网,开发了昆曲直播、昆曲小课堂、昆曲练功室等极具网络生活化的新型艺术形式，不断刷新大众对舞台表演艺术的认识。现代技术创新发展开启了“后人类文化”时代，正通过构建强交互的文化场景，打破了空间在场现实界限的场景互联，传统舞台表演艺术的活力被进一步激发，创新发展的机遇凸显。新冠肺炎疫情公共卫生危机的突发影响以及进入“后疫情时期”，传统舞台表演艺术的发展面临一系列“变数”。如何抓住机遇，转危为机，促进传统舞台表演艺术优化升级，是未来长时间内传统舞台表演艺术面临的重要问题。

二、“后疫情时期”传统舞台表演艺术创新发展的新态势

进入“后疫情时期”，在现代科学技术的推动下，从舞台场景、表演者创作空间到新型艺术作品的生成、传统舞台艺术边界的突破，从艺术大众化普及到在场性与在线性联动，传统舞台表演艺术凸显时代发展的新态势。

(一) 现代技术赋能舞台表演艺术创新

现代技术为舞台表演艺术创新提供了可能性。从舞台场景的丰富、传统舞台艺术表演边界的拓展到艺术的普及，现代技术变革了传统舞台艺术内容和形式的组合形态，颠覆人们对传统舞台表演的认识，带来全新的感官体验。

1. 新媒体技术丰富了舞台场景，延展了舞台表演的创作空间

从圆形剧场到多层背景幕布的舞台灯光组合，从演员孤立的表演到与礼花、烟火、干冰定时燃放的结合，从单一静态的舞美背景到投影墙 Mapping、投影纱幕、45度全息膜、高清 LED、裸眼 3D、CG 等新媒体舞台美景技术的运用，舞台不再是孤立的舞美场景与单一的人物表演，而成为真实与虚拟交织、亦真亦幻、沉浸式的文化艺术形态和体验。沉浸式多媒体全息舞剧《血染桃花红满天》将全息技术与现代舞和雕塑相结合，采用 1∶1 真人等比呈现全息舞者，以“虚拟场景＋真人”的形式给观众带来多场景、震撼逼真的多重感官体验。融数字影像技术、灯光技术和全息投影技术于一体的舞蹈《光·影》，将舞台的光影人像技术与舞蹈巧妙结合，舞者与光影形成“像素雨滴”的互动，光毯随舞者舞步形成一圈圈光纹，精湛的舞技、美轮美奂的光影互动，丰富了舞台场景，加深了观感体验。与此同时，技术加持的舞台场景使多种舞台场景呈现成为可能，为传统的舞台表演，尤其对于神话类、科幻类剧目的创作和表达提供了新思路和多种可能性，拓宽了艺术创作发展的空间。科幻舞台剧《三体》就是典例，新媒体技术为脑洞大开的科幻剧作提供了呈现的可能，3D 纱幕投影叠加汽幕多媒体投影，再加上包围整个剧场的余光投影技术，呈现出“太空”景象；采用无人机超维还原的“三日连珠”奇观，让人仿佛进入了原作《三体》

小说的真实境地。新媒体技术重构了舞台表演艺术的形式，为更多的剧种创作表演提供了可能。

2. 传统舞台表演艺术的边界被打破

随着现代科技在传统舞台艺术中的应用，传统舞台表演的作品形式出现了一系列变化，多元素、多种体验的融合逐渐突破和延展着传统舞台表演艺术的边界。一方面，现代科技变革了舞台表演的现场性、即时性、观演关系等要素。VR、MR技术、绿(蓝)幕合成技术使传统的舞台表演突破现场的限制，进入网络环境，以更开放的环境展现和传播传统舞台表演艺术。2020年4月5日，中国首部线上戏剧《等待戈多》上映，“从项目策划、剧本研读、演员面试、幕后制作、排练碰撞到演出呈现，全程都是通过线上协作完成，利用互联网线上技术进行实时‘舞台调度’，使处于不同城市的主创、主演、观众突破空间桎梏，感受戏剧的真实与鲜活。上映当晚，演出第一幕便吸引了超过19万观众同时在线观看，相当于一个大剧场巡演一整年才能达到的入场观众数，创下了中国话剧最多单场观演人数的纪录”①。2020年5月19日，由大麦联合运营、独家线上宣发的国内原创音乐剧《一爱千年》在优酷视频独播，首演点赞数近45万。② 另一方面，现代科技为单部作品呈现多种艺术形态提供可能。戏剧《成都偷心》，8 600平方米的剧场被分隔成168个演出空间，融合了表演、音乐、现代舞、摄影艺术、空间视觉艺术、多媒体影像等多种艺术形式，突破了传统舞台表演单一艺术形态的束缚，带给观众多样化的感官体验。

3. 艺术与大众生活的距离拉近，艺术普及迎来新机遇

一方面，新工具让艺术创作的门槛降低。网络平台的出现、摄影设备的优化升级，让人人成为舞台艺术剧目的创作者和演绎者。一个灵光的想法、一组可行的设备、一个行动派的团队组团创作的剧目，也许就成为网络平台上那个获赞无数、激起无数人共鸣共情的“爆款”舞台剧。另一方面，新的艺术载体和传播媒介，让艺术能够更为便捷地走进更多人的生活。当传统舞台表演艺术遇上“直播”，传统艺术的封闭空间被进一步打开，通过抖音、快手等新的平台载体和传播媒介，大众动动手指就可以了解传统舞台表演和背后的故事，与现场较高的票价、在场的人数限制

① 中央广电总台国际在线. 中国首部线上戏剧《等待戈多》吸引19万观众线上观看[EB/OL]. [2020-8-30]. http://gd.cri.cn/2020-04-06/75c1cfae-5950-8de4-89d8-fd91f54ef556.html.

② 环球网. 大麦推动国内首部音乐剧线上首演《一爱千年》昨晚正式登陆优酷[EB/OL]. [2020-08-30]. https://baijiahao.baidu.com/s?id=1667209133313227297&wfr=spider&for=pc.

相比，现代技术为艺术的普及和更大范围传播提供了极大的便利性。国家大剧院与快手合作，在快手平台直播的四场“春天在线”音乐会播放量已达1.02亿次，国家大剧院已积累了近30万[①]粉丝，扩展了受众全体，依托科技推动艺术的普及。普通昆曲演员张军因为疫情影响，在2020年4月举办的公益直播——“复苏·阅读：‘水磨新调’2020春季园林音乐会”在12个网络平台放送，共吸引200多万观众[②]观看演出，为自身集聚更多的人气，也推动传统艺术形态的传播。

（二）传统舞台表演艺术在场性与在线性的联动

传统舞台表演艺术以在场呈现为主，向依托互联网平台，通过线上直播＋线下演出结合的形式转变，不断丰富传统舞台艺术的表现形式。

1. 表演内容虚拟与现实的融合

以往的传统舞台表演都是真实人物在剧场、剧院的现场表演，技术的运用使传统舞台表演艺术突破真实人物的局限，通过虚拟舞台人物与真实人物的互动，真实演员与“虚拟偶像”同台表演，实现在场性与在线性的融合，为观众带来全新的观感体验。2015年，在中国台湾小巨蛋体育馆里，早已香消玉殒的邓丽君与周杰伦同台献艺，隔空对唱，引发人们深深的感触。在B站“2019最后的夜”新年晚会上，虚拟偶像洛天依与著名琵琶演奏家方锦龙合作了一曲《茉莉花》，完全打破虚拟和现实边界，真实与虚拟、古典与现代、技术与艺术、未来与当下，和谐共存于同一个舞台场景，屏幕弹幕与场景体验“毫无违和感”。

2. 观演方式实现线上线下同步直播、同步互动，“云演艺”呼之欲出

互联网作为新的大众传播媒介，突破了传统舞台表演艺术的时空限制，通过线上线下同步直播，微博、微信实时互动的形式，以无限流量连接更多的亚文化群体，催生系列化的衍生价值，扩大传统舞台表演艺术的影响范围。上海保利城市剧院于2020年6月以线上线下同步直播的方式，推出以《乌龙山伯爵》为代表的话剧和以越剧《红楼梦》为代表的戏剧等传统舞台表演艺术，吸引了大众的目光，收获了巨大的流量。

三、“后疫情时期”传统舞台表演艺术迎来新机遇

“后疫情时期”，传统舞台表演艺术面临着疫情限流、演艺形态单一、运营模式

---

① 中国经济网. 以科技赋能文艺演出在快手遇见经典艺术[EB/OL].[2020-09-07]. http://tech.ce.cn/news/202005/03/t20200503_34832698.shtml.

② 张军. 昆曲“老革命”碰到直播“新问题”[J]. 上海戏剧，2020(04)：20—21.

亟待改善等突出问题，而整个社会深度数字化转型也为传统舞台艺术化解危机、转化为创新升级的机遇和动力提供了契机。

(一)"后疫情时期"传统舞台表演艺术面临的问题

新冠肺炎疫情的突来，将传统舞台表演艺术的问题几何倍放大呈现在人们眼前，疫情突发导致整个行业收入锐减，当发展进入"冰冻期"，危机之中，传统舞台表演艺术一直存在的演艺形态单一、内容创新不足，运营模式陈旧、亟待创新以及产业链条单一，衍生价值发掘不充分等问题亟须一一突破。

1. 疫情限流导致复工进度受阻

2020 年 5 月，文旅部出台规定："营业性演出场所不超过最大核载量的 30%，观众间隔就座，演职人员要保持一定距离；互联网上网场所和娱乐场所不超过最大核载量的 50%，娱乐场所每个房间不超过核载量 50%。"①2020 年 9 月 18 日，距离疫情发生近 10 个月，文化和旅游部将限流放宽，规定"剧院等演出场所观众人数原则上不得超过剧院座位数的 75%"②。限流要求在防止疫情扩散、巩固防疫成果的同时对线下剧场演出的收入恢复进度形成不小的影响。2020 年 1 至 3 月，全国已取消或延期的演出近 2 万场，直接票房损失已超过 20 亿元。③ 演艺行业繁荣的北京市，自 1 月 23 日起，取消了包括 17 个庙会在内的 4 300 多场春节假日文化活动，关闭了全市 372 个市区文化馆、图书馆、街道乡镇综合文化中心以及 6 457 个社区(村)文化室、183 家博物馆。④ 国家大剧院、上海大剧院、天津大剧院等知名剧院 2 月、3 月的演出全部取消；山西省歌舞剧院有限公司 2020 年一季度利润总额为 −207.72万元⑤；各民营文艺院团抵挡不住压力，纷纷裁员，减轻成本。处于发展

---

① 文化和旅游部市场管理司. 文化和旅游部市场管理司关于印发《剧院等演出场所恢复开放疫情防控措施指南》等的通知[EB/OL]. [2020－08－30]. http://zwgk.mct.gov.cn/ceshi/gztz/202005/t20200513_853312.html? keywords=.

② 文化和旅游部市场管理司. 文化和旅游部市场管理司关于印发《剧院等演出场所恢复开放疫情防控措施指南》等的通知[EB/OL]. [2020－11－30]. http://zwgk.mct.gov.cn/auto255/202009/t20200918_875204.html? keywords=.

③ 中国演出行业协会. 比物四骊，共济时艰——致全国演艺同仁倡议书[EB/OL]. [2020－10－30]. http://www.capa.com.cn/news/showDetail/168293.

④ 中国文化创意产业网. 疫情让文化艺术行业反思如何增强抗风险能力[EB/OL]. [2020－8－31]. http://www.ccitimes.com/index.php? m=content&c=index&a=show&catid=70&id=19380.

⑤ 山西演艺集团. 山西省歌舞剧院有限公司 2020 年一季度财务等重大信息公开[EB/OL]. [2020－8－31]. http://www.sxyanyi.com/xinxigongkai/1229.html.

冰冻期的演艺行业，疫情限流政策无疑对传统舞台表演艺术的线下演出收入恢复性增长造成极大影响。

2. 演艺形态单一，内容创新不足

传统舞台表演艺术是人的现场化表演和观看的统一，具有鲜明的在场性、生产与消费统一性特点，依赖剧场、剧院等物理空间载体呈现不同艺术类别的内容叙事和表演形式，获得观众即时性的现场反馈。传统舞台表演艺术的特点决定了以现场演出为主要甚至唯一的演出形态，成为其区别于其他演艺形态的显著标志，也成为制约其创新发展的限制性因素。鲜明的在场性特点以及对剧场实体表演场地的严重依赖，决定传统舞台表演艺术需要固定的排演周期，且随着演职人员的体力精力以及观众的兴趣度逐渐下降，持续性演出时间相对较短，固定剧目的演出时间有限，缺乏对远地理距离消费群体的吸引力；面对突发事件，尤其是面对限制人群聚集的突发公共卫生危机事件，应对与处理的灵活性不足。内容上，传统舞台表演艺术以传统的戏剧、歌舞剧、曲艺和杂技为主，大多是对经典剧目、作品的保留和再现，原创剧作也多数为弘扬主旋律以及国家发展战略的剧作，耗费巨资往往演出几场便收场，市场反响不足，结合市场需求与传统文化经典，遵循艺术生产规律基础上的原创作品寥寥无几，加之传统舞台表演艺术在传播、演出等方面与新媒体传播渠道隔离，导致其更加陷入局限性发展局面，受众群体扩展缓慢。

3. 运营模式亟待创新

“后疫情时期”，传统舞台表演艺术在融资、制作和营销方面新旧问题叠加，危机四伏。

第一，融资渠道少，产业化发展道路艰难。国有文艺院团主要靠国家拨款或政府平台借贷，针对民营文艺院团的银行贷款依然难以申请到账，民营文艺院团的资产证券化进程也不顺畅。

第二，单向被动输出的制作模式难以适应多样化的市场需求。传统舞台表演艺术的演出制作往往是以制作单位为核心，结合市场调研分析和资金保障制作而成。这种以制作单位为核心的制作方式将自身的喜好判断作为重要衡量标准，剧目也许是内容精品，但往往缺乏“时尚化的爆点”，不能激发大量青年群体的兴趣和共鸣，使得剧目的受众相对受限。

第三，营销模式缺乏时代性创新。传统演出营销，主要依赖报纸、广播、电视等进行，票务销售主要有票房售票、电话售票、人工售票、网点代售等几种方式。面对互联网的普及和新媒体的繁荣，营销模式缺乏与网络新媒体的融合与互动，宣传和盈利的渠道与手段需要结合互联网进行相应变革，适应当代人消费习惯。

4. 产业链条单一，盈利价值单薄

从制作、营销传播、演出及相关服务等整个产业链条来看，传统舞台表演艺术单纯是剧目的现场演出，以门票收入为主，相关的餐饮娱乐服务仅仅占很小的一部分，相关文创产品的开发、与相关产业的融合创新等大量的衍生价值未被开发利用，整个产业链条较短，不利于传统舞台表演艺术的价值适度扩张、营收的增加和整个行业的繁荣。

（二）"后疫情时期"传统舞台表演艺术变革"新"机遇

当下，传统舞台表演艺术发展面临重重问题，阻碍着其发展的进程；未来，破旧立新，抓住机遇，立足时代发展潮流，变革传统舞台表演艺术的内容、形式与运营模式，促进转危为机，开启传统舞台表演艺术新征程。

1. 丰富多彩的网络表演新形式涌现

疫情期间，传统舞台表演艺术的现场演出受到巨大冲击，传统舞台表演艺术纷纷开疆拓土，探索"互联网＋"的全新观演模式。"云看戏""云端歌剧院"等各种形式多样的"云演出""在线直播"，为演出者和观众搭建了全新的观演空间，拉近了表演者和观众的距离，创造了耳目一新的观感体验，也进一步扩大传统舞台表演艺术的影响范围和受众群体。上海京剧院集结尚长荣、史依弘、王珮瑜等名家，通过B站和抖音平台进行线上京剧直播演唱会。直播当晚在B站观看人气值达到4.2万，一度冲到娱乐直播榜的第11名，获得即时互动弹幕两万多条。① 上海大剧院在"后疫情时期"，开辟了云上"T站空间"，以"心舞台，新联接"为主题，通过互联网形式积极寻求传统舞台表演艺术的"破圈"，打造全新流媒体节目《巡演零号站》，通过与国际多家顶级剧院合作，通过短视频、短音频等不同形式自制内容，让观众第一时间领略海内外高质量的舞台演艺。此外，疫情期间"应运而生"的云综艺也极大地丰富了网络表演形式。从策划到播出仅用50个小时的云综艺《天天云时间》《一站到底》《非诚勿扰》等老牌综艺的云录制都是在特殊的社会背景下网络表演形式多样化创新的表现。

网络演出的"火爆"，除了受疫情的影响，其自身的优势是促进传统舞台表演艺术线上拓展的重要原因。

第一，网络演出观感体验更丰富。不同于剧场从固定座位、角度观看演出，网

---

① 高利平，王慧."云演出"火爆，云模式究竟能走多远[N].新华日报，2020-04-02(11).

络演出通过多机位的设置，多角度立体地展示了表演者细微的面部表情、肢体动作语言等，给观众带来更为清晰和立体的观看感受。绿幕合成技术、VR、AR 等现代科技的运用进一步提升了直播画面的清晰度，带来多样化的沉浸式体验。

第二，网络演出互动性更强。不同于现场单一观看，较少有在场互动交流的环节，网络直播实现了在观演的同时，通过屏幕弹幕实时互动交流，进一步形成主题圈层，增加更多的趣味性。

第三，打破地域时空限制。剧场、剧院的现场演出要以特定的物理空间为依托，而网络演出破除了物理空间的限制，只需一个联网的电子屏幕即可观演。空间束缚的破除为同一亚文化群体的异地联动以及不同亚文化群体的相互影响提供了极为有利的条件。

第四，受众范围扩大。现场演出一般为特定的艺术爱好者，门票价格相对较高。网络演出的票价为线下演出价格的 1%，部分网络演出是免费观看，这吸引了大批该类艺术的边缘群体，包括中青年群体，扩大了受众范围，提升了传统舞台艺术的影响力。

第五，增加传统舞台表演艺术的社会效益，传承中华经典文化。网络演出平台的便捷性、广泛性为更多人提供了了解、欣赏中华传统戏剧、音乐、舞蹈艺术的机会，有利于中华经典文化的传承和精英文化的大众化、普及化。

2. 创生“云演艺”，加速网络表演的内容形式创新

传统舞台表演艺术从线下转移到线上，不是简单的搬运、移动，而是在产品内容和形式上都进行了适应性、融合性创新。

第一，开发系列“云产品”。除了通过“云直播”将剧场、剧院的演出转移到云端，制作团队还根据互联网碎片化、即时性、广泛触及性等特点，开发了“云创作”“云练功”“云排练”“云课堂”等产品，利用互联网延展的空间，将创作者创作的过程、演员排练的生活点滴、传统艺术的观点分享等更加生活化、真实的细节呈现在观众面前，让观众了解传统舞台表演背后的故事，更加立体多维地呈现传统舞台表演艺术的多个层面，激发大众喜爱和消费的热情。

第二，技术创新丰富观感体验。5G、全息技术、CG、绿幕合成技术、VR、AR 等现代技术的创新及应用极大提升了网络演出播出质量，通过虚拟与现实的结合，也将打破不同艺术形式和观演人群的“次元壁垒”，推动沉浸式观演升级。

第三，经典剧目的 IP 系列生产传播。传统经典剧目通过影视化的系列开发，形成了更适合多元群体欣赏的作品形态，实现了传统经典艺术“再生产”的跨媒介传播。昆曲电影《十五贯》《游园惊梦》《墙头马上》等依托昆曲经典剧目改编的电影，都是昆曲经典剧目由舞台向大银幕转化的成功范例。

3. 运营模式新特点

技术的进步以及人们文化消费水平的提升，助推演艺产业融资、制作、营销等方面创新。

第一，文化资产证券化水平不断提升，龙头院团凸显实力。演艺团体尤其是民营艺术团体佳作频出，文化价值与经济价值的叠加乘数效应吸引了资本的关注。以大碗娱乐、开心麻花为代表的民营艺术团体，在融资的过程中，都获得了资本的特别关注。2016 年 7 月，北京京西文化旅游股份有限公司出资 1 000 万元投资北京大碗娱乐文化有限公司，投资后大碗娱乐的估值为 5 000 万元。① 资本蓄力的大碗娱乐创作出《你好，李焕英》等良好市场反响的小品。2016 年，6 家投资公司参与开心麻花 A 股上市，开心麻花当时估值超过 50 亿元。② 开心麻花精耕传统话剧舞台，创作出《莎士比亚别生气》等经典话剧作品，以良好的口碑和持续的资金注入，打造了以喜剧串联的话剧、电影系列品牌，抢占了市场的龙头地位。

第二，观众参与创作、演出。随着大数据的深入应用，观众喜爱的剧目类别、观剧时间、常去的观剧地点等信息被加以分类，成为个性化分析受众群体的有力工具，观众的各种喜好被更加深入和细致地关注，观众甚至可以表达自己的想法，参与剧目的创作过程，改变剧目的发展线。很多剧目的演出巧妙地融进观众参与，带给观众不同于简单观赏的趣味性、新奇性享受和体验。在作曲家谭盾的作品《风与鸟的密语》中，手机成为特殊的乐器。乐手们在演奏过程中，掏出手机播放录好的鸟鸣声，观众也能参与其中。在上海戏剧学院首演的实验戏剧《双重》中，观众必须先安装一个手机 App，根据 App 的引导穿梭在教学楼、宿舍等不同场景，主动探索故事里发生的一切。整部戏剧没有一句台词，剧情发展完全通过手机中的新闻弹窗、微信小视频、电话通信等方式来推动，新奇感十足。③

第三，新媒体的发展拓展营销渠道。2019 年 12 月的微博月活跃用户数为 5.16 亿，较上年同期净增约 5400 万，月活跃用户数中约 94% 为移动端用户；日活

---

① 东方财务网. 北京文化出资 1 000 万用"大碗"装下贾玲喜剧人生[EB/OL]. [2020－08－31]. https://www.sohu.com/a/107936505_119536.

② 投资界. 开心麻花赴美 IPO：三年没融资，估值超 50 亿元[EB/OL]. [2020－09－01]. https://new.qq.com/omn/20190907/20190907A0BYCB00.html.

③ 高宏存，周飞亚. 科技新潮流艺术新天地[N]. 人民日报，2020－08－06(20).

跃用户数为 2.22 亿,较上年同期净增约 2200 万。① 2019 年微信月活跃用户数量为 11.51 亿,比去年同期增长 6%。② 微博、微信、抖音这些新媒体聚集了大量的各种类型的用户群体,通过媒体配以适配的文案来宣传推广,会为传统舞台表演艺术传播开拓广阔的空间。同时,在线购票的潮流推动传统舞台表演艺术售票服务创新。以猫眼、大众点评、百度糯米等为代表的在线订票平台凸显了在线购票中实时定位、在线选座的优势,为消费者带来更加智能化和便捷化的售票服务,也为传统舞台表演艺术的售票方式创新提出了变革要求。

第四,多元盈利模式的出现。越来越多的演出突破单一现场售票的盈利模式,通过打通线上线下同步直播的形式,以出售虚拟礼物、出售道具及观众献花、会员消费等形式变革盈利模式。在纵向的产业链条上,通过制作相关唱片、书籍等产品实现系列化开发,不断延伸演艺作品的价值链条。

4. 生态发展系统提升规模效益

全国各大文艺院团,尤其是大型民营文艺院团,打通演艺产业上下游链条,构建跨区域、多领域发展格局,突出竞争优势,优势互补,形成规模效益。以开心麻花为代表的民营文艺院团,依托戏剧出品与演出为核心,构建了包括电影出品制作及周边、艺人经纪业务、IP 运营及衍生品开发、剧场运营、票务与会员系统、演出人才培训、戏剧主题策划与咨询等多个板块业务,形成集制作、演出、演艺经纪、运营管理、人才培训以及衍生品开发等相关业态协同发展的格局。同时,实施跨区域发展战略,在上海、深圳、天津、南京、成都、沈阳、山东、墨尔本、新西兰等地设立子公司,因地制宜实现区域本地化运营,广泛拓展受众群体,促进公司营收增长。2018 年,开心麻花公司营业收入 10.09 亿元,同比增长 17.36%,总体净利润 1.12 亿元,③领跑全国民营演艺院团。同样,中国最大民营演出机构之一聚橙网,通过覆盖包括音乐剧、戏剧、舞蹈、戏曲、古典音乐、小流行音乐、流行演唱会、艺术展览、网络综艺、家庭亲子演出等演出业全品类(如表 1),涵盖演艺内容、渠道、终端环节,以及布局全国和美国、韩国、英国、法国、德国、俄罗斯和意大利等国家跨区域发展战略,

---

① 社会化营销案例库. 微博发布 2019 年 Q4 及全年财报[EB/OL]. [2020-09-01]. https://hd.weibo.com/article/view?id=343.

② 盛景商业评论. 太真实! 2019 微信年度报告来了[EB/OL]. [2020-09-01]. https://www.sohu.com/a/369667371_120044281.

③ 北青网. 开心麻花发年报 2018 年营收超 10 亿[EB/OL]. [2020-09-03]. https://www.sohu.com/a/309135293_255783.

实现利用渠道优势，统一演出进度和标准，降低成本，形成规模效益，提升竞争优势。

表1 聚橙网产业布局

演出产品种类	音乐剧、戏剧、舞蹈、戏曲、古典音乐、小流行音乐、流行演唱会、艺术展览、网络综艺、家庭亲子演出等
旗下文化品牌	亲子文化品牌“小城堡”、独立音乐品牌“万有音乐系”、演唱会品牌“聚橙大流行”、国际音乐剧品牌“聚橙音乐剧”、舞台艺术品牌“嬉习嬉戏”、旅游演艺项目“风景天橙”、票务营销品牌“聚橙票务”、演出周边品牌“优橙品”、文创基金“聚橙投资”、剧院运营品牌“聚橙剧院”

四、“后疫情时期”促进传统舞台表演艺术创新发展的思路

“后疫情时期”，传统舞台表演艺术应抓住变革的机遇，通过在政策扶持、内容生产、组织平台、利益主体关系、运营模式等方面创新，协调各利益方的关系，优化资源配置，创作出适时所需、传承创新的优质剧作，助力传统舞台表演艺术的跃升和创新发展。

（一）精准实施以“套餐式”扶持政策，大力度扶持小微民营院团

为化解危机、促进转机、抓住发展新机，政府主管部门宜进一步审时度势，宏观把控传统舞台表演艺术行业面临的问题，出台适宜的政策，有效帮助文艺院团转“危”为“机”，其中要重点关注抗风险能力薄弱的小微民营院团。

第一，出台“组合拳”扶持政策。有效结合减免租金、提供演出补贴、发放消费券等刺激性政策形式，与鼓励传统舞台表演艺术自身的产品创新、市场创新和管理创新等创新支持政策形式相结合。以创新支持政策为主，刺激性政策为辅，以组合拳形式精准扶持“后疫情时期”传统艺术院团适应市场消费需求，快速恢复发展。

第二，加大对小微民营院团的扶持力度。相对于国有院团、大型民营院团，小微民营院团在“后疫情时期”的恢复发展尤其应引起政府重视。小微民营院团是繁荣传统舞台表演艺术、增加艺术市场创新活力的重要力量，但因其资金力量薄弱，抗击风险能力较弱，在突发的公共危机、经济危机面前，常常面临倒闭的风险。政府要着重构建针对小微民营院团政策体系，从产品创新、融资、企业间合作、抗风险扶持等多方面系统化地为小微民营院团发展创造条件。通过出台下调贷款利率、贴息、减免金融服务手续费、减免逾期利息、减免罚息和违约金、减免租金、减免税收、设立创新扶持基金、评选创新成果奖等一“减”一“增”的政策，降低小微院团的

运营成本和压力。

第三，吸收社会资本。鼓励和支持各类企业尤其是投资公司以控股、参股、并购、重组等方式，注资文艺院团，为其从内容剧目的创新以及多元化发展提供充足的资金支持。

第四，完善政策实施体系，保证政策落地。在政策的实施过程中，要简化流程、加快资金拨付到位进度，设立专门的"临时性"机构负责政策的实施跟进和反馈，保证政策切实落地。

(二) 鼓励演艺机构创新内容生产，开发适合云端的演艺产品

"后疫情时期"，互联网正成为传统表演艺术深度变革的重要平台，要积极探索结合互联网特点开发合适的线上演艺产品。

第一，加大资金扶持力度。启动国家艺术基金演艺创新扶持"特别项目"，与国家文化产业发展专项资金一起，对在线传统舞台表演艺术的产品创新优先予以"特别"资助，设立产品创新奖励制度，通过对优秀在线创新产品的评选、奖励，以示范带头作用带动云演艺产品的系列化开发。现在还仅仅是静态地倡导鼓励地方文艺院团进行云端展演，难以借此特定环境条件促进演艺创新和院团活力激发。

第二，创新内容，融合传统经典内容与当代文化元素，变"老经典"为"轻时尚"。鼓励演艺机构结合当代文化发展背景和元素创新剧作内容，有效传承经典艺术又不失当代文化韵味，带给观众全新的体验和享受。

第三，开发云端系列化产品。适应疫情冲击，转危为机，深入研究互联网特点，开发适合云端的演艺产品，推动"云直播""云展览""云创作""云排练""云课堂"等包括线上演出、剧作创作背后故事、相关剧作知识等系列化演出周边产品的开发；注重"云产品"的生活化、趣味化和互动化特点的打造，满足观众现场观演之后的兴趣趋向，形成线上线下互补互促共生的产品体系；开发经典 IP 系列化产品，推动传统经典舞台作品向电影、电视剧、动画领域转化，开辟传统舞台表演艺术内容生产与传播的多元路径。

第四，利用现代科技提升观演体验。积极利用现代技术如绿(蓝)幕合成技术、VR、AR 等技术，打造超越现场观演的艺术体验。

(三) 依托新媒体平台，扩展受众群体

短视频、微博、微信等新媒体是广泛聚集青年群体的阵地，截至 2020 年 6 月底，我国短视频用户规模达 8.18 亿，占网民整体的 87%，用户规模较 2020 年 3 月

增长5.8%。[①] 截至2020年8月底，包含抖音火山版在内，抖音的日活跃用户已经超过了6亿。[②] 与日俱增的巨大用户量源于新媒体本身所具有的碎片化、即时性、广泛性、互动性强等传播特点，与青年群体个性化、参与性、猎奇性、快餐式的文化消费习惯相呼应。传统舞台表演艺术要积极利用新媒体平台，制定短小、奇特，具有生活化、碎片化的营销方案，探索与抖音、快手等短视频平台，B站、微博、微信以及各大视频网站相结合，以云演艺、背景音乐制作等多种合作方式，传播传统演艺文化，广泛吸收不同亚文化群体和圈层，把一部演艺原创作品变成一个“现象级”产品，提升舞台表演艺术的影响力。爆款舞剧《永不消逝的电波》的成功除了精良的制作，还离不开其利用新媒体平台营销的方式。上海歌舞团利用微博平台播放精心剪辑的97秒的视频宣传片，获得超百万的播放量，迅速网罗大批潜在受众群体，助推舞剧在全国成功巡演，获得社会效益与经济效益双丰收。

(四) 变革盈利模式，拓展衍生价值

变革以票房收入为主的单一盈利模式，通过协调各主体利益关系，提升服务水平，开发衍生领域产品，延伸价值链条，增加盈收。

第一，创新合作方式，提升服务水平。构建剧院、演艺院团、演出经纪机构和平台之间合理化的合作分成模式，形成有效的激励合作良性机制。建立统一的票务平台或App软件，搭建囊括在线订票、观演时间提醒、目标位置导航、天气提示、打车服务、餐饮服务等服务信息的综合性售票平台，为传统舞台表演艺术的营销创新提供更多的创新可能性。

第二，开发剧目IP，延伸价值链。以演出剧目为依托，开发以IP为主的系列文创产品和创意空间，拓展传统文化创意性转化的渠道，以多样化的途径激发人们对传统文化的兴趣。如依托剧目IP开发衍生纪念品、即兴戏剧咖啡厅、戏剧酒店，开展戏剧体验活动，搭建多样化的渠道，丰富人们对传统文化的认识。

(五) 组建“云上演艺联盟”，重构新型演艺生态链

互联网的介入打破了以往舞台表演艺术利益主体的关系以及产业运行状态，亟须进行组织创新，组建云上演艺联盟，重塑各利益主体的关系，构建互联网平台下新型的演艺生态链。在文化和旅游部指导下，建立由中国演艺行业协会牵头，以

① 第46次中国互联网络发展状况统计报告.

② 新华社新媒体. 抖音日活跃用户破6亿[EB/OL]. [2020-10-31]. https://baijiahao.baidu.com/s?id=1677903403932840005&wfr=spider&for=pc.

文化内容版权交易的平台型国有文化企业为核心支撑（关联行业内已经拥有版权交易的国有平台型企业），包括龙头演艺企业、文艺院团、演出经纪公司、票务、公关广告公司等相关服务型公司、媒体、艺术基金会以及社会专业性力量在内的云上演艺联盟。云上演艺联盟以行业共赢、利益共享为目标，充分发挥国有文化企业文化内容版权交易平台桥梁和纽带的作用，通过融资、内容创作、传播、盈利等产业链环节串联整合各类文艺院团、演出经纪公司、票务等利益主体，形成处处散发互联网生态化气息的产业链，以国有文化资源型平台为依托，打通互联网与演艺产业的融合通道，为舞台表演艺术院团，尤其是为有优质内容、无资金项目支撑的文艺院团提供合作项目，开拓舞台表演艺术创新路径。

五、结　语

以投影墙 Mapping、投影纱幕、45 度全息膜、高清 LED、裸眼 3D、CG 等为代表的新媒体舞台美景技术，以 VR、MR 技术、绿（蓝）幕合成技术等为代表的高新技术，为传统舞台表演艺术从舞台场景、舞台表演边界、艺术普及的创新以及表演内容虚实结合、线上线下联动的发展特点提供了可能和强大的支持。2020 年伊始，新冠肺炎疫情冲击以及后续常态化防控的态势，向传统舞台表演艺术的发展发出了掷地有声的拷问。舞台表演艺术新态势的影响和突发公共危机的冲击，将传统舞台表演艺术的问题指数级暴露出来，疫情限流导致复工受阻，演艺形态单一、内容创新不足，运营模式亟待创新，产业链条单一，盈利价值单薄等新发和固有问题叠加，陷入发展停滞期和困境期，急切要求我们突破现有的重重桎梏，转变观念，紧跟时代发展潮流，积极利用线上演出机遇，整合政府、文艺院团、平台企业之间关系，通过“套餐式”扶持政策，加大对小微民营院团扶持力度，创新演艺内容生产机制，利用互联网优化转型，开发适合云端的演艺产品，组建“云上演艺联盟”，重构演艺生态链，完善演艺生态系统，促进舞台表演艺术跃迁式发展。

作者简介

高宏存，山东临沂人，中共中央党校（国家行政学院）创新工程首席专家、教授、博士生导师。研究方向为文化政策、文化产业。

张晓丹，河北石家庄人，北京观恒文化发展研究院助理研究员。研究方向为文化政策、文化产业。

Opportunities and Ideas for the Innovation and Development of Traditional Stage Performing Arts during the "Post-epidemic Period"

Gao Hongcun Zhang Xiaodan

Abstract: The deep digital transformation of economy and society and the innovation of continuous evolution and development in science and technology promote the formation of a new development trend of traditional stage performing arts: modern technology empowers the innovation of stage performing arts, and the linkage of presence and online of traditional stage performing arts. The special social development environment in the post-epidemic period makes the innovation-driven development of traditional stage performing arts face many problems: the current limit of epidemic situation hindering the recovery and development of performing arts industry, single performing arts form, insufficient innovation of content, outdated operation mode, monotonous industrial chain and little profit value, etc. Blessings and misfortunes are interdependent. The special social development environment has witnessed the prosperity and innovation of network performance forms, content and operation modes supported by the Internet platform, which provides valuable opportunities for the innovative development of traditional stage performing arts. The government, art troupes and other relevant subjects should face up to the "crisis", seize the "opportunity", and introduce a "package" policy combining stimulating policies and innovative support policies through precise policies, so as to encourage performing arts institutions to develop cloud products, innovate content production models, formperforming arts alliances on the cloud, reshape the ecological chain of performing arts, adapt to the innovative development ideas in the Internet era, and promote the innovative development of traditional stage performing arts.

Key Words: "Post-epidemic period" Traditional stage performing arts Innovation and development Opportunities

文化产品的价值传承与产业价值追求

朱庐宁　曹劲松

摘　要:文化产品具有价值复合性、形态多样性、功用集合性和创意丰富性等特点,其价值构成包括审美价值、思想价值、传播价值和工具价值四个方面,从主体精神因子对客体精神作用方式上可以分为固化、塑化、默化和活化四种产品形态。文化产品作为具有特定价值内核的产品,在满足人们精神需要并被传播的过程中,其价值被不断放大。结合文化价值的产品形态,文化产品的传播方式可以分为投射传播、镜像传播、沉浸传播和社交传播四种类型。只有秉持文化产业的价值追求,通过为人们的精神赋能、情感赋能、心理赋能和生活赋能,才能实现文化产业之根本目的,并在社会价值引领中创造文化价值、实现经济价值。

关键词:文化产品　价值传承　产业价值　传播　赋能

一、引　言

文化产品作为满足人们精神文化需要的价值存在,在现代社会越来越丰富多样,形成了重要的产业形态。文化产品作为特有的文化价值承载方式,其价值内核对人们的精神世界有着极为重要的影响。党的十九届五中全会审议通过的《中共中央关于制定国民经济和社会发展第十四个五年规划和二〇三五年远景目标的建议》明确提出,要"促进满足人民文化需求和增强人民精神力量相统一,推进社会主义文化强国建设"①。如何通过文化产品传承优秀文化价值,在满足人们文化需求的过程中,增添社会个体积极健康的精神力量,进而不断强健民族精神和共同体成员的精神品格,是文化产业发展的价值追求所在。

① 《中共中央关于制定国民经济和社会发展第十四个五年规划和二〇三五年远景目标的建议》辅导读本[M].北京:人民出版社,2020:41.

二、文化产品的价值构成

文化产品与其他产品相比，具有其价值内核，即满足人们文化精神需要的特有价值承载与传播。这种价值内核既可以独立存在，也可以与个体的其他价值需要相复合，成为具有文化价值属性的产品。因而，文化产品本身具有价值复合性、形态多样性、功用集合性和创意丰富性等特点。从文化产品价值内核上分析，对应于个体文化精神在美、思、传、用四个维度上的需要，文化产品的价值主要由审美价值、思想价值、传播价值和工具价值四个方面构成。

（一）审美价值

审美价值是人们对于文化产品能够满足自身审美需要、带来美的感受和主体快乐体验的一种价值属性。审美作为人的一种对象化的活动，既是一种客观世界在人们头脑中的反映实在，又是主观见之于客观的能动历史过程。文化产品之美与自然景物之美不同，它是人们基于对美的规律认识基础上的价值追求和劳动创造，代表着更高层次的审美价值表达与人的精神生活需要。文化产品作为审美主体的创造物，融入了主体对美的价值理解和表达；当这一创造物作为客体在满足人们审美需要的过程中，则将美的价值及其表达传播开来，进而影响人们的审美认知和体验。同时，人们对于文化产品的审美趣味与倾向，又反过来影响主体的审美创造过程，这在文化产品市场化作用机制下尤为明显。因而，文化产品的审美价值体现了不同社会主体间对于美的需要及价值交流，构成了在特定社会历史实践基础上人的审美能力塑造和精神生活创造。

在现代社会生产力水平日益发达的时代，文化产品的技术创造和生产手段非常丰富，审美主体的创造活动也更为活跃。应当看到，文化产品满足人们的审美需要从来都不是单向度的供给，而是人们之间审美旨趣与创造的交流互动，以及社会集体审美意识与能力的时代进步。在全球化的背景下，不同国家和民族之间的审美交流日渐深入，人类命运共同体下的自然之美、生命之美、生态之美为人们奠定了共性的审美价值。同时，文化审美的互鉴，也将各美其美的价值包容与共生共享理念普及开来，为文化产品的世界市场注入了活力，拓展了空间。美是世界通行的语言，文化产品只有将审美价值充分彰显，才能更好地承担文化使者和人类命运共同体文化之桥的作用，在激发人类社会共同对美的追求和创造的历史进程中，不断实现人的全面和谐之发展。

（二）思想价值

思想是人区别于动物界的精神活动及其成果，其相对独立性使得思想成果可以在不同个体间进行交流传播，并形成代际传承的累积效应，成为推动人类社会不断前行的文化力和生产力。思想价值是文化产品能够满足人们在认知积累和精神建构需要上的本质属性，构成了文化产品价值内核。因而，对文化产品的内在质量评价与其他物质产品有着明显不同，文化产品品质根本上是以其思想价值来衡量的，直接体现在满足人的理性建构需要和增强人们精神力量上。文化产品既体现人们在社会生活实践中的思想劳动和创造成果，又促进人们将这种成果作为精神活动的对象，进一步丰富和拓展人的思维实践和精神创造。思想劳动是构成文化产品思想价值的源泉，其成果具有的知识产权体现了对思想劳动者的劳动尊重和权利保护。当文化产品通过市场交换满足消费者需要，思想价值的交换也就得以完成。对于社会公共文化产品而言，政府作为交换主体定制文化产品并提供给公众，体现出鲜明思想价值导向和共同体的文化塑造。

文化产品的思想价值作为其本质属性，体现在文化产品的生产、交换、消费的过程之中，也是区分文化产品与非文化产品的显著标志。尽管文化产品的类型多样、具体形态千差万别，但其承载的思想价值或对思想价值的艺术表达则是共性的，不应因形式上的不同而丧失思想价值，否则就不能称之为文化产品。从文化产品的生产者出发，在思想价值上存在着传承与创造相并行的劳动，将人类思想宝库的精华和新的创造成果源源不断地提供给社会大众；从文化产品的市场交换来看，现代知识生产和技术手段的飞速发展，与人们对社会认知的深化需求和自我精神世界的建构，为文化产品市场提供了巨大的、持续增长的广阔空间；从文化产品消费端分析，无论是政府向社会提供的公共文化产品和服务，还是个体的文化产品消费，都要将其思想价值以对象化的方式引入人的精神世界，形成知识吸纳、思想对话和价值观念的撞击与融汇，进而建构、丰富和完善人的精神境界。可见，文化产品的思想价值是直接作用于人们的精神内能的，也是文化共同体长期形成与持续发展的共同基础所在。

（三）传播价值

人类劳动创造的产品随着使用范围的扩大，都体现出其传播性。文化产品承载着特定文化内容和意涵，在满足人的认知需要和情感体验中有着其特殊的一面，即文化产品所承载的信息不因满足个体的需要而耗损，也不为个体所独占，而是随着其传播范围的扩大不断实现其对社会生活的影响作用。传播价值是文化产品在满足人们需要过程中形成的一种特有属性，对于人们的思想认知的建构过程、思维想象、人格塑造等精神活动，具有直接或间接的影响，并通过大众传播、组织传播、人际传播等各种方式，渗透到社会生活的各个方面。文化产品在信息内容上的可复制性，是构成其传播的重要条件，同时也成为实现其价值的重要路径。因而，文化产品的群体共用性传播与其他物化产品的个体独占式传播不同，文化产品的传播价值随着其使用范围的扩大，非但没有减少，反而扩大了价值，即文化产品的价值增值体现在影响力扩大上，其有效传播是实现增值性的必要条件。

文化产品作为文化传播的载体，不仅对于文化共同体内部成员的精神塑造起着重要作用，在满足个体精神需要的过程中，促进共同体形成并不断巩固文化共同体的特质；而且对于人类文明的丰富发展、交流互鉴，以生命同源、理想共通推进人类命运共同体的构建意义重大。文化产品从文化传播层面考量，具有三个“一”的表里结构：“一张脸，是指民族、国家的文化特征；一颗心，是彼此坦诚、真挚、温厚之心；一个魂，是共同珍爱、维护世界和平之魂。”①可见，文化产品的传播价值在于透过其本身所承载的文化意义和展现出的表达方式，实现人与人之间的心灵对话、意义互通和思想共鸣。现代通信技术为文化产品的传播提供了强大的技术支撑条件，而数字技术与文化产品的有机融合，则将文化产品的传播价值实现以前所未有的方式拓展开来，建构起文化创造、交流交融的价值生态新格局。

（四）工具价值

工具价值是文化产品满足人们作为一种思维实践或生活实践中某种功用需要的价值属性，表现在为人们的价值生成提供某种手段或条件。文化产品的工具价值可以体现为单一的观念性功用，也可以体现为观念与某种生活实用物功用的结合，其核心在于对人的认知思维和情感体验提供唤醒、对照、借鉴、批判等功能性作用。从人的思维活动层面看，人们需要建立自身的思维工具，进行概念判断推理、抽象想象意象等一系列思维活动，不断丰富自己的精神世界；从人的情感体验层面看，人们需要建构自身的心理工具，完成自我心理调适和情感释放，建立心理平衡与情感平衡。文化产品的工具价值就是在某种程度上满足人们的这种需要，这也是文化产品能够直抵人心、从根本上影响和塑造个体精神人格的特质所在。因而，文化产品工具价值的实现，是文化产品内在生命力的体现，其对个体发挥功用的大小强弱，则是衡量其价值量的标尺。

---

① 吴为山. 让中国文化为世界共享[N]. 光明日报，2020－12－13.

从广义上讲，每一件人工产品都能体现某种思维工具价值，其成果形态内在地包含劳动者的思维与创造过程。这也是导致文化产品的边界常常出现模糊的原因。尤其是将观念性功用与其他实践功用相结合的物化产品，具有产品的文化属性与生产生活功能属性相复合的特征，产品文化化与文化技术化交融于一体。这一趋势在文创走向大众生活时代会更加凸显。同时，对于社会个体来说，每个人也都是文化产品工具价值的需求者和创造者，人们通过自身对文化产品的功用需求与创造，构建起个体精神生活和社会精神活动现实图景，不断丰富和扩大人类物质文明和精神文明成果。随着人类社会生产力水平的不断提升，文化产品的工具价值将会被进一步拓展开来，为实现人的自身全面发展提供日益充足的条件。

三、文化价值的产品形态

文化价值作为凝结在人的劳动产品之中的特殊价值形态，体现的是主体精神创造对客体精神需要的一种满足。无论是审美、思想之价值，还是传播、工具之价值，都是将主体的精神世界通过思维劳动投射到产品中来。由于投射方式与使用媒介的不同，文化价值具有不同的产品形态，从主体精神因子对客体精神作用方式上可以分为固化、塑化、默化和活化四种产品形态。

（一）固化形态

文化价值的固化产品形态是指生产主体将精神信息通过物化媒介进行的一种确定性的显性表达，其产品形态具有固定不变性。比如书法、绘画、雕塑、图书、影视作品、装置艺术、文化建筑，以及其他固定物态的艺术品、文创用品等。这类形态产品所蕴含的文化价值指向明显，产品一经完成就已经固化下来，其后的产品经历所形成的叙事价值，则不包含在其中。尽管固化形态产品的文化价值承载与表达自身不再发生变化，但人们对其的精神理解可能会因人因时因地而不同。一方面，不同的个体对同一固化形态产品的文化价值理解可以不同，这主要是由个体性差异所导致，而非产品本身的价值意涵变化。另一方面，人们对于固化形态产品的价值解读可能会因场景不同而有不同，虽然其存在场景可以由人们加以重新设置，进而通过与场景的组合产生新的意义指征，但这属于人们利用已有的文化价值固化产品所进行的新的精神创造活动。总体上，文化价值的固化产品形态对客体所具有的精神作用，其自身所投射的形态具有不可变性，需要客体通过发挥各自的主观能动性领悟和把握其价值效度。

(二) 塑化形态

文化价值的塑化形态与固化形态不同,虽然两者的价值指向都是显性的,但塑化形态产品不是将价值意涵一次性地凝聚在某一个产品之中,而是持续性地累积到不断叠加的产品中。这类产品在对人们的精神影响上,呈现出一种经年累月的塑造功能。比如,新闻产品在影响人们的社会关注、事实判断和价值追求上,就起着累积塑造作用。同样,基于互联网的社交媒体平台上各种自媒体也有着类似的功能和作用。文化价值塑化形态产品本质上体现的是不同主体间信息传受与交往,传播者以特定的表达内容持续地对信息客体施加影响,在满足客体信息需要的过程中,施以价值影响。同时,作为信息接受者的客体也具有发声和传播的能力,可以进行彼此间的直接或间接的信息互动和价值交流。因而,文化价值塑化形态产品对人们精神需要的满足及发挥影响作用不是一蹴而就的,而是建立在持续性的信息交往发展的过程之中。当然,对于不同个体来说,在文化价值塑化形态产品选择上有着充分的自主权,可以根据自己的需要和偏好选择不同的信息交往对象,甚至建立起不同的交往圈层,与专业新闻机构和媒体平台一道,成为社会信息生态参与者和构建者。

(三) 默化形态

文化价值的默化形态与固化、塑化形态的价值显性化表达不同,是一种价值隐性化表达的产品形态,即在产品表象上不直接表现出明显的价值指征。比如,人们日常生活用品、非互动性的静态服务产品等。这一类产品本身并没有直接承载用各种语言文字或某种艺术语言所标示价值性内容,而是通过产品背后的生产过程和工艺品质来默默地体现某种文化价值追求,使人们在“日用而不觉”中,潜在地接受其对人的生活旨趣和精神影响。如果说文化价值固化和塑化产品形态更多的是直接作用于人们的内在精神,那么文化价值默化产品形态则是从外部入手作用于人的生活感性体验,然后再逐步进入人的精神中。因而,从广义上讲人的所有劳动产品都蕴含着某种文化价值。正是基于这种人工产品普遍存在的文化价值性基础,产品的品牌文化才逐渐发展起来,以至于成为当今引领人们产品消费的重要向导。品牌文化并不是产品自身直接揭示的文化价值,而是基于产品工艺、品质乃至生产者叙事的一种价值追求和文化身份认同。产品品牌文化在一定意义上可以视作文化价值默化形态的一种转化。

(四) 活化形态

文化价值的活化形态是指需要主体以自身的创作动态来展现和传递价值的产

品形态，体现为人与人在某种场景下的直接互动。比如，演讲朗诵、音乐表演、戏剧表演等各类艺术表演，以及向人们提供的互动性服务等，都是将文化价值的表达和传递，通过现实主体的动态行为直接作用于人的精神感受。在这种情形下，作为文化价值产品接受对象的人，并非处于完全的被动状态，而是可以积极主动地参与进来，形成主体间的价值互动和情感互济。典型的文化价值活化产品形态通常被称作文化活动，是构成和维系文化共同体集体记忆的重要方式，其仪式化的内容则发展为民俗文化。现代科技的发展尤其是人工智能技术为文化价值活化形态增加了拟人化的机器主体，目前主要集中在向人所提供的互动性服务方面，少部分也进入人与机器人的共同表演中，为文化价值活化注入了新鲜的科技动力。未来文化价值活化形态产品一定会朝着人与人工智能的有机结合方向发展，给人们带来更为丰富的精神生活体验。

以上文化价值的四种产品形态并不是截然分开的，不同价值形态可以相互结合，形成复杂交错的混合产品。事实上，在现实生活中文化价值的产品形态越来越朝着复合化的方向发展，这也为文化价值传播和文化产业发展提供了广阔的创新空间。

四、文化产品的价值传播

文化产品作为具有特定价值内核的产品，在满足人们精神需要的过程中，实现其价值传播。文化产品的价值传播是由思维劳动者将文化价值通过一定的产品媒介，向其他思维主体施加影响的过程，即以文化产品为媒介的价值表达与传播。因为文化价值的产品形态各异，加之文化产品接受者的行为模式也各有不同，所以文化产品的价值在传播方式和路径上也不尽相同。结合文化价值的产品形态，价值传播从对客体的作用方式上可以分为投射传播、镜像传播、沉浸传播和社交传播四种类型。

（一）投射传播

投射传播是特定主体通过文化产品对传播对象主动进行价值投射的传播方式，这一类型的特征在于传播主体具有明显的目的性和主动性。比如，政府在公共空间设置的标语、公益广告、雕塑等，以及不同的社会组织在生产空间、商业空间、办公空间、居住环境等特定空间设置的文化产品。其目的在于通过将文化产品嵌入传播客体的公共生活空间，在满足人们审美需要的同时，主动激发人对某种价值的认知，以期达到对客体精神的启发、引领、弘扬之目的。除了不同主体间相互进行的投射传播外，人们还可以进行自我投射传播，即个体自我选择特定的文化产品，设置于自我生活的空间，进行对自身的价值投射，以期实现自我精神激励。投射传播主要以文化价值的固化或默化产品为主，其传播效应往往与产品的审美价值和客体的偏好直接相关。

（二）镜像传播

镜像传播是指通过文化产品的有效供给，让人们进行自我选择接受某种产品的传播方式，文化产品如同向人们提供各种各样的精神镜鉴，供人们选择性地加以对照和思考。比如，人们在图书馆、书店阅览和选购图书，在电影院购票观看电影，通过广播、电视或网络终端接受图文和视听产品，参观博物馆、纪念馆以及其他各种文化展览等。文化产品价值的镜像传播，虽然从传播对象的角度上看具有充分的自主性，客体的价值追求和情感偏好往往决定着文化产品价值传播链的构建；但从传播活动的供给侧看，向人们提供蕴含什么价值的文化产品则是由传播主体决定的，价值传播链实际上是由传播的主客体双方共同建构的。在镜像传播中，通过文化产品的价值表达来满足和引导人们的价值需求，实质上是一个主客体间精神相互作用的矛盾运动过程。一方面，主体通过文化产品供给引导客体的价值认知，具有主动施加精神影响的目的性；另一方面，客体通过自己的选择性行为，反过来影响文化产品供给的品类，对主体的价值表达和文化产品创造形成影响，特别是在文化产品市场化机制下，需求侧对供给侧的影响尤为明显。因此，文化产品的供给决不能一味地以市场需求和经济效益为目的，而是要以价值引导和社会效益为首要目标，将满足需要与引导需要有机统一起来。

（三）沉浸传播

沉浸传播是指将文化产品与特定的情境塑造相结合，使人们在某种情境体验中接受价值引导的传播方式，实际上情境塑造本身就是一种富含价值的文化产品。比如，互动剧场、拓展训练、游戏活动、借助 VR 和 AR 技术的文化体验等，都是将传播客体直接置于某种特定的情境下，在人们主动参与中传播价值，进而使人们达到某种身心体验与价值认知、认同的统一。沉浸传播的情境常常为接受对象设置一定的任务，通过任务目标的达成彰显其蕴含的价值意义。由于人们在参与任务时，需要将自身的认知与情感全部调动起来，形成感官体验和理性认知的同时响应，因而沉浸传播对个体精神影响的作用效果十分显著。沉浸传播的主要特征在于感官刺激性和情理交融性，传播者的价值目的性也更强，且能够通过客体的沉浸式体验得到更为有效的接受。文化产品的价值沉浸传播大都需要系统设计，同时也是一种成本投入相对较高的复合化文化产品，主要体现为文化价值传播的活化形态。随着人们对文化生活需求质量和丰富精神体验的不断提升，以及媒介技术的快速发展所能提供情境条件的不断完善，文化产品的价值沉浸传播有着巨大的生长空间。

(四) 社交传播

社交传播是主体通过文化产品与客体进行信息交往的一种价值传播方式，基本上以文化价值的塑化产品形态为主。比如，传统新闻机构向受众提供的新闻类产品，基于网络社交媒体平台的各种自媒体产品等，都是将价值传播以与其他个体信息交往的方式加以实现。传统新闻机构的大众传播方式，其交互性相对较弱，在互联网社交平台广泛应用之前，更多地表现为投射性传播。随着互联网社交媒体的兴起，传统意义上的新闻传播逐渐被交互式传播所融合或替代，新闻机构与自媒体共同构成了以社交传播为主要方式的信息互动、意见互动和价值互动。从本质上讲，社交平台本身就是文化产品的一种类型，虽然技术平台的提供者不直接进行内容生产，但允许什么样的内容在平台上运行就涉及价值原则。网络社交平台在一定意义上解构了传统新闻机构的“把关人”，但网络社交平台并不是可以不设“把关人”就能正常运行的，只不过转换了一种设置方式，更多地使用系统过滤和纠错的方式进行，同时对使用者提出了自我把关的要求。因而，社交媒体平台本身也是一种文化价值的体现。当然，社交传播的价值互动主要还是来自不同主体间的相互作用，“大V”“网红”在一定程度上反映了社交传播中价值倾向及其传播影响力。

文化产品的价值传播与文化价值的产品形态虽有关联，但两者属于不同的范畴。前者主要是解析文化产品对使用对象的价值传播方式，后者则是分析蕴含文化价值的产品形态，两者既存在某种程度上的对应关系，也存在着各种交叉作用。同时，文化产品的价值传播也具有复合性，可以是一种传播方式为主，也可以是多种传播方式的交织。人的精神活动本身就是一个复杂的系统，个体对文化产品的需求也是多元的，因此，分析和把握文化产品的价值传播应当建立一种立体的、动态的观念，辩证而非机械地对待文化产品的生产与消费。

五、文化产业的价值追求

文化产业是一个输出价值的产业，对人而言是塑造灵魂的产业。习近平总书记指出：“衡量文化产业发展质量和水平，最重要的不是看经济效益，而是看能不能提供更多既能满足人民文化需求又能增强人民精神力量的文化产品。"[①]这一论述深刻揭示了文化产品的价值属性和文化产业的价值追求。文化产业为人的全面发展提供丰富的精神产品,在中国迈向现代化强国的新的历史进程中,需要树立正确的价值导向和坚定的价值追求,不断增强人们的精神内力、情感张力、心理动力和生活活力。

(一) 精神赋能:建构知性精神和理性精神

文化产业的根本在于通过文化产品的供给满足人们的精神生活需要,精神赋能是文化产业发展的根脉,也是贯通文化产业链条各个环节的内在筋骨。只有把根扎深,才能树立好共同体的文化自信;只有打通脉络,才能不断增强文化强国的精神力量。文化产业的精神赋能作用广泛,其主轴则体现在促进个体的知性精神和理性精神的建构。

知性精神是人通过感知对人的本性和物的本性加以正确认知的思维方式,"尽其心者,知其性也,知其性则知天矣"[②]"尽心由于知性,致知在于格物"[③]。知性精神的建构是个体正确进行事实判断的基础,也是感性通往理性的桥梁,支撑着人们对自然、社会及人自身的认知积累和基本判断。理性精神则是建立在人的逻辑推理基础上的价值建构及其判断,它是以知性为基础,以构建和完善自我精神系统结构为目标的思维方式。真理是理性精神的最高境界,人们追求真理的过程构成了理性认知生成和理性精神发展。理性精神是引领人们进行精神创造的源泉,构成了人不断提升自我价值追求和矢志实现追求的内在力量。

文化产业将建构人们的知性精神和理性精神作为根本的价值追求,不仅需要建立以文化产品的价值传播为核心的生产目的和质量管理体系,而且要紧紧围绕社会所倡导的核心价值加以彰显和传播,形成文化产业正确的价值取向和良好的产业发展生态。因而,文化产品的市场供给不是简单地满足人们的各种精神需要,而是通过承载和传播人类文明发展美好价值的产品形态,丰富人们的精神体验,引导人们的价值建构,形成文化供给与需求引导的良性互动,在满足人们精神需要中促进知性完善和理性提升,进而增强个体的内在精神力量。这一过程是人类文明

① 新华微评.文化产业不能只重经济效益.在教育文化卫生体育领域专家代表座谈会上,习近平总书记为文化产业发展指明正确方向[EB/OL].[2020-09-23].http://www.xinhuanet.com/politics/2020-09/23/c_1126532606.html.

② 南怀瑾讲述,南怀瑾.孟子与尽心篇[M].北京:东方出版社,2014.

③ 王阳明.王阳明《传习录》全鉴[M].重庆:重庆出版社,2015.

进步的总趋势，尽管在历史上存在着价值争鸣，有时甚至是价值倒退，但其价值进阶的总方向是不变的，即人们对真理的探求和对人类自身命运的把握。中国积极倡导“人与自然和谐共生”，推动构建“人类命运共同体”，体现了“把世界各国人民对美好生活向往变成现实”①的价值追求和精神格局，揭示了人类生产的共性目的，同时也为文化产业发展注入了共性的价值基因。

（二）情感赋能：引导自我体验与他者共情

人的理性与情感是孪生的，既没有离开情感的理性，也没有失去理性的情感。尽管在某种病态下两者可能暂时分离，并造成对个体自身及他人的某种伤害，但人作为一个健康的生命体，总是在理性与情感之间建立起紧密的联系与平衡，并在个体的成长中发挥相互促进的作用。文化产业在促进人们理性生长的过程中，必然要引导人们对情感的自我体验，并促进不同个体间的共情，将情感赋能与精神赋能统一于文化产品的供给中。

情感对于人而言是生存的基本需要，也是人与机器的本质区别，体现了人通过社会交往所建立起的关系纽带，并伴随着个体丰富多样的感知和情绪体验。在个体的相互交往中，情感随着认知不断对个体人格的塑造产生影响，并形成情绪化的自我体验，建构起以自我为中心的情感世界。情感的自我体验给予人们将自身与他人有机联系起来的一种张力，是被他人所理解基础上的自我认同与自我塑造，并通过情感记忆的累积沉淀为个体社会性的一种特质。同时，情感在个体之间的交往中又是相互给予的，与他人共情既是使这种相互性得以持续的重要桥梁，又是个体建立和校正情感自我体验的一种有效方式。可见，人对情感的自我体验和增强与他人共情有着巨大社会需要，人们在通过创造文化产品满足这一需要的过程中，应当主动发挥好情感赋能的正向作用，促进社会成员健康人格的养成。

文化产业致力于满足人们情感的丰富体验，促进个体在与他人的共情的过程中形成健康人格，体现了文化产业的基本价值追求。将这一基本价值追求贯通于文化产业的诸环节，不仅要建立和完善相应的产业政策，对文化产品的内容及其形态加以引导和规范，为人们提供健康的情感体验、理解和记忆；而且要通过对文化产业劳动生产主体的价值培育，激发其积极的社会责任担当，以创造生产砥砺人们情感升华和高尚人格的产品为追求，不断为促进社会成员之间情感交往营造健康

---

① 习近平在中国共产党与世界政党高层对话会上主旨讲话［A］//习近平谈治国理政（第三卷）．北京：外文出版社，2020：433.

的文化环境。在社会生活中，情感的力量一直是非常强大的。从个体来看，人的情感在任何时候都是可以相通的，人们总是能通过情感的体验获得安全感、信任感和幸福感，健康向上的文化产品可以不断丰富人们的这种体验，赋予个体情感自我升华之力。从社会共同体来看，增强人们相互之间的共情，可以使情感成为凝聚共同体成员的强韧纽带，使人们拥有认同感、归属感和使命感，具有强大感染力的优秀文化产品，则成为唤起共同体成员情感共鸣的响亮号角。

（三）心理赋能：注重心理建设与自我调适

情感需要作为人的一种特殊心理需要，与理性认知共同构建起个体的精神世界。而作为第二需要的个体心理成长除了交往中的情感建构外，还需要解决好自我心理建设与管理的问题。文化产业通过各类文化产品供给在很大程度上对人的心理建设及自我管理形成导引，其心理赋能作用的发挥主要体现在促进个体的心理建设和心理的自我调适上。

个体的心理建设是一个长期的过程，是人们内心对于外界事物逐步建立起来的相对稳定的认知及其反应模式。对于个体而言，这一模式虽然表现为一种相对稳定的状态，但并非不可改变，而是始终处于一个动态的、持续进行自我完善的进程中。个体心理建设的目标是构建一个强大的内心世界，以充分适应外界环境及其变化。每个人都具有自我意识，可以将自身的心理状态作为自我管理对象，进行观察、监督、控制和调节。因而，在心理建设的基础上，通过强化自我心理调适，保持心理平衡状态，就能够使个体最大限度地将自身的目标设定与外界环境的变化反馈统一起来，更好地发挥潜能，成就自我。人们通过文化消费帮助自己进行心理建设，并在生活实践中进行心理上的自我调适，是文化产业满足社会需求、服务人的发展的重要价值所在。

注重对人们的心理赋能，进而满足个体心理成长的需要，是文化产业发展的内在价值追求。这一内在价值体现在文化产品对人的内心世界具有的直接影响和塑造作用。文化产业坚持心理赋能价值追求，不仅要从产品的终端形态方面考量对人们心理建设上的促进作用，不断提升文化产品对人的心理的触动效果，让产品的价值内涵深入人心；而且要从产品开发的动机上确立正确的心理赋能方向，提高文化产品的心理格调，建构适应时代发展的社会文化心理，为人们的自我实现提供有益的启发、参考和借鉴。从文化产品对人的心理滋养上，可以称之为“心灵鸡汤”，在安慰人们心理的同时，能够有效强化对个体心理动能的促进作用，使人们对生活充满奋斗的希望和美好的未来预期。文化产业作为朝阳产业，其生命力就在于不断为人们提供富含精神营养的产品，让人们在文化消费中不断增强自身的心理自信和精神内能。随着科学技术的发展，文化与技术的融合已逐步成为常态，如何将科技的创新生命力与文化的价值生命力有机统一于文化产业的创新发展中，充分体现对人们的激励性，是中国面向现代化建设新进程的重要课题，也是建设文化强国的重要实践路径。

（四）生活赋能：塑造生活情趣与生活理想

生活是人的第一需要（生理的需要）和第二需要（心理的需要）的有机复合，两者之间存在着相互作用的内在联系。随着人类文明的进步，社会物质生产与精神生产的能力和水平都得到了极大的提升，呈现出不同的生活品位和格调。人们向往美好的生活，必然对文化产品提出更高的品质需求。人们不断提升的生活品质需求和无限的智慧创造能力及其成果，为文化产业发展持续注入市场活力，同时建立在这一基础上的良好的文化产业生态也给人们生活带来生机与活力。

在现实生活中，不同个体的生存环境、生活条件，以及群体的社会基础和文化传统等往往存在着较大差异，在很大程度上决定着人们生活情趣和生活理想。在人类社会步入全球化的时代，人们的交往对象和范围日益扩展开来，也使人拥有了更多地参与世界文化交流和丰富自身生活体验的机会。文化产品作为这种交流与体验的媒介，深刻地影响着人们的生活品质，并在一定程度上对人们的生活情趣和生活理想起到塑造作用。从感性的角度出发，直接作用于人的生活表象的通常体现为生活情趣，即某种生活形态对个体的所形成的外在吸引；从理性的角度上看，作用于人的内在精神则体现为生活理想，即个体对特定生活意义的追求；且两者统一于人的生活实践，构成个体物质生活与精神生活完整样式。

为人们的生活赋能，满足人们对美好生活的向往，是文化产业服务人的发展的直接价值追求。实现这一价值追求的意义，不仅在于通过丰富的文化产品供给向人们展现美好生活的绚烂图景，充实人们对于生活的文化体验，带给人们生活乐趣和勇气；而且在于将良好的生活品质和充满魅力的生活格调，以文化产品供给的方式引领人们的生活理想，为激发人们的生活创造提供启发和借鉴，进一步增添生活动力。文化产业的生活赋能领域广泛，生活中的一切美好事物都可以作为文化产品的生产目标，不过究其主线还在于知识赋能和审美赋能两个基本的方面。因而，文化产业发展一方面要将人类的知识积累源源不断地通过各种产品形态加以呈现，为人们获取知识经验提供有益的帮助，实现人类知识传承最大化和知识生产最优化目标；另一方面，要通过文化产品增强人们的审美体验，不断提升人们的审美旨趣和意境，引领人对美的理解和追求，激发人不断创造美好事物，让生活越来越精彩。

总之，文化产业不是唯利是图的产业，而是在满足人们文化生活需要过程中，服务人的全面发展、增强共同体文化自信、促进人类命运共同体构建的具有内在价值追求的产业。只有秉持文化产业的价值追求，通过为人们的精神赋能、情感赋能、心理赋能和生活赋能，才能实现文化产业之根本目的，并在社会价值引领中创造文化价值，实现经济价值。

作者简介

朱庐宁，江苏扬州人，南京市社会科学院助理研究员，研究方向为文化遗产经济学与文化产业。

曹劲松，上海人，南京市社会科学院院长，江苏省扬子江创新型城市研究院研究员。研究方向为文化产业传播文化政策。

The Value Inheritance of Cultural Products and the Pursuit of Industrial Values

Zhu Luning　Cao Jinsong

Abstract: Cultural products are characterized by value compound, form diversity, function collection and creativity richness, etc. Their value compositions include aesthetic value, ideological value, communication value and tool value, and can be divided into four product forms: solidification, plasticization, passivation and activation from the way that the subject spirit factor acts on the object spirit. As products with specific value cores, the values of cultural products are constantly enlarged in the process of meeting people's spiritual needs and being spread. Based on the product form of cultural value, the communication modes of cultural products fall into four types: projection communication, still image communication, immersion communication and social communication. The only way to achieve the fundamental purpose of cultural industry, and create cultural value and realize economic value under the guidance of social value is to uphold the value pursuit of cultural industry and empower people with spirit, emotion, psychology and life.

Key Words: Cultural products　Value inheritance　Industrial values　Communication　Empowering

江苏文化旅游产业新业态创新发展研究*

石奇 王琼

摘　要：受新冠肺炎疫情等影响，民众的文化旅游消费偏好发生了一定变化，民众对文化旅游产业新业态的需求日益多元化。伴随着移动互联网、云计算、大数据、物联网、人工智能等新一代信息技术的广泛应用，文化旅游产业新业态也开始加速形成。本文以江苏为例，分析研究文化旅游产业新业态创新发展问题。研究发现，目前江苏文化旅游产业新业态在发展过程中仍面临许多突出问题，如供需关系存在结构性失衡、科技支撑体系自主性偏弱、制度环境管理体系待优化、配套基础设施建设不完善、高端复合型人才缺口巨大等。对此，本文建议着力提升产业链和供应链水平，迎合居民文旅消费新偏好，提高新业态高技术自给率，深化大文化管理体制改革，推动文旅跨区域协同发展，实施系统化人才培养工程，以加快江苏文化旅游产业新业态创新发展，提高江苏文化旅游产业发展显示度，更好融入"双循环"新发展格局。

关键词：文化旅游产业　新兴业态　信息技术　创新发展

一、问题的提出

文化旅游产业是社会经济活力的重要风向标，也是刺激消费、推动发展的重要途径。[①]早在2009年，为加强文化和旅游的深度结合，原文化部和原国家旅游局就联合发布了《关于促进文化与旅游结合发展的指导意见》。党的十八大和十八届三中全会对准确认识文化与旅游的关系提供了新视角，指出加快文化产业发展，促进

* 基金项目：本文系国家社科基金重大项目"创新引领发展的机制与对策研究"（批准号：18ZDA102）、国家社科基金艺术学青年项目"全球价值链视角下数字创意产业高端化发展的实现路径与培育机制研究"（批准号：20CH193）、江苏省文化和旅游科研项目"文化旅游产业新兴业态创新发展研究"（项目号：19YB10）的阶段性成果。

① 胡钰，王一凡. 文化旅游产业中PPP模式研究[J]. 中国软科学，2018(09)：160—172.

旅游产业转型升级，有助于满足人民群众的消费需求。党的十九大和十九届四中全会对推动文化产业与旅游产业深度融合发展提出了新要求。习近平总书记也多次强调："文化产业和旅游产业密不可分，要坚持以文塑旅、以旅彰文，推动文化和旅游融合发展。"

文化旅游产业是文化产业与旅游产业高度融合的综合性产业，它以文化为技术表达，以旅游为载体依托，以满足人们文化旅游消费需求为根本目的。①②③④而文化旅游产业新业态是指文化旅游产业在市场需求、市场竞争、政府引导以及技术创新等合力驱动下（如图1所示），通过与第二、三产业逐步融合创新，衍生出的一系列新业态新形式，使得文化旅游产业价值链不断延伸。⑤⑥⑦

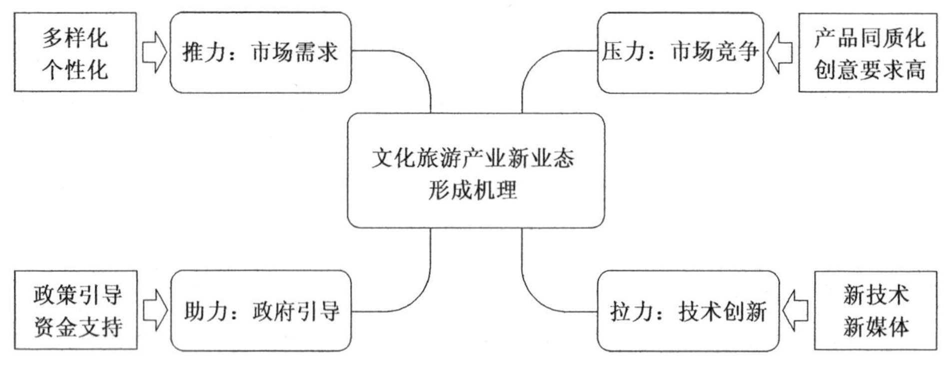

图1　文化旅游产业新业态的形成机理

作为我国重要的文化强省、旅游大省，江苏一直以来都高度重视文化旅游产业

① Khalid S. Sustainable Urban Development in Historical Areas Using the Tourist Trail Approach: A Case Study of the Cultural Heritage and Urban Development (CHUD) Project in Saida, Lebanon[J]. Cities, 2010, 27(04): 234-248.

② 姜安印，刘晓伟."一带一路"背景下我国西北五省区旅游业协同发展研究[J]. 新疆大学学报：哲学·人文社会科学汉文版，2017，45(03)：26—33.

③ 蒲晓蕾. 山西省文化旅游产业发展研究[J]. 商场现代化，2018(21)：182—183.

④ 雷鹏，周立. 农村新产业、新业态、新模式发展研究——基于福建安溪茶庄园产业融合调查[J]. 福建论坛：人文社会科学版，2020(04)：172—181.

⑤ 张英华. 酒嘉地区文化旅游新业态的创新发展策略研究[J]. 科技展望，2016，26(01)：205—206.

⑥ 伍艳玮，李银. 基于产业融合的旅游新业态形成及演变机理分析[J]. 广州城市职业学院学报，2017，11(02)：31—34.

⑦ 陈晓露. 文化和旅游的融合发展[J]. 文化创新比较研究，2019，3(21)：143—144.

发展，尤其是"十三五"以来，实施了一系列重要战略举措，大力发展文化旅游经济，全力推动文化旅游产业实现高质量发展。总的来说，江苏文化旅游资源丰富，经济发达，文化旅游产业及其新业态具有很大的发展空间。受新冠肺炎疫情等影响，民众的文化旅游消费偏好发生了一定变化，对文化旅游产业新业态的需求日益多元化。伴随着移动互联网、云计算、大数据、物联网、人工智能等新一代信息技术的广泛应用，文化旅游产业新业态也开始加速形成。在此形势下，如何加快江苏文化旅游产业新业态创新发展，提高江苏文化旅游产业发展显示度，更好融入"双循环"新发展格局，已成为江苏面临的重要课题。

二、江苏文化旅游产业新业态发展的基本现状

近年来，江苏不断优化政策环境，加强顶层设计，壮大市场主体，文化旅游产业呈现持续、快速、健康发展的良好态势(如图 2 所示)。在产业快速发展的带动下，江苏文化旅游产业新业态也不断涌现，不断刷新人们的出游体验，成为文化旅游市场发展新的增长点。

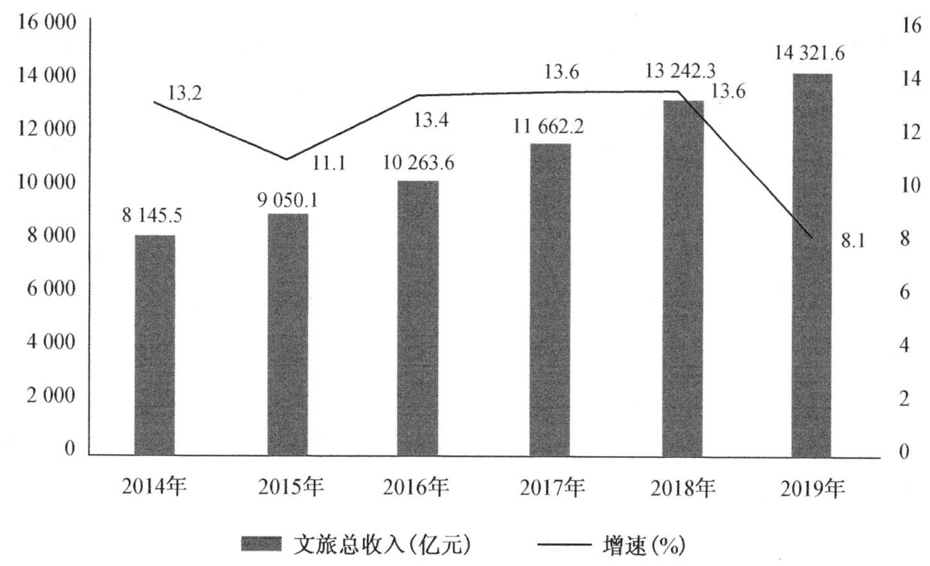

图 2　2014—2019 年江苏文化旅游总收入及其增速①

① 资料来源：历年的《江苏统计年鉴》。

(一) 大力推进研学旅行,培育研学旅游品牌

近年来,江苏依托自身丰富的历史文化资源和自然生态资源,深入推动文化旅游与中小学教育相融合,努力推动“研”“学”“游”环节彼此渗透,积极培育“文旅+教育”新业态,不断创新研学旅游产品。省文化旅游部门和教育部门牵头,结合不同年龄段学生特点,设计了一批育人效果突出的研学旅行活动课程,打造了一批具有影响力的研学旅行精品线路,建设了一批具有良好示范带动作用的研学旅行基地,最大地满足学生、家长、学校等各界需求。2019 年,省文化和旅游厅首次发布 46 款适合江苏中小学需求的研学旅游产品,包括 6 条自然观赏类、20 条知识科普类、11 条体验考察类、3 条文化康乐类及 6 条励志拓展类线路。此外,在建设研学旅行示范基地过程中,江苏还以建设国家级研学旅行示范基地为目标,充分发挥特色资源优势,努力打造类型多样、特色各异的研学旅行示范基地,如以乡村休闲为载体的现代农业研学旅行示范基地,以自然山水为载体的生态保护研学旅行示范基地,以航天工业为载体的高科技研学旅行示范基地,以红色文化为载体的爱国主义研学旅行示范基地。

(二) 深挖农村特色文化,助力乡村旅游发展

在推进脱贫攻坚和实现乡村振兴过程中,江苏把发展文化旅游产业贯穿其中,将三者紧密结合,大力发展“文旅+农业”新业态,不断创新乡村旅游产品。一方面,江苏不断加大财政资金对乡村旅游项目的支持力度,通过各种评优评奖活动树立行业发展典范,如“最美田园”“特色旅游名镇名村”等,开发一批特色足、品质高、服务好的乡村旅游产品。另一方面,依托特色小镇、旅游景区、农业园区,江苏深入挖掘农村文化资源,大力发展以休闲农庄、生态体验、观光度假等为主题的特色乡村旅游产品,不断提升农村经济效益,改善农民生活水平。不仅如此,为持续推进“文旅+农业”新业态创新发展,江苏还通过技能培训、现场教学、职业教育等多种手段,实施农民服务技能提升工程,以带动乡村旅游经营服务质量的提高。以江苏宜兴杨巷镇为例,该镇也被称“番茄小镇”,它是江苏“文旅+农业”新业态模式的发展典范。在推进“文旅+农业”新业态发展过程中,杨巷镇大力培育乡村游、休闲游、生态游、体验游等多种农旅融合产业,在促进农业生态良性发展的同时,也极大地带动了当地乡村旅游经济的发展。

(三) 充分利用自身资源,打造工业旅游名片

工业旅游在发达国家由来已久,它既是一种旅游新概念,也是一种产品新形式,主要是依托工业遗迹、工业场所以及工业产品等,吸引游客参观,让游客在参观

过程中体验和感悟工业文化和文明，在提升企业品牌文化的同时，实现传承和培育工业文化和工业精神的目的。① 江苏作为我国的经济强省，具有雄厚的工业基础，在发展工业旅游方面具有先天优势。近年来，在推动旅游大省向旅游强省转变过程中，江苏紧抓机遇，大力发展工业旅游产品，壮大"文旅＋工业"融合产业规模。一方面，江苏不断加大对工业废旧厂房的改造力度，建设博物馆、咖啡馆、酒吧、文创商店等，打造都市休闲文旅产业集聚区，大力发展工业旅游，培育"文旅＋工业"新业态。另一方面，江苏还积极引导和支持有条件的企业发展工业旅游，如南京金箔、宜兴阳羡贡茶院、苏州金剪刀文旅创意园、元鸿木雕博物馆、安爵理德咖啡观光工厂等，在扩大企业知名度的同时，增加旅游经济收入。

(四) 科技赋能文旅融合，提升旅游服务质量

文化、旅游、科技三者创新融合、相得益彰，既可以提高文化旅游产品的感召力和吸引力，又可以提升消费者的旅游体验和获得感。江苏旅游一直以文化见长，智慧旅游的概念也是江苏在全国旅游业界率先提出的。截至 2019 年年底，江苏已累计推出示范基地 11 个，示范单位 19 个，示范和优秀项目共 158 个。2020 年，文化和旅游部科技教育司发布《2020 年度文化和旅游信息化发展典型案例名单》，全国各省、市、自治区共入选 58 个典型案例，其中江苏有 4 个智慧文旅项目上榜，占入选项目总数的 6%，居各省份第一(如表 1 所示)。

表 1　2020 年度文化和旅游信息化发展典型案例名单

序号	案例名称	实施单位
1	南京文化消费智能综合服务平台	南京文创科技有限责任公司
2	苏州旅游总入口	苏州市文化广电和旅游局
3	南京乡村旅游大数据服务平台	南京报业集团有限责任公司
4	金湖全域智慧旅游项目	金湖县旅游管理发展中心

资料来源：国家文化和旅游部网站。

得益于这样的理念支撑，江苏"文旅＋科技"新业态发展迅速。江苏通过积极运用数字技术、虚拟现实、人工智能等高新技术，不断创新文旅产品生产和传播方式，大力开发沉浸式体验、数字博物馆等迎合年轻旅游群体偏好的文化旅游产品。此外，江苏还积极利用高新技术改造升级传统旅游景区，提高旅游景区观赏体验

① 丁枢. 我国工业旅游发展历程、特点及开发模式[J]. 财贸经济，2005(05)：92—94.

性，提升文化旅游服务质量。

（五）积极融入体育元素，创新体育旅游产品

体育元素的融入，为传统文化旅游注入了新的内涵。“文旅＋体育”让原本只是观光的旅游变成以运动体验为主的活动，不断创新体育旅游产品。近年来，在政府的大力支持和引导下，江苏“文旅＋体育”站到了发展的风口。一是贯彻健康中国和乡村振兴战略，打造产城融合的体育特色小镇和美丽乡村，助力全民健康事业。二是加强体育机构、旅游景区与广大中小学和高校之间的联系，密切彼此之间的合作，让广大市民游客在参与体育运动过程中，体验高科技带来的娱乐享受，提高民族品牌认知度。三是整合省内体育产业资源，积极策划引进国内外知名体育赛事，推动体育与文化、旅游、教育等融合发展，在提升省内城市知名度和美誉度的同时，做大做强江苏体育产业，促进“文旅＋体育”新业态发展。当前，无论苏南、苏中还是苏北，“文旅＋体育”新业态发展步伐都在不断加快，江苏努力在发展中求新、求深，避免一窝蜂式的“千城一面”，实现体育产业和文旅产业的“1＋1＞2”。

（六）聚焦文旅康养融合，拓展产业发展空间

康养产业正因其关联性强、覆盖领域广等特征，越来越迸发出新的生机，“文旅＋康养”融合发展正逐渐成为满足人民美好生活的重要载体。良好的生态环境，巨大的市场需求，为江苏“文旅＋康养”产业新业态发展提供了广阔的空间。一方面，江苏大力建设温泉康养社区、休闲康养旅游区等项目，为“文旅＋康养”新业态发展提供良好载体依托。另一方面，江苏还围绕康养产业特点，加强康养文旅产品开发，完善配套服务设施建设，不断提升康养服务质量和水平。以南京汤山温泉康养小镇为例，汤山温泉康养小镇是江苏省首个康养特色小镇，在2016、2017、2018年连续三年被纳入江苏省重大项目，2020年入选江苏省级特色小镇创建名单。近年来，小镇在产业发展、园街一体机制创新、城乡建设统筹协调等方面取得了突出的成绩，围绕“温泉＋旅游度假”“温泉＋健康休闲”“温泉＋城市宜居”三大核心，开创国内全生命周期的生活体系，形成温泉康养、健康旅游全产业链，打造中国温泉康养旅游第一目的地。

三、江苏文化旅游产业新业态发展面临的突出问题

近些年，江苏文化旅游产业保持了较好的发展势头，文化旅游产业新业态也不断推陈出新，但总体上看，江苏文化旅游产业新业态在发展过程中仍面临许多突出问题，如供需关系存在结构性失衡、科技支撑体系自主性偏弱、制度环境管理体系

待优化、配套基础设施建设不完善、高端复合型人才缺口巨大等问题，使江苏丰富的文化旅游资源不能转化为现实的产业竞争优势，文化旅游产业在社会经济发展中的地位和推动作用得不到充分发挥，整体显示度不高，还远远达不到战略性新兴支柱产业的发展要求。

（一）供需关系存在结构性失衡

根据西方发达国家经验（“钱纳里模式”），当人均地区生产总值超过 1 万美元大关，精神文化消费会出现爆发式增长。[①] 2019 年，江苏人均地区生产总值已接近 1.8 万美元，民众对文化旅游消费需求早已从“有没有，缺不缺”到了“好不好，精不精”的发展阶段。但是，当前江苏文化旅游产品供给方面依然存在诸多问题，除了产品内容单一、文化内涵不足、同质化严重等问题，还突出表现在特定时间和局部区域存在量的供给不足，在服务能力、服务水平上总体存在质的不足。因此，供需矛盾仍然是今后一段时间江苏文旅产业新业态发展面临的主要矛盾。与此同时，新冠肺炎疫情改变了广大居民的文化旅游消费习惯，更加偏好一些文旅产业新业态，且对文旅项目的应急响应机制、卫生安全、危机处理能力等给予了更多关注。这些都给既有的文化旅游产业链、供应链带来了冲击与挑战，供需平衡亟须由低水平向高水平升级。

（二）科技支撑体系自主性偏弱

科技创新是实现文旅产业新业态生产、分配、流通、消费全过程循环流动的关键，也是江苏文旅产业融入国内国际双循环、进行主动布局的核心支撑。然而，截至 2019 年年末，江苏文化企业数量多达 20 万余家，但规上企业占比不足 10%，且多为中小微文化企业，科技研发投入增长十分缓慢，导致江苏文旅产业领域的科技发展总体相对滞后，高技术自主供给不足，难以对文旅产业新业态发展形成强力支撑。一方面，许多旅游产品应用的科技手段层次较低，体验性、创意性欠缺，甚至主题雷同，同类产品“扎堆”，造成了游客的审美疲劳；另一方面，云端智慧游、3D 实景游、VR 漫游、工业遗产游等科技含量较高的文旅产业新业态发展不足。

（三）制度环境管理体系待优化

协同高效的管理体制、完善的产业政策法规体系，是提升文化旅游产业发展质

---

① 车树林，顾江. 收入和城市化对城镇居民文化消费的影响——来自首批 26 个国家文化消费试点城市的证据[J]. 山东大学学报：哲学社会科学版，2018(01)：84—91.

量的制度保障。[①] 然而，目前，全省拥有各类文化市场经营主体 2 万余家、旅游星级饭店 544 家、旅行社 2 803 家，有文化市场从业人员 9 万余人、持证导游 5 万余人，年接待境内外游客超过 8 亿人次。面对规模庞大的文化和旅游市场，现有管理体制机制形成的管理模式落后、创新服务不足，在开发产品、完善设施、服务旅客、开拓市场等方面显得力不从心，束缚产业发展的活力，成为制约新业态发展的主要因素。此外，江苏城乡文化旅游市场体系仍处于“合而不融”状态，各类要素资源难以在城乡之间自由流动，文化旅游产业政策法规体系、管理体制与文化旅游产业新业态的特性尚有诸多不适应之处。同时，值得提出的是，疫情防控政策具有动态化特征，在疫情防控常态化前提下，需根据疫情形势变化适时调整。然而，一些地方未能及时制定出台推动文化旅游产业复苏发展的指导意见与实施细则，在一定程度上制约了文化旅游产业振兴发展。

(四) 配套基础设施建设不完善

文化旅游基础设施，不仅包括传统意义上的旅游交通业、餐饮酒店业，也包括融入新技术的旅游信息化基础设施等。江苏拥有丰富的文化旅游资源，仅国家 5A 级景区就有 23 处，是全国 5A 级景区最多的省份，但由于配套基础设施建设的不完善，江苏文化旅游产业并不十分发达，相较北京、上海、广州等，在新业态培育和发展方面相对落后，只能称得上“旅游大省”而不是“旅游强省”。江苏文化旅游产业配套基础设施建设方面存在的问题主要体现在以下两个方面：一是省内不同区域间配套基础设施差距较大，呈现明显的南强北弱特征。目前江苏文化旅游产业新业态主要集中在苏南地区，苏中、苏北地区相对较少，尤其是“文旅＋工业”“文旅＋科技”“文旅＋康养”等，主要原因就是苏中、苏北地区经济发展相对落后，由于缺乏相应的配套基础设施，文化旅游产业及其新业态发展受到很大限制。二是城乡之间配套基础设施差距较大，尤其是信息基础设施，城镇信息基础设施建设相对完善，广大的农村地区信息基础设施建设较为落后，极大地限制了农村地区文化旅游产业新业态的发展，只能局限于“文旅＋农业”等少数业态。

(五) 高端复合型人才缺口巨大

人才是产业发展的核心，人才的作用就是让资本转化的效率最高、技术手段的

---

① 车树林，王琼.“新常态”下文化产业制度创新：现实困境与路径选择[J]. 南京财经大学学报，2018(03)：101—108.

运用最恰当、文化元素的展现最充分，最终实现产品的价值最大化。[①] 文化旅游产业新业态规模的快速扩张使得人才出现行业性数量短缺。调查显示，目前江苏文化旅游产业人才主要集中在经营管理方面的人才，而具备技术创新能力方面的人才则严重短缺，同时从业人员文化程度普遍较低，本科以上层次的人才仅占35%左右，低于其他行业领域。同时，目前江苏文化旅游行业从业的高级经营管理人才，或是"半路出家"，或是临时聘请的"周末专家"，不论是从专业化程度来看，还是从对江苏文化旅游市场的了解程度看，都存在不小的差距，直接制约企业经营管理水平的进一步提升。特别是，多数文化旅游产业新业态都具有鲜明的"跨界"特征，对人才的知识结构和综合素质提出了更高要求。能否培养出符合江苏文化旅游产业新业态发展需求的高素质复合型人才，在很大程度上决定了江苏能否在该领域塑造出新的比较竞争优势。

四、加快江苏文化旅游产业新业态创新发展的对策建议

在疫情防控常态化形势下，江苏文化旅游产业发展将步入一个新的增长周期，尤其是在国际经济发展挑战加剧和国内经济转型的宏观背景下，要紧紧把握这一历史机遇，拓展文化旅游产业业态创新空间，积极壮大文化旅游产业这一新兴战略支柱性产业。针对当前江苏文化旅游产业新业态的发展现状以及面临的一系列突出问题，提出如下对策建议：

（一）加快全产业链整合，提升产业链和供应链水平

一是通过政府协商、规划引导，优化省内不同区域间专业化分工布局，逐步形成文化旅游产业垂直水平的合理分工布局，着力构建文旅大产业体系，提升文化旅游产业的附加值，延伸上下游产业链条，拓展新业态发展空间。二是针对疫后可能出现的文化旅游产品同质化问题，全面梳理江苏文化旅游产业现有产业链中的重要环节、重点项目，找准薄弱环节，补齐发展短板。推动形成一批拥有自主知识产权、主业突出、核心竞争能力强、发展前景好的龙头文化旅游企业，培育一批辐射能力强的跨地区、跨行业、跨所有制骨干文化旅游企业，通过聚焦龙头企业、骨干企业，使其向更加关注新业态创新的"产业链高端垄断模式"转型，促进上下游产业、生产销售和供应，增强产业链的弹性和韧性，提升产业链的现代化水平。[②] 三是深

① 柳杰. 转向与超越：文化创意人才激励机制构建[J]. 探索与争鸣，2020(06)：143—148，160.

② 陈少峰，侯杰耀. 文化旅游产业的最新发展动向[J]. 艺术评论，2018(12)：7—13.

入实施文旅 IP 培育行动，推动文旅 IP 本土化、体验化、创新化发展，丰富文化旅游产品开发与供给，优化新业态全产业链布局。

（二）提升产业发展品质，迎合居民文旅消费新偏好

文化旅游产业新业态创新要求文旅融合向纵深发展。一是主动迎合后疫情时代居民文旅消费新诉求，在夜间、日间、乡间、城间“四间”文旅融合，景区、园区、街区、社区“四区”文旅融合以及线上、线下文旅融合上深挖潜力，拓展文化旅游产业新业态发展时空。二是针对不同群体的旅游消费特征开展深入研究，因人而异，开展定制化文化旅游产品开发设计，迎合消费市场细分趋势。三是推动“文旅＋新基建”，实现文旅基础设施的功能优化与安全升级，大力发展全域旅游，为消费者提供更加丰富的数字文旅业态，提升产业基础的高级化水平。四是针对云端智慧游、3D 实景游、VR 漫游等科技含量较高的文化旅游产业新业态发展不足，进一步大力发展沉浸式旅游，突破传统旅游的体验局限，提高游客参与互动性，使游客真正体会旅游的快乐和满足。

（三）强化科技创新支撑，提高新业态高技术自给率

在科技创新赋能下，文化旅游产业将获得更大的发展空间，不断更新迭代当前的文化旅游产品，推动文化旅游产业新业态创新。一是应用移动互联网、大数据、云计算、物联网、人工智能等新一代信息技术手段，重构传统文化旅游产业业态，使其朝网络化、数字化、智能化转型，不断优化文化旅游产业新业态结构。运用科技手段将分散经营的各类文化旅游企业进行有效集聚，实现管理集约化、分工专业化、产品体系化、效益最大化，推动文化旅游产业向科技型、质量型和效益型方向发展，加快新业态创新。二是推动建立文化旅游产业新业态发展的技术创新联盟或科学创新共同体，实现技术创新资源、信息、人才和平台共享共用，减少同质化技术，形成共同的技术基础，消除技术壁垒。三是设立省级和市级政府文化旅游产业科技发展基金，用于引导扶持中小微文化旅游企业进行科技自主创新，推进中小微文化旅游企业的技术转移及商业化能力建设，培育一批特色鲜明、创新能力强的创新型中小微文化旅游企业。

（四）突出政府引领作用，深化大文化管理体制改革

一是进一步深化文化旅游产业管理体制机制改革，避免“碎片化”管理，切实解决职能交叉、多头管理等问题，为文化旅游产业新业态创新发展提供一个良好的生态环境。二是依据疫情形势和民众文旅消费偏好变化，及时引导各地制定出台满足民众文旅消费需求的政策制度，制定颁布具有前瞻性的文化旅游产业发展规划，

促进文化旅游产业完整产业链的打造。例如应积极研究出台《江苏省文化旅游产业促进条例》等，从财政、工商、税收、人事、土地、就业等多方面加大对文化旅游产业新业态发展的扶持，促进要素资源跨区域自由流动，提高要素资源配置效率。三是完善网络文化市场、数字文化市场监管网络，有效发挥行业协会行业自律作用，探索构建多层次的文化旅游产业发展共治体系。四是坚持以社会主义核心价值观引领文化旅游产业新业态发展，健全文化旅游"黑名单"制度，发挥信用管理在文化旅游监管中的主渠道作用。

(五) 完善基础设施建设，推动文旅跨区域协同发展

一是加大对文化资源发掘和保护的资金投入，探索区域性非物质文化遗产和旅游利用的体制机制，提高政府对于公共文化旅游服务的采购力度，加快建立相关机构绩效考评制度，为文化旅游产业新业态的发展创造条件。二是完善省内交通路网，制定全省旅游交通建设规划，在保证基本公共服务的同时，鼓励和支持适当增加个性化、非基本公共服务的供给，满足文化旅游消费者的多样化需求。三是要进一步打破行政壁垒、区域壁垒，推动文化旅游产业发展要素在省内不同区域间实现双向流动，促进苏南、苏中、苏北各地区以自身的资源禀赋和特色品牌在竞争合作的环境下更好地发展，加快在全省范围内形成统一的文化旅游大市场，从而为区域文化旅游产业新业态的协同发展保驾护航。四是打造完善的旅游信息一体化平台，实现跨区域信息共享红利，强化政府、社会等组织的监督与管理，带动文化旅游产业新业态不断创新。

(六) 立足"复合"构架，实施系统化人才培养工程

一是深化人才体制机制改革，完善人才政策，营造有利于人才辈出、人尽其才、才尽其用的制度环境。同时，以文化旅游企业领军人才和职业经理人为重点，以建立现代企业制度、提升经营管理水平为核心，加快推进文化旅游企业经营管理人才队伍职业化、市场化、国际化。二是依托国家级文化和科技融合示范基地建设，积极推动校企合作、校企融合，建立学校教育与企业实践相结合的育人体系，培养既懂科技又懂文化的复合型人才，加快形成"产学研"结合的人才培养模式。三是创新农村文化旅游产业新业态从业人员的职业培训制度、薪酬分配制度、社会保障制度，促进文化和旅游高端人才向农村流动，优化文化旅游产业人力资本配置，江苏正在蓬勃发展的乡村旅游需要一支数量充足、深入农村的实用人才队伍。四是改革文化旅游人才引进使用机制，放宽准入门槛，加快吸引国际高层次文化旅游产业人才的步伐，支持各地建立文化旅游产业专家顾问团队和专家库，切实做到"择天

下英才而用之”。

作者简介

石奇，河南驻马店人，南京财经大学经济学院教授。研究方向为产业政策。

王琼，江苏泰州人，南京财经大学经济学院硕士研究生。研究方向为产业政策。

Research on the Innovational Development of New Forms of Cultural Tourism Industry in Jiangsu Province

Shi Qi　Wang Qiong

Abstract: Influenced by COVID－19 and other factors, people's preferences for cultural tourism consumption have changed, and the demand for new forms of cultural tourism industry has become increasingly diversified. With the wide application of new generation information technology such as mobile Internet, cloud computing, big data, Internet of things and artificial intelligence, new formats of cultural tourism industry have also begun to accelerate the formation. Taking Jiangsu Province as an example, this paper analyzes and studies the innovation and development of new formats of cultural tourism industry. It is found that there are still many prominent problems in the development of Jiangsu cultural tourism industry, such as structural imbalance between supply and demand, weak autonomy of science and technology support system, system environment management system to be optimized, imperfect supporting infrastructure construction, huge gap of high-end compound talents, etc. In this regard, this paper suggests that efforts should be made to improve the level of industry chain and supply chain, cater to the new preferences of residents in cultural and tourism consumption, improve the high-tech self-sufficiency rate of new forms of business, deepen the reform of macro cultural management system, promote cross regional collaborative development of cultural tourism, and implement systematic talent training project, so as to accelerate the innovative development of new formats of cultural tourism industry in Jiangsu Province, and improve the display of cultural tourism industry development in Jiangsu Province, Better integrate into the new development pattern of "double cycle".

Key Words: Cultural tourism industry　New form　Information technology　Innovational development

“后疫情时代”长三角地区文化产业一体化实现路径研究*

王菡薇　周林意

摘　要:加快推进长三角文化产业一体化发展,既是大势所趋,也是内在要求。长三角地区文化产业一体化具有较好的基础,一方面文化产业增加值持续保持增长,文化及相关产业市场主体数量出现剧增,文化产业固定资产投资规模逐渐加大,文化产业科技创新能力持续增强,文化类社会组织蓬勃发展。另一方面,三省一市在文化产业领域达成了一系列的合作,共同努力推动长三角文化一体化向更高质量发展。然而长三角地区文化产业一体化发展仍存在着制度框架上的瓶颈,如行政机制方面顶层设计欠缺,合作机制不健全;市场机制方面区域统一,文化产业市场仍未建立;社会机制方面,文化社会组织潜力有待进一步挖掘。后疫情时代,推动长三角地区文化产业一体化发展,一方面要处理好政府、市场与社会组织之间的关系,让政府、市场和社会各归其位、各尽其责,破除文化产业一体化发展中存在的固有问题,另一方面对新冠疫情带来的文化产业发展环境的变化,应有针对性地制定促进文化产业发展的政策,发挥科技支撑的作用,推动文化产业转型升级。

关键词:“后疫情时代”　长三角　文化产业　一体化

一、引　言

从全球范围来看,城市群是新型城市化的重要形态,推动城市群一体化发展是提升竞争力的重要举措。因此,如何推动城市群一体化发展成为理论与实务界共同关注的话题。2019 年发布的《长江三角洲区域一体化发展规划纲要》提出要加

* 基金项目:本文系国家社科基金艺术学重大项目“中国美术史学史研究”(19ZD19)、江苏创意文化基地研究项目阶段成果。

强文化政策互惠互享，其要义即通过长三角城市群文化产业一体化发展，提升长三角城市群文化创造力和竞争力。本文在对长三角地区文化产业一体化发展的基础和面临的挑战、取得的成就进行分析的基础上，提出推动长三角地区文化产业一体化发展的对策，并结合疫情防控，指出"后疫情时代"长三角地区文化产业一体化发展的路径。

二、长三角地区文化产业一体化发展的基础与面临的挑战

(一) 长三角地区文化产业一体化发展的基础

1. 文化产业增加值持续保持增长

2017 年全国文化产业增加值为 34 722 亿元，较上一年增长 12.78%，继续保持两位数的增长趋势；占 GDP 的比重为 4.20%，较上一年提高 0.06 个百分点。2017 年长三角地区文化产业增加值为 10 894 亿元，较上一年增长 9.65%，增速虽然有所回落，但是依然保持着强劲的增长势头；占 GDP 的比重为 5.58%，高出全国 1.38 个百分点。2015—2017 年间，长三角地区文化产业增加值占全国文化产业增加值的比重一直保持在 30%以上，且在我国各区域中，只有长三角地区文化产业占 GDP 的比重超过 5%，长三角地区文化产业发展持续领跑全国各区域。(表 1)

表 1　2015—2017 年长三角地区文化产业增加值

地区	2015		2016		2017	
	增加值	占 GDP 比重	增加值	占 GDP 比重	增加值	占 GDP 比重
上海	1 666.90	6.70	1 861.70	6.77	2 081.40	6.79
江苏	3 481.90	5.00	3 863.90	5.08	3 979.20	4.63
浙江	2 490.00	5.81	3 233.00	6.80	3 745.00	7.20
安徽	833.71	3.79	976.31	4.04	1 088.30	4.03
长三角	8 473.00	5.29	9 935.00	5.70	10 894.00	5.58
全国	27 235.00	3.95	30 785.00	4.14	34 722.00	4.20

注：增加值单位为亿元，占 GDP 比重为%。数据来自《中国文化及相关产业统计年鉴(2018)》《中国文化及相关产业统计年鉴(2017)》。

从长三角区域内部看，2017 年，上海文化产业增加值为 2 081.40 亿元，对 GDP 增量的贡献达到 6.79%；江苏文化产业增加值为 3 979.20 亿元，在三省一市中增加值最大，对 GDP 增长贡献为 4.63%；浙江文化产业增加值为 3 745.00 亿

元，对 GDP 增长的贡献为 7.20%，在三省一市中对 GDP 增长的贡献最大；安徽文化产业增加值为1 088.30亿元，对 GDP 增长的贡献为 4.03%。为进一步推动文化产业发展，安徽采取了差异化、协同化、集约化等文化产业发展战略，奋力开创文化强省新局面。

2. 文化及相关产业市场主体数量剧增

经营性文化及相关产业市场主体是推动长三角地区文化产业发展的主体力量。随着文化体制改革的推进和文化市场的完善，长三角地区文化主体数量呈现出剧增的趋势，2018 年长三角地区文化及相关产业法人单位数达到 49.19 万，占全国的 23.39%；从业人员达到 510.9 万，占全国 24.85%。而 2013 年长三角地区文化及相关产业法人单位数为 25.43 万，从业人员数为 449.50 万，2013—2018 年法人单位数年均增长 14.11%，从业人员数年均增长 2.59%。从长三角区域内部看，2018 年，上海法人单位数为 4.47 万，从业人员数为 68.90 万；江苏法人单位数为 21.15 万，从业人员数为 233.50 万；浙江法人单位数为 15.44 万，从业人员数为 140.30 万；安徽法人单位数为 8.13 万，从业人员数为 68.20 万。（表 2）

表 2　长三角地区文化及相关产业市场主体发展状况

地区	2013		2018	
	法人单位数	从业人员数	法人单位数	从业人员数
上海	3.86	71.00	4.47	68.90
江苏	9.49	193.10	21.15	233.50
浙江	8.57	134.30	15.44	140.30
安徽	3.51	51.10	8.13	68.20
长三角	25.43	449.50	49.19	510.90
全国	91.85	1 760.00	210.31	2 055.80
占全国比重	12.09	21.86	23.39	24.85

注：法人单位数单位为万，从业人员数单位为万。数据来自《中国文化及相关产业统计年鉴(2019)》《中国文化及相关产业统计年鉴(2014)》。

3. 文化产业固定资产投资规模逐渐加大

在各项政策的激励下，长三角地区文化产业固定资产投资规模逐年加大，从 2013 年的 3 719.58 亿元增加到 2017 年的 6 200.49 亿元，年均增长 13.63%。在此期间，长三角三省一市文化产业固定资产投资占全国的比重略有下降，从 2013

年占比 19.53%降至 2017 年的 16.20%。(表 3)

表 3　2013—2017 年长三角地区文化产业固定资产投资

地区	2013	2014	2015	2016	2017
上海	225.56	255.13	195.96	213.42	194.06
江苏	1 822.62	2 409.81	2 641.22	2 824.30	2 920.16
浙江	851.55	1 074.73	1 442.31	1 659.77	1 752.10
安徽	819.84	913.97	1 173.41	1 462.77	1 334.17
长三角	3 719.58	4 653.64	5 452.90	6 160.26	6 200.49
全国	19 046.01	23 695.03	28 897.96	33 712.93	38 280.18

注:单位亿元,数据来自《中国文化及相关产业统计年鉴(2018)》。

从长三角地区内部来看,上海文化产业固定资产投资从 2013 年的 225.56 亿元降至 2017 年的 194.06 亿元;江苏文化产业固定资产投资从 2013 年的 1 822.62 亿元增加到 2017 年的 2 920.16 亿元,年均增长 12.51%;浙江文化产业固定资产投资从 2013 年的 851.55 亿元增加到 2017 年的 1 752.10 亿元,年均增长 19.77%;安徽文化产业固定资产投资从 2013 年的 819.84 亿元增加到 2017 年的 1 334.17 亿元,年均增长 12.95%。

4. 文化产业科技创新能力持续增强

创新是文化产业发展的动力源泉,文化产业发展的过程就是一个在继承中不断进行创新的过程。长三角地区文化产业科技创新能力是提升地区文化产业核心竞争力的关键,也是满足人民日益增长的美好生活需要的必然要求。2014—2018 年长三角地区文化产业专利授权总数呈逐年上升的趋势,从 2014 年的 28 436 件增加到 2018 年的 39 558 件,年均增长 8.6%。其中外观设计专利略有下降,从 2014 年的 18 534 件下降到 2018 年的 18 435 件,实用新型专利从 2014 年的 7 948 件增加到 2018 年的 15 920 件,年均增长 18.97%,发明专利从 2014 年的 1 954 件增加到 2018 年的 5 203 件,年均增长 27.74%。(见表 4)

表 4　长三角地区 2014—2018 年文化产业科技创新能力

年份	外观设计专利	实用新型专利	发明专利	总计
2014	18 534	7 948	1 954	28 436
2015	20 945	10 238	2 807	33 990

（续表）

年份	外观设计专利	实用新型专利	发明专利	总计
2016	17 966	11 082	3 833	32 881
2017	21 563	10 733	4 040	36 336
2018	18 435	15 920	5 203	39 558

注：单位为件，数据来自 2015—2019 年《中国文化及相关产业统计年鉴》。

从长三角地区内部看，2014—2018 年，上海专利授权总数从 2 751 件增加到 5 217 件，年均增长 17.34%；江苏专利授权总数从 11 558 件增加到 15 898 件，年均增长 8.30%；浙江专利授权总数从 12 527 件增加到 15 661 件，年均增长 5.74%；安徽专利授权总数从 1 600 件增加到 2 782 件，年均增长 14.83%。（表 5）

表 5　长三角三省一市 2014—2018 年专利授权总数情况

地区	2014	2015	2016	2017	2018
上海	2 751	3 138	3 594	4 062	5 217
江苏	11 558	15 452	13 578	15 511	15 898
浙江	12 527	13 653	13 450	14 511	15 661
安徽	1 600	1 747	2 259	2 252	2 782
长三角	28 436	33 990	32 881	36 336	39 558

注：单位为件，数据来自 2015—2019 年《中国文化及相关产业统计年鉴》。

5. 文化类社会组织蓬勃发展

社会组织是文化市场的重要组成部分，是政府与文化产业市场主体、民众沟通的桥梁，是推动文化产业发展的重要力量。① 2018 年全国拥有文化类社会组织 68 744 个，较上一年增长 14.84%，人均机构数 0.49 个/万人，较上一年增加 0.06 个/万人。长三角地区文化类社会组织机构数 17 638 个，较上一年增长 20.14%，人均机构数 0.78 个/万人，较上一年增加 0.12 个/万人。长三角地区机构数占全国比重为 25.65%，较上一年提高 1.13 个百分点，2017 年、2018 年人均机构数分别高出全国 0.23 个/万人、0.29 个/万人。（表 6）

---

① 李东东：发挥社会组织作用推动文化产业投融资体系建设[EB/OL].[2013－03－10]. http://lianghui.people.com.cn/2013cppcc/n/2013/0310/c357111－20737170.html.

表6 2017—2018年长三角地区文化类社会组织发展情况

地区	2017		2018	
	机构数	人均机构数	机构数	人均机构数
上海	1 153	0.48	1 298	0.54
江苏	7 173	0.89	8 680	1.08
浙江	4 170	0.74	5 108	0.89
安徽	2 185	0.35	2 552	0.40
长三角	14 681	0.66	17 638	0.78
全国	59 857	0.43	68 744	0.49
占全国比重	24.52	—	25.65	—

注:机构数单位为个,人均机构数单位为个/万人。数据来自2018—2019年《中国文化及相关产业统计年鉴》。

从长三角区域内部看,2018年,江苏文化类社会组织机构为8 680个,人均机构为1.08个/万人,文化类社会组织发展水平远高于长三角其他地区发展水平。浙江文化类社会组织发展水平居于第二位,文化类社会组织机构为5 108个,人均机构为0.89个/万人,上海和安徽紧跟其后,文化类社会组织分别为1 298个、2 552个,人均机构分别为0.54个/万人、0.40个/万人。

(二)长三角地区文化产业一体化发展面临的挑战

1. 制度瓶颈:顶层设计欠缺,合作机制不健全

顶层规划和设计缺乏。"十三五"期间,长三角三省一市均制定了文化发展规划,如上海《"十三五"文化改革发展规划》、江苏《"十三五"文化发展规划》、浙江《文化产业发展"十三五"规划》、安徽《"十三五"文化发展改革规划纲要》。但是,在长三角一体化背景下,文化产业缺乏整体布局和规划,也无统一发展的协调机制。各地文化产业园区建设、运营和管理自行其是,缺乏协调性。

合作机制不健全。虽然长三角区域合作已形成"决策层、协调层、执行层"三级运作机制,但是在文化产业领域的合作广度与深度还不够。一方面文化产业方面的合作缺乏国家层面的协调机构,各地区由于存在着行政分割,影响了文化产业合作的有效性。另一方面由于行政区划间的激励与竞争机制,长三角地区政府间缺乏基于契约的信任关系。再有是毗邻地区的行政级别不对称,导致协调难、对接难。

2. 市场瓶颈:区域统一文化产业市场仍未建立

文化产业一体化本质上是市场主导下自发演化的过程,政府在其中只是扮演"引导者"的角色,应该有所为而又有所不为,即政府在文化产业一体化过程中必须清晰定位,不能动用过多的行政手段来约束与干预地方政府的行为。但是由于市场机制不健全,在文化产业一体化过程中,地方政府往往以"全能"的身份出现,市场的作用仍十分有限。

市场机制不健全。目前长三角地区文化产业的合作主要以政府推动为主,现代文化产业体系与文化市场体系仍不健全。一方面文化市场主体虽然众多,但是存在着多、乱、杂的局面,无法通过市场机制净化文化产业市场,优化文化产业结构,文化产品同质化现象仍比较严重。另一方面文化企业实力整体偏弱,创新能力仍然不足,高质量文化产品依然欠缺,无法满足人们的需求。

要素流动不顺畅。文化相关资本、技术、信息等发展要素流动依然不够顺畅,文化产业发展缺乏融合对接,投融资管理自成体系。凡此种种,限制和约束跨界地区的要素流动、优势互补、资源共享,合作交易成本高,一体化红利弱,影响了整体竞争力的提升,壁垒效应明显,也阻滞了长三角文化产业一体化进程。

3. 社会瓶颈:文化社会组织潜力有待进一步挖掘

文化社会组织发育不均衡。长三角地区文化社会组织发展不平衡,据《中国文化及文化产业统计年鉴(2018)》数据,2017 年上海、江苏、浙江和安徽三省一市拥有文化社会组织的数量分别为 1 153 家、7 173 家、4 170 家和 2 185 家,上海、江苏、浙江和安徽每万人拥有文化社会组织数量分别为 0.48、0.89、0.74、0.35 家。江苏文化社会组织发育水平最高,浙江其次,而安徽与其他三个地区之间存在较大差距。文化社会组织培育的区域差异必然导致文化产业一体化发展社会组织参与的区域差异,各地区文化产业社会参与水平参差不齐,难以形成合力。在文化社会组织中,基金类社会组织所占比重较小,资源供养不足。文化社会组织不同于政府组织,可以通过提供公共产品或者服务来换取税收,也不同于企业组织,通过销售产品或者提供服务来赚取利润。① 文化社会组织与其他类型社会组织一样,即不能依靠税收供养,也不能依靠利润供养。其资金来源主要有如下三个渠道:民间捐赠、服务收费、政府补贴。相关调查显示,筹资难的问题是文化社会组织发展面临

① 易承志.政府向社会组织购买服务相关问题研究——基于组织功能比较优势的视角·以上海市为例[J].太平洋学报,2012,020(001):73—82.

的主要困难，由于资金紧缺，文化社会组织自身的功能和作用无法体现，有些文化社会组织为了筹资，甚至背离了组织的初衷，开始向企业转变。

区域文化社会组织缺乏合作。一是长三角地区社会组织无法跨区域注册，导致文化社会组织难以在长三角地区设立统一的、区域性的社会组织。文化社会组织跨行政区域开展工作常受到困扰，不仅降低了工作效率，异地再次注册也增加了管理难度，降低了合作的效率。二是文化社会组织缺乏完善的合作交流机制，而且数据不共享，无法发挥合作带来的公益资源效率最大化优势。区域社会组织之间缺乏联动，合力尚未形成，潜力有待进一步挖掘。

三、"后疫情时代"长三角地区文化产业一体化

(一) 长三角地区文化产业一体化发展的成就

1. 签署了系列合作协议

2004年苏浙沪签署了《长三角区域演出市场合作与发展实施意见》，这是长三角地区首个文化领域的合作协议，标志着文化产业合作的开端。2007年长三角地区18家网站负责人在上海召开第一届长三角网站联席会议，共同签署《长三角新闻网站合作协议》。2012年江苏省文化厅、浙江省文化厅和上海市文广局共同签订了《加快长三角地区网吧市场一体化建设的若干意见》，开启了网吧经营领域一体化之路。2018年长三角三省一市(江苏、浙江、安徽、上海)的新闻出版(版权)局负责人共同签署了《关于共同推动长三角区域出版和版权发展的框架协议》。2019年5月长三角地区三省一市文化和旅游部门在沪签署了《长三角文化和旅游高质量发展战略合作框架协议》，进一步深化长三角文化和旅游合作与协同发展。2019年11月，江苏、浙江、安徽、上海等三省一市的文物部门在第二届长三角文博会上，共同签署了《长三角地区推动文物博物馆一体化发展战略合作框架协议》《长三角三省一市博物馆协会(学会)战略合作协议》《长三角三省一市博物馆文创联盟协议》三项协议，标志着长三角文博圈正式形成。

2. 搭建了一体化合作新平台

长三角地区以联盟的方式，搭建了系列一体化文化产业合作的新平台。2018年6月"长三角文艺发展联盟"在上海成立，旨在共同推进区域文艺事业在新时代的繁荣发展。2018年8月，沪苏浙皖四地作协在沪签约，联合组建长三角文学发展联盟。2018年11月29日至12月2日首届长三角国际文化产业博览会在上海举办，相继成立了长三角动漫产业合作联盟、长三角文创特展产业联盟、长三角红

色文化旅游区域联盟、长三角文旅产业联盟、长三角影视制作基地联盟、长三角文化装备产业协会联盟。2019 年 7 月，长三角城市文化馆联盟在上海成立，旨在进一步推动公共文化服务事业协同联动发展。

3. 文艺创作演出一体化互动

2018 年上海金山文化艺术季中演出的《精卫填海——金山传奇》是长三角文艺创作演出一体化互动的一种新探索。该剧由上海主创，江苏盐城歌剧舞剧院主演。在沪首演后，这台舞剧还在江苏盐城、浙江嘉善等长三角地区巡演。2019 年 9 月，首届长三角民间艺术节在苏州举办，集结了来自江浙沪皖的特色民间表演艺术，10 支民间文艺表演团队表演了拱瑞手狮、花灯歌舞、徽州民歌、常州吆喝、角直连厢、畲族木鼓舞等优秀民间音乐舞蹈。第 22 届上海国际电影节期间，三省一市举行了长三角影视拍摄基地合作启动仪式。文艺创作演出一体化互动推动区域文艺演出协同合作与联动发展。

4. 制定一体化发展指南

为推动长三角地区更高质量一体化发展，三省一市共同制定了《长三角地区一体化发展三年行动计划》，共同促进文化产业联动发展。针对《规划纲要》，各地区也制定了具体的行动计划，并对文化产业一体化发展提出了具体要求。如《安徽省实施长江三角洲区域一体化发展规划纲要行动计划》明确提出深化与沪苏浙文化旅游产业合作，协同办好重大展会，促进文化交流合作，共筑文化产业发展高地。2019 年 7 月制定的《长三角区域印刷业一体化发展升级指南》更是文化产业领域特定指南，是文化产业落实长三角区域一体化发展国家战略的主动尝试。

（二）“后疫情时代”长三角地区文化产业一体化发展的必要性

1. 国家发展战略的要求

长三角地区创新能力、开放水平和发展活力等一直以来都位居我国城市群发展前列。近年来，随着长三角地区经济融合的不断深入，一体化进程不断提速，长三角已然成为代表中国参与国际竞争与合作的主要力量。然而，在重视经济融合的进程中，文化一体化的建设没有得到足够的重视。

文化是城市之魂，也应是长三角之魂。2019 年发布的《长江三角洲区域一体化发展规划纲要》提出要加强文化政策互惠互享，加强革命文物保护利用，构建现代文化产业体系，加强广播电视产业跨区域合作发展等，“共筑文化发展高地”。显而易见，长三角一体化也是名副其实的文化长三角一体化，是国家重大战略谋篇布局的一部分。

2. **“后疫情时代”区域合作的要求**

新冠疫情不仅给产业链带来了风险，而且也扰乱了全球产业资源配置。后疫情时代，长三角地区必须加强区域合作，构建区域产业链，对冲新冠疫情给地区产业发展带来的风险。

文化产业一体化发展是长三角地区区域合作的载体。① 长三角地区地缘相邻，经济相融，文化同根同源。长三角地区的文化包括海派文化、金陵文化、吴越文化、淮扬文化、徽文化和皖江文化等②，具有地区特色的文化资源为长三角区域合作提供了重要载体。

文化产业一体化是长三角区域合作的重要体现。近几年随着长三角区域经济融合的不断深入，一体化进程不断提速，长三角已然成为代表中国参与国际竞争与合作的主要力量。此外，随着全球化的推进，文化软实力逐渐走上时代舞台，成为全球化的主角。文化产业发展状况已经成为衡量一个国家和地区综合竞争力的重要体现。

3. **“后疫情时代”高质量发展的要求**

新冠疫情给全球经济带来了严重的危机，面对外部市场的疲软，发展新经济、寻求新动能对未来区域经济高质量发展至关重要。文化产业是一种特殊的文化和经济形态，市场主体提供的文化产品具有知识性、传播性和创造性等特征，能够满足人们对美好生活的需要。③ 文化产业的核心要素是人力资本，就业吸纳能力强，是大众创业、万众创新最活跃的领域之一。随着互联网的发展，文化产业的生产、传播、消费的方式也随之发生改变，文化产业一体化发展将进一步推动区域文化产业的经营方式和商业模式的创新，为地方经济的发展注入新的活力。

文化产业还是一个渗透性、关联性很强的产业，与旅游、创意等产业有着天然的耦合联系，并有着与其他产业融合的基础和广阔空间。④ 文化产业一体化发展有助于打破行政区域的壁垒，突破产业发展的边界，优化生产要素的配置，融合形

---

① 史征. 长三角城市群文化创意产业集聚合作发展的有效路径研究：以沪、宁、杭三地文化创意产业园区为视角[J]. 兰州学刊，2011(02)：82—86.

② 陈尧明，苏迅. 长三角文化的累积与裂变：吴文化—江南文化—海派文化[J]. 江南论坛，2006(05)：17—21.

③ 薛虹. 文化产业发展评价指标体系研究——以江苏省南通市文化产业发展为例[J]. 中国统计，2010(12)：48—49.

④ 杜传忠，王飞. 生产性文化服务业：我国应重点发展的新兴文化产业[J]. 江淮论坛，2014(03)：38—45.

成文化产业新业态，增强文化产业的附加值和市场竞争力。

四、"后疫情时代"长三角地区文化产业一体化路径

新冠疫情"黑天鹅事件"给文化产业发展带来了不小的冲击，但是也带来了转型升级的新契机。"后疫情时代"，长三角地区文化产业一体化一方面要解决固有的问题，另一方面，针对新冠疫情带来的长三角地区文化产业市场及环境的变化，应有针对性地制定促进文化产业发展的政策，推动文化产业发展的转型，发挥科技支撑的作用，推动文化产业转型升级。

（一）促进文化产业市场一体化，加速形成文化产业一体化的大格局

1. 破除行政藩篱，在现有基础上加快文化产业一体化步伐

强化顶层设计。目前长三角三省一市虽然成立了长三角区域合作办公室，文化产业一体化工作也在不断深化，但是更多的还是自下而上的推动，大家就各自需求找到对接点，没有形成长效机制。因此，要形成面向未来的顶层设计，建立更有效的沟通、协商和解决具体问题的机制。

完善区域文化产业规划协同机制。文化产业一体化发展必须规划先行。建议长三角地区文化部门按照优势互补、共建共享的原则，推动长三角文化产业统一规划、统一布局、协同发展，使文化产业发展真正成为"一盘棋"。统一规划的同时必须坚持地方特色，充分依托各地区特色的地域文化，挖掘其深层次的内涵，打造各地区各具特色的文化产业发展特色。

建议高层推动和毗邻地区合作共同推动，着力促进区域间的合作。毗邻地区不仅地域相邻，而且文化更为接近，更有利于实现文化产业发展一体化。高层推动的同时，建议三省一市毗邻地区建立文化产业一体化定期磋商机制，建立文化产业一体化发展联席会议制度并制定联席会议暂行办法，强化考核和推进机制，且考核结果在区域内效力统一。有条件地区可以探索建立毗邻地区文化产业一体化发展基金，重点支持跨地区公共文化基础设施建设，并做到毗邻地区公共文化基础设施共建共享，提高资源利用效率。

2. 打破行业和区域壁垒，促进文化产业市场一体化

市场是文化产业发展的外部环境，也是文化资源和要素配置的公共平台。①

① 任贤良. 积极探讨文化产业繁荣发展之路——政府推动、市场运作，推动文化产业的发展[J]. 红旗文稿，2011(03)：18—23.

长三角文化产业发展一体化既要发挥政府"有形之手"的作用，也要重视市场"无形之手"的作用。

大力培育长三角地区共同的文化产业市场。构建长三角文化市场一体化的框架，制定文化产业市场一体化规则，扫除长三角地区文化商品、要素流动的障碍，促进长三角地区文化市场一体化发展。完善知识产权制度，维护和规范市场秩序，促进公平竞争。重塑市场主体，在区域内培育一批骨干文化企业，改变文化企业规模小、分散、竞争力弱的局面，形成规模效益，提升区域文化产业竞争力。

推动文化产业要素无障碍流动。要以长三角一体化为契机，以长三角地区实体经济为基础，以各城市文化特色为背景，以文化产业价值链与空间价值链为纽带，整合长三角地区的文化市场，促进长三角地区文化产业各生产要素有序地、无障碍地流动，推动文化产业在区域内梯度转移，推动长三角地区现代文化产业体系向纵深发展。

3. 发挥社会组织的力量，加速形成文化产业一体化的大格局

社会组织包括行业协会、商会、文化产业基金会等。① 长三角文化产业一体化过程中，由于各地区文化产业政策仍有不衔接的状况，文化产业发展状况也存在着一定的差异，因此必须在政府和市场之间发挥社会组织"润滑剂"的作用。建议在政府的主导下，充分发挥社会组织"润滑剂"的作用，推动文化产业一体化发展。

推动社会力量的成长。推动社会力量的成长是打破不均衡状态的重要举措。公民社会的成熟是社会力量成长的前提，制度环境是公民社会成熟的重要基石，建议优化公民社会成熟发展的制度环境，打破制度性障碍，推动公民社会的成长成熟，从而激活全社会的力量，为文化产业一体化发展提供持久的动力。

完善文化社会组织发展的支持体系。建立财政资金扶持政策，对活动开展好、群众满意度高的文体类社会组织依据其活动影响力，每年有计划地给予资金扶持。唤起企业的社会责任意识，促使更多的企业捐助社会组织；培育个人的捐助意识，使更多的人参与到捐助社会组织的行列中来。

完善区域文化社会组织的合作机制。创新区域社会组织的管理。开展文化类社会组织互认工作，免去跨市、跨省重新认定、注册的行政程序。加强文化社会组织间的沟通交流。文化社会组织之间要加强沟通交流，一方面能不断汲取先进的

---

① 韩俊魁. 1949 年以来中国社会组织分类治理的发展脉络及其张力[J]. 学习与探索，2015(09)：25—29.

思想和理念，优化专业技术人员的知识结构，提高职业化水平；另一方面能有效推动资源共享，实现优势互补，协同开展活动，提高工作效益。

（二）推动区域内文化企业平稳发展和文化产业创新转型

1. 精准施策，推动区域内文化企业平稳发展

新冠疫情对文化产业发展产生了重大影响，特别是线下消费型文化企业，受新冠疫情影响消费市场急剧缩减，企业业绩大幅下滑，有些企业甚至颗粒无收。

要坚持一手抓疫情防控，一手抓文化产业复工复产。三省一市应充分发挥长三角区域一体化优势，联防联控、政策协同，一方面遏制疫情，同时推动文化企业复工复产。建立文化产业复工复产的政策协同机制，强化区域内供需匹配，为文化企业复工复产提供强有力的支撑。

多措并举帮助文化企业共渡难关。按照《长江三角洲区域一体化发展规划纲要》要求，相关政策措施应为"融入一体化、服务一体化、推进一体化"服务。一是优化营商环境，实施资金补贴。高位推动，各地区协同，进一步优化营商环境，实施资金扶持补贴，加大对文化企业，特别是民营文化企业创新的扶持力度，提升服务水平，切实帮助文化企业特别是中小文化企业稳定发展信心，形成后疫情时代长三角地区文化产业发展的吸引力。二是加强金融支持文化产业发展力度。运作好长三角地区文化产业发展基金，持续加大金融对文化企业的扶持力度。

2. 把握文化产业特点，推动文化产业转型发展

文化产业是内容产业，内容是文化产业的核心；文化产业具有较强的融合性，融合是文化产业发展方式转变的重要手段。① 推动文化产业转型发展，要牢牢把握文化产业的特征，创新文化产业生产方式，促进文化产业融合，实现文化产业转型发展。

创新文化产业生产方式。文化产业是以文化内容产品为载体，向社会公众传播某种思想观念。后疫情时代，长三角地区文化产业生产应站在时代的高起点上，在体制机制、内容形式、传播和覆盖等方面进行创新。体制机制方面，要理顺管理体制，打破行政藩篱，构建行之有效的文化产业生产区域监管平台；推动文化产业集约化、市场化水平，提高文化产业的规模效益。内容形式方面，"后疫情时代"人们较以往更需要好的文化作品以缓解焦虑情绪，丰富居家精神生活，满足精神需求。"后疫情时代"文化生产要具有前瞻性，取材要紧跟时代步伐，主动拥抱互联

---

① 王亚川. 文化产业发展的若干趋势分析[J]. 北京社会科学，2006(04)：15—19.

网。要以市场为导向，以资产为纽带，打造具有长三角地方特色的文化产业示范性品牌，向全国展示后疫情时代长三角江南水乡风貌和水乡文化，向全球展示长三角的时代新貌。传播覆盖方面，运用高科技改造传统文化产业，积极发展数字电视、数字娱乐、云旅游等新文化产业，创新传播手段，有效提高文化产品的到达率和稳定率，提高关注度，拓展文化产业发展空间。

促进文化产业融合。随着创意时代的来临，跨界融合是实现跨越式发展的有效途径。文化与其他领域的融合不仅可以造就具有活力的发展领域，其内生驱动力也是世界许多城市转型发展的新动能。融合路径上，推动文化要素与资本、人才、技术、信息等要素融合，通过要素融合创新文化产业发展模式；促进文化产业与旅游业、体育业等产业融合，形成文化产业发展新业态。依托互联网平台和数字技术等，打破时空界限，构建“文化＋平台”，实现文化产业的空间重塑。

3. 发挥科技支撑作用，推动文化产业创新

基础设施建设是科技支撑文化产业创新的重要基础。长三角地区要结合中央对“新基建”的部署，加快新基础设施建设，并将新基础设施广泛渗透到文化产业创作、生产、传播、消费的各个层面和环节，加速文化生产方式变革，推动“后疫情时代”文化产业可持续发展。

强化文化产业协同创新。长三角三省一市可通过签订《长三角地区文化产业协同创新战略合作协议》的方式，加强区域文化产业创新战略的协同。同时可通过构建区域协同创新网络，促进城市间的文化科创协同。此外，紧紧抓住长三角一体化机遇，围绕打造长三角世界级产业集群，各地区充分发挥各自的资源优势，在文化产业分工、文化产业布局等方面加强与其他城市的协作，改造传统的文化产业，发展新兴文化产业，推动长三角地区文化产业实现更高质量发展，构建文化产业创新的国家级先行区。

作者简介

王菡薇，天津宁河人，同济大学人文学院教授。研究方向为艺术史与艺术社会学。

周林意，湖南邵阳人，上海交通大学国际与公共事务学院博士后。研究方向为文化产业管理、风险治理。

Research on the Realization Path of Cultural Industry Integration in Yangtze River Delta in "Post-epidemic Era"

Wang Hanwei　Zhou Linyi

Abstract: Accelerating the integration of cultural industry in the Yangtze River Delta is not only a general trend, but also an internal requirement. Cultural industry integration in the Yangtze River Delta region has a good foundation. On the one hand, the added value of the cultural industry continues to grow, cultural and related industry market entities have mushroomed, the scale of fixed asset investment in the cultural industry has gradually increased, the cultural industry's capacity for scientific and technological innovation has continued to grow, and cultural social organizations have flourished. On the other hand, the three provinces and one municipality have reached a series of cooperation in the field of cultural industry, making joint efforts to promote the cultural integration in the Yangtze River Delta to higher-quality development. However, there are still institutional bottlenecks in the integration of cultural industry in the Yangtze River Delta, such as the lack of top-level design of administrative mechanism and unsound cooperation mechanism; In terms of market mechanism, the regional unified cultural industry market has not yet been established; In terms of social mechanism, the potential of cultural and social organizations needs to be further tapped. In the post-epidemic era, in order to promote the integration of the cultural industry in the Yangtze River Delta, the relationships between the government, the market and the social organizations must be properly managed, thus allowing the government, the market and the society to leverage their respective duties and do their best to eliminate the inherent problems in the development of the cultural industry integration. Meanwhile, in the context of the new development environment of the cultural industry brought about by COVID－19, targeted policies shall be developed to support the development of cultural industry, while science and technology shall be utilized to promote the transformation and upgrading of cultural industry.

Key Words: "Post-epidemic era" Yangtze River Delta Cultural industry Integration

文化政策

公共文化政策的执行困境及其优化策略
——以送戏下乡为中心的思考

陈 庚 邱晶钰

摘 要:公共文化政策是推动我国文化建设的基本动力。公共文化政策在促进我国文化改革快速发展的同时亦暴露出诸多问题。以送戏下乡政策执行为例的研究发现,当前的公共文化政策在政策目标与标准、政策资源供给与配置、执行方式与监管机制、执行机构与执行人员、外部环境等方面仍存在困境。要优化公共文化政策的执行过程及效果,需要从政策执行的顶层设计、过程管理及情境优化三个层面采取因应措施。

关键词:公共文化政策 政策执行 执行效果 送戏下乡

一、引 言

公共文化政策是国家文化权力机关为达成文化建设目标、增进公共文化利益而选择和制定的行动方案,是推动我国文化建设与改革发展的基本动力。在国家公共文化政策的推动下,我国文化建设取得长足进展,逐步从文化事业发展模式顺利过渡到事业与产业分途发展的新路径。但不可否认,我国公共文化政策仍面临诸多困境和掣肘,尤其在一些文化民生和基层政策执行方面,存在较为明显的政策执行困境。这种困境在以项目制为运行逻辑的农村文化惠民工程执行过程中表现得尤为突出。20 世纪 90 年代,为保障农村居民的文化权益,党和国家开始陆续出台相关公共文化政策,启动系列农村文化惠民工程,“送戏下乡”就在这种背景下逐步成了各地方政府的一项重要文化政策方案。近年来,随着现代公共文化服务体系建设、中华优秀传统文化传承发展工程、乡村文化振兴、深化国有文艺院团改革等政策议题的提出和推进,送戏下乡政策的执行力度逐步加大,进程不断加快,取得了显著成果,同时亦暴露出诸多问题,有待于进行深入的理论解析。

目前,关于我国公共文化政策的研究大致可分两类:一类是总体性探讨,如李少惠等(2010)[①]曾对新中国成立后 60 年内的公共文化政策进行了阶段划分并做出评价;张波(2017)[②]聚焦我国公共文化政策道德风险,认为需要在理念层面突出伦理精神以降低政府公共文化政策道德风险;柯平等(2017)[③]从不同价值取向的选择视角对我国公共文化政策进行解读,分析了基本公共文化服务均等化的合理性;陈世香等(2019)[④]基于制度环境三维度理论框架探析了地方政府公共文化政策执行阻滞的生成逻辑。另一类是针对性探讨,其中较多研究围绕公共文化服务政策展开,既包括针对公共文化服务政策的整体性探讨[⑤],又包括具体指向关于公共图书馆(如魏建琳等,2017;刘倩美等,2020)[⑥]、农家书屋(如唐丹丹等,2020;陈庚等,2020)[⑦]等公共文化政策的研究,以送戏下乡政策为对象的研究亦包含其中。黄莉茜(2009)[⑧]、陈乃平(2016)[⑨]、汪玉柱(2016)[⑩]曾就送戏下乡开展过程中存在的问题及应对策略展开讨论;韩玉斌、当增吉(2014)[⑪],张秀丽(2016)[⑫]分别对西

① 李少惠,等.建国以来我国公共文化政策的发展[J].社会主义研究,2010(2):110—114.

② 张波.行政伦理:降低政府公共文化政策道德风险的有效策略[J].学习与探索,2017(4):64—68.

③ 柯平,等.基本公共文化服务均等化的合理价值取向研究[J].国家图书馆学刊,2017,26(5):3—9.

④ 陈世香,等.地方政府公共文化政策执行阻滞的生成逻辑——基于制度环境三维度理论框架的分析[J].上海行政学院学报,2019,20(3):25—36.

⑤ 相关研究包括:李少惠,等.我国公共文化服务政策的演进脉络与结构特征——基于 139 份政策文本的实证分析[J].山东大学学报:哲学社会科学版,2019(2):57—67.;赵一方,等.政策计量视角下公共文化服务政策内容主题分析[J].图书情报工作,2020,64(10):66—74.;方永恒,等.我国地方政府购买公共文化服务政策:历程、困境与创新[J].华中科技大学学报:社会科学版,2020,34(1):130—136.

⑥ 魏建琳,等.区域公共图书馆事业跨越式发展若干命题的再思考——以国际大都市建设背景下的西安地区公共图书馆事业为例[J].图书馆建设,2017(1):26—32.;刘倩美,等.我国公共图书馆少儿服务立法研究[J].图书馆建设,2020(1):75—84.

⑦ 唐丹丹,等.农家书屋政策执行的"内卷化"困境——基于全国 267 个村庄 4078 户农民的分析[J].图书馆建设,2020(1):159—169.;陈庚,等.农家书屋运行困境及其优化策略分析[J].图书馆建设,2020(3):99—107.

⑧ 黄莉茜.送戏下乡刍议[J].大众文艺:理论,2009(10):213.

⑨ 陈乃平.送戏下乡活动中出现的问题及应对策略[J].淮北师范大学学报:哲学社会科学版,2016,37(2):86—87.

⑩ 汪玉柱.论送戏下乡创新工作存在的问题与对策分析[J].戏剧之家,2016(10):238—239.

⑪ 韩玉斌,等.西藏送戏下乡政策执行情况调查研究——以西藏自治区话剧团 2012 年送戏下乡演出为例[J].青藏高原论坛,2014,2(1):42—47.

⑫ 张秀丽.安徽省"送戏下乡"运营机制的可行性研究[J].池州学院学报,2016,30(5):83—86.

藏、安徽的送戏下乡执行情况、运营机制进行过分析;李静(2019)①从传播学视角考虑了恩施州送戏下乡政策传播效果提升策略;孙浩、李淑蕾(2020)②结合剧场理论探讨了送戏下乡服务质量重塑路径。总体看,当前研究大多为实践情况的概括性描述,学理性较弱,缺少政策学视角的深入分析。基于此,本文以政策执行为研究视角,尝试以送戏下乡政策执行为例,探讨公共文化政策执行的现存困境与具体表现,并就如何优化公共文化政策执行过程及效果提出对策建议。

二、公共文化政策执行的理论分析框架

(一)政策执行理论及其应用

政策执行的基本内涵是为实现政策目标而进行的将政策内容转化为现实的动态过程③,相关理论源于西方。20 世纪 70 年代前政策执行问题鲜受关注,步入 70 年代,政策执行问题日益凸显而成公共政策研究领域"宠儿",大量研究范式、分析框架、理论模型被陆续提出,包括"自上而下"类、"自下而上"类以及"综合型"政策执行模式。④ 鉴于适用性与可操作性,国内学者多采用史密斯政策执行过程理论模型、范·霍恩和范·米特政策执行系统模型探究我国公共政策执行问题。如吴庆(2001)⑤、

① 李静.民族地区"送戏下乡"传播效果及其提升策略研究[D].恩施:湖北民族大学,2019.

② 孙浩,等.基于剧场理论的"送戏下乡"公共文化服务质量的重塑路径[J].学习论坛,2020(5):55—62.

③ 周晨琛.政策执行模式理论变迁梳理[J].人民论坛,2014(35):182—184.

④ "自上而下"类注重中央政府在政策执行中的地位和作用,将既定的政策目标作为研究出发点,关注政策目标的实现程度;"自上而下"类认为基层政策执行主体能够凭借自由裁量权对政策执行过程及其结果产生实质性影响,关注基层政策执行主体及目标群体对政策执行的影响;"综合型"类框架模型的研究视角相比于前两类更全面,既考虑了中央政府、决策者在政策执行中的作用,又考虑了基层政策执行主体、目标群体,同时还提出了其他政策执行变量。参见:丁煌,等.国外政策执行理论前沿评述[J].公共行政评论,2010,3(1):119—148,205—206.;陈水生.项目制的执行过程与运作逻辑——对文化惠民工程的政策学考察[J].公共行政评论,2014,7(3):133—156,179—180.;周晨琛.政策执行模式理论变迁梳理[J].人民论坛,2014(35):182—184.

⑤ 吴庆.中国青年政策执行过程的初步研究——史密斯模型的一个解释[J].中国青年政治学院学报,2001(6):6—10.

邓大松等(2012)[①]、潘凌云等(2015)[②]运用史密斯政策执行过程理论模型论述了我国青年政策、社区健康教育政策执行过程以及学校体育政策执行的制约因素与路径选择;陈水生(2014)[③]、智耀徽等(2019)[④]借助范·霍恩和范·米特政策执行系统模型研究了我国乡镇综合文化站执行过程、义务教育教师绩效工资政策执行情况。

史密斯政策执行过程理论模型和范·霍恩、范·米特政策执行系统模型对政策执行的思考兼有政策执行系统内部因素及外部因素的考虑,在变量认定上既有相似又存差异。前者认为政策执行包含政策本身、执行机构、目标群体、政策环境等四大主要变量[⑤],四大变量互动于政策执行过程,"其系统运动方向决定了一项政策执行的结果"[⑥];后者则主张将政策执行划分为政策目标与标准、政策资源、执行机构的特征、组织间沟通与执行活动(执行方式)、执行者的配置(执行人员的价值取向)、经济社会和政治环境等六大变量,认为六大变量相互关联于政策执行过程,与政策执行结果存在动态联系。[⑦] 总体看,两者均属于"自上而下"类政策执行模式,适用于"自上而下"型公共文化政策执行问题研究。

(二) 送戏下乡政策执行的运行逻辑与分析框架

送戏下乡于 20 世纪 90 年代启动,但长期以来并没有形成明确的政策执行指向。直至 2017 年宣传部、原文化部、财政部联合发布《关于戏曲进乡村的实施方案》(以下简称《实施方案》),首次从中央层面明确了送戏下乡政策执行的实践逻辑,涉及政策本身、政策资源、多层级执行机构、目标群体、政策资源、执行方式、外部环境等内容,具体逻辑见图 1。

---

① 邓大松,等. 当前中国社区健康教育的政策执行过程——基于史密斯模型的分析[J]. 武汉大学学报:哲学社会科学版,2012,65(4):5—12.

② 潘凌云,等. 我国学校体育政策执行的制约因素与路径选择——基于史密斯政策执行过程模型的分析[J]. 体育科学,2015,35(7):27—34,73.

③ 陈水生. 项目制的执行过程与运作逻辑——对文化惠民工程的政策学考察[J]. 公共行政评论,2014,7(3):133—156,179—180.

④ 智耀徽,等. 我国义务教育教师绩效工资政策执行研究——基于霍恩-米特模型的分析[J]. 教育理论与实践,2019,39(1):26—30.

⑤ 参见 Smith T B. The Policy Implementation Process[J]. Policy Sciences, 1973(4), pp. 197 - 209.

⑥ 吴庆. 中国青年政策执行过程的初步研究——史密斯模型的一个解释[J]. 中国青年政治学院学报,2001(6):6—10.

⑦ 参见 Meter D S V, et al. The Policy Implementation Process: A conceptual Framework[J]. Administration & Society, 1975, 6(4): 445 - 488.

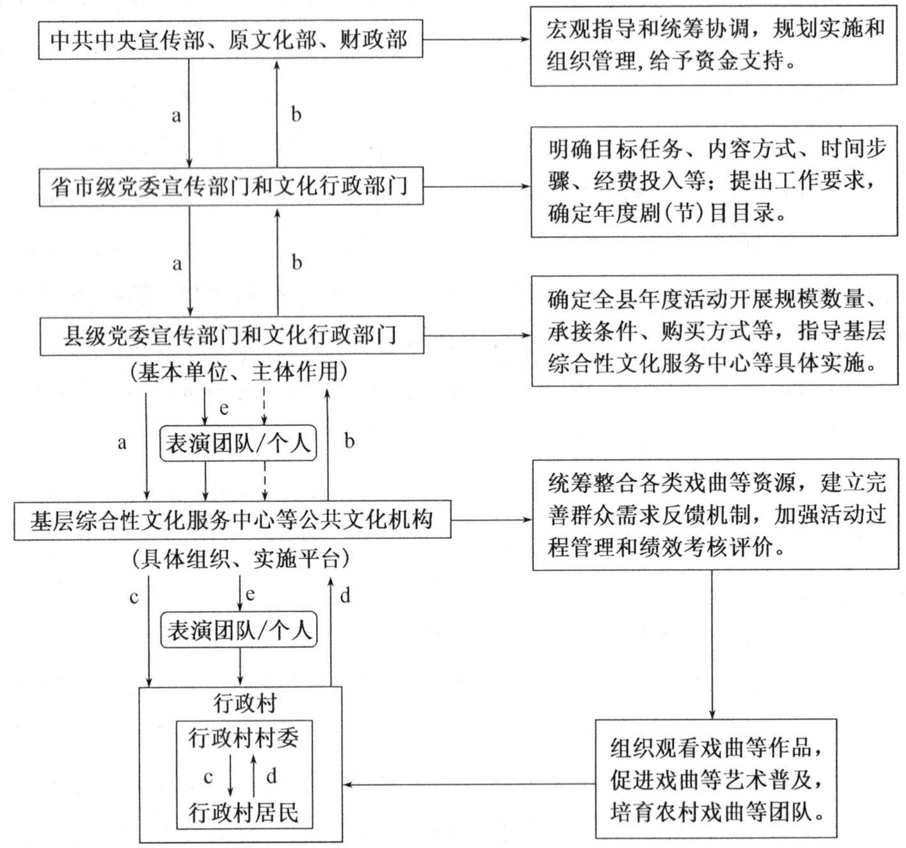

注：a. 指导、支持、考核，b. 上报，c. 组织、管理、供给，d. 反馈，e. 采购。

图 1　送戏下乡政策执行实践逻辑①

借鉴史密斯政策执行过程理论模型、范·霍恩和范·米特政策执行系统模型的变量选择，送戏下乡的政策执行可以构建为五维度、三层面的政策执行分析框架（见图 2），具体包括政策目标与政策标准、政策资源供给与配置、执行方式与监管机制、执行机构与执行人员、政策执行的外部环境五个维度，以及顶层设计、过程管理、外部情境三个层面。

政策目标与政策标准、政策资源供给与配置两个维度主要指向顶层设计层面。政策目标与政策标准指送戏下乡政策的期许和意图及对具体执行活动的要求与规

① 根据 2017 年由中共中央宣传部、原文化部、财政部联合发布的《关于戏曲进乡村的实施方案》绘制。

范，是送戏下乡政策落地的先决条件。据《实施方案》，送戏下乡政策目标由中央和省市级政策执行机构制定；政策标准涉及时间步骤、经费投入、内容方式等，中央、省市、县级政策执行机构均有制定权限。政策资源供给与配置包括资源供给机制和配置情况，在政策执行中起保障作用。就实践情况看，财政资源的供给与配置对送戏下乡执行过程及效果影响显著，具体由中央财政供给，经省市下沉至县，再由各县安排，或是购买演出配送到乡镇，或是直接将资金划拨给乡镇，由乡镇执行机构自行配置。

执行方式与监管机制、执行机构与执行人员属于政策执行的过程管理层面。送戏下乡政策执行方式呈"中央—省市—县—乡镇"四级委托代理特征，上下级沟通方式及各级政策执行逻辑共同影响着执行过程和效果；监管机制既包括对执行机构及人员的行为监管，又包括成效监管，关乎政策执行规范性和实际效果。执行机构与执行人员是送戏下乡政策的组织实施主体，执行机构的执行能力和执行人员的行为意向均可左右政策执行过程及效果。据《实施方案》，中央、省市级执行机构及人员主要负责送戏下乡政策执行的统筹规划与总体把控，县、乡镇级执行机构①及人员负责具体落地，较于前者，后者更为直接地决定着政策资源的最终配置及政策执行的最终效果。

政策执行的外部环境维度对应外部情境层面，包括经济、政治、文化等外部环境，如农村地区社会结构特征、农村居民价值认知情况等，起着有助于或有抑于送戏下乡政策执行进程及效果达成的作用。

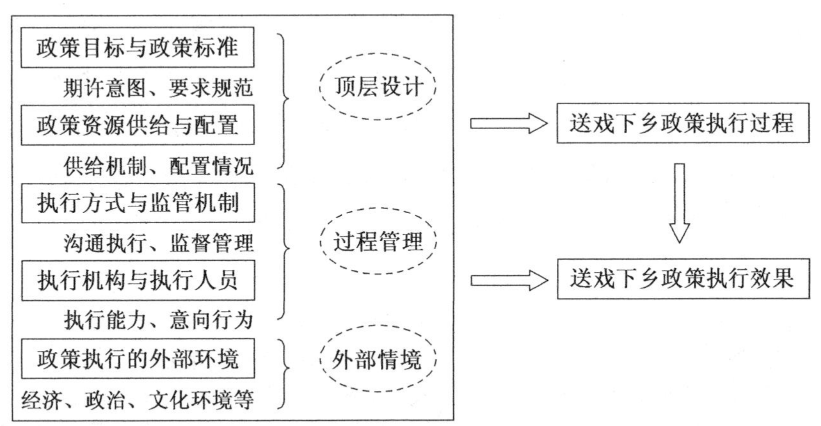

图 2　送戏下乡政策执行分析框架

① 包括县级党委宣传部门和文化行政部门、基层综合性文化服务中心等公共文化机构。

三、公共文化政策执行的困境分析

在国家大力推进公共文化服务体系建设的进程中，公共文化政策的执行力度不断加大，效果也日益显著，但由于“自上而下”政策执行链条过长，中央地方利益取向偏差等原因，送戏下乡政策的执行也面临种种困境。

（一）政策目标与政策标准：目标多重与标准缺位

准确性与一致性是政策执行目标的基本要求，一旦“政策目标之间不一致，执行者要么犹豫不定、裹足不前，要么自相冲突、产生内耗”①。送戏下乡的政策目标在历时性变迁中表现出反复的交叉重叠：1996 年前后的中央政策文件把送戏下乡与农村社会主义精神文明建设和农村文化建设挂钩；2005 年将送戏下乡置于民营文艺表演团体发展激励政策中；2007 年前后又纳入农村公共文化服务体系建设范畴；2009 年再将送戏下乡作为助力国有文艺院团体制改革的手段；2015 年后的多个政策文件又将其与戏曲、曲艺传承相捆绑，与乡村文化振兴相联系。一方面，目标的多次变动制约着执行方案的延续性，妨碍着政策执行的连贯性；另一方面，部分目标存在矛盾，易导致执行活动与政策目标相背离。以“鼓励发展民营文艺表演团体”和“助力国有文艺院团体制改革”目标为例，为达成后者，政策执行机构会多购买国有文艺院团演出而减少购买民营文艺表演团体演出，这会在事实上背离于前一目标。

政策标准缺位也是送戏下乡政策执行面临的困境。政策标准是政策执行活动的开展依据，自 20 世纪 90 年代中后期至 2017 年《实施方案》出台，我国长期缺少送戏下乡政策执行的中央政策标准，直接导致了两个问题：一是部分地区对送戏下乡关注不够，政策执行进程较慢。总体看，当前我国多数地区尚处于送戏下乡政策执行摸索阶段，运行机制及配套制度尚不成熟。二是赋予了地方政策执行机构较大自由裁量权与“政策变通”②空间，易出现执行活动科学性不够等问题。以演出

① 申喜连. 论公共政策的执行力：问题与对策[J]. 中国行政管理，2009(11)：41—44.

② 政策变通是指“在政策执行过程中，政策执行者未经原政策制定者同意与准许，自行变更原政策内容并加以推行的一种政策行为”，“政策变通不是对原政策不折不扣的执行，而是对原政策原则与目标部分的或形式上的遵从。变通后的政策的原则与目标可能与原政策一致，也可能不一致乃至背道而驰。政策变通可能是合法的，也可能是违规的；可能是积极的，也可能是消极的”。庄垂生. 政策变通的理论：概念、问题与分析框架[J]. 理论探讨，2000(6)：78—81.

主体补贴为例，补贴金额由地方政策执行机构决定，补贴标准长期存在争议。如湖北省长阳歌舞剧团下乡公益演出的场均交通费约 2 000—3 000 元，餐饮费约 2 000 元，人员补贴约 4 000 元，累计成本近 1 万元，但政府采购补贴仅 2 000 元每场。①

(二) 政策资源供给与配置：供给短缺与配置不当

送戏下乡政策遵循的是非竞争性的项目制运行逻辑，财政资源的供给配置对政策执行尤为关键。在实际执行过程中，存在财政资源供给不足和财政资源配置不当的困境。

财政资源供给上，尽管中央财政支持稳步增长，供给不足情况依旧存在。由于县、镇级行政单位众多且多层级划拨方式无法确保资金充分下沉，虽有大量中央财政投入，各县、镇级执行机构实际所得财政资源有限，所能采购演出数量有限。以 2018 年不同省、直辖市、自治区的村均文艺演出场次数②为例，天津、河北、辽宁、吉林、黑龙江、山东、广东、广西、四川、贵州、云南、西藏、青海等多地均未达 2 场。③至于老少边穷地区，尽管设有专项补助④，由于范围广、面积大，不少地区尚未得到（充足）补助，无法很好满足居民需求。

财政资源配置上，存在基层政策执行机构配置不当的情况。作为具体组织、实施平台，县、镇级政策执行机构应当为送戏下乡配置充足资金，但部分机构并未落实资金保障。由于基层工作具备多任务特征⑤，即县、镇级政策执行机构是多项文化发展事权的责任主体，它们“在单线逻辑中推进某一项目或工程已完成基本目标要求的过程中，必然会将相关联的事项‘打包’运作，加入基层自身的发展战略意图，统筹资金的使用，以此让财力得以集中投放于地方所需，又避免‘挪用’之

① 数据来源：武汉大学国家文化发展研究院调研数据。

② 受制于数据可得性（无法获取各个省、直辖市、自治区的各行政村平均送戏下乡演出场次数），暂且用各地区的“村均文艺演出场次数”（由当地文化馆、艺术表演团体开展的文艺演出场次数）和当地行政村数量的比值代替各行政村平均送戏下乡演出场次数。实际各行政村平均送戏下乡演出场次数应当小于该比值。

③ 数据来源：由中华人民共和国文化和旅游部提供的材料。

④ 2016 年起，原文化部为 11 个连片特困地区和西藏、四省藏区、新疆南疆四地州和其余国贫县所辖 12 984 个乡镇配送以地方戏为主的文艺演出；2019 年文化和旅游部共安排补助资金 38 952 万元，按照 12 984 个乡镇、每个乡镇每年配送 6 场、每场演出补助 5 000 元的标准继续落实该项目。数据来源：由中华人民共和国文化和旅游部提供的材料。

⑤ Dixit A K. The Making of Economic Policy: A Transaction-Cost Politics Perspective[J]. Journal of Policy Analysis & Management, 1998, 17(1): 116 - 120.

嫌”①。就送戏下乡、农家书屋、农村电影放映等文化惠民工程而言，往往是采取统筹管理模式，将上级划拨的财政资金增减于各工程。在财力有限情况下，一旦亟须加快建设送戏下乡以外的惠民工程，县、镇级政策执行机构就会对送戏下乡政策“采取‘搁置’与‘模糊’处理”②，减少资源配置。

（三）执行方式与监管机制：强行政弱服务与管理监督薄弱

在政策执行过程中，执行机构普遍重行政逻辑而轻服务逻辑。送戏下乡政策由中央发起，经省市、县、乡镇逐级委托，从政策指令下达到政策效果最终显现，“贯穿着一条复杂的委托代理链条”③。在我国当前科层官僚体制下，送戏下乡政策执行总体呈“高位推动、低位听从”特征，易使“政策空传”④。一方面，下级执行机构缺乏主动建言意识，缺少自行挖掘政策效益的能动性，进而生成上下级信息不对称、政策目标达成度低等问题。另一方面，地方执行机构在执行政策时大多遵循“行政逻辑”而非“服务逻辑”⑤。虽《实施方案》明确要求“各地党委宣传部门和文化行政部门通过文化馆（站）等公共文化机构，采取问卷调查、直接访问、网上征求意见等方式，了解农民的实际需求”，执行机构仍多关注“自上而下”的资源配置而少搭建“自下而上”的需求表达平台，进而导致供需错位。武汉大学国家文化发展研究院 2018 年相关调研显示，部分村民因“不喜欢看戏”或觉得“送戏下乡的演出不好看”而未曾观看下乡演出。

同时，政策执行存在着监管机制不健全的问题。健全的监督管理机制可有效规范政策执行机构、执行人员的行为，可较好追踪执行成效，是达成良好政策效果的重要保障。目前，我国部分地区尚未建立送戏下乡政策执行监管机制，部分地区虽已建立相关机制，但仍不完善。以浙江省 T 市（县级市）为例，该市并未建立面向各镇（街道）的专门针对送戏下乡政策的绩效评估机制，但有将送戏下乡政策执

---

① 陈庚，等. 农家书屋运行困境及其优化策略分析[J]. 图书馆建设，2020(3)：99—107.

② 崔晶. 基层治理中政策的搁置与模糊执行分析——一个非正式制度的视角[J]. 中国行政管理，2020(1)：83—91.

③ 定明捷. 中国政策执行研究的回顾与反思(1987—2013)[J]. 甘肃行政学院学报，2014(1)：17—28，124.

④ “当政策文本不能转化为具体实施行动，以及政府职能部门与社会不能有机互动，政策目标达成度低，政策实施呈现为象征性执行，就出现政策实施中的‘空传现象’，简称‘政策空传’。”李瑞昌. 中国公共政策实施中的“政策空传”现象研究[J]. 公共行政评论，2012，5(3)：59—85，180.

⑤ 吴理财. 公共文化服务的运作逻辑及后果[J]. 江淮论坛，2011(4)：143—149.

行情况纳入面向各镇(街道)的公共文化服务体系建设绩效评估机制。不过,送戏下乡政策执行情况考核分仅占总考核分的 7%,占比较低;评估内容上,重数量而轻质量;评估方式上,由各镇(街道)行政人员定期自行评分,缺少村民、上级执行机构、社会组织等的外部监督。①

(四) 执行机构与执行人员:执行能力有限与行为意向干扰

送戏下乡政策执行实际过程存在"中梗阻"②的困境,即部分基层执行机构和执行人员"会由于自身的态度、素质和能力等原因,消极、被动、低效地执行政策"③,从而对政策标准的贯彻、政策目标的达成形成阻挠。

送戏下乡政策以市县为基本单位,由文化馆(站)、乡镇级文化行政部门和基层综合性文化服务中心等公共文化机构组织实施,然而这些机构通常承担着落实文化惠民工程、助推非遗传承等多项职责,拥有的财政和人力资源却相对较少,送戏下乡政策执行能力因此受限。首先,财力不足制约着演出购买能力。浙江省 T 市 Z 镇综合文化站站长就表示 Z 镇各行政村的惠民演出都是由综合文化站基于镇政府划拨自行安排的。④ 囿于资金有限及为传承域内非遗,加之文艺演出市场购买价较高,综合文化站基本不购买 Z 镇以外的演出,而是指派镇属艺术表演团体和域内某沈氏非遗传承人下乡演出。其次,人力短缺阻碍着宣传动员、需求搜集、监督管理等活动开展。"虽然乡镇政府具有贴近群众的行为特征优势,但是由于乡镇编制不足,行动人员缺乏,乡镇政府行为特征优势难以发挥"⑤,与此类似,不少人口密集型地区基层综合性文化服务中心的工作人员数量与当地人口不成比例⑥,难以组织动员村民,全面获取需求,监督演出质量。

---

① 资料来源:对浙江省 T 市 Z 镇文化站站长访谈,2020 年 6 月。后文关于该镇的材料均来自本次访谈。

② 钱再见,金太军. 公共政策执行主体与公共政策执行"中梗阻"现象[J]. 中国行政管理,2002(2):56—57.

③ 钱再见,金太军. 公共政策执行主体与公共政策执行"中梗阻"现象[J]. 中国行政管理,2002(2):56—57.

④ Z 镇所属的 T 市会向镇送演出,但是场次数较少,每年 2—3 场,主要在镇上演出,而并非到各行政村演出。

⑤ 刘超,等."扩权强镇"改革落地的理论逻辑、现实困境和对策——基于公共政策执行的视角[J]. 重庆城市管理职业学院学报,2019,19(2):9—15.

⑥ 如据武汉大学国家文化发展研究院于 2016 年 6 月开展的乡镇综合文化站的专题调研,陕西省汉中市汉台区龙江综合文化站工作人员 7 人,服务本地区 47 万人口;武隆县庙垭乡综合文化站工作人员 4 人,服务本地区 1.31 万人。

与此同时，执行人员的行为意向也干扰着送戏下乡政策的执行。计划行为理论（TPB）指出，行为态度、主观规范和知觉行为控制着行为意向，行为意向又直接影响个人行为。① 在送戏下乡政策执行过程中，乡镇级政策执行人员对送戏下乡重要性的判断、对政策内容的理解以及“成本-收益预期”②均会影响其实际的送戏下乡政策执行活动。例如按照《实施方案》，送戏下乡不只要为村民提供演出，还当促进戏曲等艺术在农村传播普及、助推农村文艺团队发展。然而，目前全国多数地区的基层政策执行人员多把送戏下乡等价于“送戏”，仅停留在为村民提供演出、组织村民观看演出的层面。此外，乡镇级政策执行人员对各行政村的好恶差异③潜藏于资源配置过程，导致资源配置不均。山东省兰陵县×镇D村第一书记秘书就表示×镇下辖59个行政村，居民数众多，但下乡演出有限，无法做到演出全覆盖，他在安排表演场地时，为确保上座率和互动性，会优先考虑基础设施建设较好、整体文化氛围较强的行政村。④

（五）政策执行的外部环境：形而下和形而上的制约

送戏下乡政策执行还存在形而下和形而上层面的外部环境制约。形而下层面的困境主要在于农村社会结构特征。伴随城镇化进程，我国农村青壮年、农村公共资源长期向城镇汇聚，致使不少行政村出现人口空心化、基础建设滞后，“传统公共文化空间走向衰落”⑤等问题。青壮年是打造活跃公共文化空间的主力军，部分行政村因人口空心化而难以激活送戏下乡。如孩子、中老年人较少向基层政府反馈自身文化需求，送戏下乡政策执行机构和村民的双向互动无法促成，较难实现供需平衡；又如在缺少青壮年的情况下，村民自主自建乡村文化的局面难以形成，送戏下乡政策执行因而无法发挥出促进戏曲等艺术在农村传播普及、帮助培育农村文艺团队等效益。此外，虽然基本公共文化设施的农村覆盖率已达较高水平，但仍有部分行政村尚无公共文化场所（或虽有确实被闲置），即缺少演出场地。

形而上层面的困境主要指农村居民惯习对送戏下乡政策执行效果的影响。

---

① Ajzen I. The theory of planned behavior[J]. Organizational behavior & human decision processes, 1991, 50(2): 179 - 211.

② 钱再见，等. 公共政策执行主体与公共政策执行“中梗阻”现象[J]. 中国行政管理，2002(2)：56—57.

③ 多倾向于经济水平较高、文化氛围较浓、社会风气较好、基础设施较完备的行政村。

④ 资料来源：山东省兰陵县×镇D村的访谈，2020年6月。

⑤ 耿达. 公共文化空间视角下农村公共文化服务体系建设研究[J]. 思想战线，2019，45(5)：137—146.

“惯习是社会个体在具体社会实践中通过客观社会文化环境的结构内化所形成的行动上的‘无意识’”[①]，农村居民惯习与农村“场域”密切相关，是一种农村居民在适应且内化了客观农村社会文化环境后的“社会化的行为”[②]。我国部分农村地区经济发展和文化建设状况较好，居民已具备较强文化参与意识、文化消费诉求，对送戏下乡等文化惠民活动的关注度与参与度较高。但是，绝大多数农村地区的居民尚无参与文化、消费文化的惯习，对文化惠民活动的关注度小、参与率低。这使得送戏下乡政策执行遭遇效率与效益尴尬：政策资源投入到农村居民参与的转化率低，如某些地方少有村民观看下乡演出；下乡演出并未引起村民广泛关注，极少引发村民共鸣，对农村文化建设与农村社会治理的助推有限。

四、优化建议

送戏下乡政策在政策目标与标准、政策资源供给与配置、执行方式与监管机制、执行机构与执行人员、外部环境等方面的困境制约了政策效果的进一步提升，要改善政策执行过程并提高执行效能，需“多管齐下”，优化顶层设计、过程管理以及外部情境。

（一）调整政策执行的顶层设计

作为政策落地先决条件，政策目标和政策标准当被优先考虑。面对目标多重性窘境，各地需分别明确目标主次。目标变动是送戏下乡适时而变的客观需要及不断完善的重要体现，政策目标的多重性难以消除，基于此，各地方应按照当地实际理清目标缓急，分阶段达成。针对政策标准长期缺位的困境，当尽快自上而下逐级细化，为政策执行提供具体指导与规范。政策标准所涉内容，应包括财政资金使用、演出主体选择、补贴金额确定机制等重难点问题；标准动态演变时，应综合政府部门、农村居民、演艺团体等多方观点，推动政策执行机构、公民个体、非营利社会组织以及企业等共同参与、合作协商，“在公共理性的指导下”[③]完成政策标准更新。

---

① 陈庚，等. 新时代居民的艺术消费：表征、构因及优化——来自 127 个调研地的表演艺术消费调查分析[J]. 福建论坛：人文社会科学版，2018(10)：90—98.

② Bourdieu P, et al. An Invitation to Reflexive Sociology[J]. Contemporary Sociology, 1992, 99(5).

③ 陈怀平，等. 权力边界与职责担当：文化治理的“三元”主体格局建构——基于协商民主的视角[J]. 社会主义研究，2015(3)：89—94.

此外，作为一项自上而下的项目制公共文化政策，还需对关键的财政资源配置机制进行顶层优化。要在保留财政支持的基础上拓宽资金来源渠道，缓解资金不足问题，如可倡导县、乡镇级企业单位、社会组织、农村乡贤进行捐助，亦可鼓励经济发展较好地区以村民众筹形式自行采购演出。同时，要优化配置结构，结合《公共文化领域中央与地方财政事权和支出责任划分改革方案》(2020)从纵向上优化中央财政资金在各省、直辖市、自治区间的配置；立足历年各项惠民工程的财政资金使用情况及村民对各项工程的需求反馈，在横向上优化财政资金在送戏下乡、农家书屋等惠民工程间的配置。

(二) 强化政策执行的过程管理

强化过程管理是提高送戏下乡政策执行效能的重要手段，涉及管理机制、执行主体、监管机制等三方面。在管理机制上，为减少信息不对称并避免供需错位，必须改变当前“高位推动、低位听从”的政策执行状态和执行机构重行政逻辑而轻服务逻辑的现象。一方面需建立上下协同机制，即促成各级执行机构在多层级委托代理链条中的协同合作，激发下级的能动性，形成下级高效执行并主动建言，上级合理规划并及时调整的局面；另一方面要增强执行机构的服务意识，实现政策执行活动从遵循行政供给逻辑到遵循村民需求逻辑的转变，以村民需求为本位，如以多种途径搭建村民需求反馈渠道。

在执行主体上，要提高基层执行机构执行能力。针对财政资源有限制约执行能力的情况，执行机构应合理分配财政资源，并在下乡演出场次确定、演出团体选择、演出场地建设等方面提高资金使用效率；面对人力资源有限制约执行能力的难题，可充分动员各村乡贤进行村民观演需求及观后反馈的收集、表演团体(个人)演出质量的考核；同时，还要强化基层执行队伍建设，通过培训提高基层执行人员对送戏下乡政策的重视程度，并给予更多执行方式指导，从而减小重视不够或偏离政策目标的可能性。

在监管上，针对当前监管机制尚不健全的情况，一是需要提高政策执行透明度，由执行机构向社会公示演出采购情况，演出场次、时间、地点等信息；二是要建立细化分层分级的送戏下乡政策执行考核标准；三是转变现行机构自评等评估方式，更多地将农村居民、表演艺术团体、第三方机构引入评估过程；四是可将考核评估结果与政策资源获取及荣誉奖励评定挂钩，调动执行主体能动性。

(三) 优化政策执行的外部情境

在调整顶层设计、强化过程管理的同时，还需优化送戏下乡政策执行的外部情境。

首先,需要就基础建设滞后、人口空心化状况进行形而下层面的外部情境优化。针对部分农村地区基础建设滞后问题,要继续推进基本公共文化设施建设,加快打造或更好使用文化广场、文化礼堂等公共文化空间,改变不少行政村尚无表演场地的现状或改善现有演出观看条件;面对人口空心化阻碍,由于人口结构难以在短期内改变,送戏下乡政策执行需更多考虑人口结构特征,如各地政策执行机构应重视演出节目类型、通知方式、需求收集的因地制宜化。

其次,要针对农村居民惯习特征重塑形而上的外部情境,即培养村民文化参与意识,促发村民的文艺演出需求。其一,Albert Bandura(1997)①研究发现,内在认知的改变会影响个人行为的改变,据此,可更多借助大众传媒宣传送戏下乡,提高村民知晓度,通过转变村民认知以激活村民参与。其二,文化资本积累是文化活动参与能力的基石,因此需要以乡镇、行政村为基本单位,强化区域文化氛围、增加村民文化积累。具体而言,镇政府及综合文化站等公共文化机构可定期组织为村民所喜闻乐见的文化活动,让村民尽可能多地接触文艺演出。其三,需唤醒"农民文化主体意识"②,通过支持农村地区小剧团、戏曲社团等业余戏曲表演团体发展以发挥农村地区文艺人才、文艺活动爱好者对村民的带动作用,实现农村文艺演出自我服务能力的培养。

作者简介

陈庚,四川泸州人,武汉大学国家文化发展研究院副教授。研究方向为文化政策和公共文化。

邱晶钰,浙江桐乡人,武汉大学国家文化发展研究院硕士研究生。研究方向为公共文化服务。

---

① Bamdura A. Self-efficacy: The Exercise of Control[M]. New York: W. H. Freeman and Company, 1997.

② 王慧娟.农民文化主体意识与农村文化建设基点[J].甘肃社会科学,2017(06):117—121.

The Difficulties in the Implementation of Public Cultural Policy and its Optimization Strategy—Reflection on Sending Plays to the Countryside

Chen Geng　Qiu Jingyu

Abstract: Public cultural policy is the basic driving force for China's cultural construction. While fostering China's rapid cultural reform, public cultural policy also reveals various problems. Taking the policy implementation of sending plays to the countryside as an example, it is found that the current public cultural policy is still confronted with difficulties in policy objectives and standards, supply and allocation of policy resources, implementation methods and supervision mechanisms, executing agencies and personnel, and external environment. In order to optimize the implementation process and effect of public cultural policy, it is necessary to take corresponding measures from the top-level design, process management and situation optimization of policy implementation.

Key Words: Public cultural policy　Policy implementation　Implementation effect　Sending plays to the countryside

基于公共价值管理理论的政府类文化艺术基金绩效评估研究*

马文竭　马　明

摘　要：本研究依托公共价值管理理论和层次分析法（AHP）探索构建我国制度语境下政府类文化艺术基金（简称文艺基金）的绩效评估体系，并分析相关评估维度之间的影响关系和内在机理。研究表明：(1) 公共价值管理理论在核心价值引导、治理效能及绩效管理目标三方面与文艺基金绩效评估相契合，且在社会主义核心价值语境下的转换和拓展具有可操作性。(2) 文艺基金的公共价值是公众文化集体偏好、文化艺术机构和项目三者之间共识价值的重合结果。(3) 文艺基金绩效评估的目标价值、效果质量、协同与可持续性、效率四类维度，更为全面地反映了评估主客体与社会环境之间的动态关系。本研究结论可为各级地方政府构建和完善文艺基金的绩效评估体系提供参考和借鉴。

关键词：公共价值　文化艺术基金　绩效评估

一、引　言

自从1966年鲍莫尔（Baumol）和鲍恩（Bowen）以《表演艺术：经济的困境》开启文化经济学以来，索斯比（Throsby）、海尔布伦（Hellbrunn）、弗雷（Frey）、陶斯（Towse）等多位西方学者对于财政资金资助文化艺术的可行性和重要性达成了共识。尽管各国文化艺术政策和管理机制有所差异，如倡导“一臂之距”的英国、推崇市场主导且不直接干预的美国以及自上而下集中管理的部分发展中国家，鉴于文化艺术作品具有明显的准公共性特征和文化安全的考量，众多国家选择文化艺术基金作为支持和引导文化艺术发展的重要手段。

---

* 基金项目：本文系北京市社科基金项目“京津冀表演艺术团体运营现状与协同发展研究”（项目编号：19YTC041）的阶段性成果。

1978年后，伴随文化生产力的不断解放，借鉴西方国家资助文化艺术机制，我国政府支持文化艺术发展的投入机制从传统建设型财政直接投入开始向以公共财政为主导，多元主体共同投入转型。公共财政和文化体制的同步改革催发了财政资金、税收优惠、社会捐赠、金融创新等投入方式的多元创新。2014年，习近平总书记在文艺座谈会上强调，文化艺术事业应坚持以人民为中心的创作导向，坚持弘扬社会主义核心价值观。政府类文化艺术基金（下文简称"文艺基金"）成了新时代国家引导和推动文艺事业繁荣发展的重要抓手。本文所指的文艺基金是指由政府财政资金拨款投入设立，依法接受自然人、法人及其他社会组织捐赠资金的公益性基金，受到政府委托部门的监管。其设立目的为引导和繁荣艺术创作，培养各类文化艺术人才，打造和推广优质精品力作，进一步提升艺术生态环境和推进文艺事业可持续性发展。

文艺基金绩效评估的研究意义包含理论研究和实践应用两个层面。第一，公共价值管理理论分析框架在文化艺术领域的本土化探索拓展。文化艺术类绩效评估的理论研究多源于西方公共管理和文化经济学研究。本研究强调选择偏向价值理性或工具理性的绩效管理理论分析我国文艺基金绩效评估议题时亟待进行本土化语境的吸收适应和创新拓展。文艺基金是我国文化艺术管理向文化治理体系和治理能力现代化迈进的重要举措，具有非常明显的制度语境特色，即自上而下的文化艺术行政管理体制和以人民为中心的公共价值导向。第二，为各级政府更好开展文艺基金绩效评估提供参考和借鉴。由于文化艺术类项目具备精神性内涵所蕴含的民族性、意识形态属性及准公共性等特质，政府一般性项目绩效评价实践方法无法直接应用于文艺基金。为了进一步提升文艺基金的示范导向、资金利用、管理效率及惠民普及等实践面向的效能，更好地提升公共财政投入文化的成效，本研究围绕新时代文化治理体系和能力现代化的发展目标，构建适合我国现实国情和制度特色的文艺基金绩效评估机制，以期更好地服务政府绩效实践。

二、研究综述和实践探索

（一）研究综述

国内关于该议题的研究多为文化研究学者针对公共文化服务体系建设所进行的探索。这些研究呈现了从关注重视议题到探索评估模型，再到细化评估体系和个案应用的渐进式过程。如，毛少莹、任珺（2007）认为，需要建立和健全遵循国际惯例、适合中国特殊国情的公共文化服务绩效评估体系，是我国行政管理现代化的必然选择。蒋建梅(2008)从促进政府管理的角度阐述公共文化服务绩效评估的意义。向勇、喻文益(2008)提出了公共文化服务绩效评估的初步模型和依法考评公共文化服务绩效的政策建议。马海涛、程岚(2009)认为,财政资金投入公共文化领域缺乏全面有效的监管和评价机制,整体效率不高。马明(2010)针对财政支持文化事业单位和文化产业专项资金进行了评估指标体系的构建。张喜萍、陈坚良(2013)认为,只有通过绩效评估,民众才可理解公共文化服务的基本功能,洞悉公共文化服务的价值。王学琴、陈雅(2014)借助 CiteSpace 工具分析了国内外公共文化服务绩效评估的研究热点,并对英国、美国及我国的公共文化服务绩效评估实践进行了比较。杨林、许敬轩(2016)指出,地方财政公共文化服务支出的规模绩效与经济发展水平没有明显的相关性,公共文化服务的供给滞后于地方经济发展。刘大伟、于树贵(2019)认为,在公共文化服务的绩效评价中要坚持工具理性和价值理性平衡的原则,实现公共文化服务绩效评价的结构转向。

另一方面,公共行政管理领域的部分学者依托公共价值管理理论对政府支出绩效评估进行了探索研究,特别是现实国情背景下公共医疗、生态、网络等领域的研究较为集中,但是涉及公共文化艺术的研究偏少,且关注度不高。如,包国宪、王学军(2012)在实践案例考察基础上,从制度变迁和公共行政学术史两个层面提出以公共价值为基础的政府绩效治理理论体系框架,并提出政府绩效治理体系在实践中应树立和践行新政府绩效观。吴春梅、翟军亮(2014)认为中国应该从政府理念上将政府职能拓展为公共价值创造,提升政府的公共价值创造能力,进而优化政府职能。韩兆柱、文康(2016)从价值重构、流程设计、政府管理工具创新及公共服务递送机制角度分析了公共价值管理理论在中国语境下的可行性应用。

综上所述,目前国内研究鲜有直接聚焦文艺基金绩效评估议题的成果,多数学者围绕公共文化服务体系建设、公共财政投入机制、政府项目绩效评估等问题进行了深入研究,在文化艺术领域绩效评估的理论探索与实践应用方面形成了较为重要的成果。同时,当前相关研究议题也存在以下三点不足:第一,理论分析框架多依托传统绩效管理理论,关于公共价值管理理论与公共文化服务议题的结合性研究较少,反映出公共管理与文化艺术管理学科的深度融合性不够;第二,研究方法多以理论应用的定性方法为主,绩效评估维度和体系构建的量化研究不足;第三,研究过程和成果对于本土化制度语境和国情特色的关注和联系不深入。

(二) 实践探索

政府支持文化艺术发展的绩效评估实践在 20 世纪 80 年代便开始了探索,逐步经历了经费追踪、项目审计及项目绩效评估等阶段。1988 年，财政部就对社会文教行政专项资金实行了追踪反馈责任制。1992 年，财政部制定了《社会文教行政经费使用效果考核办法(试行)》。这一时期很多政府文化行政主管部门都依据“目标结果导向”“4E”等原则制定了绩效评价指标。财政部于 2003 年 4 月颁布了《中央级教科文部门项目绩效考评管理试行办法》(财教〔2003〕28 号)，该办法共分五章二十三条，对绩效评估的概念、范围、依据、内容及指标体系框架、组织实施及结果应用等方面做出了相应规定。2008 年，我国出台了《全国博物馆评估办法(试行)》和《博物馆评估暂行标准》，正式启动博物馆评估定级。2011 年，财政部颁布《财政支出绩效评价管理暂行办法》(财预〔2011〕285 号)，并于 2020 年 2 月进行了修订(财预〔2020〕10 号)，涉及财政资金投入的文化、艺术类项目均被纳入其中。该办法涉及评价原则、方法、指标标准及结果应用等多维度内容。2019 年，文化和旅游部、财政部等多部门联合下发了《国有文艺院团社会效益评价考核试行办法》。该办法中的社会效益评价包括舞台艺术创作、演出、普及 3 个一级指标，9 个二级指标及自定义的三级指标。此外，各级地方政府在绩效评估潮流的影响下，在绩效管理理论不断丰富和成熟的基础上，均出台了地方性的公共文化绩效评估政策及实施办法。如广东省颁布《广东省财政支出绩效评价实施方案》(粤府办〔2003〕100 号)。2008 年，上海市文广局对于上一年度运行的 77 家社区文化中心活动开展了绩效评估工作。2009 年，浙江省文化厅颁布了《浙江省农村公共文化服务体系评估调查表》。

文化艺术领域的绩效评估实践与公共文化服务体系进程、文艺政策的调整基本一致。改革开放后，我国文艺政策经历了文艺与政治关系调整、文艺在市场经济中的价值效益、新时代文艺价值追求与国家复兴三个阶段。特别是 2014 年习近平总书记主持召开的文艺工作座谈会，意味着文化艺术领域的绩效评估目标应该聚焦以人民为中心的公共价值。依托公共财政资金对关乎文化传承和代表国家艺术水准的博物馆、艺术团体等组织进行直接性的专项投入是我国采取的一项重要投入方式。近年为了进一步优化资源配置，提高政府文化治理能力，中央和地方政府开始探索采用间接引导式的文艺基金(见表 1)。相比较于投入方式的转变，与之匹配的绩效评估机制一直处于摸索的状态。

表 1 我国各级政府类文化艺术基金(部分)

组织名称	统一社会信用代码	登记日期	登记部门
上海文化发展基金会	533100005017731160	1992 年 8 月	上海市社会团体管理局
北京文化艺术基金	53110000783951901A	2005 年 12 月	北京市民政局
湖南省文化艺术基金会	534300006803126565	2008 年 12 月	湖南省民政厅
安徽省文化艺术基金	533400000570145427	2013 年 11 月	安徽省民政厅
国家文化艺术基金会	——	2013 年 12 月	文化和旅游部直属管理
江苏艺术基金	——	2015 年 12 月	江苏省文化和旅游厅
江西文化艺术基金	——	2018 年 11 月	江西省文化和旅游厅
黄冈市文化艺术基金	53421100MJH942866X	2017 年 6 月	黄冈市民政局

三、理论阐述与应用

20 世纪末期,以英国、美国为代表的西方国家开始掀起的“新公共管理”运动波及了公共文化领域,从文物遗址、博物馆、档案馆等国家文化遗产到歌剧、芭蕾舞、戏剧等民族艺术遗产,乃至公共广播电视等公共文化传播媒体和国家艺术文化中心等公共文化活动场所,各类公益性文化服务部门都不同程度地被卷入其中。[①]作为国家财政资金直接投入的文艺基金,因预算管理、组织效率、绩效评估等原因成为这场运动的首要变革对象。如,美国的里根(Reagan)和特朗普(Trump)总统都曾提议取消国家艺术基金(NEA)的预算。这种过度强调公共文化服务效率导向给文化艺术领域带来了一系列问题。特别是近年在全球治理体系重塑的过程中,倡导和强调创作公共价值的公共价值管理理论开始成为国内外学者关注和探索的焦点。

纵观新公共管理之前的传统行政管理,或是后起的公共治理、公共价值管理理论,公共行政理论都是在倡导工具理性或价值理性两个端点间来回交替,类似于钟摆运动。[②] 价值理性体现个人和社会群体对公平、正义等价值问题的理性思考,工具理性则是重视功利和效率进而有效达至目的。事实上,我国社会主义制度的价值追求是价值理性最突出的代表。故依托公共价值分析框架研究文艺基金绩效评

① 李景源,陈威. 中国公共文化服务发展报告 2007[M]. 北京:社会科学文献出版社,2007:317.

② 董礼胜,王少泉. 穆尔的公共价值管理理论述评[J]. 青海社会科学,2014(03):20—21.

估议题更具理论支撑。

(一) 公共价值管理理论的内涵

公共价值概念是由哈佛大学马克·穆尔(Mark Moore)于1995年在《创造公共价值:公共部门的战略管理》一书中提出的。正如Moore所说,公共管理者的主要任务就是专注于寻求、确定和创造公共价值,不仅是完成政府工作目标,更重要的是如何诠释"怎样做才是有价值的"这一问题。他提出了公共部门战略三角模型,即公共管理者必须向上获得政治授权、向下更好地控制组织运作、向外考虑与组织紧密相关的外部环境,以及确定什么是公共价值。近些年,面对"如何界定公共价值""公共价值的边界范畴及测评方法"等议题,Moore于2013年出版《识别公共价值》(Recognizing Public Value)一书,介绍了美国华盛顿、纽约等城市政府部门的应用实例,意在解答这些问题。

波兹曼(Bozeman)、斯托克(Stoker)、欧佛林(O'Flynn)等学者都对公共价值管理理论进行了拓展。正如杨博和谢光远对于"后新公共管理理论"的比较分析后认为,"公共价值管理在整合部分'后新公共管理理论'元素的基础上,在价值和工具两个层面回应了新公共管理的困境,展现出成为公共行政理论新典范的潜力"①。公共价值管理理论强调通过合作生产模式来优化公共部门的功能并产出绩效,强调将政府目标从主要追求经济、效率和效益转向追求更加广泛和本质的公共价值。公共价值管理理论也引发了政府管理者从关注结果和效率转向实现更广泛的政府公共价值创造目标,且在重新定义公共价值的同时也必须改变相关的运营方式。这种转变对于传统政府职能提出了挑战,政府绩效管理的新思路就是如何驱动提升公共价值的创新和创造。依托政府与社会组织的多元合作生产模式来优化公共部门的功能和产出,创造公众价值,表达最为广泛和深层次的公众价值。

事实证明,对于文化艺术本身以"精神性文本内容"为核心的公共领域而言,公共价值所强调的探索和创造价值是较能精准体现"客体的公共性效用"。这也就是Moore的案例分析中多次引入公共图书馆、公共广播、非营利艺术机构的原因。在实践中,公共性文化艺术机构的绩效评估首当其列。例如,2004年英国广播公司(BBC)将公共价值列入其组织章程,并根据公共价值的精神,明确了评估的四项关键因素:公共服务的范畴、质量、影响力及成本价值比。如何增加公共利益和公

---

① 杨博,谢光远.论"公共价值管理":一种后新公共管理理论的超越与限度[J].政治学研究,2014(06):110.

共福祉，成为很多政府性文化艺术组织绩效评估的关注重点。

（二）公共价值管理理论与文艺基金绩效评估

在近 20 年的发展中，公共价值管理理论的概念、范畴及方法在文化、艺术、教育、医疗及生态等公共领域应用得到了广泛的拓展，成为公共行政领域的热点议题。这种复合型的拓展研究更有助于解决该理论所遇到的概念边界模糊、研究路径歧义、研究方法单一以及应用转化等方面的质疑，有利于研究者们在学术争议中强化理论体系。正如美国著名的民主理论家罗伯特·达尔教授所言，“从某一个国家的行政环境归纳出来的概论，不能够立刻予以普遍化，或被应用到另一个不同环境的行政管理上去。一个理论是否适用于另一个不同的场合，必须先把那个特殊场合加以研究之后才可以判定”①。同理，辨认公共价值管理理论能否成为我国文艺基金绩效评估研究和实践的工具，主要是看其在中国特色制度语境下的可行性和适用性，即更好地表达文艺基金的价值引导、治理效能及绩效目标。

1. 核心价值引导和诉求

公共价值管理理论倡导的核心目标“辨识和创造公共价值”与我国社会主义制度文化思想价值体系相契合，与文艺基金所强调的引导文艺繁荣发展相一致。公共价值管理理论是以价值理性为主、工具理性为辅，其核心目标就是辨识和创造公共价值，使用数字化网络媒介实现公共产品和服务的推送。在我国公共文化管理实践中，公共价值管理理论本身就具有一定的天然优势。相比其他公共领域，文化艺术的公共价值无论是从社会制度、价值类型，还是意识形态视角，都较为集中且易于辨析。马克思主义和我国传统文化思想体系中的平等法治、文明和谐、富强民主等都是社会主义核心价值的追求。凸显价值理性追求，辅以工具理性效率的思路，更易于体现文艺基金引导社会主流核心价值、树立文化自信、发挥艺术民主、优化艺术生态，培育社会艺术土壤，推动艺术与政经和谐发展的使命和价值诉求。

2. 文化艺术的治理效能

公共价值管理理论所强调的“创新生产模式提升公共部门的产出绩效”符合新时代我国文化治理体系和治理能力现代化的发展目标，与文艺基金优化资源配置、创新管理机制及提升公共文化服务水平等效能目标相吻合。2019 年 11 月，党的十九届四中全会中明确指出，加强党对坚持和完善中国特色社会主义制度、推进国

---

① 韩兆柱，翟文康. 公共价值管理理论及其在中国语境下的应用研究[J]. 公共管理与政策评论，2016，5(04)：80.

家治理体系和治理能力现代化的领导。公共价值管理理论作为西方较为前沿的公共管理治理理论，协调好其在中国语境下的功能和实践，势必对提升我国政府文化艺术治理能力和水平具有重要意义。我国文化治理体系向现代化迈进势必对政府的公共文化管理能力、水平和质量提出较高的要求。文艺基金在加强文化领导权、创新文化投入机制、突出文化治理效能等方面的示范功能正是公共价值管理理论突出产出绩效的重要体现。特别是在当前全球多元文化交流竞争的背景之下，公共价值管理理论的"本土化"拓展，对于我国在提升文化艺术治理效能基础上积极提升国际文化话语权意义重大。

3. 绩效管理目标

公共价值管理理论的"网络化治理""公民集体偏好""重视政治政策"等特征与我国文艺基金绩效评估的目标相贴近。具体而言，文艺基金以人民为中心的服务理念和公共价值管理理论突出的公民集体文化艺术偏好、文艺基金服务社会主义与公共价值管理理论的重视政治政策、文艺基金引导多元主体投入与公共价值管理理论的网络化治理等对应关系，充分证明了文艺基金绩效管理目标契合公共价值管理理论的主张。斯托克(Stoker)指出："公共价值管理是一种适应网络治理的公共行政的新范式，网络化的协商与服务提供机制是公共价值管理的主要特征。"①公共价值管理理论所强调的公众参与是基于现代数字化网络的公共事务的组织结构。在以5G、互联网+、大数据、云计算、智能化等为代表的新经济发展阶段，文化、艺术、创意及技术要素成为文化艺术跨界创作和发展的方向，客观推动了文艺基金资助内容的拓展。这意味着我国文艺基金绩效评估必须与数字信息技术发展转型相衔接，凸显网络化治理的方向；必须突出广泛的公共利益，凸显以人民为中心的集体偏好；必须坚持服务社会主义，凸显公共价值的诉求。

四、文艺基金绩效评估指标体系

根据公共价值管理理论绩效评估的实践经验，笔者在构建文艺基金绩效评估指标体系时，遵循了辨识价值、明确流程、凝练维度、细化指标、确定权重标准及质量保障的逻辑思路。在构建过程中，辨识价值、凝练维度和细化指标是整个研究的重点和难点。首先，辨识文艺基金的公共价值是构建文艺基金绩效评估指标体系

---

① Gerry Stoker. Public Value Management: A New Narrative for Networked Governance? [J]. American Review of Public Administration, 2006, 36(1): 41-57.

的出发点和最终落脚点。作为政府委托的重要主体，文艺基金的价值对象具有多元性的特征，即面临着权衡艺术项目、文艺机构及社会公众三者之间的价值诉求。其次，评估维度能否全面和真实地体现文艺基金的公共价值，且推进绩效评估实践关乎着整个指标体系的逻辑框架。文艺基金绩效评估的维度覆盖了目标价值、效果质量与效率、协同与发展等面向。最后，结合当前我国文艺基金投入机制分类分层和标准难量化的现实特色，依托专家咨询和层次分析法确定指标及权重。

（一）文艺基金公共价值的辨识

对于公共价值而言，无论理论研究者，还是政府实务工作者都认为其本身的界定和测量具有一定复杂性和抽象性。在 Moor 战略三角维度的分析基础上，诸多学者对公共价值的内容要素进行了剖析。笔者将王学军教授提出的"整合分析模型"中公共价值识别、管理和确认三个阶段①同文艺基金设立初衷、运营发展以及社会影响对应起来，聚焦于三个阶段所涉及的委托方（基金管理部门）、受托方（所扶持的文艺机构或艺术家）及委托内容（项目作品），认为政府性文化艺术的公共价值是公众集体文艺偏好价值、艺术机构或艺术家价值、艺术项目作品价值的集合。（见图 1）

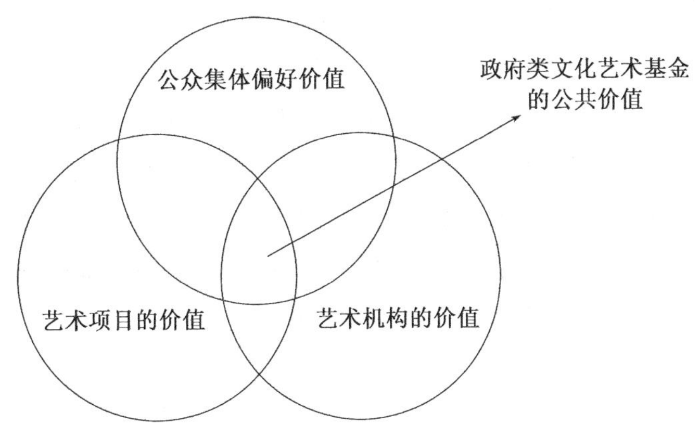

图 1　政府类文化艺术基金的公共价值集

在这个价值交集中，文艺基金所涵盖的公共价值应该最能够反映和贯彻党和

① 王学军在《从测量到治理——构建公共价值创造的整合分析模型》（载于上海行政学院学报，2017 年第 6 期）一文中对王冰、克里斯滕森、贝宁顿、哈里森等学者的分类方法进行了总结，认为公共价值创造是一个渐进式的公共价值增值过程，包含识别、管理和确认三个阶段，并依据价值测量程序提出"公共价值创造的整合分析模型"。

国家文艺方针政策，最能够反映公众集体偏好的价值。正如王列生教授在《文艺以人民为中心的本体论建构》一文中所述："当代中国正呈现出文艺存在形态多元化、文艺存在方式商业化、文艺存在价值复杂化、文艺存在背景全球化等叠加的局面。文艺的人民本体论必将为伟大时代的人民文艺提供最强有力的理论支撑。"以人民为中心的文艺本体就是公众最广泛价值的体现。这也解释了政府为何将公众集中偏好价值融入文艺基金的设立宗旨和目标之中。如北京文化艺术基金的设立目标就是"贯彻和落实文艺政策、繁荣文艺发展、激发文化创作活力，扶持项目立足公益性、体现导向性、增强示范性"。以北京文化艺术基金在 2018 年度资助的舞剧《天路》在上述三个视角的价值诉求为例，文艺基金的资助扶持导向是以弘扬和传承民族精神为起点，符合当前大部分公众的文化需求的偏好；国家大剧院作为该剧的申报单位，其本身机构的发展宗旨和核心价值理念聚焦人民性、艺术性、高水准的艺术作品；而从该剧目的艺术评论中可见，剧目表达人民性、民族性的艺术主张非常突出。[①] 可见，辨识共识性的公共价值是绩效评估的前提和依据，文艺基金的价值主张是需要和公共文化集体偏好、艺术项目及艺术机构的价值诉求相吻合的。

（二）评估原则

文艺基金绩效评估是一项系统性和复杂性兼具的工作，在综合企业绩效评估的 SMART 原则基础上，笔者认为该评估体系应满足下述原则。第一，目的性。评估要突出设立基金的宗旨目标，要聚焦公共价值管理理论中"探索和创造公共价值"这一核心内容。第二，科学性。评估指标方案充分反映文艺基金的规律和特色，评估程序应合理，评估指标要平衡好显性与隐性指标、长期与短期指标之间的关系。第三，可行性。该评估指标体系既具有突出评估目标的高度，又具有较强的实践可操作性。指标设计明晰，涉及的数据信息可获得性强，定量和定性指标的可落实性强。

（三）评估实施过程

笔者认为文艺基金的绩效评估实施在基金发展早期，可以采取基金管理部门自评的形式。随着文艺基金的规模发展和资助对象的多元化，可探索委托社会第三方的模式，亦可以借鉴财政部评审中心的工作机制。整个评估工作的准备、实施及反馈阶段需要明确具体工作节点和内容，如预期公共价值的界定、信息数据的收

---

① 于平，王小京. 现实题材也是舞剧创作的一条"天路"——国家大剧院原创民族舞剧《天路》观后[J]. 舞蹈，2019(03)：44—51.

集和分析、评估工作的组织以及评估结果的反馈。

准备阶段，文艺基金管理部门根据各个项目的申报信息确定评估对象的预期目标，通过收集、调查、实地调研及网络等手段收集被评对象的信息进行分析；实施阶段，文艺基金管理部门明确评估指标体系与测量方法。根据被评对象的情况，确定评估主体的负责人、参与者或第三方机构；反馈阶段，根据评估结果完成评估报告，并提出相关的改进建议及信息公开。这三个阶段也形成了文艺基金资助项目的公共价值链条。（见图2）

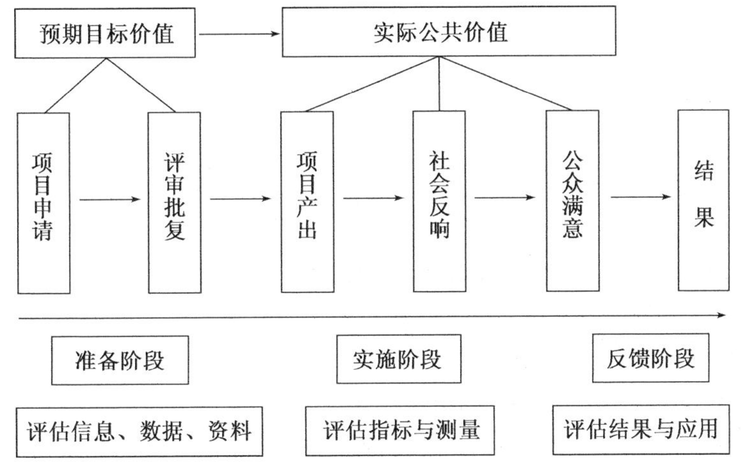

图2　政府类文化艺术基金绩效评估流程图

（四）评估维度

维度是评估对象、评估行为的类型区分，规定了评估的基本面向，指标则是评估的具体手段，也是维度的直接载体和外在表现。① 由于综合性的绩效评估具有多重的价值标准、多向的维度以及多元的评估主体，而传统的、单一的成本、效率、产出等指标已经难以确切反映出复杂的公共支出绩效状况、未来发展和决策辅助价值。因此，构建一个有效可行的绩效评估指标体系成为实施公共支出绩效工作的重要前提。

公共价值管理理论中绩效评估维度的确定基本上是以“探索、发现及创造公共价值”为导向，笔者借鉴 Faulkner 和 Kaufman 在《避免理论停滞：系统性的框架、衡量公共价值》一文中关于公共价值测量维度的研究成果，即结果实现（Outcome

① 卓越.公共部门绩效评估[M].北京：中国人民大学出版社，2004：37.

achievement)、信任与合法性(Trust and legitimacy)、服务供给质量(Service delivery quality)和效率(Efficiency)①,将其与文艺基金的绩效管理现状相结合,把评估维度定位于目标价值、效果质量、协同与可持续性、效率四个方面。(见图3)

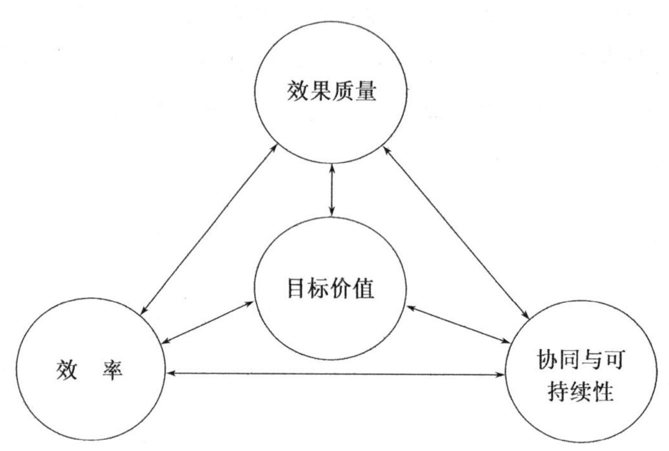

图3　基于公共价值管理理论的文艺基金绩效评估维度

其中,“目标价值”是从文艺基金探索和创造公共价值为导向,“效果质量”是从社会、公众的视角对于文艺基金所资助和扶持的艺术作品的结果反馈进行衡量的,“效率”和“协同与可持续性”则是从具体项目的过程实施中对于资源利用率、程序公正、信息公开透明及与其他部门之间的协同表现进行衡量。这四个维度不仅是文艺基金资助项目的成果,还要关注受资助对象的内部管理,最重要的则是要把政府、基金、项目、社会、公众等要素之间的关系体现出来。通过对资助项目的评价,提高文艺基金的管理水平和服务质量,关注公共文化价值的增值。在明晰维度的基础上,笔者通过依托前文所述的已有研究和政府实践,并结合部分受文艺基金资助的项目调研信息和该领域相关专家的咨询意见,对于4个一级指标所涉及的细分指标进行了凝练筛选,明确了17个二级指标。

(五)评估指标体系

目前,中央和省级的文艺基金的资助类型和方式大致类似,包括艺术创作、艺术人才和艺术作品交流传播等方面。故本文的指标体系构建本着“维度—基本指

① FAULKNER N, KAUFMAN S. Avoiding theoretical stagnation: A systematic review and framework or measuring public value [J]. Australian Journal of Public Administration, 2018, 77 (1): 69-86.

标—修正指标”的思路，在维度基础上，明确一级基本指标。各个细分类型的评估指标（二级指标）则需要不断发展和延伸。在涉及具体项目类型的评估时，可以根据具体评估情况进行指标修正。（见表 2）同时，还应该清晰认识到文艺基金资助对象涵盖院校、院团、个人及民营艺术机构等，资助的领域也包括音乐、舞蹈、戏曲、美术等，故在二级指标方面应采用较为通识性的指标，进而能够更为全面、科学地设计绩效指标。对于具体细化项目或不易直接观察和测量的指标，亦可以采取修正指标的方法，采用相关的间接指标代替，增加评估体系的弹性。

表 2 政府类文化艺术基金绩效评估指标表

一级指标	权重	二级指标	权重	指标说明
目标价值	A	社会核心价值	A1. 1	艺术作品反映以人为本、爱国、和谐等主流社会价值。
		艺术审美	A1. 2	艺术作品的审美创造、审美评价。
		艺术繁荣	A1. 3	艺术形式、题材及内容等方面创新多元。
		艺术生态环境	A1. 4	艺术机构生存发展的资源、技术和竞争合作环境，可分为改善、一般及不明显 3 级评价。
效果质量	B	公众满意度	B1. 1	社会公众对于艺术作品满意度，可利用调查量化分级评价。
		社会影响力	B1. 2	是否获得政府文艺奖励，社会媒介、新闻报道等媒介评价，可进行分级评价。
		社会引导示范	B1. 3	艺术作品公共价值的引领性和示范性等。
		人才团队建设	B1. 4	艺术作品培养人才、提升人才及推进团队人才队伍建设。
		观众拓展与开发	B1. 5	艺术作品进行的观众培养、教育及开发拓展的活动，可从观众拓展活动场次、吸引人数等方面评价。
协同与可持续性	C	协同关系营造	C1. 1	项目与相关机构（政府、协会、媒体及社会组织）的协同表现，项目与中央、地方制度的异质性。
		信息公开与反馈	C1. 2	项目信息在线信息公布及时性、互动沟通及反馈等，可分为良好、基本透明、不透明 3 级。
		持续性效应	C1. 3	项目成果的持续性展演、服务社会文艺教育等，可分为持续周期 3—5 年、1—3 年以及 1 年内评价。
		项目管理及监督	C1. 4	项目管理规范及自我监管，可分为较规范、良好、不足 3 级。
效率	D	预期目标完成	D1. 1	完成目标的程度，是否无故延期等，可分为较好完成、基本完成、未完成 3 级。

（续表）

一级指标	权重	二级指标	权重	指标说明
		财务审计	D1.2	项目资金使用合法、合规，审计绩效；可分为较合规、有瑕疵、不合规3级。
		产出规模	D1.3	项目产出的经济效益，可从展演票房、版权收入及延伸性收入等方面评价。
		社会资源联动	D1.4	项目吸引和带动社会人才、资金等资源的表现，可从带动社会就业、吸引社会资源资金等方面评价。

（六）评估指标权重

本文在指标权重值确定方面采用了层次分析法（Analytic Hierarchy Process，AHP），将文艺基金绩效评估决策相关的元素（维度、指标）进行层级分解，并在此基础上进行定性和定量分析，比较能够确定指标权重。以本文所述的指标体系中的第一层维度权重为例，笔者选取了近5年来学术研究发表的相关成果作为选择标准，邀请文化艺术管理和公共管理领域方面的14位专家组成专家系统。通过构造判断矩阵、计算重要性排序、进行一致性检验、数据优化及群决策权重均值计算等步骤确定了权重值。考虑到专家打分主观性很强，加之本文研究议题的复合性特征，打分矩阵中的判断会出现不一致的情况，故笔者借助迈实AHP软件①，采用粒子群优化算法对专家打分矩阵进行修正和验证。对于专家群决策的各权重结论值进行了加权平均，得出专家群决策的各权重结论值（见表3）。其中，目标价值的权重值超过了0.5，以经济效益为主的效率维度仅有0.08。考虑到文艺基金在资助方式和类型、资助主体属性、资助地区方面还具有较为明显的差异，故对于二级指标使用层次分析法计算权重时，也可考虑增加专家群组的类型、群策数据的数量等内容。

① 迈实AHP软件提供层次分析法建模、判断矩阵数据输入、排序权重计算、一致性检验及敏感度分析等功能（https://www.meshcade.com/）。本文省略了矩阵具体构造、标度说明、权重排序等具体计算步骤过程。

表 3　政府类文化艺术基金绩效评价权重值

上级	元素	结论值(权重)	对应权重值
文艺基金绩效评估决策	目标价值	0.515 6	A
	效果质量	0.276 2	B
	协同与可持续性	0.119 6	C
	效率	0.088 7	D

(七) 评估指标标准及质量保障

文艺基金绩效评估指标标准是对于受资助主体(艺术机构或艺术家)使用资金进行客观、科学分析的判断标尺。通过将实际评估值与指标标准进行比较,进而判断其绩效表现。二级指标中包含了定量和定性指标,定量指标的评估值通常在数据区间,定性指标需要评估主体再进行细化分类。例如,协同关系营造指标评价中,可以进行较好沟通、基本沟通及沟通不畅 3 个级别分类,亦可以增加同政府管理规范中违纪、遵纪的修正指标等。从专家群组决策的权重可见,目标价值、效果质量两类指标的权重超过了七成,故在具体实施中可以对于这两类的二级指标再进行符合项目类型的细化。

对于文艺基金这一类凸显公共文化价值的评估工作而言,评估标准的量化不太容易,基于历史标准、行业规范及现实情况的标准直接会影响整体评估的精准性、科学性和权威性。以"艺术繁荣"二级指标为例,衡量标准可以简单地从创作数量上去分析,但显然这是不够精准的。那么,对于评估主体而言,就需要有的放矢。笔者认为应结合针对最终评估对象的预期目标、外部环境及经验标准进行综合考虑。不同艺术形式、不同地域、不同主体属性的评估对象,在评价标准界定方面不可能用一个标准值。比如,可以用评估对象的历史数据和现实创作进行纵向对比,也可以用该领域的平行单位进行横向对比,两种思路都可以凸显文艺组织自我突破和推进艺术繁荣。从文艺基金绩效评估工作的发展看,今后对于各指标标准值的细化界定将是一项重要且具有难度的工作。同样的,评估工作还需要一套较为健全的质量保障机制。质量保障工作包括具体评估工作的规范、实施程序的透明、评估信息的公开及评估反馈的问责等内容。文艺基金评估的质量控制既要涉及评估工作一般性流程管理,更重要的是对于责任意识的规范。评估人员的职责分工、评估数据的真实、评估结果的客观性等都需要更为透明的信息公开进行支撑。

五、结论与思考

关于文艺基金及公共文化领域相关绩效评估的研究关键在于如何更为清晰地界定本就较抽象的“公共文化价值”。在文艺基金建设初期，其绩效评估的重心应以资源有效性配置为主，应突出基金的有效引导性。本文在大量文献研究和调研实践基础上构建了目标价值、效果质量、协同与可持续性、效率四个方面的评估维度，并利用 AHP 方法对于层级权重进行了测算。但是需要指出的是，在绩效工作推进中，可以采取先用试点评价，总结经验完善评估指标，再进行广泛推广的思路；在绩效评估指标方面，评估主体围绕评估目标可根据具体项目类型，如资助艺术家、资助大型剧目、资助作品交流等，再做进一步的指标修正和权重测算。

本文提出的文艺基金绩效评估属于公共价值管理理论在文化艺术领域的聚焦探索。公共价值管理理论虽然起源于西方国家，但其所倡导的价值理性更为契合我国文化艺术发展的目标和内涵。尤其是当前在我国文化艺术政策、战略及管理模式均处于一个新时代的发展阶段，围绕以人民为中心、以社会效益为主的发展思路符合国家、公众及文化艺术机构对于广泛公共文化价值的诉求和需求取向。该研究议题的绩效评估不仅仅是一个工具理性的载体，更应该以探索和创造更多公共文化价值为导向。对于公共文化价值的认同、肯定、坚守和传播正是公众文化自信最为明显的体现。不断优化和完善我国文艺基金绩效评估的机制，有利于推进文艺基金更好实现凝聚公共文化价值、优化资源配置、提升治理能力、实现文艺繁荣等发展目标，对于我国文化艺术治理体系和能力的提升意义重大。

作者简介

马文竭，青海西宁人，中央财经大学政府管理学院 2018 级博士生。研究方向为政府战略与绩效。

马明，青海西宁人，北京舞蹈学院人文学院教授。研究方向为艺术管理和文化产业。

Research on the Performance Evaluation of Government Culture and Art Fund based on the Theory of Public Value Management

Ma Wenjie　Ma Ming

Abstract: Based on the theory of public value management and analytic hierarchy process (AHP), this study explores the construction of the performance evaluation system of government culture and art fund (hereinafter referred to as culture and art fund) in the context of China's system, and analyzes the influence relationship and internal mechanism between relevant evaluation dimensions. The results show that: (1) The theory of public value management is consistent with the performance evaluation of culture and art fund in the three aspects of core value guidance, governance efficiency and performance management objectives, and the transformation and expansion in the context of socialist core value is operable; (2) The public value of culture and art fund is the result of the common value among the public cultural collective preference, cultural and art institutions and projects; (3) The objective value, effect quality, synergy and sustainability, and efficiency of the performance evaluation of culture and art fund reflect the dynamic relationship between the subject and object and the social environment more comprehensively. The findings of this study can serve as a reference for local governments to build and improve the performance evaluation system of culture and art fund.

Key Words: Public value　Culture and art fund　Research on the performance evaluation

文化消费

时过“境”不迁
——非物质文化遗产的“情感”解释*

唐月民　韩　靓

摘　要:“非物质文化遗产”是一个充满争议的概念,需要对其解释。非物质文化遗产从“经济”身份转换到“文化”身份,本质上是一种“情感”的作用使然。从“情感”的角度去思考文化产业中的非物质文化遗产的“身份认同”问题,需要从历史、记忆、归属三个维度去认识。非物质文化遗产的“身份认同”实际上经历了“经济—文化—新经济(文化产业)”的身份置换,“情感”在其中扮演了关键的角色。非物质文化遗产在实践和理论中都陷入“保护”和“利用”的两难困境,这一困境的核心就是“文化”和“经济”是否冲突的“情感”纠结。“美好”的“情感”诉求是非物质文化遗产真正的力量,这正是非物质文化遗产可持续发展的不竭动力。

关键词:非物质文化遗产　身份转换　身份认同　文化产业

一、引　言

非物质文化遗产作为一种社会经济现象,古已有之,在人类的历史发展长卷中展现出极为坚韧的力量,历久而弥新。然而,作为一个“专有名词”,“非物质文化遗产”进入国际社会的视野并成为学者研究的热点现象,却是因为其在社会经济中日益凋敝,有被现代经济洪流“吞没”的危险,而被当作一种需要“保护”的“文化现象”而加以重视,这以 2003 年联合国教科文组织通过的《保护非物质文化遗产公约》作为标志。从在市场上“自由发展”的“社会经济现象”到需要国际社会集体认为面临“损坏、消失和破坏”的严重威胁的“文化现象”,“非物质文化遗产”的这种“身份转

* 本文系国家社科基金艺术学重大项目“5G 时代文化产业新业态、新模式研究”(20ZD05)的阶段性成果、文化和旅游智库项目“文化产品与服务内容品质提升战略研究——以江苏探索为例”(18ZK07)。

换”需要解释。

在现代经济中，文化产业作为一种新经济现象，正呈现出前所未有的生机与力量，成为世界各国和地区竞相追逐的文化和经济“热点”。在这股大潮中，非物质文化遗产从被“冷落”的“市场”力量，又被拉入“文化产业”研究和实践的视野，被当作重振地方“经济”的一支重要“文化资本”力量。由此，“非物质文化遗产”陷入一种令人惊奇的“悖论”旋涡中，一方面因为其“文化”价值成为“保护对象”，另一方面又因其“文化”价值而成为新经济的“活力因子”。被置入“两难”境地的“非物质文化遗产”如何通过“文化”生机而激活其“经济”潜力就不再单纯是一个实践问题，而是一个需要重新“解释”的理论问题，这一理论的“探讨”与“解决”继而又会影响到非物质文化遗产的“实践”。

非物质文化遗产的概念界定来自由英文、阿拉伯文、中文、西班牙文、法文和俄文拟定的具有同等效力的《保护非物质文化遗产公约》(2003)文本。我国于 2004 年加入《保护非物质文化遗产公约》，并在 2011 年通过《中华人民共和国非物质文化遗产法》，对“非物质文化遗产”重新给出了界定，从“定义”内容来看，是《保护非物质文化遗产公约》(2003)中“非物质文化遗产”概念的“中国化”。比较有意思的是，自从“非物质文化遗产”的概念提出之后，不同国家的学者几乎指向了同一个问题，即“什么是非物质文化遗产”。关于这一问题的探讨不仅困扰着学术界，而且困扰着非物质文化遗产的从业者。从现有的文献来看，学者们多侧重从非物质文化遗产的起源、流变，并结合各地经验去分析“非物质文化遗产”概念的内涵和外延。如 Marilena Vecco(2010)就从术语演变角度把“非物质文化遗产”纳入“文化遗产”的理解之中。[①] 高丙中(2007)认为，为顺应“非物质文化遗产”的概念被国际社会正式确立下来的新形势，学术界首要的工作是用这个概念去整合原来分散的对象，以共同的对象为基础形成新的知识生产群体。[②] 宋俊华(2006)指出“非物质文化遗产”概念是一个不断修正的过程，其术语内涵存在歧义甚至缺陷，必须对这一概念进行诠释与重构。[③] 大量研究表明，“非物质文化遗产”作为一个概念需要被理解，而理解又必须基于对概念的解释。

作为具有一个理解困境的“非物质文化遗产”概念，从何处入手进行解释是一

---

① Marilena Vecco. A definition of cultural heritage: From the tangible to the intangible[J]. Journal of Cultural Heritage, 2010, 11(3).

② 高丙中. 非物质文化遗产：作为整合性的学术概念的成型[J]. 河南社会科学，2007(02).

③ 宋俊华. 非物质文化遗产概念的诠释与重构[J]. 学术研究，2006(09).

个关键性问题。非物质文化遗产是历史的产物，也在现实中存续，并延伸至未来。因此，理解非物质文化遗产这一概念需要将之置于历史的时空中去把握。“时过境迁”常常是形容一个事物在时空变迁中的“不确定性”命运。时间是流失的，空间是可以转换的，非物质文化遗产势必会因时间和空间的变化而变迁。那么，对于非物质文化遗产而言，什么是不变的，什么是变的，不变和变的关系是什么，则是思考非物质文化遗产概念的基点。从这一前提出发，我们会发现，非物质文化遗产之所以被人们珍视，并不是由于其多变性，恰恰是因为其不变性，而非物质文化遗产的“不变性”却通过“可变”的非物质文化遗产载体而自证。联合国教科文组织在自己出版的小册子中，在论及什么是非物质文化遗产时，曾提及这样一句话：“为了子孙后代，要维护我们认为重要的一些事物。这些事物之所以具有重大意义，可能是因其当下的或潜在的经济价值，但也可能是因其在我们内部唤起了特定的情感。”①这对理解非物质文化遗产概念提供了一个很好的启发。“经济”或“情感”因素是理解非物质文化遗产概念的密钥。从“经济”和“情感”的特性来看，二者恰好体现了“变动性”和“不变性”，或者“不确定性”或“确定性”的特质。从某种程度上讲，非物质文化遗产从古传到今，核心价值是“情感”，恰恰是“确定性”的“情感”支撑起非物质文化遗产的“文化”属性，而“情感”的特质也决定了非物质文化遗产在历史大潮中的“经济”活力。由此来看，时过“境”（情感）不迁才是非物质文化遗产的“核心力量”。有鉴于此，本文从“情感”的视角，对非物质文化遗产进行解释，试图给充满困难性的“非物质文化遗产”概念提供一种新的理解思路。

二、身份转换：从社会经济现象到文化现象的“情感”解释

当非物质文化遗产作为“术语”进入学术讨论之后，被纳入“文化遗产”的保护体系之中。自此以后，“非物质文化遗产”实际上已经被贴上“文化”的标签，拥有了“文化”这一新的“身份证”。那么，在获得“文化”新身份之前的“非物质文化遗产”的“身份”实际上是“经济”，即一种在社会生活中依靠自身“手艺”而存在的一些“行业”。因此，在讨论非物质文化遗产的“概念”时，或者在回答“什么是非物质文化遗产”这一问题时，必须首先注意到非物质文化遗产从社会经济现象到文化现象的“身份转化这一点”，否则就会迷失到从“概念”再到概念的“同义转述”的“循环”“解释圈”里。从“经济”身份转换到“文化”身份，本质上是一种“情感”的作用使然。

---

① 联合国教科文组织. 巴莫曲布嫫，译. 何谓非物质文化遗产？[J]. 民间文化论坛，2020(01).

在《保护非物质文化遗产公约》(2003)中,非物质文化遗产是这样被界定的:"指被各社区、群体,有时是个人,视为其文化遗产组成部分的各种社会实践、观念表述、表现形式、知识、技能以及相关的工具、实物、手工艺品和文化场所。"①在这一定义中,我们可以看到非物质文化遗产是被各社区、群体,有时是个人"视为"文化遗产的组成部分。因此,"什么是非物质文化遗产"就有很强的"主观性"。与"主观性"色彩浓厚的非物质文化遗产概念不同,联合国教科文组织在界定"文化遗产"概念时,却有着非常清晰的"客观性"标准。在《保护世界文化和自然遗产公约》(1972)中,"文化遗产"的定义是:"下列各项应列为'文化遗产':古迹:从历史、艺术或科学角度看具有突出的普遍价值的建筑物、碑雕和碑画,具有考古性质的成分或构造物、铭文、窟洞以及景观的联合体;建筑群:从历史、艺术或科学角度看在建筑式样、分布均匀或与环境景色结合方面具有突出的普遍价值的单立或连接的建筑群;遗址:从历史、审美、人种学或人类学角度看具有突出的普遍价值的人类工程或自然与人的联合工程以及包括有考古地址的区域。"②从中可见,"古迹、建筑群、遗址"就是文化遗产的"定义"。这显然是"内容"即"定义"的解释方式,简单明了,一目了然。迄今为止,学者们从来没有为"什么是文化遗产"进行讨论,却对被归入"文化遗产"体系之中的"非物质文化遗产"争议不休,起因就在于"非物质文化遗产"在最初界定时,就充满了"主观性"。为何会把一"主观性"色彩浓厚的"概念"(非物质文化遗产)归纳到"客观性"属性鲜明的"概念"(文化遗产)之中呢?再回到《保护非物质文化遗产公约》(2003),它的出台背景中有这样的说明,"忆及教科文组织有关非物质文化遗产的各项计划""认为非物质文化遗产是密切人与人之间的关系以及他们之间进行交流和了解的要素,它的作用是不可估量的"。③ 这一说明对理解"非物质文化遗产"概念至关重要。非物质文化遗产关注的是"人与人之间的关系"是否密切以及"交流和了解"的重要性。这样的考虑显然是出于人类"情感"的诉求。

对人类而言,"情感"是最为复杂,也最奇妙的存在。在《保护非物质文化遗产

① 联合国教科文组织. 保护非物质文化遗产公约[EB/OL]. https://www.un.org/zh/documents/treaty/files/ich.shtml.

② 联合国教科文组织. 保护世界文化和自然遗产公约[EB/OL]. https://www.un.org/zh/documents/treaty/files/whc.shtml.

③ 联合国教科文组织. 保护世界文化和自然遗产公约[EB/OL]. https://www.un.org/zh/documents/treaty/files/whc.shtml.

公约》(2003)中,“承认全球化和社会转型进程在为各群体之间开展新的对话创造条件的同时,也与不容忍现象一样,使非物质文化遗产面临损坏、消失和破坏的严重威胁。在缺乏保护资源的情况下,这种威胁尤为严重”[①]的文字说明,表明非物质文化遗产作为一种社会经济现象在“全球化和社会转型进程”中,正面临着生存的“严重威胁”,对于这一点,人类在“情感”上是不能“容忍”的。

无论在传统社会,还是现代社会,任何一种“生意”在市场竞争中有生有灭,起起伏伏都是正常不过的社会经济现象。那么,为何人类唯独对“非物质文化遗产”的“损坏、消失和破坏”不能忍受呢?这显然不是一个“经济”问题,而是一个“文化”问题。可以说,非物质文化遗产从经济问题到文化问题的转换,“情感”是文化问题讨论中更为深层次的东西。

根据联合国教科文组织的定义,非物质文化遗产具体包括以下内容:① 口头传统和表现形式,包括作为非物质文化遗产媒介的语言;② 表演艺术;③ 社会实践、仪式、节庆活动;④ 有关自然界和宇宙的知识和实践;⑤ 传统手工艺。[②] 通过对这些内容的观察,我们可以发现非物质文化遗产的这样一些“文化”特征:① 它们是在历史中形成的,存在的时间比较久远;② 它们有较为深厚的“积淀”,形成了某些规范性的“共识”,有很强的“社会性”;③ 它们以某种“观念”的方式存在,可以持续传承。当非物质文化遗产在现代社会无法生存时,人们发现了它在“经济现象”之外的“文化现象”特质,转而把它提升为与“古迹、建筑群、遗址”同等的“文化遗产”地位,认为非物质文化遗产是“文化遗产”的重要组成部分。这样,文化遗产概念的“内涵”被大大拓展了,不再专属于“物质”,而融入了“非物质”的内容。如此一来,文化遗产不再是只有“冷冰冰”的“无情”“物质”呈现,而有了更多“有情”的“无形”的“非物质”呈现。可见,“情感”赋予了“文化遗产”的“温度”属性,而“温度”恰恰是非物质文化遗产的“灵魂”。

三、身份认同:从文化现象到文化产业的“情感”解释

非物质文化遗产能否产业化是学术界争议较大的问题,但作为“文化产业”研究领域的一个议题是不争的事实。作为学科的文化产业本身尚处在构建之中,而

---

① 联合国教科文组织. 保护非物质文化遗产公约[EB/OL]. https://www.un.org/zh/documents/treaty/files/ich.shtml.

② 联合国教科文组织. 保护非物质文化遗产公约[EB/OL]. https://www.un.org/zh/documents/treaty/files/ich.shtml.

非物质文化遗产被作为“文化”现象来对待，也是从 2003 年联合国教科文组织通过《保护非物质文化遗产公约》之后才普遍进入世人的视野。在第二次世界大战之后，“文化产业”作为新经济的代表逐渐获得“正面”的评价，在 21 世纪席卷全球，成为市场的“宠儿”，被各国政府和地区大力扶持和推广。非物质文化遗产正是在这样的背景下，试图通过挖掘其“文化”价值，售卖“文化”，从而激活其经济潜力，获取经济效益，成为文化产业发展大潮中的一支力量，并得到政府的扶持。对于非物质文化遗产的这一从文化现象到文化产业的实践理解，需要从“身份认同”的角度去分析，而“情感”因素是分析“身份认同”的一个有力的解释工具。

文化的中心是“人”。作为“人”存在的个体、社区、民族、国家等，都需要一个“文化身份”，通过“身份认同”来把彼此连接和凝聚在一起。“情感”是“身份认同”的“黏合剂”，也是人们确认自己和他者身份的“区隔标准”。非物质文化遗产因其“历史性”和“区域性”的“生活化场景”呈现，无形之中早就为生活在其间的人们确定了“文化身份”，但由于其“潜移默化”的特性而很难被人们注意，从而非物质文化遗产的“文化”属性一直不“显山露水”。但当非物质文化遗产“消失”或“正在消失”时，人们把目光投向它时，才突然发现了原来“微不足道”的非物质文化遗产的“文化”价值，唤起了内心深处的“情感”，从而重新审视非物质文化遗产的“当代”价值，这里面既有“文化”的，也有“经济”的，或者二者兼而有之。因而，当人们从文化产业的角度去思考非物质文化遗产的当代命运时，本身就是一种“情感”的力量。正因为对非物质文化遗产赋予了“情感”因素，非物质文化遗产能否产业化才会成为一个有争议的问题。

从“情感”的角度去思考文化产业中的非物质文化遗产的“身份认同”问题，需要从历史、记忆、归属三个维度去认识。历史维度强调的是“人”的“寻根”问题。当思考“身份”问题时，“我是谁”的古老问题就会浮现，而要确定这个问题，势必会寻根溯源，找到“我从哪里来”的“历史”追问中。记忆维度要解决的是当下的“人”如何和“历史”承接的问题。当“过去”通过“记忆”复现在“人”的脑海中，“历史”才有了真切的“情感”价值。归属维度回答的是“人”的“现在”和“未来”的连通问题，即“我”首先确定“自我身份”，然后才能知道“我到哪里去”的未来指向。历史、记忆、归属三个维度“三位一体”共同构建起理解“身份认同”的“情感”框架。这三个维度能够使“人”识别“文化身份”，“身份认同”具体化为“情感认同”。通过“情感认同”，人们既确定了自我的“身份”，也认识到他者的身份。在联合国教科文组织谈及非物质文化遗产缘起的时候，曾强调非物质文化遗产是“文化多样性的熔炉，又是可持续发展的保证”[①]。联合国教科文组织认为1972年的《世界遗产公约》、2003年《保护非物质文化遗产公约》和2005年《保护和促进文化表达多样性公约》为国际社会保护文化多样性提供了一个有力的行动框架。[②] 可见,“文化多样性”是联合国教科文组织在思考非物质文化遗产时的一个“主旨”。实质上,“文化多样性”表达的是一个“文化身份”问题,也是一个“情感身份”问题。这一问题要解决的是无论生活在任何国家或地区的“人”既要珍视“自己”的“身份认同”,也要尊重他者的“身份认同”。正是“身份认同”里的“情感”因素,可以促使非物质文化遗产成为“文化产业”中的生产与消费的“中心”。

从“身份认同”的视角看,非物质文化遗产本身也经历了身份的“认同”转换。在“非物质文化遗产”作为“文化”术语出现之前,作为社会经济现象的“非物质文化遗产”的身份是“经济”,但在《保护非物质文化遗产公约》(2003)出台之后,非物质文化遗产的身份从“经济身份”转化为“文化身份”,但随着文化产业的崛起,非物质文化遗产又被贴上了“文化产业身份”的标签。通过非物质文化遗产不同的“身份认同”,我们可以发现,非物质文化遗产的“身份认同”实际上经历了“经济—文化—新经济(文化产业)”的身份置换。通过非物质文化遗产“身份”逻辑路线的展开,我们可以确定“情感”在其中扮演了关键的角色。当我们把非物质文化遗产作为传统经济现象看待的时候,如果它在市场上“消失”,人们在“情感”上是可以接受的。然而,当我们把非物质文化遗产视为“文化遗产”时,人们在“情感”上是无法接受的。当非物质文化遗产嫁接了“经济”和“文化”之后,变成“文化产业”时,人们在“情感”上则发生了“经济”与“文化”的冲突,无论在非物质文化遗产的实践中,还是在非物质文化遗产的学术讨论中,都引发了一系列充满争议的话题。

四、两难困境:“保护”与“利用”争议的“情感”解释

非物质文化遗产的“保护”和“利用”的关系问题在其实践中和理论研究中始终是一个充满张力的争议话题。这一问题之所以被广泛探讨就来源于它一个“文化”和“经济”关系的处理问题。相比于“文化”和“经济”关系的复杂呈现,非物质文化遗产在处理这一关系中表现得尤为复杂。在非物质文化遗产的实践中,市场生存

① 联合国教科文组织. 保护非物质文化遗产公约[EB/OL]. https://www.un.org/zh/documents/treaty/files/ich.shtml.

② 保护文化多样性公约 2007 年 3 月生效[EB/OL]. https://news.un.org/zh/story/2006/12/67262.

是它的原动力。而在非物质文化遗产的学术探讨中，文化保存却是它的主题。在实践中，非物质文化遗产试图借助“文化”的挖掘与包装，提升其经济效益。在理论中，人们唯恐商业价值的逐利行为会“破坏”非物质文化遗产的文化价值。这就导致非物质文化遗产在实践和理论中都陷入两难困境，这一困境的核心就是“文化”和“经济”是否冲突的“情感”纠结。

非物质文化遗产在实践中的两难困境需要放在“时间”的尺度中去理解。当我们从时间的尺度去考量非物质文化遗产时，会发现实践中的非物质文化遗产既是“静态”的，也是动态的。非物质文化遗产的呈现具有非常“稳定”的特征，无论岁月如何变迁，总有一些“味道”亘古不变。在“静态”之外，我们又会发现非物质文化遗产的“动态”性特征，其呈现在“内容”和“形式”上总有一些“变异性”。通过以上分析，我们会发现实践中的非物质文化遗产尽管有“文化”意味，但其更关注在市场中的“适应”性。在文化产业勃兴的 21 世纪，作为新经济代表的“文化产业”呈现出“求新”“求奇”“求异”的特征，从文化产品的“内容”到“形式”不断去“适应”或“引领”文化市场的潮流。当从“文化产业”的角度去“做”非物质文化遗产时，非物质文化遗产从业者进行了积极的市场尝试，比如“非遗进景区”“非遗文创”“非遗小镇”“非遗直播”等现象的出现。令人感到吊诡的是，强调市场“适应”性的非物质文化遗产在现代市场经济体系中，却很难“适应”市场的变革，从而处于濒临“消失”的边缘。因而，在实践中的非物质文化遗产陷入市场“生存”困境，这令非物质文化遗产从业者从“情感”上难以接受，更有甚者，一些非物质文化遗产传承人“无情”地拒绝子孙继承自己的“衣钵”，但又心有不甘，希望他者能够“学习”自己的“手艺”，让它“薪火相传”，从而把自己直接陷入“情感”的“两难困境”。可以说，实践中的非物质文化遗产更强调其“利用”的一面，但“市场困境”反过来倒逼非物质文化遗产从业者以“文化保护”的名义向政府部门积极申请各种扶持资金等，这又导致了某些非物质文化遗产从业者形成了“惰性”心理。这种“情感”的“迁移”不仅无助于解决非物质文化遗产的“生存困境”，反而加剧了其不断陷入更大的“困局”。

非物质文化遗产在理论中的两难困境需要回到“文本”的分析。从《保护非物质文化遗产公约》(2003)的宗旨看，“保护”是一种“被动性”的措施，其前提在于非物质文化遗产市场活力的衰微，采取各种措施去“保护”的重点是非物质文化遗产的“文化”属性。然而，在谈及非物质文化遗产的特性时，又重点提到了其“世代相传，在各社区和群体适应周围环境以及与自然和历史的互动中，被不断地再创造”①的“动态性”或“变异性”特征。这样在“文本”中就出现了“文化”和“经济”，“保护”和“利用”相互冲突的“空间”。《保护非物质文化遗产公约》文本的核心词是“保护”，而其保护的对象具有“再创造”的“利用”特征。这实际上给理论研究者们造成了“理解”上的麻烦。理论研究者们天生具有“完美之境”的追求，因而在讨论非物质文化遗产的保护时，思考的逻辑是非物质文化遗产的“原真性”不能被“破坏”，因而在研究中，就容易出现“唯保护论”的倾向，似乎一提到“利用”“开发”这样的词汇就是对非物质文化遗产的“破坏”，使非物质文化遗产不再具有“文化”上的纯粹性，“情感”上的“洁癖”否定了非物质文化遗产在理论上“再造”的可能。当然，也有一部分学者从非物质文化遗产的实践出发，试图解释其不断被“再创造”的原因，并从中寻求非物质文化遗产突破“生存困境”的理论方案，然而依旧不敢突破“保护”的理论“藩篱”，走不出“生产性保护”的理论表述，从而陷入“情感”和“理性”的“困境”之中。主张非物质文化遗产应走“产业”道路的文化产业学者们也很难用“经济学”的理论去解释非物质文化遗产的“文化”作用，并给予其恰如其分的“定量”赋值，其“困境”之源实际上就是“情感”的“衡定”问题。在现实中，“情感”往往是反经济效率的，有着非常大的“不确定性”。

大体说来，实践中的非物质文化遗产更偏爱“利用”，理论中的非物质文化遗产更着重“保护”。实际上，无论在实践中还是在理论上，其中都存在“保护”与“利用”的争议。尤为值得注意的是，非物质文化遗产出现了“实践”和“理论”脱离的趋势，这是一个比较“危险”的信号。对于非物质文化遗产的“实践者”而言，他们从内心深处渴望“理论界”为其指点迷津，走出“生存困境”的“迷宫”。对于非物质文化遗产的理论研究者而言，他们需要从非物质文化遗产的“生存困境”出发，用理论去回应实践的呼唤。不可否认的是，非物质文化遗产的“光明前景”取决于“实践者”和“理论者”的“心照不宣”，而“不宣之心”只能是“情感”，和时间无关，只和“心境”有关。

五、结　语

2011 年出台的《中华人民共和国非物质文化遗产法》制定的“宗旨”是“继承和弘扬中华民族优秀传统文化，促进社会主义精神文明建设，加强非物质文化遗产保

① 联合国教科文组织. 保护非物质文化遗产公约[EB/OL]. https://www.un.org/zh/documents/treaty/files/ich.shtml.

护、保存工作”①。通过立法的形式去推进我国非物质文化遗产保护工作，是一件具有里程碑意义的大事。这说明，从“历史”中走来的非物质文化遗产承载者“中华民族优秀传统文化”，不会随着“时间”的变迁而改变，其中蕴含着中华民族“求真、求善、求美”的“永恒心境”，在当今社会被赋予了“社会主义精神文明建设”的使命，这正是非物质文化遗产可持续发展的不竭动力。“美好”的“情感”诉求是非物质文化遗产真正的力量，它的“温情”浸润着生活在“非遗空间”中的每一个“人”，使人“心”有所属，对“美好生活”进行不懈追求。

作者简介

唐月民，山东德州人，教授、博士，山东艺术学院艺术管理学院硕士生导师，南京大学长三角文化产业发展研究院特聘研究员。研究方向为文化资源保护与开发、公共文化服务。

韩靓，河南安阳人，南京师范大学新闻与传播学院研究生。研究方向为文化产业传播。

① 中华人民共和国非物质文化遗产法[EB/OL]. http://www.npc.gov.cn/wxzl/gongbao/2011-05/10/content_1664868.htm.

When the Time is Over, the Situation Will not Move—The Interpretation of "Emotion" of Intangible Cultural Heritage

Tang Yuemin Han Liang

Abstract: "Intangible cultural heritage" is a controversial concept that requires interpretation. The transformation of intangible cultural heritage from "economic" status to "cultural" identity is essentially driven by "emotion". From the perspective of emotion, to understand the "identity" of intangible cultural heritage in cultural industry, three dimensions, namely history, memory and attribution, should be considered. The "identity" of intangible cultural heritage actually experienced the identity replacement of "economy—culture—new economy (cultural industry)", and emotion played a key role in it. Intangible cultural heritage has been in a dilemma of "protection" and "utilization" in practice and theory. The core of this dilemma is an "emotion" struggle over whether or not "culture" conflicts with "economy". The "emotion" appeal of "beauty" is the real force of intangible cultural heritage, which is the inexhaustible power of the sustainable development of intangible cultural heritage.

Key Words: Intangible cultural heritage Identity conversion Identity Cultural industry

体验经济视角下沉浸式戏剧的体验设计维度及创新策略*

方　媛　张　捷

摘　要:近年来,沉浸式戏剧作为一种新兴戏剧形态传入中国,各类沉浸式戏剧作品纷纷涌现,并获得大量戏剧爱好者青睐,为体验经济时代的戏剧创作和实践开启新的道路。本文首先分析了沉浸产业和沉浸式戏剧的发展和现状,并根据体验的五种类型分析了沉浸式戏剧体验设计的感官体验、知觉体验、思想体验、行为体验和关联体验五个维度,在体验经济的视角下提出合理运用数字科技、重塑叙事模式、创造偶得和心流体验、促进反身性思考和文化认同等沉浸式戏剧创新策略。

关键词:体验经济　沉浸式戏剧　体验设计　创新策略

一、引　言

近年来,得益于多媒体和数字技术的发展,中国的戏剧舞台在演出内容和呈现形式上都经历着深入探索和空前发展,先锋性、实验性的戏剧不断涌现,其中沉浸式戏剧以独特的观演方式、震撼的舞台效果、互动式的游戏体验获得了大众青睐。随着戏剧理念和形态的不断变革,沉浸式戏剧将传统的静态观看变为互动体验,在很大程度上满足了当代消费者对文化产品的需求,但在中国本土的社会文化背景下,沉浸式戏剧的探索和实践中也存在诸多值得讨论和反思的问题。习近平总书记在文艺工作座谈会上的讲话中强调,文艺创作是观念和手段相结合、内容和形式相融合的深度创新,是各种艺术要素和技术要素的集成,是胸怀和创意的对接。沉浸式戏剧的创作和发展同样应符合文艺创作的基本要求,在体验经济时代,个性化

* 基金项目:本文为江苏省中国特色社会主义理论体系研究中心南京艺术学院基地课题"文化强国背景下文艺创作质量提升工程研究"阶段性成果;2021 年江苏省文化和旅游科研重点课题"基于创意旅游的沉浸式文旅产品设计及创新策略"(21ZD08)阶段性成果。

的体验需求逐渐成为文化消费的新趋势，如何通过不同的体验类型准确把握沉浸式戏剧的体验设计维度，进而在体验设计中实现戏剧形式和内容的高质量创新，打造出能够反映中国文化和时代精神的沉浸式戏剧，值得深入研究和探讨。

二、戏剧体验的沉浸式探索

（一）沉浸式体验的兴起

自 2017 年开始，沉浸式体验逐渐走入中国大众文化娱乐消费领域中，根据《幻境·2020 中国沉浸产业发展白皮书》①统计，2019 年全球沉浸产业总产值达 51.9 亿美元，包含 12 大细分行业及 258 种沉浸式业态，涵盖戏剧演艺、实景娱乐、主题乐园、培训教育、餐饮等领域，国内沉浸式体验项目数量目前已达到 1 100 余项，成为全球沉浸产业最为发达的市场之一。随着沉浸产业的发展，目前沉浸式体验大多建立在信息通信技术、大数据、人工智能、数字多媒体、智能装备等基础之上，为消费者打造个性化的多感官体验，甚至能够使消费者在体验过程中获得个体感、存在感和价值感。

沉浸式体验营造的最佳体验效果和美国心理学家米哈里·契克森米哈提出的心流体验②相对应。心流或称精神负熵，是人们精神上处于最优状态时的体验，心流体验能够使人们获得高度的兴奋感和充实感，在体验结束后也会给人留下难忘的记忆，进而影响消费者未来的消费决策。心理学家通过对消费决策心理进行实验的结果表明，回忆和预期的情绪体验比即时的情绪体验更强烈，回忆的正向情绪越高，则体验者更愿意重复进行这个体验，当即时与回忆体验不同时，回忆体验将指导人们未来的决策。③ 在沉浸式体验中，消费者获得的强烈的愉悦体验和个性化的自我成就体验，将形成独特的文化体验记忆，促使消费者在未来的消费选择中保持重复体验的兴趣。

2019 年 8 月，国务院办公厅《关于进一步激发文化和旅游消费潜力的意见》提出，要着力丰富文化产品供给，引导文化和旅游场所增加参与式、体验式消费项目，

---

① 上海幻境文化传播有限公司. 幻境·2020 中国沉浸产业发展白皮书[R]. 上海：上海幻境文化传播有限公司，2019.

② 米哈里·契克森米哈. 心流——最优体验心理学[M]. 北京：中信出版集团，2017：61.

③ Wirtz D., Kruger J., Scollon C. N., Diener E.. What to do on spring break? The role of predicted, on-line, and remembered experience in future choice[J]. Psychological Science, 2003, 14(5), 520 - 524.

发展基于 5G、超高清、增强现实、虚拟现实、人工智能等技术的新一代沉浸式体验型文化和旅游消费内容。沉浸式体验的打造和创新运用将极大丰富文化产业业态，提升文化产业创新能力，为当代文化消费提供更多选择。

（二）沉浸式戏剧的特征和沿革

当代沉浸式戏剧发端于 2011 年在纽约公演的《不眠之夜》，该剧改编自莎士比亚的悲剧《麦克白》，将演出场地设置在一个由前切尔西街区夜店改造的废弃酒店，并打造了将近一百个房间作为不同的演出场景，观众则戴着面具穿梭在酒店六层楼之间自由探索剧情，每位观众的路线和看到的剧情都可能完全不同。《不眠之夜》的制作公司 Punchdrunk 首次将这种演出形式定义为"沉浸式戏剧"。随着《不眠之夜》名声的扩大，其他公司也纷纷使用这一概念来描述他们的剧作以提升影响力。

沉浸式戏剧和阿尔托的"残酷戏剧"、阿兰·阿普兰的"偶发戏剧"、理查德·谢克纳的"环境戏剧""特定地点表演"等演剧方式都有一定关联。① 1926 年阿尔托在第一次关于残酷戏剧的宣言中提出："取消舞台及剧场大厅，而代之以一个唯一的场所，没有隔板、没有任何栅栏，它就是剧情发展的地方。在观众和演出、演员和观众之间建立直接交流，因为观众位于演出中心，被演出包围、渗透。"②这种观剧体验与观演关系的改变也是沉浸式戏剧的主要特征，一般来说，沉浸式戏剧拥有广阔的剧场空间及大量的装置设备和道具，观众可以在剧场中自由移动，在一定程度上能够参与戏剧演出过程。此外，沉浸式戏剧更关注观众在其中的情感和感受。Punchdrunk 的艺术总监明确地将沉浸式体验定位为一种以情感为主的现象，是本能的情绪反应的产物。③

沉浸式戏剧自诞生至今已展现出极为多样的演出形式，其定义也难以一概而论，但仍有大量学者从不同角度对沉浸式戏剧的特征进行了研究。Machon 认为沉浸式戏剧暗含一种综合美学，将意义的生产和官能（感觉和情感）结合在一起形成一种双重的意义生产模式，这种综合美学更注重身体性的运动和表演，在表演者的演出、互动和剧场环境共同作用下给观众带来更深入的感官体验。她将这种沉

① 周泉. 东渐与嬗变——中国近几年来浸入式戏剧[J]. 戏剧，2018.

② 安托南·阿尔托. 残酷戏剧：戏剧及其重影[M]. 北京：商务印书馆，2014：101.

③ R. Biggin. Immersive Theatre, Immersive Experience[J]. Immersive Tbeatre and Audience Experience, 2017.

浸式体验描述为浸没在深水中，这种体验能够让人了解到身体的本能反应。①Adam Alston 则认为，沉浸式戏剧虽然众所周知是难以定义的，但可以看作是以经验创作为前提的实践，参与沉浸式戏剧活动的模式有很多种，包括多感官刺激、角色的扮演（明确指定或模棱两可）、对话、互动、执行任务等，而这些参与模式都是为了唤醒观众的经验能力。② Gareth White 进一步区分了沉浸式戏剧与沉浸于阅读、看电影等形式的不同之处，他认为后者的沉浸是隐喻式的，主体和作品之间仍是相分离的状态，而在沉浸式戏剧中，观众既是表演的一部分，表演也成为观众的一部分，两者间有着内在的联系。③ 这些研究都对沉浸式戏剧的共同特点、主要形式和美学特征做了分析和归纳。

自《不眠之夜》风靡全球之后，各类沉浸式戏剧纷纷涌现，马文·卡尔森对当代沉浸式戏剧形式做了划分④，他认为沉浸式戏剧通常有三种观演方式，第一种是最为保守的"漫步戏剧"的作品，观众以规定的顺序被带至同一栋建筑物中的几个房间，观看演员表演或进行互动。如改编自《爱丽丝梦游仙境》的舞剧《坠落的爱丽丝》，该剧一次演出只能容纳 15 人，观众会被单人或小组分送至单独的房间，和红皇后、兔子、爱丽丝等角色进行会面以及互动。第二种是在一个或几个相邻场景进行文本和模仿的表演，观众可以随意走动，随意观看演出现场。如在长达 6 小时的《罗马悲剧》中观众可以随意更换位置，观众和演员共享同一个舞台，而这个舞台可以根据演出需要切换为各个不同场景，演绎出当下时代的权力斗争和政治问题。第三种是如《不眠之夜》一类的作品，不是标准文本的表演，而是一系列场景空间，观众可以自由漫步，自由选择不同空间。这些表演通常会像观众不在场一样进行，但演员有时会把一个观众拉到一个私人空间里与他们私密交谈，演员始终处于完全的控制状态。

在近十年的发展中，沉浸式作为一个全新的概念深刻影响了当代戏剧实践和戏剧观念，沉浸式戏剧在剧场设计、故事情节、角色表演等方面都实现了多样化的探索，不同剧目之间形成风格各异的戏剧特色，而这些探索和尝试都在致力于加深

---

① Josephine Machon. Immersive Theatres: Intimacy and Immediacy in Contemporary Performance[M]. Palgrave Macmillan, 2013: 14.

② Adam Alston. The Promise of Experience: Immersive Theatre in the Experience Economy [J]. Reframing Immersive Tbeatre, 2016

③ Gareth White. On Immersive Theatre[J]. Theatre Research International, 2012.

④ 马文·卡尔森. 后剧作戏剧与后剧作表演[J]. 戏剧艺术，2020(02).

戏剧中的沉浸式体验。随着物质生活水平的不断提高，人们对体验的需求也日渐增加，体验经济时代的来临意味着消费者对于体验的设计和创造有着更高的要求和期待，沉浸式戏剧正是通过独特的体验给观众带来全新的戏剧效果，丰富了消费者的文化生活和精神世界。

三、体验经济视角下的沉浸式戏剧

（一）体验经济推动沉浸式戏剧发展

美国学者 B. 约瑟夫·派恩和詹姆斯·H. 吉尔摩在《体验经济》一书中指出，人类经济的发展分为农业经济、工业经济、服务经济与体验经济四个阶段，体验是人类历史上的第四种经济提供物。在体验经济阶段，随着产品、商品、服务开始出现产能过剩的情况，体验会成为高价值承载物。他们还指出，经济价值的递进发展从提取商品到制造商品，到提供服务，再到展示体验，越来越贴近顾客的需求。① 从体验经济的视角来看，沉浸式戏剧通过戏剧生产过程为消费者模拟个性化的体验，满足其个性化的文化消费需求，这种体验并不只是消遣娱乐，而是让消费者能够参与到一系列尚未展开的故事之中，在其中获得满足感与价值感，进而和消费者建立起值得记忆的深刻联系。

沉浸式戏剧创作在阿尔文·托夫勒的理论中被称为"体验制造者"，他在 1970 年完成的著作《未来的冲击》中指出，体验在未来社会中将发挥重要作用，他认为体验工业势必成为超级工业主义的重要一环，主要产品不只是制造品或一般性的服务，而是预先设计的"体验"②，他预言当人们物质生活开始富裕，消费者将和过去收集实物一样开始热衷于收集体验，而艺术就是其中的重要领域。如今的文化消费已表明，以艺术为基础的体验经济已经逐渐盛行起来，随着现代信息技术、虚拟仿真技术和网络技术的运用，这种建立在模拟环境基础上的沉浸式体验能够打破时空限制，使观众获得超越日常生活的快感和乐趣。

此外，在体验经济的营销模式方面，Bernd Schmitt 做了深入的理论研究和模型建构，他认为，体验是个体对一些刺激做出的反应，体验通常不是自发产生的而是被诱发出来的，针对体验的营销应该提供诱发顾客体验的刺激因素。一方面，要选择体验媒介来打造体验过程，例如在沉浸式戏剧中，剧作的品牌符号、剧场及舞

---

① B. 约瑟夫·派恩，詹姆斯·H. 吉尔摩. 体验经济[M]. 北京：机械工业出版社，2008：27.

② 阿尔文·托夫勒. 未来的冲击[M]. 北京：中信出版社，2006：124.

台的布置、参与演出的演员、演出道具和技术设备等都可以看作是不同的体验媒介，对于体验媒介的设计和应用决定了顾客体验的整体效果。另一方面，要根据体验的总体特征把它们划分成不同的类型，在进行体验设计时不应只关注某种特定的个人体验，而应从策略层面设计需要提供的体验类型，以及如何有效提供这些体验。

（二）以体验矩阵建构体验设计的理论基础

Bernd Schmitt 针对体验经济的特点设计了体验矩阵（见图 1）①，该矩阵的纵轴为战略体验模块（Strategic Experiential Modules），即将体验划分为五种类型，包括感官体验、知觉体验、思想体验、行为体验和关联体验。横轴为体验媒介（ExPro），即营造体验的工具，如环境、人员、产品、传播、科技手段等。任何一种体验类型都可以通过任何一种或多种体验媒介进行传播，同时特定的媒介对于某种类型的体验来说会产生更强的体验效果，例如产品和环境主要致力于感官体验，而人员和传播方式则是建立情感体验的关键。

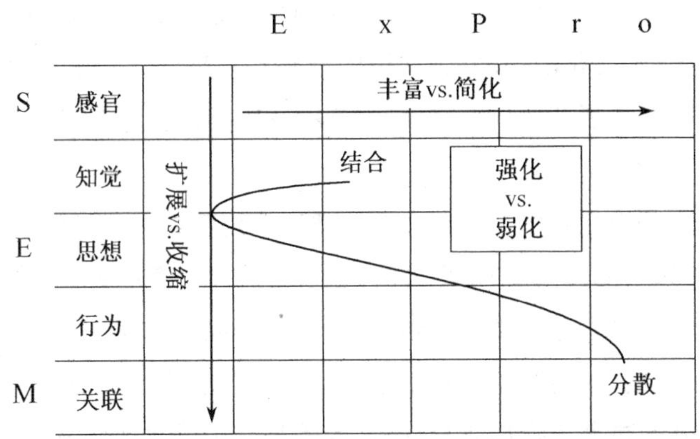

图 1 体验矩阵

此外，在体验类型和体验媒介的相互作用之上，形成四个战略问题的层面：① 强度，即体验效果的强化或弱化，通过调整单独的矩阵元素使体验效果达到强化或弱化，如通过舞台灯光、音乐的设计烘托演出效果；② 幅度，即体验媒介种类的丰富或简化，涉及体验媒介的管理问题，如为了使观众更有演出背景的代入感，将舞台、道具、角色等多种体验媒介共同致力于丰富这种体验；③ 深度，即体验类型的扩展或收缩，涉及体验类型的管理问题，如在演出中加入需要观众互动参与的

① Bernd Schmitt. Experiential Marketing[J]. Journal of Marketing Management, 2010, 2.

情节，能够在感官体验之余增加观众的行为体验和思想体验等多种类型的体验；④ 联接，即体验类型和体验媒介的结合或分散，涉及体验类型和体验媒介之间的相互关系问题，通常情况下体验的设计不能只注重增加体验的类型，还要考虑到不同体验之间的联系，如在演出中增加思想体验和关联体验时要注重与剧场氛围和观众情感的融合，避免生硬突兀使整体体验不融洽。

体验矩阵如今已应用在多个不同领域的研究分析中，如新闻娱乐业、技术和工业产品、金融产品和咨询等，其优势在于能够促进产品创新，使产品在竞争中实现差异化，增加顾客黏性。本研究将体验矩阵运用在沉浸式戏剧的实际分析中，其中体验类型是体验设计的基础，不同的体验类型能够提供不同的体验价值。在欣赏沉浸式戏剧时，体验产生于观众对各种戏剧元素的反应，剧场的空间环境、演员的表情动作、观众的参与互动等都能成为诱发体验形成的体验媒介，沉浸式体验的设计正是在不同的体验类型中，对于这些体验媒介进行合理化设置和创造性编排，在强度、幅度、深度、联接等层面上对体验类型和体验媒介的结合进行调整，以满足观众的体验诉求。

四、沉浸式戏剧的体验设计维度

相较于传统戏剧形式而言，沉浸式戏剧在剧场环境、舞台设置、剧本情节、观演行为等方面都有着颠覆式的转变和创新，带给观众更为丰富多样的戏剧体验。体验不仅是消费的过程，同时也是生产的过程，因此体验的设计和营造对于沉浸式戏剧的演出效果来说至关重要。由于观众体验发生的层面不同，在体验的设计和营造中，可以依据体验的五种类型形成五种不同的体验设计维度，从感官、知觉、思想、行为和关联的不同角度分别进行归纳和分析，更有针对性地实现沉浸式体验的设计和创新。

（一）沉浸式戏剧的感官体验设计维度

感官体验诉诸视觉、听觉、触觉、味觉和嗅觉的体验营造，在传统戏剧形式中，观众往往只能通过视觉图像和声音信息两种途径进行戏剧体验，而在沉浸式戏剧中多感官的环境氛围营造能够使观众真正沉浸在演出中。R. Biggin 认为，沉浸式作品的形式和以其为目标的感官体验是密切相关的，且前者促进后者。[①] 在诸多

---

① R. Biggin. Immersive Theatre, Immersive Experience[J]. Immersive Tbeatre and Audience Experience, 2017.

沉浸式戏剧中，作品形式的选择往往是为了增强观众的感官体验，Punchdrunk剧团就曾表示，他们的作品在创作时更注重对观众本能和感官的刺激，而非剧本的逻辑和叙述，他们善于制造感官的神秘氛围，设置种种紧张、恐怖或非常规的情节使观众产生刺激兴奋感，令观众形成高度集中的意识状态，有效促进沉浸式的体验。沉浸式戏剧的舞台场景通常大量运用现代科技手段，虚拟现实、全息成像、人机互动等技术在沉浸式戏剧中的运用极大增强了观众的感官体验。麦克卢汉认为，任何媒介都不外乎人的感觉器官的扩展或延伸，而现代科技手段通过对视觉、听觉、触觉等感官的模拟再现现实，创造出逼真的虚拟世界，通过现代技术与感官的双向交互，人在虚拟环境中产生高度真实的感官感受，形成“感官共振”①，打破了人类感官的时空限制。

（二）沉浸式戏剧的知觉体验设计维度

知觉体验是充分利用观众内心的感觉和情感创造情感体验，知觉体验的前提是要了解能够激发观众特定情感的刺激因素。情感分为心情和情绪两部分，心情是轻微且不确定的情感状态，一些能够影响心情的因素往往是观众没有察觉到的，例如剧场中嘈杂的谈话声或噪音会使观众心情变得糟糕，但由于专注于演出情节，观众并没有意识到这一因素，而误以为是对演出的不满意。在《不眠之夜》中，观众被要求戴上面具观看或参与演出，这一规定能够抑制观众之间的交流闲谈，使观众的凝视更加集中和定向，同时营造出一种神秘感和紧张感。情绪则是强烈的、有着明确刺激源的情感状态。在沉浸式戏剧中，面对面互动能够给观众带来更为强烈的情感体验。在《坠落的爱丽丝》中，观众有极高的参与度，大部分时间中都能够与演员进行一对一的近距离交流互动，例如躺在床上听白皇后讲故事，为爱丽丝梳头发，喝调酒师调制的“不老药”鸡尾酒等，在交流过程中演员会根据观众的应答给出不同的回应，观众成为剧情建构者和文本生产者，形成时而愉悦、时而紧张、时而陶醉的多层次情感体验。

（三）沉浸式戏剧的思想体验设计维度

思想体验诉求于智力，为观众创造认知和解决问题的体验，促使观众发挥想象力和创造性思维。在解谜和悬疑类的沉浸式戏剧剧情中，通常都鼓励观众通过收集线索和相关信息来探索答案。成立于纽约的Live in Theater公司致力于打造

---

① 喻发胜，张玥. 沉浸式传播：感官共振、形象还原与在场参与[J]. 南昌大学学报：人文社会科学版，2020(04).

侦探主题的沉浸式戏剧，他们创作的戏剧都以历史上真实发生过的犯罪事件为主题，演出舞台则设置在开放的纽约街头，观众需要扮演侦探在街头审问由演员饰演的嫌疑人，通过收集证据、探索地图道具、分析历史线索来推理作案动机和过程，演出过程中观众的推理能力、分析能力和想象力都将极大影响戏剧的走向和体验。另一种打造思想体验的关键在于游戏性。约翰·赫伊津哈认为，人类社会的重要原创活动从一开始就全部渗透着游戏[①]，游戏中蕴含着创造力和竞技所必需的思维能力。首演于 2019 年的沉浸式戏剧《秘密影院：007 大战皇家赌场》为观众打造了大型的游戏场所，剧场中还原了电影中的巴哈马沙滩、马达加斯加机场、南斯拉夫皇家赌场等场景，观众可以随意装扮成影片中的角色，为自己设定详细的身份和背景，在其中观看角斗赛、体验德州扑克、欣赏乐队表演，也可以完成演员安排的隐藏任务，每个观众都能够发挥创造力和想象力，以获得完全不同的游戏体验。

（四）沉浸式戏剧的行为体验设计维度

行为体验诉诸观众的身体行为，为观众创造丰富的身体体验和行动体验。在沉浸式戏剧中，观众以某种方式参与其中，并对表演拥有一定的控制权，这并不意味着观众可以改变演出的文本叙事或者演员行为，而是在于观众可以选择他们想看的内容，可以选择他们的回应方式。[②] 为了保证剧场演出效果和观众体验效果，不同的沉浸式戏剧对于观众在剧场内的行为都有不同的规定，但相较于传统戏剧而言，观众在沉浸式戏剧演出过程中拥有很大的行为自主权。在《不眠之夜》一类的戏剧中，大量非戏剧空间转化为设计丰富的剧场环境，观众可以漫游其中，自行探索空间和道具中的隐秘线索，也可以跟随某一演员的演出路线穿梭在不同演出场景中，这种控制权和主动性带来的行为体验在一定程度上能够激励观众对更多未知空间的探索，相当数量的《不眠之夜》观众在一次观剧后有意向进行再一次体验，甚至有观众已重复体验几十次，从经济学体验效用的角度来说，行为体验对观众的当期效用和回忆效用都有极大影响。

（五）沉浸式戏剧的关联体验设计维度

关联体验将感官、情感、思考、行动与社会系统或文化因素相关联，在体验中创造文化认同、个人价值和归属感。通过各种文化符号和历史情境的塑造，沉浸式戏

---

① 约翰·赫伊津哈. 游戏的人——文化的游戏要素研究[M]. 北京：北京大学出版社，2014：4.

② Sarah Wiseman. Control and Being Controlled: Exploring the use of Technology in an Immersive Theatre Performance[J]. Design Case Studies & Methods, 2017(6).

剧体验提供了一系列文化和社会的映射。以民国时期为背景的《知音号》将剧场设置在三层蒸汽轮船上，剧场中的场景设置和演员着装全部为民国时期风格，观众在登船的一刻仿佛穿越回百年之前，在多条剧情线中既有爱国人士、商业大亨的传奇故事，也有社会底层小人物的生活演绎，漂移在长江上的"知音号"浓缩了那个风云变幻时代的社会景观，最终实时摄影机将观众的影像和演员一起映射在屏幕上，给观众留下一段难忘的民国故事记忆。沉浸式演出《镜花缘记》是专门为中国科举博物馆打造的小微剧场，演出场地设置在中国科举博物馆公共空间中，通过现代舞和昆曲相结合的表现手法，演绎了杜丽娘、科考少年、百花仙子等人的故事，其中科举应试、林中著书等情节呼应于中国科举博物馆的场馆主题，馆内游客可随时驻足观看，着汉服起舞的演员给观众以穿越时空之感，而现代舞的形式又给艺术表现以丰富的视觉冲击力，给观众带来别样的传统文化体验。

以上五个维度是进行体验设计的基础，每个维度的体验都有其特点和价值，打造具有吸引力的体验不仅要关注每个维度的体验设计，还要综合各个维度的体验媒介进行整合和创新，以增强体验的深度和有效性。

五、沉浸式戏剧的体验设计创新策略

对于沉浸式戏剧这一艺术形式来说，观众体验是其创作过程中重点打造的部分，观演关系的转变、现代技术的运用、开放的互动形式等都是打造多元体验的有效尝试。然而从上述体验类型的分析来看，当前国内沉浸式戏剧虽然在感官体验、知觉体验、思想体验、行为体验方面的尝试较为丰富和多样，但是在打造能够产生深层意义的关联体验方面仍有待加强。Schmitt 认为，关联意味着和他人、社会团体(职业的、种族的或是生活方式上的)或像国家、社会、文化这样范围更广、更抽象的社会实体的联系。① 在沉浸式戏剧的关联体验中，个人归属感、身份认同、跨文化价值观等都会影响体验的深层意义。派恩和吉尔摩还指出，体验不是最终的经济提供物，在体验之上还有第五种经济提供物——转型，转型意味着给顾客带来超越体验本身的体验，即引导顾客实现情感认知、生活方式、个人价值等方面的转变。② 这种基于深层意义的转型正是产生于社会影响、群体认同和价值观建立之

① Bernd H. Schmitt. 体验营销：如何增强公司及品牌的亲和力[M]. 北京：清华大学出版社，2014.

② B. Joseph Pine Ⅱ, James H. Gilmore. Integrating experiences into your business model: five approaches[J]. Strategy & Leadership, Vol. 44 Iss 1 pp. 3 - 10.

中。对沉浸式戏剧的观众来说，作为感官娱乐的体验容易随着时间流逝而被遗忘，但是关联体验能够超出个人感官、知觉、思想、行为的范畴，将体验与观众所处的社会环境、生活世界、文化背景相结合，在体验中了解新的知识、学习新的技能，或是对某些问题的反思和改观，都能够对观众产生转型的效果，而这种转型效果也往往是观众更希望从作品中得到的。

此外，沉浸式戏剧的体验通常产生于多个体验维度之中，对于体验的设计和创新要在体验矩阵的基础上，将五种类型的体验相互结合。理想的体验设计要创造出同时包括感官、知觉、思想、行动和关联在内的整合体验，不同类型的体验之间相互作用会产生新的体验感受，也会增加体验的层次和深度，整合体验产生的综合效果将远远大于单个体验效果的总和。因此，沉浸式戏剧的创新不能只注重单一维度的体验设计，而应将各个维度的整合体验与戏剧体验媒介相结合，通过对体验效果的强度、体验媒介的幅度和体验类型的深度，以及两者间的结合方式等层面进行创新设计，打造多层次、持久性、具有转型效果的深度体验。

(一) 合理运用数字科技，提升沉浸式戏剧整体性体验

在沉浸式戏剧中，观众不仅是在体验戏剧表演，同样也是在体验剧场的沉浸式氛围和新技术设备带来的乐趣，技术形式的创新大大推动了戏剧体验的创新。数字技术的应用在戏剧时空转换、节奏把控、形象创造等方面都具有传统戏剧舞台难以实现的效果，精美逼真的场景、细腻的角色刻画、丰富的细节表现带给观众更深入的戏剧体验，同时也能促使观众和演员达到共同体验。在体验经济时代，消费者对体验的需求日渐提高，并且愿意为获得独特体验而支付更高的价钱。从产品设计的角度来说，丰富而超前的新技术应用在增强戏剧体验、提升营销效果方面都有一定的积极作用，但在戏剧创作的过程中也需要认识到，戏剧的本质是表演的艺术，数字技术的使用不能因一味求新而使演员的表演弱化或边缘化，而应在保证戏剧作品整体性的基础上达到锦上添花的效果。

基于沉浸式戏剧的互动性和参与性，观众在完成剧情设置的必要行动时，通常需要使用技术设备和道具进行辅助或指引，而设备和道具在使用时的体验将在一定程度上影响观众戏剧体验的整体效果，例如对于虚拟现实技术和仿真技术的应用能够为观众营造更为逼真的虚拟世界，在进行游戏和互动时更为投入，增加戏剧感和新鲜感；而一些复杂的穿戴设备则有可能降低体验效果，尤其对于不擅长操作设备的观众来说，复杂的操作方式反而会增加行动难度，甚至对整体体验失去兴趣。因此，创作团队要打造效果理想的沉浸式体验，需要在产品设计时充分考虑是

否将设备和道具作为戏剧演出的主导方式，抑或仅仅作为辅助手段供观众使用，在选择技术设备时要以整体演出效果为设计前提，了解目标市场受众的接受能力和操作能力，在一些特殊情节中提前安排备选工具或备用策略，保证观众在参与过程中的体验效果。

（二）重塑叙事模式，打造沉浸式戏剧生产者式文本

作为后现代戏剧的一种形式，叙事性的多元化成为沉浸式戏剧的重要特征，传统戏剧中完整统一的文本情节转变为碎片化、多线程叙事，在一些剧作中演员甚至几乎没有台词，单纯以肢体动作、音乐和道具来表现故事情节，或者纯粹通过无剧本的即兴表演、观众互动等形式完成演出，这种偶发性、主动性和不确定性给观众带来崭新的戏剧体验。

一方面，叙事模式的创新要注重叙事语境的设计，了解目标市场观众对场景的感受和理解能力。虽然文本和台词在沉浸式戏剧中不再居于主要地位，但剧场中舞台场景的设定、角色的塑造、道具的设置和选择等都暗含着不同的叙事信息，观众的参与和互动同样也成为故事展开的一部分，戏剧文本成为生产者式文本。因此，沉浸式戏剧并非抛弃叙事或颠覆叙事，而是让观众沉浸在叙事语境中，使叙事在观演体验中自然发生，故事情节的组织和安排在更大程度上取决于观众对现场信息的收集和对行动的选择。这种叙事特征一方面能够使观众获得多元化戏剧体验，另一方面也对叙事的设计有更高的要求，同样对参与体验的观众也有一定限制。例如，一些特定场景的设置需要观众拥有相关文化知识背景才能理解，而不甚了解的观众得到的信息量会明显减少；在剧情推理的戏剧中则需要观众有较强的逻辑分析能力，否则将难以还原故事情节；在多个支线剧情同时上演的戏剧中，观众也很可能由于路线选择而错失重要剧情。虽然这种叙事的不确定性正是沉浸式戏剧的魅力所在，但有时也会严重影响观众的现场体验。

另一方面，沉浸式戏剧的叙事创新要考量不同受众群体的文化背景和消费偏好，避免造成叙事的混乱和失效。例如，由于大部分国内观众在沉浸式体验中更倾向于推理剧情和完成任务，关注叙事情节的完整性。中国版《秘密影院：007 大战皇家赌场》演出结束后，大量观众表示任务复杂难以完成，故事情节混乱，进而产生“焦点错觉”给予负面评价；而在英国版《秘密影院》中，国外观众更乐于感受其中电影般的场景，将其作为社交场合与演员聊天互动，并不太关注剧情发展，这种文化和偏好的差异对沉浸式戏剧的引入和文本改编提出更高的要求。不同的观众群体对于沉浸式体验的诉求也不同，在戏剧创作和体验设计的过程中需要对受众群体

的偏好和需求进行深入研究，在多元的叙事方式中选择效果最佳的体验形式。

（三）制造偶得体验和心流体验，增强沉浸式戏剧情感共鸣

创造沉浸式戏剧深层体验的重要一环就是要带给观众难忘而深刻的情感经历，通过情感上的深度体验使观众感受戏剧所要传达的深层意义。由于观众的个体经历千差万别，在参与体验时往往会产生相异的感知和思考，因此沉浸式体验创作需要融合"接受美学"从受众出发的观念，重视个人的经验、接受和参与的重要性，在此基础上考虑直观体验之外的体验形式。

一方面，能够引起强烈感情的体验往往是观众意料之外、出其不意的，这种体验是一种广义上的偶得体验，即无意间获得一种幸运的发现时的感受。虽然主观情感的偶得体验一般是难以设计的，但是通过创作团队开放的想象力和创造力，依然能够促使更多偶得体验发生。例如，沉浸式剧场的环境通常打造为超现实甚至带有虚幻色彩的氛围，给人以超越时空的新鲜感，在超现实的空间中也更容易制造更多意料之外的体验元素。其次，舞台道具是观众更容易接触到的部分，将支线剧情、背景信息、角色故事等隐藏在道具中供观众探索，能够给观众带来更多意外惊喜。此外，交流和互动的过程也是制造偶得体验的重要机会，在面对面交流或者肢体触碰中，观众更容易被调动起强烈的情感，即兴的对话、眼神交流或肢体动作能够迅速使观众与演员的情感产生共鸣。

另一方面，心流体验也能够使观众获得充实而满足的深度体验感。在心流状态下，人的意识全神贯注、秩序井然，思想、企图、感觉和所有感官都集中于同一个目标上，甚至忘记时间的流逝，在这一过程中自我体验也臻于和谐。制造心流体验意味着沉浸式戏剧设计不能只注重营造宏大的氛围或编排精致的演出，而应推动观众深入演出中，例如采用推理和解迷的情节使观众投入归纳演绎和逻辑分析中，获得剧情参与的成就感；利用多条故事线形式使观众的注意力聚焦于故事的发展，在观众主动参与还原剧情和体验角色情感的过程中获得心流体验。

（四）促进反身性思考和文化认同，强化沉浸式戏剧深层体验

沉浸式戏剧虽然往往被认为是一种文化娱乐形式，但一部制作优良、受大众欢迎的沉浸式戏剧绝不只是休闲和消遣的形式，而是拥有良好的美学品位和深刻的文化内涵。对于沉浸式戏剧来说，剧场氛围、角色演出和观众参与都不是最终的目的，因为这些要素共同指向戏剧中的深层体验，观众只有获得深层次的意义才能够真正沉浸在戏剧体验中。目前国内一些沉浸式戏剧存在过度重视体验形式而忽视文化内涵的现象，导致沉浸式体验成为商业推广的包装和噱头，而戏剧性和艺术性

则沦为演出可有可无的元素。对观众而言，这样的体验只能提供即时而短暂的感官狂欢，难以真正获得深层体验的价值感和成就感。因此，沉浸式戏剧的体验设计不能只注重感官和情绪的刺激，而应从观众的个人价值和文化需求出发，传递与文化和社会相关联的深层意义。

沉浸式体验的深层意义在于能够促使观众通过演出和体验进行反身性思考，雷恩沃特指出，生命中的每一个时刻都是一个"崭新的时刻"，在每一个时刻都进行反身性的思考便是对自己的思想、感触与身体知觉的高层次认知。[①] 一方面，深层体验要对日常生活世界进行关照和体认，观众能够通过戏剧表演和审美体验反观自身生活状态和日常行为。另一方面，深层体验要能够与外部社会和世界相联系，观众在其中既能感受到虚拟世界的独特体验，也能够通过虚拟世界重新观察外部社会系统，重新审视作为社会人的处境和意义。最后，深层体验要建立在文化认同之上，沉浸式体验的本质是关于文化的体验，《不眠之夜》等国外引入的沉浸式戏剧作品在突破西方色彩、融合本土文化方面做了有益尝试。随着国内原创沉浸式戏剧的发展，以传统文化和民族文化为依托的戏剧形式不断增加，中国传统文化中丰富的文化资源和文化符号将为沉浸式体验的创新带来更多可能性，同时也将使观众在戏剧体验中获得文化认同感和归属感。

作者简介

方媛，山东青岛人，南京艺术学院文化产业学院博士生。研究方向为文化创意产业管理。

张捷，江苏南京人，南京艺术学院文化产业学院博士生导师、研究员。研究方向为文化创意产业管理。

① 安东尼·吉登斯. 现代性与自我认同[M]. 夏璐，译. 北京：中国人民大学出版社，2016：71.

Experience Design Dimension and Innovation Strategy of Immersive Drama from the Perspective of Experience Economy

Fang Yuan Zhang Jie

Abstract: In recent years, immersive drama, as a new genre of drama, has been introduced into China, and all kinds of immersive drama works have emerged one after another and attracted a large number of drama lovers, opening a new way for drama creation and practice in the era of experience economy. This paper first analyzes the development and current situation of immersive industry and immersive drama, and according to the five types of experience, dissects the five dimensions of immersive drama experience design, including sensory experience, perceptual experience, thought experience, behavior experience and related experience. From the perspective of experience economy, this paper puts forward some suggestions such as the rational use of digital technology, reshaping narrative mode, creating occasional and flow experience to promote reflexive thinking and cultural identity and other immersive drama innovation strategies.

Key Words: Experience economy Immersive drama Experience design Innovation strategy

文化贸易

中国与“一带一路”沿线国家文化产品出口波动影响因素研究*

杨　辉　李凤亮

摘要:“一带一路”倡议的提出,为我国文化贸易的发展开拓了新的增长机遇。以2002—2019年中国与“一带一路”沿线国家文化产品贸易数据为基础,分析了中国与“一带一路”沿线国家文化产品的国际贸易现状,并运用CMS模型对中国文化产品出口波动的影响因素进行了分阶段探讨。结果显示:影响我国文化产品出口贸易变动的主要成因从二阶效应转向结构效应再转向竞争效应;增长效应是影响我国文化产品出口变动的重要因素;中国文化产品的国际竞争力整体处于上升趋势;纯二阶效应对我国文化产品出口一直具有促进作用;我国文化贸易的产品结构和市场结构亟待优化。鉴于此,我国应积极调整文化产品的出口结构,着力优化市场结构,积极开拓“一带一路”其他市场,不断提高文化产品竞争力,促进文化产品出口的健康与可持续增长。

关键词:“一带一路”　文化产品　CMS模型　影响因素

一、引　言

2013年习近平总书记提出了“新丝绸之路经济带”和“21世纪海上丝绸之路”的合作建设倡议。“一带一路”倡议的提出与实施加速了我国与“一带一路”沿线国家文化贸易的发展。中国作为世界上最大的文化产品出口国之一,目前主要集中于中国香港、美国、荷兰、英国和日本,2019年合计占63.4%。而出口市场的过度集中在一定程度上不利于我国文化贸易风险的分散,如中美贸易战的爆发对我国

* 基金项目:国家社科基金艺术学重大项目“习近平总书记关于文化建设重要论述研究”(18ZD01)、国家社科基金艺术学一般项目“‘一带一路’背景下我国对外文化贸易发展趋势及优化路径研究”(18BH148)的阶段性研究成果。

文化贸易产生了巨大的负面影响。为了分散出口市场过分集中的贸易风险、挖掘文化贸易的发展潜力和扩宽我国文化贸易的合作领域，在“一带一路”倡议背景下加强我国与“一带一路”沿线国家的文化贸易在新时代将显得更加重要。

由于长久以来，文化产业及其贸易行为一直游离于主流经济学之外，文化贸易直到20世纪六七十年代才在全世界范围内盛行。近些年来，国际文化贸易已成为区域合作的“滋润力”和经济发展的“润滑剂”，各国对于文化贸易的发展愈加重视，使其不断探索文化贸易这一新型贸易业态。国内外学者对于文化贸易的研究主要集中在以发展新机遇和发展路径为主的定性研究和对文化贸易影响因素和网络结构探讨的定量研究。在如何促进我国文化贸易发展方面，花建(2015)①、李嘉珊和王伯港(2019)②就通过对我国对外文化贸易面临的新形势和发展现状的分析，论述了如何在“一带一路”背景下增强我国对外文化贸易新优势，构建对外文化贸易新格局的有效措施。刘媛媛(2017)也对我国文化贸易如何再上新台阶进行了探讨，提出我国在发展文化贸易的过程中，应该借助“一带一路”倡议的东风，拓展同各个地区之间的合作，使文化贸易领域更加宽广。③ 范玉刚(2020)更是提出应从创意创新方面着手推动我国文化贸易高质量发展。④ 在探讨文化贸易影响因素和网络结构方面，A. Marvasti(1994)通过实证方法得出贸易壁垒能够有效地增加文化产品的净出口。⑤ Disdier A. C.，Tai S.，L. Fontagné, et al(2010)以文化商品的双边贸易为研究对象，探讨了其影响因素，并且将文化贸易作为国家文化接近度的指标，研究了文化品位相近的国家的双边交流是否更为密切。⑥ Yuki Takara(2018)以音乐光碟为研究对象，探讨了文化差异对文化商品贸易决策与交易量的影响。⑦

① 花建.“一带一路”战略下增强我国对外文化贸易新优势的思考[J].中共浙江省委党校学报，2015，31(04)：14—21.

② 李嘉珊，王伯港.新时代构建我国对外文化贸易新格局的有效策略[J].国际贸易，2019(03)：73—80，90.

③ 刘媛媛.中国文化贸易如何再上新台阶[J].人民论坛，2017(24)：134—135.

④ 范玉刚.提升文化贸易质量助力新时代文化“走进去”[J].湖南社会科学，2020(02)：130—140.

⑤ Marvasti. International Trade in Cultural Goods: A Cross-Sectional Analysis[J]. Journal of Cultural Economics，1994: 18, 135 - 148.

⑥ Disdier A. C.，Tai S.，L. Fontagné, et al. Bilateral trade of cultural goods[J]. Review of World Economics，2010：145, 575 - 595.

⑦ Yuki Takara. Do cultural differences affect the trade of cultural goods? A study in trade of music[J]. Journal of Cultural Economics, 2018: 42, 393 - 417.

方英、马芮(2018)通过对2011—2015年中国与“一带一路”沿线64个国家的文化产品出口数据的分析，发现中国与“一带一路”沿线国家具有较大的文化贸易潜力，经济规模、人口规模、地理距离、文化距离等因素影响着文化贸易的发展。① 陈乔、程成(2018)根据1990—2016年“一带一路”沿线66国文化贸易数据，利用社会网络分析方法对文化贸易空间关联网络结构特征及其效应进行了实证研究。②

综上所述，国内外关于文化贸易的研究较为丰富，虽然刘钧霆和佟继英(2017)③、齐玮(2019)④基于我国文化产品出口的相关数据，采用CMS模型，分阶段、分层次和分产品分析了我国文化产品出口增长的影响因素，但是运用CMS模型来探讨我国与“一带一路”国家文化贸易的研究较少。因此，在了解我国与“一带一路”沿线国家的文化贸易发展情况下，分析不同阶段我国文化产品出口波动的影响因素，并提出有针对性的对策建议对我国文化贸易的发展具有重要的现实指导意义。

二、数据来源和区域划分

(一) 数据来源

本文选取了中国和“一带一路”65个国家的文化和自然遗产、表演和庆祝活动、视觉艺术和手工艺、书籍和报刊、音像和交互媒体以及设计和创意服务六大类文化产品，共包括85种不同品种的文化产品作为研究样本，其中对于文化产品的分类借鉴了联合国教科文组织出版的《2009年联合国教科文组织文化统计框架》中的统计口径。同时，由于《2009年联合国教科文组织文化统计框架》中文化产品以HS2007编码，而HS2007中的贸易数据开始于2007年。为了获得完整的2002—2006年，2012—2016年以及2017—2019年的文化产品数据，本文将HS2007编码和HS2002、HS2012、HS2017编码进行匹配，共得到106个文化产品代码。因此，根据《商品名称及编码协调制度的国际公约》(简称HS编码)的分类

① 方英，马芮. 中国与“一带一路”沿线国家文化贸易潜力及影响因素：基于随机前沿引力模型的实证研究[J]. 世界经济研究，2018(01)：112—121，136.

② 陈乔，程成. “一带一路”文化贸易网络结构及其效应研究[J]. 经济经纬，2018，35(05)：23—29.

③ 刘钧霆，佟继英. 我国文化产品出口贸易特征及增长因素实证研究——基于多国CMS模型的因素分解[J]. 国际经贸探索，2017，33(11)：32—48.

④ 齐玮. 基于CMS模型的中国文化产品出口增长分解研究[J]. 统计与决策，2019，35(12)：86—90.

方法，在联合国商品贸易数据库（UN comtrade）中检索 2002—2019 年中国以及世界与“一带一路”65 个国家的文化产品贸易数据，并对其进行定量分析。

（二）区域划分

本文将“一带一路”65 个国家划分为 7 大区域，分别是东亚 1 国、东盟 10 国、西亚 18 国、南亚 8 国、中亚 5 国、独联体 7 国、中东欧 16 国。（见表 1）

表 1 “一带一路”国家 7 大区域分布①

区域	涵盖的国家
东亚 1 国	蒙古
东盟 10 国	新加坡、马来西亚、印度尼西亚、缅甸、泰国、老挝、柬埔寨、越南、文莱和菲律宾
西亚 18 国	伊朗、伊拉克、土耳其、叙利亚、约旦、黎巴嫩、以色列、巴勒斯坦、沙特阿拉伯、也门、阿曼、阿联酋、卡塔尔、科威特、巴林、希腊、塞浦路斯和埃及（西奈半岛）
南亚 8 国	印度、巴基斯坦、孟加拉国、阿富汗、斯里兰卡、马尔代夫、尼泊尔和不丹
中亚 5 国	哈萨克斯坦、乌兹别克斯坦、土库曼斯坦、塔吉克斯坦和吉尔吉斯斯坦
独联体 7 国	俄罗斯、乌克兰（2018 年退出独联体）、白俄罗斯、格鲁吉亚（2009 年退出独联体）、阿塞拜疆、亚美尼亚和摩尔多瓦
中东欧16国	波兰、立陶宛、爱沙尼亚、拉脱维亚、捷克、斯洛伐克、匈牙利、斯洛文尼亚、克罗地亚、波黑、黑山、塞尔维亚、阿尔巴尼亚、罗马尼亚、保加利亚和北马其顿

三、中国与“一带一路”沿线国家文化产品贸易发展现状

（一）我国文化产品贸易规模不断扩大，总体呈上升态势

自加入世界贸易组织以来，我国对“一带一路”沿线国家文化产品进出口总额从 2002 年的 5.68 亿美元增长到 2019 年的 103.5 亿美元，在此期间，我国文化产品进出口总额增长到 18 倍以上，其中文化产品出口额从 2002 年的 4.69 亿美元增长到 2019 年的 87.98 亿美元，增加了 83.29 亿美元，而文化产品进口额一直处于较低水平，其进口额远远低于出口额，我国具有绝对的文化贸易顺差优势。总的来说，我国对“一带一路”沿线国家文化产品出口整体上保持平稳快速增长态势，其规模逐步扩大，发展态势良好，而出现这种趋势的原因必然离不开相关政策的支持。近些年来，我国制定了一系列加快发展对外文化贸易的政策意见，如国务院《关于

① 帅竞，成金华，冷志惠，等.“一带一路”背景下中国可再生能源产品国际竞争力研究[J]. 中国软科学，2018(07)：21—38.

加快发展对外文化贸易的意见》《文化部"一带一路"文化发展行动计划》等，这些政策意见的实施不仅加速了我国文化产品走出去的步伐，提高了我国文化产品的质量，而且优化了我国文化产业结构，使我国文化贸易迈上了新台阶。另外，"一带一路"沿线国家对文化产品需求量的增加也是我国文化产品出口增长的原因之一。

（二）文化贸易商品结构集中程度较高，核心文化产品出口较少

在文化产品出口方面，从静态截面数据来看（见表2），2002—2019年我国与"一带一路"沿线国家的文化产品出口以视觉艺术和手工艺为主，其出口占比为74.747%，其次表演和庆祝活动的出口占比为17.157%。而另外四种文化产品出口占比较小，书籍和报刊、音像和交互媒体的出口占比分别为2.412%和5.504%，设计和创意服务、文化和自然遗产的出口占比均低于1%。从动态变化看，我国视觉艺术和手工艺出口波动幅度较大，2002—2003年我国视觉艺术和手工艺的出口占比由67.462%增长到73.032%；之后出现回落，2009年出现62.582%的最低占比；2010开始逐步回升，2014年达到81.034%；2015—2019年呈波动下降态势。而表演和庆祝活动整体表现为先上升后下降，之后保持稳定的趋势，2007年出口占比最高，为29.969%。设计和创意服务在2002—2003年的出口占比波动较大，直接由2002年的8.101%下降到2003年的0.623%，之后除了2004年和2007年以外，其他年份的出口占比均小于1%。音像和交互媒体在2002—2016年呈波动式下降，2017年出口占比上升，之后波动较小。其他两大类文化产品出口波动幅度较小。

表2　不同文化产品种类出口结构变化情况(单位:%)

商品种类	文化和自然遗产	表演和庆祝活动	视觉艺术和手工艺	书籍和报刊	音像和交互媒体	设计和创意服务
2002	0.014	14.369	67.462	1.899	8.155	8.101
2003	0.010	19.396	73.032	2.214	4.725	0.623
2004	0.006	20.030	70.750	2.060	5.590	1.563
2005	0.009	23.873	66.405	1.882	7.069	0.763
2006	0.005	25.719	68.129	1.996	3.561	0.590
2007	0.007	29.969	63.248	1.838	3.758	1.181
2008	0.009	27.836	63.685	2.177	6.148	0.145
2009	0.001	28.727	62.582	2.199	6.241	0.250

（续表）

商品种类	文化和自然遗产	表演和庆祝活动	视觉艺术和手工艺	书籍和报刊	音像和交互媒体	设计和创意服务
2010	0.001	23.694	66.879	2.708	6.697	0.021
2011	0.002	19.756	72.458	2.855	4.921	0.008
2012	0.001	16.340	74.814	2.985	5.823	0.039
2013	0.000	12.924	80.543	3.201	3.242	0.090
2014	0.000	12.686	81.034	3.055	3.203	0.022
2015	0.000	14.268	80.504	2.267	2.919	0.041
2016	0.000	14.658	79.524	2.068	3.695	0.056
2017	0.000	13.764	75.278	1.955	8.951	0.052
2018	0.001	15.327	75.884	1.907	6.857	0.025
2019	0.000	14.334	75.184	2.171	8.266	0.045

数据来源：作者根据 UN comtrade 数据库数据计算而得。①

在文化产品进口方面，如表 3 所示，我国从“一带一路”沿线国家进口的文化产品主要集中在表演和庆祝活动，其次是视觉艺术和手工艺，2002—2019 年这两大类文化产品的进口占比分别为 75.642%和 18.757%。另外四种文化产品进口占比较低，其中文化和自然遗产进口占比最低，为 0.072%。从波动幅度来看，表演和庆祝活动波动幅度最大，2002—2003 年、2012—2013 年我国对“一带一路”沿线国家表演和庆祝活动的进口占比从 34.698%上升为 73.164%以及从 87.591% 下降到 59.547%。视觉艺术和手工艺总体波动幅度较大，2002—2003 年其进口占比从 13.066%下降到 5.149%，2004—2011 年基本保持稳定，2013 年其进口占比大幅提升，2014 年达到最高为 41.991%，之后呈现波动下降趋势。设计和创意服务在 2002—2004 年的进口占比下降幅度较大，之后基本保持稳定。书籍和报刊、音像和交互媒体、文化和自然遗产的波动幅度相对另外三类文化产品而言较小。

当前，我国与“一带一路”沿线国家的文化贸易主要集中于表演和庆祝活动、视觉艺术和手工艺两类产品，其他文化产品类别占比较小，这充分说明了我国文化贸易商品结构集中程度高，发展不平衡。而根据《2009 年联合国教科文组织文化统

① 2014 年、2017 年和 2019 年文化和自然遗产的出口额分别为 21 600 美元、11 433 美元和 35 777美元，相对于出口总额来说占比太小，因此在求百分比时，约等于 0%。

计框架》对六大文化产品类别的描述，表演和庆祝活动、视觉艺术和手工艺所包含的文化产品主要为附加值低的劳动密集型产品，可复制性强，创新性不够，缺乏国际竞争力，表明我国文化贸易结构有待进一步优化。①

表 3　不同文化产品种类进口结构变化情况(单位:%)

商品种类	文化和自然遗产	表演和庆祝活动	视觉艺术和手工艺	书籍和报刊	音像和交互媒体	设计和创意服务
2002	0.019	34.698	13.066	8.415	6.607	37.195
2003	0.025	73.164	5.149	3.495	0.042	18.126
2004	0.137	87.363	5.650	3.152	0.035	3.663
2005	0.365	92.115	4.435	2.122	0.178	0.785
2006	0.165	86.173	3.755	1.321	8.358	0.227
2007	0.012	85.449	3.085	1.319	10.059	0.076
2008	0.007	91.029	4.193	1.722	2.927	0.122
2009	0.051	92.196	4.222	2.826	0.683	0.021
2010	0.004	90.461	6.352	2.561	0.307	0.317
2011	0.006	91.822	6.166	1.915	0.083	0.007
2012	0.015	87.591	10.094	1.967	0.169	0.163
2013	0.027	59.547	37.931	2.371	0.054	0.069
2014	0.070	54.237	41.991	1.727	1.952	0.023
2015	0.014	67.119	27.785	1.764	3.312	0.006
2016	0.137	74.950	20.020	3.058	1.810	0.024
2017	0.079	74.647	20.673	3.205	1.373	0.023
2018	0.142	67.670	25.543	4.872	1.679	0.094
2019	0.192	63.919	26.209	8.857	0.780	0.044

数据来源：作者根据 UN comtrade 数据库数据计算而得。②

(三) 出口市场相对集中，文化贸易发展潜力仍有待挖掘

在中国与“一带一路”沿线国家文化产品出口贸易中，东盟 10 国是我国文化产品出口的主要市场，占我国文化产品出口份额的 44.615%，而西亚 18 国、南亚 8

① 曾燕萍．中国与“一带一路”沿线国家文化贸易总体格局与互补性研究[J]．上海对外经贸大学学报，2020，27(02)：41—50.

② 保留位数导致不同文化产品种类的占比加和与 100%存在±0.001%的误差。相似情况参考此条。

国、中东欧 16 国、独立联合体 7 国、中亚 5 国和东亚 1 国分别占我国文化产品出口份额的 27.723%、13.014%、7.073%、6.103%、1.375%和 0.098%。从动态变化来看，如表 4 所示，我国出口东盟 10 国和南亚 8 国的文化产品市场份额总体上呈不断增长的趋势，分别由 2002 年的 34.919%和 5.450%上升到 2019 年的 49.596% 和 13.944%。西亚 18 国的市场份额变化趋势与之相反，其市场份额在减少，处于下降的状态，从 2002 年的 46.824%下降到 2019 年的 23.535%。中国文化产品出口到中亚 5 国和东亚 1 国的占比波动较小，基本保持不变，出口到独立联合体 7 国的占比呈波动下降的趋势；而在 2010 年之前我国文化产品出口到中东欧 16 国的占比为波动增长，之后的占比则逐步回落。由此可见，我国与"一带一路"沿线国家贸易往来主要集中于文化相似性高的东盟，一方面，我国与东盟国家同属儒家文化圈的亚洲地区，其文化相似度较高；另一方面，自古以来东盟就与中国东南沿海以及南方各省贸易关系密切，在 2002 年中国与东盟签署了《中国——东盟全面经济合作框架协议》，进一步增强了双方之间的贸易往来。另外，我国文化产品出口市场集中程度较高也从侧面反映了我国文化贸易发展潜力仍有待挖掘，应进一步优化当前我国文化贸易市场结构，多方面开展文化交流与合作，加深与其他地区之间的文化贸易往来。

表 4　我国文化产品出口市场结构变化情况(单位:%)

	东亚 1 国	东盟 10 国	西亚 18 国	南亚 8 国	中亚 5 国	独立联合体 7 国	中东欧 16 国
2002	0.642	34.919	46.824	5.450	0.287	6.716	5.162
2003	0.253	35.945	40.736	8.271	0.883	7.283	6.628
2004	0.144	31.198	41.824	10.421	0.631	8.963	6.819
2005	0.147	33.347	39.259	9.811	1.409	10.039	5.988
2006	0.157	35.439	37.372	10.345	2.116	8.253	6.317
2007	0.123	35.638	29.641	9.671	1.988	10.089	12.850
2008	0.080	35.046	25.183	9.479	1.761	13.221	15.231
2009	0.639	37.881	26.111	11.326	2.760	6.828	14.456
2010	0.096	38.560	30.328	12.486	1.935	8.528	8.066
2011	0.324	39.858	30.599	13.013	1.646	9.179	5.380
2012	0.222	44.247	30.256	10.651	1.355	6.959	6.309

（续表）

	东亚 1 国	东盟 10 国	西亚 18 国	南亚 8 国	中亚 5 国	独立联合体 7 国	中东欧 16 国
2013	0.020	46.568	28.773	12.869	1.575	6.012	4.184
2014	0.057	45.512	30.799	12.150	1.356	7.191	2.935
2015	0.007	47.843	26.932	15.309	0.941	5.455	3.512
2016	0.009	46.610	27.832	15.854	0.884	4.199	4.611
2017	0.009	46.750	24.552	15.269	1.276	3.245	8.900
2018	0.013	52.096	21.120	14.209	1.036	3.240	8.287
2019	0.018	49.596	23.535	13.944	1.105	3.075	8.726

数据来源：作者根据 UN comtrade 数据库数据计算而得。

四、中国文化产品出口的增长因素测度：基于 CMS 模型

（一）模型设定

恒定市场份额（CMS）模型是目前研究出口产品国际竞争优势和对外贸易增长动力的重要模型之一，由泰森斯基（Tyszynski）①于 1951 年首次提出，把某国或地区贸易的增长分解为结构效应、竞争力效应和二阶效应三大因素。之后经多位学者的不断完善，已经衍生出了许多扩展模型。该模型假设，随着时间的变化，如果一国的某种出口商品的竞争力保持不变，那么它的市场份额也应该保持不变。本文将“一带一路”沿线国家看作一个整体，参考捷普马（Jepma）提出的 CMS 扩展模型②，具体形式如下：

$$\Delta Q = \underbrace{\sum_i \sum_j p_{ij}^0 \Delta q_{ij}}_{\text{结构效应}} + \underbrace{\sum_i \sum_j \Delta p_{ij} q_{ij}^0}_{\text{竞争力效应}} + \underbrace{\sum_i \sum_j \Delta p_{ij} \Delta q_{ij}}_{\text{二阶效应}} \qquad (1)$$

将公式(1)进一步分解，即将结构效应、竞争力效应和二阶效应进一步细分。（第二层次分解公式）

---

① Tyszynski H.. World Trade in Manufactured Commodities: 1899 - 1950 [J]. The Manchester School, 1951: 19(3), pp. 272 - 304.

② Jepma C. J.. Extensions and application possibilities of the constant market shares analysis. The case of the developing countries' export[D]. University of Groningen, 1986.

$$\Delta Q = p^0 \Delta q + \Big(\sum_i \sum_j p_{ij}^0 \Delta q_{ij} - \sum_i p_i^0 \Delta q_i\Big) + \Big(\sum_i \sum_j p_{ij}^0 \Delta q_{ij} - \sum_j p_j^0 \Delta q_j\Big) +$$

增长效应　　市场效应　　产品效应

$$\Big[\Big(\sum_i p_i^0 \Delta q_i - p^0 \Delta q\Big) - \Big(\sum_i \sum_j p_{ij}^0 \Delta q_{ij} - \sum_j p_j^0 \Delta q_j\Big)\Big] + \Delta p q^0 +$$

结构交互效应　　整体竞争力效应

$$\Big(\sum_i \sum_j \Delta p_{ij} q_{ij}^0 - \Delta p q^0\Big) + \Big(\frac{q^t}{q^0} - 1\Big) \sum_i \sum_j \Delta p_{ij} q_{ij}^0 +$$

具体竞争力效应　　纯二阶效应

$$\Big[\sum_i \sum_j \Delta p_{ij} \Delta q_{ij} - \Big(\frac{q^t}{q^0} - 1\Big) \sum_i \sum_j \Delta p_{ij} q_{ij}^0\Big]$$

动态二阶效应

其中 Q 表示中国向"一带一路"沿线 65 个国家文化产品的出口额；q 表示"一带一路"沿线 65 个国家文化产品的进口总额；p 表示中国出口到"一带一路"市场的文化产品在该市场总进口中所占的份额；上标 t 和 0 分别表示报告期和基期，下标 i 和 j 分别表示第 i 类文化产品和第 j 国；Δ 表示报告期和基期的变化量。

(二) 处理说明

根据中国与"一带一路"沿线国家文化产品出口总额的变化情况，研究时期可划分为五个阶段，即 2002—2008 年、2008—2009 年、2009—2014 年、2014—2016 年和 2016—2019 年，这五个阶段的出口分别用 CMS 模型来测算。

(三) 模型结果分析

1. 影响我国文化产品出口贸易变动的主要成因从二阶效应转向结构效应再转向竞争力效应。根据表 5 估计结果中的一阶分解，2002—2008 年和 2008—2009 年这两个阶段的二阶效应相对于结构效应和竞争力效应来说，其贡献率分别为 42.80% 和 −68.28%，是影响自身阶段文化产品出口额变动的最主要因素，说明在该时期中国文化产品出口额的变化主要是受竞争力效应和结构效应两者的共同影响而形成的。2009—2014 年和 2014—2016 年二阶效应不再是最主要的因素，这两个阶段的结构效应的贡献率分别达到 43.10% 和 −59.19%，说明在这两个时期内，不管是 2009—2014 年中国文化产品出口的增加还是 2014—2016 年中国文化产品出口的减少，造成这两个阶段出口额变化的主要原因是"一带一路"沿线国家文化产品的进口规模和进口结构的变化。2016—2019 年竞争力效应成了影响我国文化产品出口额增加的最主要因素，其贡献率为 56.85%，为我国在该阶段的文化产品出口额增加了 15.52 亿美元。总的来说，2002—2019 年，我国文化产品出口贸易变动的主要因素从二阶效应转向结构效应进而转向竞争力效应，显示了竞争力效应对我国文化产品出口额变动的影响越来越大，这充分说明了推动我国文化贸易的发展需要不断提高我国文化产品的国际竞争力。

2. 增长效应是我国文化产品出口额变动的重要影响因素。2002—2008 年，我国与“一带一路”沿线国家文化产品出口贸易总额增加了 31.15 亿美元，其中增长效应占 35.28%，这表明“一带一路”沿线国家对文化产品需求的增加促进了我国文化产品出口的增长。由于 2008—2009 年金融危机的爆发，我国对“一带一路”沿线国家的文化产品出口大幅下降，出口总额减少了 4.95 亿美元，其中增长效应反而为我国文化产品出口增加了 0.38 亿美元。2009—2014 年，增长效应的贡献率为 25.81%，较上期有所上升；2014—2016 年，中国对“一带一路”沿线国家文化产品的出口额减少了 12.87 亿美元，其中增长效应导致出口额减少了 7.58 亿美元，这说明在此期间“一带一路”沿线国家对文化产品需求的减少导致了我国文化产品出口额的降低。同样，2016—2019 年，我国文化产品出口额增加了 27.29 亿美元，其中结构效应中的增长效应占 39.81%。这些充分表明增长效应是影响我国文化产品出口额变动的重要因素。

3. 中国文化产品的国际竞争力整体处于上升趋势。为了分析我国文化产品出口受竞争力效应的影响程度，我们可根据整体竞争力效应和具体竞争力效应的变化情况来判断。从整体竞争力效应来看，2002—2008 年整体竞争力效应的贡献率为 19.36%，带动我国文化产品出口额增加了 6.03 亿美元；2008—2009 年由于受金融危机的影响，整体竞争力效应由正转负；2009—2014 年整体竞争力效应的贡献率由 2008—2009 年的 −106.57% 上升到 54.69%；之后，2014—2016 年和 2016—2019 年整体竞争力效应的贡献率分别为 −45.87% 和 51.05%。虽然在 2008—2009 年和 2014—2016 年整体竞争力的贡献率为负值，但在 2002—2008 年、2009—2014 年以及 2016—2019 年整体竞争力效应皆为正值，贡献率也是从 2002—2008 年的 19.36% 增长到 2016—2019 年的 51.05%。这说明我国文化产品整体竞争力在不断提高，且整体竞争力的提高促进了我国文化产品的出口。从具体竞争力效应来看，2002—2008 年、2009—2014 年和 2014—2016 年我国具体竞争力效应均为负值，这说明在这三个阶段我国文化产品出口结构变化与“一带一路”沿线国家市场需求的变化不相适应，文化产品出口结构还有待优化升级。而在 2008—2009 年和 2016—2019 年具体竞争力效应分别从 2002—2008 年的 −0.44% 上升到 2008—2009 年的 135.59% 以及从 2014—2016 年的 −4.72% 上升到 2016—2019 的 5.80%，表明我国文化产品的竞争力整体上在逐渐提高。

4. 纯二阶效应对我国文化产品出口一直具有促进作用。2002—2008 年、2008—2009 年、2009—2014 年、2014—2016 年以及 2016—2019 年五个阶段的纯二阶效应均为正值，它们分别为我国文化产品的出口额增加了 13.80 亿美元、0.02 亿美元、5.77 亿美元、0.67 亿美元和 2.78 亿美元，表明当"一带一路"沿线国家文化产品进口需求增加时，我国文化产品出口竞争力也在增强。从整个阶段来看，纯二阶效应对我国文化产品出口额的贡献率整体上呈下降趋势，2002—2008 年纯二阶效应的贡献率为 44.32%，到 2008—2009 年纯二阶效应的贡献率仅为 0.31%，之后有一定的回升，但相对于 2002—2008 年仍处于下降过程中。这表明随着"一带一路"沿线国家对文化产品进口需求的持续扩大，中国文化产品出口竞争力上升的速度在逐渐放缓。

5. 中国文化产品结构有待优化。2002 年以来，我国文化产品出口的商品效应总体上呈下降的趋势，由 2002—2008 年的 4.54%下降到 2016—2019 年的－0.51%。这表明我国文化贸易的产品结构呈恶化趋势。此外，动态二阶效应作为影响中国文化产品出口增长的因素之一，除了 2009—2014 年和 2014—2016 年为正值外，其他三个阶段皆为负值；同时，动态二阶效应波动幅度较大，总体发展呈波浪式下降趋势，由 2002—2008 年的－1.52%下降到 2008—2009 年的－68.59%，2009—2014 年上升为 5.44%，之后 2014—2016 年又下降到 4.57%，最后在 2016—2019 年占比为－4.80%。这表明中国文化产品在"一带一路"进口需求增长较快的市场上，文化产品的国际竞争力仍有待提高。

表 5 中国对"一带一路"沿线国家文化产品出口增长因素分解(单位:亿美元,%)

年份	2002—2008 年		2008—2009 年		2009—2014 年		2014—2016 年		2016—2019 年	
	金额	贡献率	金额	贡献率	金额	贡献率	金额	贡献率	金额	贡献率
出口值的增长	31.15	100.00	－4.95	－100.00	42.68	100.00	－12.87	－100.00	27.29	100.00
结构效应合计	11.93	38.29	－3.01	－60.75	18.39	43.10	－7.62	－59.19	10.31	37.77
增长效应	10.99	35.28	0.38	7.70	11.01	25.81	－7.58	－58.85	10.86	39.81
市场效应	－0.94	－3.03	－2.79	－56.33	8.10	18.97	－0.37	－2.87	－1.68	－6.14

（续表）

年份	2002—2008 年		2008—2009 年		2009—2014 年		2014—2016 年		2016—2019 年	
	金额	贡献率	金额	贡献率	金额	贡献率	金额	贡献率	金额	贡献率
商品效应	1.41	4.54	−0.04	−0.82	0.32	0.75	−0.22	−1.70	−0.14	−0.51
结构交互效应	0.470	1.50	−0.56	−11.30	−1.04	−2.44	0.54	4.23	1.26	4.62
竞争力效应合计	5.89	18.91	1.44	29.03	16.19	37.93	−6.51	−50.59	15.52	56.85
整体竞争力效应	6.03	19.36	−5.28	−106.57	23.34	54.69	−5.90	−45.87	13.93	51.05
具体竞争力效应	−0.14	−0.44	6.71	135.59	−7.15	−16.76	−0.61	−4.72	1.58	5.80
二阶效应合计	13.33	42.80	−3.38	−68.28	8.10	18.97	1.26	9.78	1.47	5.38
纯二阶效应	13.80	44.32	0.02	0.31	5.77	13.53	0.67	5.21	2.78	10.18
动态二阶效应	−0.47	−1.52	−3.40	−68.59	2.32	5.44	0.59	4.57	−1.31	−4.80
总合计	31.15	100.00	−4.95	−100.00	42.68	100.00	−12.87	−100.00	27.29	100.00

资料来源：根据 UN comtrade 数据库整理计算所得。

五、结论与对策

本文在分析 2002—2019 年中国与“一带一路”沿线国家文化产品贸易现状的基础上，运用 CMS 模型分阶段探讨了我国文化产品出口波动的原因。研究结果表明，中国与“一带一路”沿线国家之间的文化贸易规模不断扩大，贸易顺差总体波动上涨。我国文化产品进出口集中程度较高，出口主要以视觉艺术和手工艺为主，而进口主要集中在表演和庆祝活动上。中国与“一带一路”沿线国家的出口市场主要集中在东盟 10 国，表明我国与其他区域之间的文化贸易发展潜力仍有待挖掘。从实证分析结果来看，影响我国文化产品出口贸易变动的主要成因从二阶效应转向结构效应再转向竞争力效应；增长效应是我国文化产品出口额变动的重要影响因素；中国文化产品的国际竞争力整体处于上升趋势；纯二阶效应对我国文化产品出口一直具有促进作用;我国文化贸易的产品结构和市场结构亟待优化。

根据上述分析,为了加快我国与"一带一路"沿线国家文化贸易的发展:第一,调整出口的文化产品结构,使出口的产品结构与进口市场的需求相适应。当前,中国文化产品出口结构主要集中于视觉艺术和手工艺为主体的劳动力密集型文化产品,而以书籍、设计、创意服务等为核心的知识技术密集型文化产品占比很小。随着全球经济的快速发展,人民生活水平的不断提高,"一带一路"沿线国家对文化产品的需求结构逐渐向多样化方向发展。因此,我国应在充分了解"一带一路"沿线国家进口需求的基础上,按照进口国的市场需求变化及时调整和优化文化贸易产品结构,有针对性地为"一带一路"沿线国家提供不同类别的适销对路的文化产品,并不断提高文化产品的质量和附加值。第二,实现市场多元化战略,积极拓展"一带一路"其他市场。我国文化产品出口市场较为单一,主要集中在东盟。因此,我国应着力优化当前文化产品出口的市场结构,一方面,基于相似的文化背景,通过提高文化产品质量、文化创新能力以及进一步深化中国与东盟自贸区建设来促进中国与东盟双方文化贸易发展,进而继续巩固我国对东盟市场的贸易优势地位。另一方面,关注并了解进口需求增长较快的国家,如南亚市场、中东欧市场,通过出口适销对路的文化产品来抢占文化贸易发展潜力较大的国家的市场份额,同时加强与这些国家之间的文化交流,带动我国文化产品出口的可持续增长。第三,提高文化产品竞争力,加快文化产品走出去。虽然近些年来在国家的不断努力下,我国文化产品国际竞争力整体处于上升趋势,但与发达国家相比,我国核心文化产品竞争力不足。在数字化时代,文化科技融合发展已经成为提升我国文化产品出口竞争力的重要突破口,为了提高我国文化产品的核心竞争力,应加速文化与科技的融合发展,不断创新文化产品新形式,积极培育具有国际影响力和知名度的文化品牌。同时,在"一带一路"倡议背景下,政府应积极打造一批文化产品出口园区,并为文化企业走出去在人才、税收等方面提供更多的优惠政策,增强文化产品出口竞争力。另外,文化企业应加大对技术研发方面的投入,不断提高我国文化企业的创新能力,降低生产成本。而文化产品竞争力的提升离不开人才的创造力,故我国应加强文化产业创新人才的培养力度,实现文化产品内容丰富化,提升文化产品"走出去"能力。

作者简介

杨辉,湖南益阳人,深圳大学文化产业研究院经济学博士生。研究方向为文化经济学。

李凤亮,江苏阜宁人,南方科技大学党委书记、深圳大学文化产业研究院院长,教授、博士生导师。研究方向为文艺理论、文化产业和城市文化。

Study on the Influencing Factors of the Cultural Export Products' Fluctuation between China and the Belt and Road Initiative Countries

Yang Hui　Li Fengliang

Abstract: The proposal of the Belt and Road initiative has opened up new opportunities for the development of China's cultural trade. Based on the data of cultural products trade between China and the Belt and Road countries from 2002 to 2019, this paper analyzes trade status of cultural products between China and the Belt and Road countries and uses CMS model to explore the influencing factors of China's cultural products export fluctuations in stages. The research results show that the main cause of changes in the export trade of Chinese cultural products has shifted from the second-order effect to the structural effect and then to the competitive effect. Moreover, the growth effect is an important factor affecting the changes in the export value of Chinese cultural products. Additionally, the overall international competitiveness of Chinese cultural products is on the rise and the pure second—order effect has always promoted the export of Chinese cultural products. Furthermore, the export structure of China's cultural products needs to be optimized. In view of this, China should firstly adjust the export structure of cultural products. Secondly, focus on optimizing the market structure and explore other markets along the "Belt and Road" should be taken into account. Finally, we must continuously improve the competitiveness of cultural products, thereby promoting the healthy and sustainable growth of cultural product exports.

Key Words: "the Belt and Road Initiative"　Cultural product　CMS model　Influencing factors

好莱坞动画电影在中国内地的票房绩效*

——基于文化折扣的视角

吴志斌　万思铭

摘　要:美国是全球动画电影市场的出口大国,长期主导中国动画电影市场。本文采用2006—2019年在中国内地上映的101部好莱坞动画电影的票房数据,实证检验好莱坞动画电影在中国内地市场的文化折扣。研究发现,好莱坞喜剧类动画电影在中国市场的相对文化折扣较高,属于文化特定性较强的电影类型,而其余类型的动画电影的文化折扣并不显著;美国与中国合拍的动画电影在中国市场的文化折扣度较低。对此,本文提出警惕好莱坞动画电影对我国文化主权的威胁,加快推动原创国产动画电影的发展,加强中美动画电影的深度合作等激活国内动画电影市场,加快开拓海外电影市场的对策建议。

关键词:文化折扣　动画电影　票房

一、引　言

美国是全球动画电影市场的出口大国,无论动画电影的数量还是票房都遥遥领先其他国家。从2020年全球动画电影票房排行榜看①,全球票房前84名的动画电影中,美国71部,美国与其他国家合作11部,中国与日本各1部。近几年中国国漫崛起,2015年原创动画电影《西游记之大圣归来》以9.56亿元的票房进入中国电影票房排行榜的第10名,《哪吒之魔童降世》以49.34亿元位居2019年中国电影票房排行榜榜首。但是,从2006—2019年动画电影的总体情况来看,除了这两部国产原创动画电影,其余12年能进入前10名榜单的动画电影均是好莱坞

* 基金项目:本文系国家社科基金艺术学重大项目"5G时代文化产业新业态、新模式研究"(项目编号:20ZD05)的阶段性研究成果。

① 豆瓣.全球动画电影票房排行榜[EB/OL]. https://www.douban.com/doulist/2643601/.

动画电影。好莱坞动画电影《功夫熊猫 2》和《疯狂动物城》分别以 6.17 亿元和 12.02 亿元的中国内地票房挤入中国电影票房榜单的前两名。从最受中国内地市场欢迎的动画电影来看，2006—2019 年我国国产动画电影仅 3 年榜上有名，其余 11 年均是美国动画电影获此殊荣。从纵向发展来看，好莱坞动画电影进入前 100 名票房榜单的数量呈上升趋势，前 100 名的好莱坞动画电影平均票房虽有所波动，但总体上也呈现阶段性上升趋势。2016 年和 2017 年前 100 名好莱坞动画电影在中国内地的平均票房甚至高达 5.36 亿元和 5.51 亿元。（见表 1）

表 1　动画电影在中国内地电影票房排行榜情况

年份	前 10 名中动画电影数	前10名中好莱坞动画电影数	前100名中好莱坞动画电影数	前 100 名好莱坞动画电影的平均票房（亿元）	最受欢迎的动画电影、排名及票房（亿元）	最受欢迎的好莱坞动画电影、排名及票房（亿元）
2006	0	0	6	0.22	《加菲猫 2 之双猫记》第 13 名/0.57	《加菲猫 2 之双猫记》第 13 名/0.57
2007	0	0	3	0.21	《忍者神龟》第 12 名/0.35	《忍者神龟》第 12 名/0.35
2008	1	1	2	1.13	《功夫熊猫》第 5 名/1.82	《功夫熊猫》第 5 名/1.82
2009	1	1	6	0.63	《冰川时代》第 10 名/1.54	《冰川时代》第 10 名/1.54
2010	0	0	6	0.69	《喜羊羊与灰太狼 2》第 24 名/1.28	《玩具总动员 3》第 25 名/1.19
2011	2	2	5	2.35	《功夫熊猫 2》第 2 名/6.17	《功夫熊猫 2》第 2 名/6.17
2012	1	1	6	1.36	《冰川时代 4》第 9 名/4.49	《冰川时代 4》第 9 名/4.49
2013	0	0	6	1.63	《疯狂原始人》第 13 名/3.95	《疯狂原始人》第 13 名/3.95
2014	0	0	8	1.98	《驯龙高手》第 27 名/3.99	《驯龙高手》第 27 名/3.99
2015	1	0	5	2.70	《西游记之大圣归来》第 10 名/9.56	《超能陆战队》第 27 名/5.26
2016	2	2	9	5.36	《疯狂动物城》第 2 名/15.3	《疯狂动物城》第 2 名/15.3

（续表）

年份	前10名中动画电影数	前10名中好莱坞动画电影数	前100名中好莱坞动画电影数	前100名好莱坞动画电影的平均票房（亿元）	最受欢迎的动画电影、排名及票房（亿元）	最受欢迎的好莱坞动画电影、排名及票房（亿元）
2017	1	1	5	5.51	《寻梦环游记》第10名/12.02	《寻梦环游记》第10名/12.02
2018	0	0	7	2.39	《蜘蛛侠：平行宇宙》第38名/4.23	《蜘蛛侠：平行宇宙》第38名/4.23
2019	1	0	9	3.83	《哪吒之魔童降世》第1名/49.34	《冰雪奇缘2》第22名/8.53

注：作者根据电影票房数据库提供的数据整理，http://58921.com/.

好莱坞电影在全球的这种优势很大程度上被归因于“美国跨国媒体公司在全球传播好莱坞产品方面无与伦比的能力，以及他们制作能够强烈迎合许多不同文化大众口味的高成本电影的能力”①。但是，囿于中西文化的差异，在美国本土大获成功的动画电影，在中国市场战绩不佳的也并非寥寥无几。从全球电影票房网站Box Office Mojo公布的数据看，2007年《怪物史莱克3》的美国国内票房3.23亿美元，而在中国内地票房仅101万美元；2009年《鼠来宝：明星俱乐部》的美国国内票房2.20亿美元，在中国内地票房仅146万美元。媒介文化娱乐产品跨越文化边界后，可能会面临本土接受的过程。② 某种特定文化的电视节目，在本国市场很有吸引力，但在国外市场的吸引力会减弱，Hoskins与Mirus将此归因于文化折扣，即国外观众难以认同其文化风格、价值观念和行为方式等。③ 由于根植于不同文化的节目不利于激活认同机制，它们对当地观众的吸引力较低，与当地节目相比，它们的价值也较低，而这种价值的减少就是文化折扣。④ 对于电影观众而言，

① Scott A. J.. Hollywood and the World: The Geography of Motion-Picture Distribution and Marketing [J]. Review of International Political Economy, 2004: 33 - 61.

② Liebes T., Katz E.. The Export of Meaning[M]. Oxford: Oxford University Press, 1990.

③ Hoskins C. & Mirus R.. Reasons for the U. S. Dominance of the International Trade in Television Programme[M]. Media Culture & Society, 1988:499 - 515.

④ Buonanno, Milly. The Age of Television: Experiences and Theories[M]. Bristol / Chicago: Intellect Books, 2008: 96.

更容易接受文化距离接近的电影[①],文化距离成为解释外国电影在本国市场票房绩效的重要因素。[②] 即使对于来自同一个国家的电影而言,不同类型的电影在国外市场的票房绩效也存在差异,某些类型的电影比其他类型遭遇了更大的文化折扣。[③④]

动画电影具有一定的特殊性,观影人群不仅包括成年人还包括青少年和儿童,他们的人生观和价值观尚未完全确立,对新鲜事物充满好奇,极易受到全球流行文化和外来文化的影响。那么对于动画电影而言,跨越国界时是否也存在文化折扣问题?有学者以日本动画为研究对象,发现日本动画在亚洲比在西方更受欢迎的原因是地域因素,而不是文化的相似性。[⑤] 但也有学者发现动画电影的文化折扣更低,种族和语言障碍更少,相比其他类型的电影,动画电影的出口比例更高。[⑥] 那么对于长期占据中国电影票房排行榜前列的好莱坞动画电影,在中国市场的传播现状如何?不同类型的好莱坞动画电影在中国内地市场的文化折扣是否有所差异?目前鲜有学者对此进行实证分析。鉴于此,本文以 2006—2019 年在中国内地上映的好莱坞动画电影为对象,从学者和业界公认的电影票房权威网站 Box Office Mojo[⑦]、艺恩[⑧]、豆瓣[⑨]、中国票房网[⑩]获得票房、电影类型、上映天数、档期

① Straubhaar J.. Beyond media imperialism: Asymmetrical Interdependence and Cultural Proximity [J]. Critical Studies in Mass Communication, 1991: 39 - 59.

② Fu W. W. & Lee T. K.. Economic and Cultural Influences on the Theatrical Consumption of Foreign Films in Singapore [J]. Journal of Media Economics, 2008: 1 - 27.

③ Lee L. F. F.. Culture Discount and Cross-Cultural Predictability: Examining the Box Office Performance of American Movies in Hong Kong [J]. Journal of Media Economics, 2006: 259 - 278.

④ Lee F. L. F.. Hollywood Movies in East Asia: Examining Cultural Discount and Performance Predictability at the Box Office[J]. Asian Journal of Communication, 2008: 117 - 136.

⑤ Cooper-Chen. A Cartoon Planet: the Cross-cultural Acceptance of Japanese Animation [J]. Asian Journal of Communication, 2012: 44 - 57.

⑥ Joung W.. The Study of Market Differentiation in Korea Animation Market Depending on Production Countries, Production Types and Genres [J]. The Korea Journal of Animation, 2010: 82 - 104.

⑦ 全球电影票房:https://www.boxofficemojo.com.

⑧ 豆瓣:https://movie.douban.com/.

⑨ 艺恩:http://www.endata.com.cn/BoxOffice/index.html.

⑩ 中国票房网:http://m.endata.com.cn/.

等数据，剔除票房、上映天数等核心变量数据缺失的样本，共获得101部好莱坞动画电影总样本，从文化折扣的视角，对好莱坞动画电影在中国内地的传播进行实证分析。

二、好莱坞动画电影的相对文化折扣度

影视产品从一个国家转移到另一个国家时，加之语言问题，文化折扣的问题就出现了。① 借鉴Lee② 等学者的做法，采用票房率来衡量好莱坞动画电影的相对文化折扣度。票房率用一部动画电影的美国国内票房除以中国内地票房来表示。票房率越高表明这部动画电影的文化折扣程度越高。

（一）不同类型动画电影的文化折扣度

本文采用两个独立样本的Mann-Whitney U秩和检验，判断不同类型的美国动画电影的票房率是否存在差异。从表2的Mann-Whitney U检验结果看，喜剧类动画电影的票房率的秩平均值为53.21，高于非喜剧类动画电影的票房率的秩平均值30.90，且两者在0.05的显著水平下具有显著差异，U=254，Z=−2.285，P=0.022，说明喜剧类动画电影的相对文化折扣较高。冒险类、科幻类和音乐类动画电影在中国内地市场的文化折扣较低，但均没有呈现出统计学意义上的显著差异。冒险类动画电影的票房率的秩平均值为49.40，低于非冒险类动画电影的票房率的秩平均值65.60，U=309，Z=−1.660，P=0.970。科幻类动画电影的票房率的秩平均值40.90，低于非科幻类动画电影的票房率的秩平均值53.65，U=628，Z=−1.774，P=0.076。音乐类动画电影的票房率的秩平均值为47.89，低于非音乐类动画电影的票房率的秩平均值51.72，U=720，Z=−0.513，P=0.608。幻想类与奇幻类动画电影在中国内地市场的文化折扣较高，但也没有呈现出统计学意义上的显著差异。幻想类动画电影的票房率的秩平均值54.85，高于非幻想类动画电影的票房率的秩平均值47.78，U=1 088，Z=−1.207，P=0.227。奇幻类动画电影的票房率的秩平均值51.16，高于非奇幻类动画电影的票房率的秩平均值50.07，U=631，Z=−0.134，P=0.894。

---

① Hoskins C.，S. McFadyen，and A. Finn. Global Television and Film：An Introduction to the Economics of the Busines[M]. Oxford：Clarendon Press. 1997.

② Lee L. F. F.. Culture Discount and Cross-Cultural Predictability：Examining the Box Office Performance of American Movies in Hong Kong[J]. Journal of Media Economics，2006：259－278.

表 2　不同类型的动画电影的票房率

电影分类	属于此类的秩平均值	不属于此类的秩平均值	Mann-Whitney U	Z	P
冒险(N=91)	49.40	65.60	309	−1.660	0.970
喜剧(N=91)*	53.21	30.90	254	−2.285	0.022
幻想(N=46)	54.85	47.78	1 088	−1.207	0.227
科幻(N=21)	40.90	53.65	628	−1.774	0.076
奇幻(N=15)	51.16	50.07	631	−0.134	0.894
音乐(N=19)	47.89	51.72	720	−0.513	0.608

注：* 表示 P<0.05

（二）合拍片的文化折扣度

2006—2019 年，中国内地上映了 10 部美国与中国以及其他国家合拍的动画电影，其中 4 部动画电影的美国国内票房数据缺失，其余 6 部动画电影的票房绩效见表 3。从表 3 的数据来看，这 6 部美国与中国以及其他国家合拍的动画电影，除了《忍者神龟》的美国国内票房远高于中国内地票房，票房率高达 11.23 之外，其余 5 部动画电影在中国市场均取得了很不错的票房绩效，票房率也都很低。《功夫熊猫 3》和《蜡笔总动员》的中国内地票房甚至高于美国国内票房。尤其《功夫熊猫 3》在角色塑造、场景设计等方面体现了大量的中国文化元素，增强了与中国观众的亲近感，广受中国观众的青睐，中国内地票房 1.54 亿美元，超过美国国内票房 1.43 亿美元。而且 2006—2019 年在中国内地上映的美国动画电影中，仅有 3 部动画电影在中国内地票房超过美国国内票房，其中美国与中国以及其他国家合拍的动画电影占 2 部。

表 3　合拍片的票房率

片名	上映年份	制片国家	美国国内票房（美元）	中国内地票房（美元）	票房率
功夫熊猫 3	2016	美国/中国	143 528 619	154 304 371	0.93
雪人奇缘	2019	美国/中国	60 716 390	17 755 620	3.42
忍者神龟	2007	美国/中国	54 149 098	4 819 908	11.23
阿童木	2009	中国/美国/日本	19 551 067	6 894 910	2.84
摇滚藏獒	2016	美国/中国	9 420 546	5 684 785	1.66
蜡笔总动员	2015	美国/中国/印度/韩国	32 188	630 000	0.05

中美合作片能够将动画电影故事取材、场景与角色等更好地融入中国文化元素，更符合中国内地电影观众的文化审美偏好。Mann-Whitney U 秩和检验的结果显示，中美合拍片的动画电影票房率的秩平均值 19.17，远低于非中美合拍片的动画电影票房率的秩平均值 53.01，且在 $p<0.05$ 统计学意义存在显著差异，U=94，Z=－2.774，P=0.006。这说明中美合拍的动画电影在中国内地市场的文化折扣度相对较低。

三、好莱坞动画电影文化折扣的多元回归分析

为了进一步检验不同类型的美国动画电影在中国内地市场的相对文化折扣，本文除了进行 Mann-Whitney U 检验之外，还以中国内地票房对数(LnBC)为因变量，动画电影类型(Genre)为解释变量进行多元回归分析。

(一) 变量选择

1. 动画电影票房

本文选取在中国内地市场上映的好莱坞动画电影为样本。因变量是好莱坞动画电影在中国内地票房的对数(LnBC)。好莱坞动画电影在美国国内票房的对数(LnBA)作为控制变量。

2. 动画电影类型

对于每部动画电影类型的名义变量，借鉴 Henning-Thurau① 对电影类型的划分，确定了 6 种动画电影类型，包括冒险类、喜剧类、幻想类、科幻类、奇幻类、音乐类。考虑到美国科幻类、奇幻类和音乐类的动画电影在中国上映的数量较少，本文主要采用冒险类、喜剧类、幻想类作为动画电影类型变量。由于同一部动画电影从属于多种类型，本文将冒险类、喜剧类与幻想类动画电影设置 3 个虚拟变量，1 表示属于该种类型，0 表示不属于该种类型。

3. 时间因素变量

考虑到上映天数、档期、续集等时间因素对电影票房的影响②③，本文亦选择

---

① Henning-Thurau T.，Walsh G.，Bode M.. Exporting media products: Understanding the success and failure of Hollywood movies in Germany [J]. Advances in Consumer Research, 2004(31): 6333 - 638.

② Litman B. R.. Predicting success of theatrical movies: An empirical study[J]. Journal of Popular Culture, 1983:159 - 175.

③ Scott Sochay. Predicting Performance of Motion Pictures[J]. Journal of Media Economics, 1994: 1 - 20.

这些时间因素作为控制变量。根据在中国内地上映的日期,本文将档期设置为暑假档与春节档两个虚拟变量。

(二) 模型设定

为了检验不同类型的好莱坞动画电影在中国内地市场的相对文化折扣,本文构建线性多元回归模型,计量模型表达式如下:

$$LnBC_i = \beta_0 + \beta_1 LnBA_i + \beta_2 Genre_i + \beta_3 Time_i + \varepsilon \quad (1)$$

式(1)中,$LnBC$ 表示对好莱坞动画电影在中国内地的票房对数,$LnBA$ 表示对好莱坞动画电影在美国本土的票房对数。$Genre$ 表示动画电影类型。$Time$ 表示上映天数、暑假档、春节档等时间因素变量。β_0 为截距项,β_1、β_2、β_3 为系数向量,ε 表示随机误差项。

需要说明的是,本文主要是为了检验不同类型的好莱坞动画电影在中国内地市场的相对文化折扣,而不是为了建立中国内地动画电影票房的预测模型,因此没有涉及导演、预算、影评等变量。

(三) 多元回归结果

从表 4 的多元回归结果看,模型 1 主要考察在控制美国国内票房的基础上,不同类型的动画电影在中国内地市场的相对文化折扣。模型 1 中喜剧类动画电影在 0.05 显著水平下与中国内地票房负相关,相关系数是−0.190(p=0.025)。模型 2 在模型 1 基础上增加上映天数、档期等时间因素(*Time*)变量。从 R^2 来看,从模型 1 的 0.346 提高到模型 2 的 0.379,模型的解释力进一步提高。动画电影类型中依然只有喜剧类动画电影在 0.05 显著水平下与中国内地票房负相关,相关系数是−0.180(p=0.032)。结合表 2 中 Mann-Whitney U 秩和检验结果,喜剧类动画电影与非喜剧类动画电影的票房率存在显著差异,进一步说明美国喜剧类动画电影在中国内地市场的文化折扣相对较高。

表 4 不同类型的动画电影在中国内地票房的回归结果

变量	模型 1	模型 2
美国国内票房(*LnBA*)	0.498*** (5.935)	0.438*** (4.906)
电影类型(*Genre*)		
冒险	0.132 (1.565)	0.117 (1.365)

（续表）

变量	模型 1	模型 2
喜剧	−0.190* (−2.281)	−0.180* (−2.173)
幻想	−0.118 (1.423)	−0.111 (1.324)
时间因素(*Time*)		
上映天数		0.194* (2.193)
暑假档		−0.006 (−0.069)
春节档		−0.029 (−0.340)
Constant	2.552***	2.886***
R^2	0.346	0.379
调整后的 R^2	0.319	0.332
F	12.722***	8.095***

注：* $p<0.05$、** $p<0.01$、*** $p<0.001$，括号内数值为 t 统计值。

美国国内票房(LnBA)无论在模型 1 还是在模型 2，均在 0.001 显著水平下与中国内地票房正相关，相关系数分别是 0.498(p=0.000)和 0.438(p=0.000)。这印证了“外国消费者对电影的认知不仅受到电影本身和外国市场文化的影响，还受到电影在本国的成功的影响”①。加入时间因素变量之后，显著性没有发生变化，但回归系数有所减弱。这说明时间因素变量削弱了中国内地票房与美国国内票房的联系强度，美国国内票房成为中国内地发行商决定动画电影上映多长时间的重要参考标准。此外，模型 2 中上映天数在 0.05 显著水平下与中国内地票房显著正相关，相关系数是 0.194(p=0.031)。然而好莱坞动画电影是否在中国的暑假档和春节档上映，对好莱坞动画电影在中国内地市场的票房绩效并无显著影响。

① Elberse A. & Eliasberg J.. Demand and supply dynamics for sequentially released products in international markets: The case of motion pictures[J]. Marketing Science, 2003: 329 - 354.

四、结论与启示

在文化产品的国际流动中，文化折扣的作用不可低估，它不仅包含了当地消费者对外国产品的差异和熟悉程度的反应，还直接影响了他们对这些产品的选择和偏好。[①] 本文采用2006—2019年在中国内地上映的101部好莱坞动画电影票房数据，探讨好莱坞动画电影在中国内地市场的文化折扣。主要研究发现如下：

第一，好莱坞喜剧类动画电影在中国内地市场的文化折扣较高。喜剧类电影属于文化特定性较强的电影类型，这与其他学者的研究发现基本一致，好莱坞的喜剧片电影在中国香港[②]、东亚地区[③]的文化折扣也相对较高。幽默在不同的文化中是有差异性的，在历史和文化上都是局部的，需要对习俗、社会规范以及社会预期行为的情境知识有一定的认知。[④] 尤其言语幽默是喜剧成功输出的重要障碍，绝大多数在电影院放映的电影都是配音的，这很可能会降低电影的幽默感，从而降低电影的吸引力。[⑤]

第二，好莱坞冒险类、科幻类与音乐类动画电影在中国内地市场的文化折扣相对较低，但在统计学意义上不显著；幻想类与奇幻类的好莱坞动画电影在中国内地市场的文化折扣相对较高，但在统计学意义上也不显著。也就是说，除了喜剧类动画电影，其余类型的动画电影在中国内地市场的文化折扣均不显著。动画电影因其特殊的影像呈现方式，具有了跨越文化折扣的优越性。而好莱坞动画电影尤其

---

① Hofstede G.. 'The Archimedes Effect', in M. H. Bond (ed.) Working at the Interface of Cultures: 18 Lives in Social Science[M]. London: Routledge, 1997: 47 - 61.

② Lee L. F. F.. Culture Discount and Cross-Cultural Predictability: Examining the Box Office Performance of American Movies in Hong Kong[J]. Journal of Media Economics, 2006: 259 - 278.

③ Lee F. L. F.. Hollywood Movies in East Asia: Examining Cultural Discount and Performance Predictability at the Box Office[J]. Asian Journal of Communication, 2008: 117 - 136.

④ Palmer J.. Taking humor seriously[M]. London: Routledge, 1995.

⑤ Henning-Thurau T., Walsh G., Bode M.. Exporting media products: Understanding the success and failure of Hollywood movies in Germany[J]. Advances in Consumer Research, 2004(31): 6333 - 638.

迪士尼创造了一个“文化市场”①，文化差异性和文化折扣甚至成为吸引潜在观众的一种营销手段。

第三，中美合拍的动画电影在中国内地市场的文化折扣相对较低。虽然美国与中国以及其他国家合拍的动画电影数量较少，但中美合拍的动画电影的票房率远低于非中美合拍的动画电影的票房率，且在统计学意义上具有显著差异。国家间的文化差异和相似性在塑造外国文化产品和当地消费之间的关系中发挥了重要作用。② 世界上大多数人的大部分时间里更喜欢从自己文化和民族的人那里得到娱乐和信息。③ 中美合拍的动画电影在场景设计、角色塑造等方面能更充分地体现中国文化元素，对于中国观众而言，中美合拍的动画电影更具有文化邻近性，而文化邻近性是引导文化需求和消费的主要因素。④

好莱坞电影成功的最重要原因在于其独特性与普遍性、地方性与跨国性的结合。⑤ 好莱坞动画电影更是如此，这对于我国动画电影市场而言，具有一定启示意义。

其一，我国动画电影的主要观影人群是青少年和儿童，他们的文化价值观尚未完全确立，极易受到全球流行文化的影响，而动画电影的文化折扣较低，需要高度警惕好莱坞动画电影对我国文化主权的威胁。即便加拿大与美国拥有相似的文化价值观，加拿大人甚至也认为美国文化产品在加拿大市场的主导地位，相比于其他国家的文化产品而言，对加拿大的“文化主权”的威胁更大。⑥

其二，考虑到喜剧类动画电影的文化折扣相对较高，可以减少高度文化特定性的喜剧类动画电影的引进，适度引进冒险类、科幻类与音乐类等文化折扣相对较低的动画电影，激活国内动画电影市场。

---

① Lacroix, Celeste. Images of Animated Others: The Orientalization of Disney's Cartoon Heroines From The Little Mermaid to The Hunchback of Notre Dame[J]. Popular Communication: The International Journal of Media and Culture, 2004: 213-229.

② Park S.. China's Consumption of Korean Television Dramas: An Empirical Test of the Cultural Discount Concept[J]. Korea Journal Winter, 2002: 266-290.

③ Tunstall J.. The Media Were American: U. S. Mass Media in Decline[M]. New York: Oxford University Press, 2008: 5.

④ Buonanno, Milly. The Age of Television: Experiences and Theories[M]. Bristol / Chicago: Intellect Books. 2008: 96.

⑤ Buonanno, Milly. The Age of Television: Experiences and Theories[M]. Bristol / Chicago: Intellect Books. 2008: 97.

⑥ Morris P.. Embattled Shadows[M]. Montreal: McGill-Queen's University Press, 1978.

其三，观众更倾向于主动选择符合自身民族、文化、种族特征的媒体文化产品①，在国产动漫加快崛起之际，国内观众对国产动漫的呼声日益高涨，应加快推动原创国产动画电影的发展。

其四，国内动画电影制作公司应加强与迪士尼、皮克斯、梦工厂等全球顶尖的动画电影巨头的深度合作。中美合作的动画电影能够在故事取材、场景设计、角色塑造、背景音乐等方面体现浓郁的中国文化元素、价值取向与精神诉求，不仅在中国市场获得较低的文化折扣，引发中国观众强烈的观影热情，而且在深度合作过程中还能够提高我国动画电影制作的国际水平，加快我国动画电影开拓海外市场的步伐，提升我国动画电影的品牌影响力与国际竞争力。

作者简介

吴志斌，江西丰城人，南京航空航天大学艺术学院副教授。研究方向为媒介文化产业与艺术传播。

万思铭，河南平顶山人，南京航空航天大学艺术学院硕士研究生。研究方向为传媒经济。

---

① Crane D.. 'Culture and Globalization', in D. Crane, N. Kawashima and K. Kawasaki (eds.) Global Culture: Media, Arts, Policy, and Globalization [M]. New York: Routledge, 2002: 1-28.

Box Office Performance of Hollywood Animated Films in Mainland China: from the Perspective of Cultural Discount

Wu Zhibin Wan Siming

Abstract: The United States is a big exporter of the global animation film market, and has long dominated China's animation film market. Based on the box office data of 101 Hollywood animated films released in mainland China from 2006 to 2019, this paper empirically tests the cultural discount of Hollywood animated films in mainland China. It is found that the relative cultural discount of Hollywood comedy animated films in the Chinese market is relatively high, which belongs to the film type with strong cultural specificity, while the cultural discount of other types of animated films is not significant. The cultural discount for animation films co-produced by the United States and China is low in the Chinese market. In this regard, this paper puts forward some countermeasures and suggestions, such as guarding against the threat of Hollywood animated films to China's cultural sovereignty, accelerating the development of original domestic animated films, strengthening the thorough cooperation between China and the United States in animated films, activating the domestic animated film market, and accelerating the development of overseas film markets.

Key Words: Cultural discount Animated films Box office

文化金融

金融支持文化产业发展效率的影响研究
——以江西为例

郭　平　徐　丽　卯升华

摘　要:文化产业是新时期经济增长的原动力,而金融支持是文化产业发展不可或缺的因素。以江西为代表的文化产业不发达地区,如何走出文化产业发展的窘境值得思考。本文采用2010—2019年江西各地级市数据,运用三阶段DEA模型分析技术、规模和融资管理等对文化产业效率的影响。研究表明,文化产业的纯技术效率大于规模效率,规模效率低下是制约文化产业发展的关键因素;管理无效率对产业调整前后效率变化的影响居主导地位,落后的融资管理水平对金融支持江西文化产业效率具有较大的抑制作用;加大金融支持文化产业规模投入时,还需要提高资金的利用率,加快金融资本转化为生产力。当前应在加强金融对文化产业支持力度的同时,更需要改变陈旧的资金分配、管理模式,改善融资环境,进而高质量地发展文化产业。

关键词:三阶段DEA模型　文化产业　金融资本　高质量发展

一、引　言

文化产业以其自身的优势成为稳增长、调结构的重要力量,不仅是我国经济发展的支柱产业,更是发展新动能、提高经济增长效率的重要依托。"十四五"提出健全现代文化产业体系,推动区域文化带建设的任务。区域文化产业如何发展,特别是拥有深厚文化底蕴的地区,但产业或开发不足,这一现象在江西表现更为突出。江西曾号称"江右书院甲天下",是全国书院的中心地区,也是陶瓷文化发源地之一,同时是革命圣地……拥有深厚文化底蕴,如何推动文化产业成为全省支柱产业值得思考。2020年前三季度江西规模以上文化企业1 726家,同比增加255家,其中制造业企业增加176家,批发和零售业企业同比增加53家,服务业增加

26 家。① 虽然近年来江西文化产业规模持续扩张，但该省文化产业在全国的地位仍停滞不前，如 1998 年文化旅游业江西排名 16，2015 年在全国依旧位居 16。我们需要进一步探索文化产业停滞不前的内在原因，本文主要从文化产业规模、技术、管理等方面进行思考。同时，金融资本作为经济发展的核心要素，促进江西文化产业与金融业对接、带动文化产业发展是实现江西新经济增长点的需要。江西金融业的繁荣发展，可以为文化产业的发展带来充足的资金，正确认识金融支持文化产业效率，对江西文化产业的高质量发展具有重要的现实指导意义。

国外学者多是侧重于对一般性文化企业的研究，这主要有两个原因：一是文化企业融资及经营管理模式已经比较成熟，政府只要给予适当的引导和扶持，企业融资难的问题就能得到合理解决；二是文化产业起源相比企业较晚，从 20 世纪 90 年代才开始真正在国家层面兴起，多数国家和地区也是在 20 世纪末或 21 世纪初才正式提出文化产业的核心概念，研究时间较短导致国外对于文化产业融资问题的专门研究并不深入。学者们认为解决文化企业融资难的关键在于拓宽融资渠道，可通过发展债券市场[1]、完善信贷担保体系[2]、吸引外资[3]、公共文化支出[4]以及政府政策扶持[5]等途径。文化企业的融资渠道呈现多样化特征，各类政府投资引导基金有助于拓展文化产业的融资渠道。[6] Lelarge[7]认为德国政府对中小企业的财政支持扩大了信贷担保额；Kleer[8]指出金融机构对文化产业的信贷支持力度，可以直接作为政府对文化产业财政进行扶持的参考。

国内学者主要集中于文化产业融资困境和融资效率的研究。目前，我国文化产业效率偏低[9—10]，投融资面临许多亟待解决的问题：财政投入缺口大、引导性弱，地方政府存在政绩性投资且投资手段单一。其中，直接融资进入门槛高，融资规模小，融资成本高；间接融资规模小，成本高，金融服务中介机构缺失等。[11] 同时，卜凡婕[12]认为融资困难还源于文化产业的融资模式，上市融资应该是成熟文化企业进行融资的主要方式。

对于融资渠道单一的问题，我们亟须加快融资平台的建设[13]、依靠财政支持[14]、创造有效需求[15]，实现金融与资本的创新性结合[16]，进一步推进金融资本与文化产业链接融合[17]。关于融资效率的分析，研究表明我国文化产业上市公司融资效率偏低，且区域差异较为明显。[18] 而融资效率主要受融资约束的影响[19]，潘玉香[20]等人认为中国文化创意企业普遍存在融资约束问题和非效率投资行为，

① 数据来源：《中华人民共和国 2019 年国民经济和社会发展统计公报》。

相较于投资过度现象，投资不足现象更为严重，且融资约束更严重。融资约束是引起文化创意企业投资不足的重要原因。

基于以上研究，学者们对文化产业的影响因素进行了深入探究，为本文金融支持江西文化产业理论探究奠定良好的基础，但仍有进一步拓展的空间。一是对江西文化产业缺乏定量分析，目前学者多侧重于江西文化产业现状的总结，提出的金融支持文化产业政策缺乏坚实的数据支撑；二是在进行效率研究时，忽略环境因素和随机误差项下管理无效率的干扰，对于导致非有效单元效率低下的经济环境和管理无效率等因素并没有进行细致分析。本文对金融支持江西文化产业采取定量分析的方法，采用 2010—2019 年江西 11 个地级市的样本数据，通过三阶段 DEA 来测算金融支持江西文化产业投入产出的初始效率值。接着，采用 SFA 模型排除环境因素和随机干扰因素，将各地级市的效率置于同一环境下进行测算，所得到的结果才具有可比性。为了验证中介法选取 DEA 测算的投入变量有效，采用 Tobit 方法进行分析，探究金融支持对文化产业的影响。试图解决两个问题：一是环境因素和随机误差项是如何影响金融支持文化产业效率的，二是如何促进江西文化产业高质高效发展。本文的创新点是：在理论上，产业的发展壮大除了资本投入规模的增加，还应该注重融资管理形式和技术的变革，为产业注入新的活力，高质量地发展文化产业。在方法上剔除了环境因素和随机误差项中管理无效率，将金融对文化产业的“投入—产出”置于相同的生产环境中，进行各地区产业效率的比较分析。

二、研究方法和数据来源

(一) 研究方法

1. 三阶段 DEA 方法

传统的 DEA 方法是对多投入和多产出一组数据进行效率分析，但环境因素、随机干扰因素以及管理无效率等会导致测算的效率值有偏差。于是，Fried(2002) 提出三阶段 DEA 方法，克服以上缺点，剔除环境因素和随机干扰等不可控制的因素，从而得到处于同一环境下的效率值。

根据文化产业的特点，选择投入导向的 BCC 模型进行三阶段 DEA 效率测算。第一阶段得到没有剔除环境等不可控因素下的效率值和投入松弛变量；第二阶段利用 SFA 模型对松弛变量进行有效分解，从而得到随机因素和环境因素的估计量，剔除这些影响因素，得到在相同环境下新的投入变量；第三阶段将调整后的投入变量和原始产出变量再次运用 DEA 模型进行生产效率测算。此时得到的效率值已剔除环境因素和随机因素的影响，是比较真实客观的。

2. Tobit 模型

为进一步说明采用中介法选取 DEA 模型的投入指标，将金融业发展水平作为投入变量是合理的。本文主要从金融规模、金融结构以及融资效率考察金融业发展水平对文化产业效率的影响，构建基本的计量模型：

$$\ln culture_i = \beta_0 + \beta_1 \ln scale_{it} + \beta_2 \ln efficiency_{it} + \beta_3 \ln structure_{it} + \theta_1 economy_{it} + \theta_2 urban_{it} + \varepsilon_{it}$$

其中，*culture* 为金融支持文化产业效率；*scale* 为金融发展规模；*efficiency* 为融资效率；*structure* 为金融结构；另外，设置控制变量，*economy* 为经济发展水平、*urban* 为城市化水平。该模型主要考察金融发展对文化产业效率的影响，说明金融业发展作为文化产业的投入指标是合理的。被解释变量为文化产业效率，解释变量为金融结构、金融规模和融资速度，除此之外，经济发展水平、城市化进程等外部因素也会影响金融支持文化产业效率，故将其作为控制变量。考虑到数据间可能存在较大差异，对所有变量均取对数处理。

（二）指标选取及数据说明

本文主要测算金融支持文化产业效率。数据主要来源于《江西统计年鉴（2011—2020）》以及江西省统计局等官方统计资料。因此采用 2010—2019 年数据测算江西各市文化产业效率值，下面对投入产出指标进行选取。

1. 投入变量的指标选择

在选择金融支持文化产业投入指标时，本文主要考虑金融在文化产业投入方面的影响，主要分为金融业发展对文化产业的间接影响、金融对文化产业直接投资两方面。采用中介法和资本法，选取 2010—2015 年江西省各地级市金融业总资产、固定资产投资作为投入指标。借鉴朱尔茜[21]的研究，选用各地金融业生产总值来考察某个地区总体的金融实力，体现该地区总体的金融发展水平；而固定资产投资采用文化及相关产业的固定资产投资额，考察金融资产在文化产业领域的投入规模。

2. 产出变量的指标选择

由于文化产业具有二重属性，文化产业的产出既包括精神上的产出，又包括物质上的产出。本文选取文化产业的主营业务收入和单位个数作为产出指标。参考蒋萍等[22]的研究，将各地区文化产业法人单位主营业务收入作为产出指标，用来表示文化产业的营利能力。不同的是,本文将单位数量作为产出指标,文化产业单位数量的增多更多的是反映文化产业机构规模的扩大,由于文化产业具有精神属性,人们在潜移默化中接受的文化熏陶,也是文化产出的表现。可能在收入营利上未有明显变化,却在无形中通过机构数量的增多,产生规模效应,从而达到文化传播的效果,因此,将文化产业的单位数量作为产出指标。本文共有 11 个 DMU(即 11 个地级市),投入与产出指标分别有 2 个。因此,满足 DMU 的数量是投入产出指标个数的 2 倍以上这一要求,适用于数据包络分析法。

3. 影响因素的指标选择

资本作为产业发展的核心要素,而融资速度影响资金的供给,选择贷款与存款比来度量融资速度,用来考察社会的融资能力。采用各地市人均 GDP 作为经济发展指标,产业的发展依托整个社会的经济发展水平,经济发展水平低则抑制产业结构的升级,不利于产业的发展。由于指标间存在较大的波动,对人均 GDP 进行对数处理。

表 1　变量指标选取与数据来源

变量	指标	指标说明
产出变量	主营业务收入	文化产业法人单位主营业务收入(亿元)
	文化产业单位数	各地区文化事业单位数(个)
投入变量	固定资产投资	用于文化及相关产业的固定资产投资额(亿元)
	金融业	各地金融业生产总值(亿元)
环境指标	融资速度	金融机构(含外资)本外币贷款与存款比值
	经济发展水平	人均 GDP 取对数

三、实证分析

本文采用三阶 DEA 方法对金融支持江西文化产业发展的效率进行分析,主要从综合技术效率、纯技术效率、规模效率三个方面,对江西金融支持文化产业效率进行测度和评价。通过计量回归补充说明本文选取变量的合理性,进一步探究金融业的发展对文化产业有何影响,金融业发展水平作为投入指标是否合理,能否通过金融发展规模影响文化产业收入,从而影响文化产业效率。

(一) 初始输入输出数据第一阶段 DEA 效率分析

本文运用 DEAP2.1 软件,对 2010—2019 年江西数据进行分析,第一阶段效率值如表 2 调整前所示。经计算，2010—2019 年江西省各地市文化产业综合技术效率均值为 0.651，纯技术效率均值为 0.869，规模效率达到 0.742，且多数地区文化产业的纯技术效率大于规模效率。总体来看，景德镇、萍乡、九江三项效率值均达到有效前沿面，说明该地区文化资源得到较为合理的利用，以达到投入产出的有效水平。

表 2 第一阶段和第三阶段 2010—2019 年江西文化产业效率值

	调整前效率值				调整后效率值			
dum	crste	vrste	scale		crste	vrste	scale	
南昌市	0.372	1	0.372	drs	0.768	1	0.768	irs
景德镇市	1	1	1	—	0.363	1	0.363	irs
萍乡市	1	1	1	—	0.304	1	0.304	irs
九江市	1	1	1	—	0.737	1	0.737	irs
新余市	0.324	0.511	0.633	irs	0.229	0.991	0.231	irs
鹰潭市	0.634	1	0.634	drs	0.231	1	0.231	irs
赣州市	0.268	0.386	0.694	drs	0.636	0.997	0.638	irs
吉安市	0.653	1	0.653	drs	0.641	1	0.641	irs
宜春市	0.688	0.806	0.854	drs	0.570	1	0.570	irs
抚州市	0.963	1	0.963	irs	0.537	0.969	0.554	irs
上饶市	0.524	0.729	0.719	drs	0.562	0.998	0.563	irs
均值	0.651	0.869	0.742		0.548	0.996	0.550	

注：—为规模报酬不变，drs 为规模报酬递减，irs 为规模报酬递增，crste 为综合技术效率，vrste 为纯技术效率，scale 为规模效率。下同。

如表 2 所示，南昌市近 10 年的规模效率均值为 0.372，小于江西省文化产业效率水平(为 0.651)。南昌市作为省会城市，经济发展同其他地市相比较发达，这与事实不符，说明传统的 DEA 还不能满足研究的需要。我们所研究的效率应该是处于同一种环境中所进行的效率值比较，由于各个地区经济发展程度、管理水平、融资能力等不同，对文化产业效率的测算有失偏颇。此结果没有提出经济环境与随机因素的作用，无法反映不同地区的实际环境效率情况，还需进一步调整和测算，以便在同一水平下进行比较研究。

(二) 剔除影响文化产业投入产出效率的 SFA 模型分析

文化产业发展效率还受地方经济条件的影响，在第一阶段文化产业发展效率的分析中，发现测算的效率值确实存在偏差，因此，我们需要剔除环境因素的影响。现选取影响文化产业的环境因素包括融资速度和经济发展水平，以这两个指标为解释变量；将第一阶段得到的固定资产投资松弛变量 Y1、金融产值松弛变量 Y2 作为被解释变量，利用随机前沿分析方法（SFA）进行分析，通过 Frontier4.1 软件得到结果如下。

表 3　第二阶段 SFA 回归结果

系数	固定资产投资冗余	金融产值冗余
常数项	12.451 8*** (12.451 8)	−85.3973* (1.949 1)
融资速度	−8.2440*** (8.244 0)	−3.8672 (0.932 6)
经济水平	−0.000 08 (0.000 08)	0.8302* (1.928 6)
σ^2	56.318 6*** (56.318 6)	1 376.923** (2.469 3)
γ	0.350 0 (0.350 0)	0.979 5*** (112.177 6)
Log 函数值	−391.655 9	−532.369 7
LR 单边检验	10.706 9***	222.951***

注：括号内为 t 值，***、**、* 表示显著性水平为 1%、5%和 10%。下同。

由表 3 结果可知，融资速度对固定资产的影响通过了 1%的显著性检验，经济发展水平对金融产值冗余通过 10%显著性水平；而且两个模型的 LR 单边误差的似然比检验 T 值均大于 Mixedχ2 分布的临界值，拒绝原假设，表明模型构建合理，说明第二阶段适合用 SFA 进行分析。当回归系数为正数，说明自变量的增加不利于因变量投入冗余的减少，反之，则有利于投入冗余的减少。其中，γ 越趋近于 1，说明在混合误差项中，管理无效率对投入松弛变量的影响处于主导地位。从各变量具体来看，分析如下：

从社会融资速度来看，在两个模型中，固定资产和金融资产的系数均为负数，即融资效率与两个投入冗余变量之间为负向关系，表明融资效率的提高有利于文化产业固定资产冗余量的明显减少，也有利于金融资产冗余量的减少。融资速度加快，社会对资金的需求旺盛，从而加速资本的流动，减少固定资产和金融资产的投资冗余，故而有利于文化产业投入冗余量的减少，利于文化产业资金利用效率的提高。

从经济发展水平来看，以人均 GDP 作为衡量经济发展水平的指标，从表中看出经济发展水平与固定资产投入冗余为负相关，说明提高经济发展水平在一定程度上利于投入冗余量的减少，从而有利于提高文化产业投入产出效率。对此，我们理解如下：经济水平的提高促使人们进行文化消费，为文化产业提供发展的市场和潜力，减少文化产业的固定资产，从而促进文化产业效率的提高。而经济发展水平对金融产值冗余通过了 10%的显著性水平，且系数为正，说明不能一味地对产业进行金融投入，要实现资源的最大效用，引导资金流向创新性的文化行业，结合先进的技术，高质量地发展文化产业。

总之，外部的环境因素影响产业发展效率，不同的环境下测算的效率值可能不同。即效率值大小受外部的经济环境和内部的管理水平影响较大，环境越好得到的产业效率越大。因此，为避免这些因素对效率值产生较大的影响，根据以上的分析，对原来的投入变量进行调整，使得调整后的决策单元处于相同的环境。

（三）第三阶段调整后的 DEA 模型分析

根据第二阶段的分析，考虑到环境因素、随机干扰等情况，我们需要对初始的输入变量进行调整，得到一组新的输入变量。将其与初始的输出变量再次运用 DEAP2.1 软件进行分析，使得处于同一环境下的效率值具有可比性，如表 2 调整后的结果所示。

从全省的效率均值来看（见表 2），2010—2019 年文化产业综合技术效率为 0.548，略小于调整前的效率值；技术效率值达 0.996，规模效率为 0.550。总体上表现为纯技术效率＞规模效率＞综合技术效率，这说明江西省文化产业效率低下主要受规模效率的影响。剔除经济发展水平、融资速度以及管理水平等因素，南昌、景德镇、萍乡、鹰潭、赣州效率值变动幅度较大。南昌综合效率由原来的 0.372 上升到 0.768，领先于其他地市，这与现实情况相符。在考虑经济等因素后，南昌表现较高的技术效率和规模效率，远远超过九江、景德镇等地，南昌作为省会城市，其经济发达带来先进的技术和引进更多的资本，技术水平和规模大小也相应优于其他地区。而新余、鹰潭两地表现为规模效率较低，均为 0.231，综合效率受规模效率的影响，也表现出较低的水平，这说明解决两地区文化产业效率低下的关键在于扩大产业规模。

表 4　2010—2019 年江西文化产业第三阶段综合技术效率值

	2010	2011	2012	2013	2014	2015	2016	2017	2018	2019
全省	0.878	0.746	0.732	0.695	0.488	0.459	1	1	0.948	0.93
南昌	0.26	0.269	0.267	0.275	0.256	0.259	0.399	0.392	0.403	0.405
景德镇	0.071	0.076	0.083	0.111	0.112	0.13	0.13	0.135	0.154	0.17
萍乡	0.076	0.068	0.126	0.196	0.207	0.23	0.264	0.29	0.321	0.351
九江	0.189	0.188	0.189	0.208	0.21	0.236	0.291	0.272	0.328	0.381
新余	0.035	0.063	0.057	0.046	0.064	0.074	0.09	0.101	0.113	0.125
鹰潭	0.057	0.054	0.062	0.069	0.073	0.084	0.119	0.123	0.143	0.163
赣州	0.219	0.199	0.219	0.218	0.199	0.197	0.165	0.203	0.217	0.225
吉安	0.164	0.17	0.166	0.168	0.159	0.17	0.199	0.197	0.209	0.226
宜春	0.133	0.147	0.159	0.186	0.189	0.216	0.227	0.238	0.261	0.283
抚州	0.13	0.143	0.132	0.144	0.137	0.127	0.13	0.112	0.133	0.14
上饶	0.154	0.146	0.158	0.169	0.147	0.156	0.163	0.152	0.158	0.164

对于各地级市的分析，本文主要从综合技术效率、纯技术效率和规模效率三个方面具体分析各地级市的文化产业效率，以更加全面了解影响江西文化产业效率的主要因素。

（1）综合技术效率。综合技术效率表示一个地区资源使用和配置效率的能力。如表 4 所示，各地级市综合效率在 2010—2019 年表现为上升趋势，特别是景德镇和萍乡两地上升幅度更大，说明江西文化产业效率在不断提升，且在 2016 年和 2017 年达到最优前沿面。对比第一阶段和第三阶段（见表 2），可以看出不同环境因素对地区文化产业影响不同，具体表现为：南昌、赣州综合效率在剔除环境和管理无效率因素后，其效率值明显上升，说明环境和随机干扰因素对南昌表现为抑制作用，应加强对该地区文化产业的管理力度，合理配置资源，为文化产业创造良好的经济环境；而景德镇、萍乡、九江、抚州调整前、后表现为下降态势，说明环境和管理水平对该地具有明显的促进作用，一定程度上促进了本地的产业效率的提高。

表 5　第三阶段纯技术效率

	2010	2011	2012	2013	2014	2015	2016	2017	2018	2019
全省	1	0.863	0.835	0.752	0.512	0.47	1	1	1	1
南昌	0.959	0.951	0.94	0.854	0.708	0.680	1	0.940	0.927	0.895
景德镇	0.999	0.999	0.995	0.987	0.942	0.968	0.955	0.896	0.938	0.951
萍乡	1	0.996	0.982	1	0.949	0.922	0.942	0.942	0.957	0.970
九江	1	1	0.985	1	0.939	0.93	0.997	0.808	0.863	0.907
新余	0.991	0.992	0.983	0.974	0.960	0.941	0.985	0.977	0.981	0.986
鹰潭	0.997	1	0.998	0.996	0.980	0.981	1	0.982	0.987	0.99
赣州	0.996	0.941	0.984	0.994	0.908	0.784	0.935	0.859	0.882	0.886
吉安	0.966	0.952	0.966	0.971	0.876	0.838	1	0.957	0.984	1
宜春	1	0.969	0.986	1	0.960	0.969	1	0.969	0.990	0.999
抚州	0.969	0.981	0.971	0.975	0.919	0.872	0.840	0.722	0.834	0.844
上饶	0.985	0.976	1	0.975	0.849	0.828	0.932	0.869	0.907	0.923

（2）纯技术效率分析。纯技术效率是衡量一个地区文化产业发展所需的技术和管理水平的指标。通过第二阶段的分析可知，管理无效率是导致投入冗余增加的主要原因。而剔除干扰因素后，文化产业效率变化较大，说明管理无效率是导致文化产业技术效率前后变化的主要因素。对大部分地级市来说，剔除管理无效率后的纯技术效率有所上升，这表明现有的管理形式阻碍了技术效率的提高。如表5所示，2010—2019年技术效率呈先下降再上升的趋势，这与2014年出台的《江西省关于加快发展文化创意产业若干政策措施》有关，与互联网平台、新技术相结合，促进文化产业技术的革新，做强新闻出版业，扶持传统媒体与新媒体的融合、原创创意作品出版、绿色高端印刷、现代出版发行等。另外，新余、赣州调整后的技术效率远远大于调整前的技术效率（见表2），说明环境和管理水平等因素限制了技术的进步，进一步导致技术落后，束缚了该地区文化产业的发展空间。而九江、南昌、萍乡和景德镇的效率高于其他地区，由于文化发展较好的地区拥有地方文化特色，九江以庐山景区打造地方旅游文化，南昌以滕王阁、八一博物馆等红色文化，景德镇以其陶瓷文化闻名国内外，有利于推动地区文化发展，促进技术不断革新。

（3）规模效率分析。规模效率用来衡量在当前技术水平下文化产业的生产规模，效率值越大代表生产规模越接近最优生产前沿面。由表2可知，总体上文化产业的规模效率调整前后存在显著变化，说明经济发展水平、融资速度以及管理水平对江西整体的规模效率有显著影响。与纯技术效率相比，处于同一环境下的规模效率要小于纯技术效率，说明规模效率是造成江西文化产业综合技术效率低下的关键因素。2010—2019 年江西规模效率逐年呈缓慢上升趋势，且只有南昌在调整前、后变化最大，由 0.372 上升为 0.768，说明管理无效率等因素对南昌的规模效率有较大的抑制作用。而景德镇、萍乡、新余的规模效率由 1、1、0.633 下降为 0.363、0.304 和 0.231，说明管理无效率等因素对该地区文化产业发展具有积极的促进作用。

表 6 第三阶段规模效率值

	2010	2011	2012	2013	2014	2015	2016	2017	2018	2019
全省	0.878	0.865	0.877	0.923	0.952	0.976	1	1	0.948	0.930
南昌	0.271	0.283	0.284	0.322	0.362	0.381	0.399	0.417	0.435	0.452
景德镇	0.071	0.076	0.084	0.113	0.119	0.134	0.136	0.151	0.165	0.178
萍乡	0.076	0.068	0.128	0.196	0.218	0.249	0.280	0.308	0.336	0.362
九江	0.189	0.188	0.192	0.208	0.224	0.254	0.292	0.337	0.380	0.420
新余	0.035	0.064	0.058	0.048	0.067	0.078	0.091	0.103	0.115	0.126
鹰潭	0.057	0.054	0.062	0.070	0.074	0.086	0.119	0.125	0.145	0.165
赣州	0.220	0.212	0.222	0.220	0.219	0.251	0.176	0.236	0.246	0.253
吉安	0.170	0.178	0.172	0.173	0.182	0.203	0.199	0.206	0.213	0.226
宜春	0.133	0.152	0.162	0.186	0.196	0.223	0.227	0.245	0.263	0.283
抚州	0.134	0.146	0.136	0.148	0.149	0.146	0.154	0.155	0.159	0.165
上饶	0.156	0.150	0.158	0.174	0.173	0.189	0.175	0.175	0.175	0.178

（4）规模报酬分析。剔除了经济环境后，各地级市均表现为规模报酬递增趋势，且各个地级市每年也基本呈规模报酬递增趋势。这与政府对文化产业的支持密不可分，例如 2015 年上半年江西省成立了 9 家国家级文化产业示范基地，87 家省级文化产业示范基地，成功申报 70 个国家级非物质文化遗产项目。政府大力推进文化建设，加大文化产业的投资力度，但是目前江西大部分地市文化产业发展规模仍低于最优生产规模，需要通过扩大规模来提高生产效率。

（四）Tobit 模型回归

在测算文化产业效率中，限于数据的不可获得性，本文选取了金融业发展水平作为金融支持文化产业效率的一个投入指标。为了说明采用中介法选取的该指标具有代表性，从金融规模、融资速度、金融结构等方面进一步探究金融发展对文化产业效率是否具有显著影响。由于被解释变量为金融支持文化产业效率，置于0—1之间为受限变量，故选择 Tobit 模型较为合适。金融规模 X1(scale)选取金融总产值，融资速度 X2(efficiency)选取存贷款之比，金融结构 X3(structure)为金融业占第三产业地区生产总值。以人均 GDP 表示经济发展水平(economy)，以城镇人口比年末总人口表示城市化水平(urban)，它们为控制变量，结果如下：

表 7　Tobit 回归结果

	调整前效率值 (1)	调整后效率值 (2)
金融规模	−0.168 0*** (0.0283)	0.046 3*** (0.009 4)
融资速度	−0.093 8 (0.112 0)	0.080 8** (0.037 2)
金融结构	0.000 13*** (0.000 041)	0.000 02 (0.000 001 3)
经济发展水平	−0.000 000 9 (0.000 001)	−0.000 000 2 (0.000 004)
城市化水平	0.000 268** (0.000 13)	0.000 569*** (0.000 04)
Constant	1.289*** (0.266)	−0.149* (0.0886)
观测数	120	120

由上文分析可知，第一阶段测算出来的效率值有偏，因此本文以表 7 第(2)列为准进行实证分析。金融规模、融资速度通过 1%和 5%的显著性水平，且系数均为正。这说明金融发展规模越大越有利于文化产业资本投入的增加，由 DEA 测算结果可知，江西文化产业发展处于规模报酬递增阶段，仍需通过加大文化资本投入来提高产业效率；融资速度与金融支持文化产业效率呈正相关，说明产业融资速度越快，越有利于促进文化产业发展。融资速度加快表明产业更易获取资金，能够高效地给产业带来资金，利于产业规模的扩大和生产效率的提高。金融结构与文化产业效率虽未通过显著性检验，但其系数也为正，说明金融结构的改善在一定程度上也能提高产业效率。三者相比较而言，融资速度对文化产业的影响最大(系数

为 0.080 8)，其次金融规模影响较大(系数为 0.046 3)，说明要提高文化产业发展效率，应注重金融投入的规模和金融资本在产业的周转速度，以达到资本在文化产业的合理配置，避免资金冗余。

经济发展水平会抑制金融支持文化产业效率的提高，但统计上不显著。可能的原因是，江西经济发展水平较中部其他省份相对落后，难以带动文化产业发展，由于技术、管理、资金等落后，反而在一定程度上降低文化产业效率，抑制产业的发展。城市化水平对金融支持文化产业效率具有显著的促进作用，表明城市化程度越高，越有利于为产业提供先进的技术、有效的管理手段、充足的资金以及完善的基础设施等，为产业的生产再扩大带来充沛的资源，就越有利于产业生产效率的提高。

通过以上分析，金融业的各项指标(即金融规模、融资速度和金融结构)均对金融支持文化产业效率有显著影响，说明选取金融业发展水平作为金融支持文化产业的投入指标较为合理，金融的发展在一定程度上影响文化产业产出效率。

四、结论与建议

本文从产业发展效率的视角探究金融支持对文化产业的影响，分别从规模、技术、管理水平等方面寻找文化产业发展落后的原因。这为那些文化产业发展落后及停滞不前的省份实现文化强省的目标提供了理论借鉴，帮助其走出文化发展的窘境。本文以江西为例，采用 2010—2019 年各地级市面板数据，运用三阶段 DEA 和 Tobit 方法分析金融支持文化产业效率。主要结论如下：

第一，从综合效率来看，金融支持文化产业发展未实现综合有效发展的主要原因是规模效率低下，各地级市综合效率虽然在 2010—2019 年表现为上升趋势，但上升的幅度并不大，由于规模效率过低，抑制了综合技术效率的提高。各地级市综合效率基本保持在 0.2 左右，特别是景德镇、鹰潭在 2010 年为 0.071 和 0.057，2019 年两地才达到 0.1 左右，说明该地文化产业发展滞后。只有规模效率和技术效率同时达到最优前沿面，才能实现综合技术效率的有效。各地级市金融对文化产业的支持在技术和规模上应采取因地制宜的办法，缩小地区间文化发展的差距。

第二，从纯技术效率来看，融资管理无效率是导致文化产业技术效率调整后变化的主要因素，落后的技术束缚了文化产业发展。对大部分地级市来说，剔除管理无效率后的纯技术效率有所上升，这表明现有的管理形式阻碍了技术效率的提高。2010—2019 年技术效率呈先下降后上升的趋势，政府相关政策的支持促使该产业在技术上注重创新、管理方式上讲究效率，因而技术效率得到明显的提升。

第三，从规模效率和规模报酬来看，文化产业的规模效率调整前后存在显著变化，说明经济发展水平、融资速度以及管理水平对江西整体的规模效率有显著影响。与纯技术效率相比，处于同一环境下的规模效率要小于纯技术效率，处于规模报酬递增阶段，说明规模效率是造成江西文化产业综合技术效率低下的关键因素。政府大力推进文化建设，加大文化产业的投资力度，江西大部分地市文化产业目前发展的规模仍低于最优生产规模，需要通过扩大规模来提高生产效率。

第四，融资环境、经济发展水平、管理水平等因素对金融支持文化产业发展效率变化较为明显。其中，融资的管理水平对产业的生产效率影响最为显著。总体上，调整后的综合效率随着规模效率的上升而上升，且规模效率在调整前后变化显著。对各个地区来说，剔除经济环境和管理无效率后技术效率接近有效前沿面，远远大于规模效率，说明地区文化产业的融资管理方式以及环境因素制约了产业规模效率的提高，亟须扩大生产规模；而技术水平虽然接近有效前沿面，但是经济环境因素等因素未能突破地方技术瓶颈，进一步阻碍了文化产业的发展。

通过上述研究，本文提出以下建议：

一是加大金融对文化产业的投入规模。目前，江西的文化产业尚未形成规模经济，多数地区处于规模报酬递增阶段，文化产业是一个收益时间较长的产业，人们更愿意把资本放在收益见效快的产业，因而忽略对文化产业的投入。江西文化产业规模效率偏低，需加强金融对文化产业支持力度，扩大投入规模是实现江西文化产业规模效应的前提。江西文化产业总体上效率偏低（在 0.2 左右），技术上达到 0.9 左右，接近有效前沿面，因而依据现行的技术条件，应进一步扩大资金的投入规模，以提高文化产业效率。

二是加快金融资本在文化产业流转速度。扩大金融支持文化产业的规模，不仅在于资金的投入，还在于充分利用资本的价值。由于部分地区资本管理方面存在管理无效率、资金配置不合理等问题，致使资本未发挥自身价值。对于处在规模报酬递减的地区，政府除了要加大金融对文化产业实体经济重点项目的投资，还要引导资本流向具有创新、充满活力的文化行业，避免资本停留在“僵尸”行业，致使资源闲置。另外，鼓励金融机构发放更多的小微企业贷款，缓解文化企业贷款难的问题，为小微企业提供有力的资金来源。

三是金融资本转化为技术，加大文化产业技术指导。技术是实现产业转型升级的关键因素，而先进的技术需要以金融资本为依托，加大金融对技术领域的投入。以“互联网＋”助推文化消费快速增长，通过创新技术手段，开拓服务领域。加快文化资源的数字化建设，大力推进跨地区、跨部门、跨层级的文化信息共享。同时，通过技术革新促进生产的专业化、集群化，提升产业的创新能力，打造有核心竞争力的文化品牌。企业要保护自身的知识产权，发挥企业的创新能力，增强企业创造能力，以特色文化引导整个地区文化产业的发展；同时，合理规划文化产业布局，形成以传统产业为支撑、以特色产业为先导、新兴产业为主体，从而促进文化产业高质、高效地发展。

四是改善金融支持文化产业发展的融资环境。文化企业需要完善自身管理体制，提高企业的文化管理水平；对于中小文化企业融资难的问题，应建立健全中小企业的信用担保和投资体系，实施风险控制和损失补偿机制。对于金融机构来说，可建立文化融资的信息平台，提高融资的透明度，以此减小文化企业融资风险，改善文化产业融资环境；政府要积极落实文化产业发展的措施，减小文化企业发展的阻力，为文化企业发展提供政策和方针上的支持。

参考文献

[1] Robert C.，Merton. Financial Innovation and Economic Performance[J]. Journal of Applied Corporate Finance，2010(04)：12－22.

[2] Allan L. Riding，George Haines. Loan Guarantees[J]. Journal of Business Venturing，2001，16(6)：595－612.

[3] Choi Young Ho. 韩国文化产业走势[M]. 吴正，译. 上海：上海译文出版社，2005.

[4] Thorsten B.，Klapper L. F.，Mendoza J. C.. The Typology of Partial Credit Guarantee Funds Around the World[J]. Journal of Financial Stability，2010(01)：10－25.

[5] Arping S.，Loranth G.，Morrison A.. Public Initiatives to Support Entrepreneurs：Credit Guarantees Versus Co-funding[J]. Journal of Financial Stability，2010(01)：26－35.

[6] Feldman M. P.，Kelley M. R.. The Ex Ante Assessment of Knowledge Spillovers：Government R&D Policy，Economic Incentives & Private Firm Behavior[J]. Research Policy，2006(10)：1509－1521.

[7] Lelarge C.，Sraer D.，Thesmar D.. Entrepreneurship and Credit Constraints：Evidence from a French Loan Guarantee Program[J]. The National Bureau of Economic Research，2010(05)：243－273.

[8] Kleer R.. Government R & D Subsidies as a Signal for Private Investors[J]. Research

Policy，2010(10)：1361 - 1374.

[9] 王家庭，张容. 基于三阶段 DEA 模型的中国 31 省市文化产业效率研究[J]. 中国软科学，2009(09)：75—82.

[10] 郭国峰，郑召锋. 我国中部六省文化产业发展绩效评价与研究[J]. 中国工业经济，2009(12)：76—85.

[11] 林丽. 我国文化产业发展中的投融资问题及对策[J]. 经济纵横，2012(04)：68—72.

[12]卜凡婕，夏爽. 中国文化企业上市融资分析及模式比较[J]. 管理世界，2010(11)：180—181.

[13] 李琤. 用好金融工具，助推文化产业发展[N]. 中国文化报，2018 - 04 - 21(001).

[14] 杨向陌，童馨乐. 财政支持、企业家社会资本与文化企业融资——基于信号传递分析视角[J]. 金融研究，2015(01)：117—133.

[15] 张为付，胡雅蓓，张岳然. 生产供给、流通载体与文化产品内生性需求[J]. 产业经济研究，2014(01)：51—60.

[16] 陈美华，陈东有. 全媒体出版产业发展的现状与对策研究[J]. 南昌大学学报：人文社会科学版，2016(02)：79—84.

[17] 徐鹏程. 文化产业与金融供给侧改革[J]. 管理世界，2016(8)：16—22.

[18] 熊正德，丁露，万军. 文化产业上市公司股权融资效率测度及提升策略——以《倍增计划》为视角[J]. 经济管理，2014(08)：109—116.

[19] 杨畅，庞瑞芝. 契约环境、融资约束与"信号弱化"效应——基于我国制造业企业的实证研究[J]. 管理世界，2017(4)：60—69.

[20] 潘玉香，强殿英，魏亚平. 基于数据包络分析的文化创意产业融资模式及其效率研究[J]. 中国软科学，2014(03)：184—192.

[21] 朱尔茜. 文化产业发展的金融支持效益——基于省际面板数据的实证研究[J]. 现代管理科学，2015(12)：88—90.

[22] 蒋萍，王勇. 全口径中国文化产业投入产出效率研究——基于三阶段 DEA 模型和超效率 DEA 模型的分析[J]. 数量经济技术经济研究，2011(12)：69—81.

作者简介

郭平，湖南株洲人，湖南大学经济与贸易学院教授。研究方向为文化金融。

徐丽，湖南大学经济与贸易学院博士生。研究方向为文化金融。

卯升华，中国社会科学院研究生院硕士生。研究方向为文化金融。

Study on the Impact of Financial Support on the Development Efficiency of Cultural Industry
—Taking Jiangxi as an Example

Guo Ping　Xu Li　Mao Shenghua

Abstract: Cultural industry is the source of economic growth in the new era, and financial support is an indispensable factor for the development of cultural industry. It is worth thinking how to get out of the predicament of cultural industry development in underdeveloped areas represented by Jiangxi. This paper collects data from 2010 to 2019 in cities of Jiangxi Province, and uses a three-stage DEA model to analyze the impact of technology, scale and financing management on the efficiency of cultural industry. The research shows that the pure technical efficiency of the cultural industry is greater than the scale efficiency, and the low scale efficiency is the key factor that restricts the development of the cultural industry, backward financing management has a great restraining effect on the efficiency of financial support to the cultural industry in Jiangxi Province, and it is necessary to improve the utilization ratio of funds and speed up the transformation of the financial capital into productive forces while increasing the scale investment of financial support to the cultural industry. At the same time, it is necessary to change the old mode of fund distribution, management and financing environment, so as to develop cultural industry with high quality.

Key Words: Three-stage DEA model　Cultural industry　Financial capital　High-quality development

文化金融政策和文化企业绩效的研究*

——基于2006—2018年上市公司的实证分析

刘怡君　金雪涛　张天畅

摘　要:以委托代理理论、信息不对称理论和利益相关者理论为基础,以2006—2018年所有非金融类上市企业为样本,利用DID模型从动态视角研究文化金融政策实施前后对文化企业绩效的影响。研究发现,文化金融政策的实施显著提升了文化企业的绩效。进一步研究发现,相比金融欠发达地区,金融发达地区的文化企业绩效提升更加显著;相比非国有文化企业,国有文化企业的绩效提升更加显著。基于此,研究认为当前文化金融政策体系应该针对金融不发达地区的文化企业和民营文化企业进行完善,充分释放它们的增长潜力,提升它们的绩效水平。

关键词:文化金融　文化产业　企业绩效　DID模型

一、引　言

以创意、创新为生产原点,以无形资产为主的文化企业,具有显著的准公共性、外部性和高风险性等特征,其经营绩效受市场失灵影响往往低于其他类型的企业。这就决定了文化产业的发展不仅要发挥市场的基础性作用,还要重视政策扶持的引导作用。在实践中,无论是从规模、结构、产品服务满足消费程度等角度看,还是从金融、技术、产品创新及国际影响力等角度看,我国文化产业都取得了巨大进步,这与公共政策的助力密不可分。2009年,国务院发布《文化产业振兴规划》,希望文化产业能够成为未来国民经济的支柱性产业。2010年,九部门联合发布了《关于金融支持文化产业振兴和发展繁荣的指导意见》,这是我国第一个国家层面上的

* 基金项目:国家社科基金一般项目"数字经济背景下我国体育服务业与新媒体融合效果及融合创新研究"(20BTY052)的阶段性研究成果;北京社科基金项目"供给侧结构性改革视域下首都公共文化服务示范区建设研究"(20JCB039)的阶段性研究成果。

文化金融政策文件。2014 年,党的十八届三中全会将文化金融合作纳入全面深化改革的总体格局,明确指出文化金融是文化产业发展的重要动力。同年,国家出台《关于深入推进文化金融合作的意见》,确立了文化金融作为一种新型金融业态的定位。2017 年 8 月,国家发改委印发《社会领域产业专项债券发行指引》,首次提及"文化产业专项债券",以推进文化类无形资产的评估和转化。随后,文化主管部门和地方政府陆续发布支持文化金融发展的措施,希望构建多层次资本市场,解决文化企业的资金融通问题,以提升文化企业的整体绩效。2020 年,十九届五中全会指出,要繁荣发展文化事业和文化产业,提高国家文化软实力。文化产业的繁荣发展需要健全的现代文化产业体系,其中健全的文化金融体系就是重要的组成部分。因此,研究文化金融政策对文化企业绩效的影响具有重要的现实意义。

企业是产业构成的基础单位,企业绩效的优劣直接影响产业能否健康发展。企业的绩效既受到外部政策、经济、社会和技术环境的影响(韩超等,2017;纪炀等,2020;何郁冰和张思,2020),也受到内部的股东、董事和管理层的特征和行为的影响(甄红线等,2015;刘柏和郭书妍,2017)。但随着近年来放任的市场经济政策受到质疑,产业政策的作用开始得到重视,政策成了影响企业绩效的重要因素(韩超等,2017)。而对于资金密集型和高风险不确定性的文化企业来说,政策中的金融支持将有助于它们提升绩效。为此,一些学者研究了政策性金融支持对文化企业的影响。Monclus(2015)使用金融工具作为文化政策的替代变量来分析文化政策对文化产业产生的影响。臧志彭(2015)发现政府补助可以促进文化企业的绩效,张强等(2017)认为信贷政策对文化产业具有支持作用,谷永芬(2020)发现信贷支持对文化企业的绩效具有正向激励作用。

已有研究关注到金融支持政策对文化企业绩效的影响,但在以下两方面仍有研究空间:首先,已有研究主要关注金融支持政策中的某个部分对文化企业的影响,如金融工具的使用、政府补助和信贷政策,但鲜有学者利用时间跨度较大的样本,研究系统性的文化金融政策对文化企业的影响。其次,已有研究主要是从静态视角研究金融政策对文化企业绩效的影响,但鲜有学者通过比较政策实施前后的效果,从动态视角研究金融政策对文化企业绩效的影响。为此,本文将以委托代理理论、信息不对称理论和利益相关者理论为基础,以 2006—2018 年所有非金融类上市企业为样本,利用 DID 模型从动态视角研究文化金融政策对文化企业绩效的影响。

本文可能的创新为:一是拓展了文化企业的研究内容。关注政策环境变化对文化企业绩效的影响,并在此基础上探究不同金融环境和不同产权性质下企业绩效提升的差别。二是刻画了文化金融政策对文化企业绩效的作用机制。基于"文化金融政策—财务管理决策—文化企业绩效"的研究路线,研究文化金融政策对文化企业绩效的影响。

二、理论分析与研究假设

(一)文化企业的特殊性

相比其他企业而言,文化企业有自己的特点。传统企业的生产投入要素主要有劳动、资本、土地和企业家才能等。但在文化企业中,由于生产的核心是信息和内容,所以脑力劳动和文化资源是核心的投入要素,资本是重要的投入要素,即文化企业属于知识密集型和资金密集型产业。当资本投入后,文化企业依靠人的脑力劳动,对文化资源进行挖掘和筛选,将文化资源与符号系统结合,生产出非标准化的、主要满足人们精神生活的产品和服务,而这些产品与服务是否具有市场前景又受到人们的认知和偏好等多种主观因素的影响,这使得文化产品和服务的最终价值存在高度不确定性。具体来说,一方面,在文化企业的总成本中,原始创意与生产制作部分占了最大的比例,易于形成沉没成本,而复制成本只占很小的比例;另一方面,文化产品和服务本身是一种"经验品",消费者难以在消费前对其质量做出准确判断。不仅如此,消费者本身的偏好难以预测,文化企业投资的产出效果难以评估测算。

(二)文化金融政策与文化企业绩效

具有高沉没成本和波动收益属性的文化企业需要稳定的金融资本才能实现高质量发展。在新中国成立初期,文化经营单位以事业单位形式运作,由政府主导实施行政管理,依靠国家财政拨款来维持经营。2002 年,党的十六大明确区分了文化事业和文化产业的定位与目标,文化体制改革顶层设计初步成型。此后,部分文化经营单位开始逐步由政府控制管理模式转变为市场竞争生存模式,资金来源从财政拨款转变为多层次资本市场。但是在转型初期,文化企业的绩效整体偏低。究其原因,是文化企业的金融环境尚不完善,文化企业面临较大融资约束,无法有效率地分配资源,进而导致整体绩效水平偏低。

随着 2009 年《文化产业振兴规划》和 2010 年《关于金融支持文化产业振兴和发展繁荣的指导意见》(以下简称《指导意见》)的发布,文化产业上升至国家战略性产业,文化产业的金融环境得到极大改善,上市文化企业的绩效得到提升。具体来说，有以下三个方面：

第一，文化金融政策的颁布可以降低上市文化企业的融资成本，提升它们的绩效。文化领域的产业化进程开始后，我国文化企业的融资成本高主要源于三个方面：一是制度的缺乏。由于缺乏成体系的文化金融市场制度及相关优惠政策，财政投入效率较低，国有资本受到事业属性影响，非公资本投资通道并不通畅。（魏鹏举，2010）二是资金提供者与文化企业的信息不对称程度较高。由于文化企业的运营具有独特性，其产品和服务的最终价值具有高度不确定性，企业的经营风险较大，盈利可持续性难以估计，而资金提供者本身缺乏对文化企业的了解，为了维护自身利益，会增加限制条款和提高回报要求（提高利率或增加股利分配）。三是相关金融产品与服务针对性不强。尽管版权质押等创新金融产品解决了传统依托有形抵押物向银行等金融机构进行债务融资的瓶颈，但因针对文化类无形资产的科学评估体系尚不完善，版权质押等创新金融产品也多要求企业法人的连带责任，这使得质押融资难以实现。以上三个方面的问题显著增加了文化企业的融资成本。但在《指导意见》发布后，这些问题获得了改善。针对制度的缺乏，《指导意见》支持中央和地方财政设立文化产业投资基金。在此基础上，大力发展多层次资本市场，扩大文化企业的直接融资规模。针对信息不对称的问题，《指导意见》要求金融机构为文化产业建立科学的信用评级制度和业务考评体系，建立多层次的贷款风险分担和补偿机制，以此降低信息的不对称程度。针对金融产品和服务针对性不强的问题，《指导意见》要求制定和完善专利权、著作权等无形资产评估、质押、登记、托管、流转和变现的管理办法；要求金融机构开发适合文化企业特点的信贷产品。在投资收益一定的情况，以上措施降低了文化企业的融资成本，提升了文化企业的财务绩效。

第二，文化金融政策的颁布可以降低上市文化企业的营运管理成本，提升它们的绩效。文化企业的营运管理成本分别源于供给端和需求端。从供给端来说，应付账款是营运管理关注的重点。文化企业本身风险较高，作为利益相关者的供应商为了维护自己的利益不受侵害，一般会缩短回款周期，这将减少应付账款的周转时间，减少文化企业的现金持有量，进而增加其经营成本。从需求端来说，应收账款和存货是营运管理关注的重点。文化产品和服务是一种经验品，生产者和消费者都难以在产品和服务进入市场前判断其收益率。因此，文化产品和服务的沉没成本较高，部分文化产品和服务的回报周期较长，这将增加应收账款和存货的周转时间，增加其经营成本。供给端和需求端的问题显著增加了文化企业的营运管理成本。但在《指导意见》发布后，这些问题获得了改善。针对供给端，《指导意见》要求金融机构开发适合文化企业特点的信贷产品。针对需求端，《指导意见》要求积极开发文化消费信贷产品，为文化消费提供便利的支付结算服务。在投资收益一定的情况，以上措施降低了文化企业的营运管理成本，提升了文化企业的财务绩效。

第三，文化金融政策的颁布可以提升上市文化企业的投资收益，提升它们的绩效。文化企业的投资收益是由资金分配方式决定的，而资金分配方式不仅受到项目预计收益的影响，还受到股东、管理层和债权人之间关系的影响。文化企业的产品和服务的最终价值具有高度不确定性，目标投资项目的风险普遍偏大，而股东、管理层和债权人三者之间的风险倾向常常有较大差距。(Jensen 和 Meckling，1976)当管理层和股东利益诉求不同时，管理层为了满足个人风险倾向，可能会无视股东利益，放弃投资收益最大化的资金配置方式，导致最终的投资收益下降。当管理层和股东利益趋于一致时，他们对企业债务仅负有限责任，而债权人则会承担绝大部分损失。此时，股东和管理层是风险偏好者，债权人则为风险规避或风险中立者。债权人为了保护自己的利益，会要求更高的回报率。股东和管理层为了满足项目回报率的要求，不得不放弃一些高风险高收益的项目，这会导致资金配置方式偏离投资收益最大化的目标。不仅如此，由于文化企业以大型国有文化企业和中小规模的民营文化企业为主，他们的治理水平普遍偏低，股东、管理层和债权人之间的矛盾会更大，间接导致投资收益水平更低。但在《指导意见》发布后，《指导意见》要求推动文化企业建立现代企业制度，完善公司财务管理制度和治理结构。在融资成本和营运管理成本一定的情况下，以上措施可以提高文化企业的治理水平，缓解股东、管理层和债权人三者之间的利益冲突，增加文化企业的投资收益，进而提升文化企业的财务绩效。

综上所述，文化金融政策不仅能降低文化企业的融资成本和营运管理成本，还能增加文化企业的投资收益。而文化企业的绩效由投资收益与融资成本和营运管理成本之间的差值决定。基于上述分析，本文提出假设 1：

H1：文化金融政策的颁布有助于提升文化企业的绩效。

三、研究设计

(一) 样本选择与数据来源

本文以 2006—2018 年所有 A 股上市公司作为初始数据。2006 年起，文化部颁布了《国家“十一五”时期文化发展规划纲要》，明确提出了发展文化创意产业。所以本文的样本数据从2006年开始。为了保证研究结果的稳健性和针对性，本文在数据筛选过程中主要遵循以下原则：首先，由于会计准则的差别，剔除了所有金融类公司；其次，剔除了所有财务数据存在缺失的样本。我们最终得到28 186个样本。所有数据均来源于国泰安数据库（CSMAR）。本文使用Stata15.0对数据进行初始处理。为控制个别特殊值的影响，本文对样本数据进行了1%的缩尾处理。

（二）研究模型与变量定义

本文主要采用双重差分模型（Difference-in-Differences model，简称DID模型）的方法来验证假设1，具体模型如下：

$$Perform_{it} = \alpha_0 + \alpha_1 Culture_{it} + \alpha_2 After_{it} + \alpha_3 Culture_{it} \times After_{it} + \sum k\alpha k\ Control_{it} + \varphi it$$

在模型中，Perform为企业绩效的变量。在已有研究中，用于反映上市公司绩效的常用指标有总资产收益率（张祥建等，2015）、净资产收益率（谷永芬等，2020）、全要素生产率（戴小勇和成力为，2013）和主营业务收入（臧志彭，2015）等。本文研究目的是观察在现有条件下，文化金融政策是否会影响投资收益、融资成本和营运管理成本，进而影响企业的绩效，而总资产收益率能够反映在既定资产规模下文化企业的收益和成本的差额。因此，本文选择总资产收益率来衡量文化企业的绩效。

采用DID必须设置相应的实验组和控制组。在模型中，文化企业和其他企业分别是实验组和控制组，Culture作为区分实验组和控制组的变量，若该企业属于文化企业，则为1，否则为0。判断文化企业的方法为，企业财务报告中对主营业务的描述是否符合《文化及相关产业分类（2018）》的标准。After表示《指导意见》发布前后时间段的虚拟变量，《指导意见》发布时间为2010年，由于从发布到产生效果有一定时间差，本文设置2010年后，变量为1，2010年及以前变量为0。Culture×After回归系数为本文的观察对象，表示《指导意见》发布前后文化企业和其他企业绩效的差异，根据假设1，该变量的回归系数预期显著为正。

在模型中，Control为控制变量，参考潘爱玲和于明涛（2013）与李燕和安烨（2018）的研究，本文选择产权性质（Nature）、企业规模（Size）、资产负债率（Debt）、现金流量（CF）、企业成长性（Growth）、上市年限（Age）和宏观经济形势（GDP）作为控制变量，具体含义和度量方法如表1所示。

表 1 研究变量定义和度量方法

变量	含义	度量方法
ROA	企业绩效	净利润和总资产的比值
Culture	评价对象	虚拟变量，文化企业（实验组）为 1，其他企业（控制组）为 0
After	文化金融政策时期	《指导意见》发布时间段的虚拟变量，2010 年后变量为 1，否则为 0
Nature	产权性质	当企业属于国有股权时为 1，否则为 0
Size	企业规模	上市公司年末总资产的自然对数
Debt	资产负债率	负债总额与资产总额的比值
CF	现金流量	企业经营现金净流量与总资产的比值
Growth	企业成长性	营业收入增长率
Age	上市年限	（观测年份－上市年份＋1）的对数
GDP	宏观经济形势	当年 GDP 的增长率

四、实证结果

（一）描述性统计

表 2 为所有变量的描述性统计结果。企业绩效（ROA）的最大值为 0.236，最小值为－0.270，标准差为 0.068，说明样本企业绩效差异相对较小。评价对象（Culture）的平均值为 0.092，说明 9.2%的企业属于文化企业，文化企业数量相对偏少。在控制变量方面，产权性质（Nature）的平均值为 0.436，说明 43.6%的企业产权性质为国有；企业规模（Size）的最大值为 25.912，最小值为 18.977，标准差为 1.314，说明样本企业规模差异较大；资产负债率（Debt）的最大值为 1.201，最小值为 0.053，标准差为 0.227，说明样本企业资产负债率差异处于中等水平；现金流量（CF）的最大值为 0.256，最小值为－0.204，标准差为 0.076，说明样本企业的现金流量差异较小；企业成长性（Growth）的最大值为 4.370，最小值为－0.679，标准差为 0.595，说明样本企业成长性差异处于中等水平；上市年限（Age）的最大值为 3.367，最小值为 0.000，标准差为 0.759，说明样本企业上市年限差异偏大；宏观经济形势（GDP）的平均数为 0.084，中位数为 0.074，标准差为 0.020，说明样本企业所处的宏观经济形势背景较为稳定。

表 2 描述性统计结果

变量名	样本数量	平均数	中位数	标准差	最大值	最小值
ROA	28186	0.038	0.037	0.068	0.236	−0.270
Culture	28186	0.092	0.000	0.289	1.000	0.000
Nature	28186	0.436	0.000	0.496	1.000	0.000
Size	28186	21.956	21.812	1.314	25.912	18.977
Debt	28186	0.461	0.454	0.227	1.201	0.053
CF	28186	0.042	0.042	0.076	0.256	−0.204
Growth	28186	0.218	0.119	0.595	4.370	−0.679
Age	28186	2.150	2.303	0.759	3.367	0.000
GDP	28186	0.084	0.074	0.020	0.142	0.068

（二）相关性分析和均值检验

1. 相关性分析结果

本文通过 Pearson 法检验各研究变量之间的相关性，如表 3 所示。企业绩效 ROA 和评价对象 Culture 之间相关系数为负，但不显著，该结果说明，《指导意见》发布前后，文化企业和其他企业的绩效差异不同，因此两个变量相关性为负但不显著，这也从另一个角度说明，利用多元回归模型研究文化企业绩效变化的必要性。在不同控制变量之间的相关系数中，最大的仅为 0.374(<0.500)，说明模型不存在严重的多重共线性问题。

表 3 相关性分析结果

	ROA	Culture	Nature	Size	Debt	CF	Growth	Age
Culture	−0.009	1.000						
Nature	−0.080***	0.011*	1.000					
Size	0.064***	−0.015**	0.287***	1.000				
Debt	−0.377***	−0.017***	0.246***	0.298***	1.000			
CF	0.330***	0.037***	0.051***	0.066***	−0.153***	1.000		
Growth	0.221***	−0.011*	−0.052***	0.047***	0.021***	0.008	1.000	
Age	−0.200***	0.032***	0.374***	0.278***	0.355***	−0.021***	−0.007	1.000
GDP	0.017***	−0.015**	0.209***	−0.205***	0.158***	0.036***	0.040***	−0.039***

注：***、**、* 分别表示在 1%、5%和 10%水平上显著。下同。

2. 均值检验、中位数检验和平行趋势图

表 4 为均值检验和中位数检验的结果。从企业绩效 ROA 来看，在《指导意见》发布前，文化企业绩效的均值和中位数均低于其他企业，且两类企业绩效的差异分别在 1%和 5%水平上显著；在《指导意见》发布后，文化企业绩效的均值等于其他企业，但中位数高于其他企业，两类企业均值不存在显著差异，但中位数在 1%水平上显著。这说明在《指导意见》发布后，文化企业的绩效有了一定提升。

表 4　均值检验和中位数检验结果

时间		《指导意见》发布前（2006—2010）	《指导意见》发布后（2011—2018）
其他企业(1)	样本量	6 718.000	18 869.000
	均值	0.038	0.039
	中位数	0.037	0.036
文化企业(2)	样本量	636.000	1 963.000
	均值	0.028	0.039
	中位数	0.032	0.043
均值差值	(1)—(2)	0.010***	0.000
中位数差值	(1)—(2)	5.398**	30.011***

图 1 为平行趋势图。在《指导意见》发布前，文化企业的绩效低于其他企业；在《指导意见》发布后，文化企业的绩效高于其他企业。从文化企业本身来看，2010

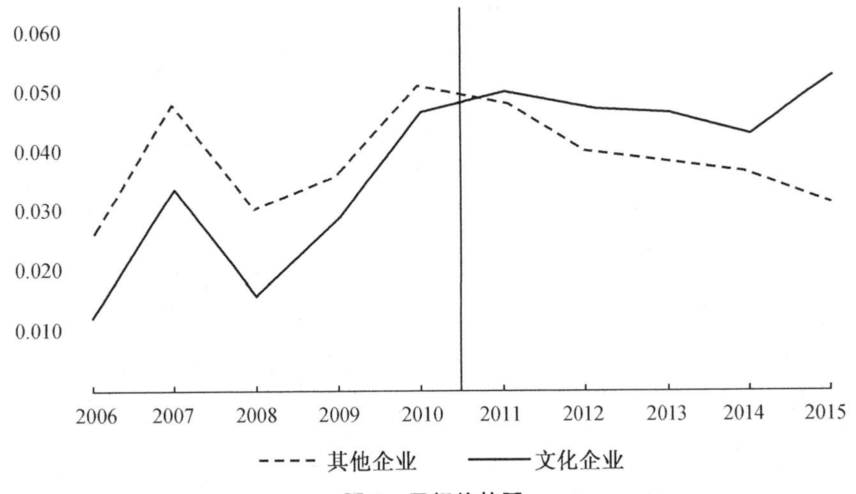

图 1　平行趋势图

年前后是其变化的拐点，这初步说明《指导意见》的发布提升了文化企业的绩效，但是，《指导意见》的发布对文化企业绩效的影响还有赖于多元回归分析的结果。

(三) 回归结果

表5为模型的回归结果。在第(1)列中，不考虑其他因素情况下，Culture的系数为－0.003，且在10%的水平上显著；第(2)列在第(1)列基础上加入了Culture×After和After两个变量，形成了DID模型，Culture的系数为－0.009，Culture×After的系数为0.008，分别在1%和5%的水平上显著；第(3)列加入了控制变量，Culture的系数为－0.012，Culture×After的系数为0.008，且在1%的水平上显著。以上结果说明，文化企业的绩效普遍低于其他企业，但在《指导意见》发布后，由于融资成本和营运管理成本降低，投资收益提升，文化企业的绩效有了显著提升，由此验证假设1。在控制变量方面，产权性质(Nature)、资产负债率(Debt)和上市年限(Age)与绩效(ROA)负相关，企业规模(Size)、现金流量(CF)、企业成长性(Growth)和宏观经济形势(GDP)与绩效(ROA)正相关，且均在1%的水平上显著。

表5 文化金融政策和文化企业绩效

VARIABLES	(1)		(2)		(3)	
	ROA		ROA		ROA	
	系数	T值	系数	T值	系数	T值
Culture	－0.003*	－1.71	－0.009***	－3.05	－0.012***	－4.55
Culture×After			0.008**	2.54	0.008***	2.79
After			0.002	1.13	0.321***	7.81
Nature					－0.003***	－3.74
Size					0.011***	35.86
Debt					－0.114***	－64.41
CF					0.235***	50.62
Growth					0.023***	41.24
Age					－0.010***	－18.73
GDP					5.632***	8.07
Constant	0.005	1.02	0.006***	1.11	－0.878***	－9.86
Ind	Control		Control		Control	
Year	Control		Control		Control	
Observations	28 186.000		28 186.000		28 186.000	
R^2	0.047		0.047		0.336	
F值	14.970		14.881		143.362	

(四) 进一步研究

1. 金融环境、文化金融政策和文化企业绩效

在金融市场不发达的国家中，企业面临的融资约束较高，而金融较发达的国家可以通过放松融资约束给企业的发展带来正向影响。(Inessa，2003)沈红波等(2010)通过研究不同地区的国内企业得到了相同结论，即金融发展水平较好的地区可以降低企业融资成本。基于此，本文进一步分析不同金融环境下，文化金融政策对文化企业绩效的影响。本文借鉴崔杰等(2014)的研究，选择金融相关率(FIR)来衡量地区的金融环境，具体计算方式是：金融相关率(FIR)＝(地区贷款总额＋地区存款总额)/地区 GDP 总额。该值越大说明金融环境越好。数据来自 31 个地区 2006—2018 年对应的统计年鉴。在此基础上，本文按地区和年份对金融相关率进行升序排序，并以序号 16 作为分类依据设置虚拟变量，当金融相关率排序大于 16 时，取值为 1，属于金融发达地区组，否则为 0，属于金融不发达地区组。本文对金融发达地区组和金融不发达地区组进行分类回归。

表 6 为不同金融环境下的回归结果。在金融发达地区组，Culture 的系数－0.013，且在 1%水平上显著，Culture×After 的系数为 0.008，且在 5%水平上显著。在金融不发达地区组，Culture 的系数－0.009，且在 10%水平上显著，Culture×After 的系数为 0.006，且不显著。以上结果说明，文化企业的绩效在不同金融环境下，均显著低于其他企业。但在《指导意见》发布后，文化企业的绩效仅在金融较发达地区得到了显著提升，在金融不发达地区提升效果并不显著。这进一步说明文化生产与消费是经济高水平发展的集中体现，同时也说明金融发达的地区充沛的金融资源、相对完善的配套制度和浓厚的信用文化为金融政策充分发挥作用提供了基础。在文化产业领域，体系化的政策激励非常重要，如果缺少相关配套机制和信用文化等环境基础，即使有政策加持，在实际执行过程中也难以落实。

表 6　金融环境、文化金融政策和文化企业绩效

VARIABLES	(1)		(2)	
	金融发达地区		金融不发达地区	
	系数	T 值	系数	T 值
Culture	－0.013***	－4.12	－0.009*	－1.94
Culture×After	0.008**	2.45	0.006	1.33
After	0.392***	7.23	0.241***	3.85

（续表）

VARIABLES	(1)		(2)	
	金融发达地区		金融不发达地区	
	系数	T 值	系数	T 值
Nature	−0.002*	−1.70	−0.005***	−3.59
Size	0.010***	24.55	0.013***	26.11
Debt	−0.111***	−48.37	−0.118***	−42.13
CF	0.226***	37.76	0.247***	33.49
Growth	0.025***	32.47	0.022***	25.77
Age	−0.010***	−14.62	−0.010***	−11.97
GDP	6.863***	7.45	4.245***	3.99
Constant	−1.013***	−8.61	−0.741***	−5.46
Ind	Control		Control	
Year	Control		Control	
Observations	16 985.000		11 201.000	
R^2	0.327		0.362	
F 值	82.971		67.679	

2. **产权性质、文化金融政策和文化企业绩效**

与非国有企业相比，国有企业并不是通过市场化竞争产生的市场主体，而是我国经济转型时期通过改制而形成的。在这一过程中，国有上市公司的盈利模式与我国特殊的“上游要素市场垄断，下游产品市场竞争”的“非对称竞争”市场结构密切联系在一起。（刘瑞明和石磊，2011）因此，国有企业能够获得政策上的更多倾斜，这一点同样适用于文化企业。基于此，本文进一步分析不同产权性质下文化金融政策对文化企业绩效的影响。本文以产权性质（Nature）作为分组依据，若 Nature 等于 1，属于国有企业组；否则为 0，属于非国有企业组。本文对国有企业组和非国有企业组进行分类回归。

表 7 为不同产权性质下的回归结果。在国有企业组，Culture 的系数为−0.011，且在 1%水平上显著，Culture×After 的系数为 0.018，且在 1%水平上显著。在非国有企业组，Culture 的系数为−0.010，且在 5%水平上显著，Culture×After 的系数为 0.001，且不显著。以上结果说明，文化企业的绩效在不同产权性质下，均显

著低于其他企业。但在《指导意见》发布后，国有文化企业的绩效得到了显著提升，而非国有文化企业的绩效提升并不明显。这可能是因为，一方面，文化产业的产品和服务的价值具有高度不确定性，而国有文化企业为了避免国有资产流失，会尽可能地规避风险，其投资收益会更加稳定。另一方面，国有文化企业既有的政治优势能够在融资和营运管理方面获得更多支持，方军雄(2007)发现民营企业有着更高的债务融资成本；而国有企业在寻求股权融资时，能够在证券监管部门获得优先权。(祝继高等，2011)在实际经营中，国有企业能够与上下游企业建立良好的合作关系，拥有更合理的信用周期(较长的应付账款周转时间和较短的应收账款周转时间)。因此，相比非国有文化企业，国有文化企业的投资收益更加稳定，融资成本和营运管理成本更低，整体绩效更高。

表 7　产权性质、文化金融政策和文化企业绩效

VARIABLES	(1)		(2)	
	国有企业		非国有企业	
	系数	T 值	系数	T 值
Culture	−0.011***	−3.68	−0.010**	−2.20
Culture×After	0.018***	5.36	0.001	0.04
After	0.046***	0.71	0.452***	8.50
Size	0.011***	26.85	0.013***	26.24
Debt	−0.130***	−52.58	−0.101***	−40.49
CF	0.206***	31.84	0.253***	39.13
Growth	0.020***	24.72	0.025***	32.90
Age	−0.004***	−4.59	−0.014***	−20.22
GDP	0.982	0.90	7.798***	8.65
Constant	−0.283***	−2.02	−1.177***	−10.22
Ind	Control		Control	
Year	Control		Control	
Observations	12 289.000		15 897.000	
R^2	0.375		0.329	
F 值	81.397		79.821	

五、稳健性检验

本文在运用DID模型过程中，控制组的样本选择是随机的，但文化企业和其他企业在基本特征上存在一些差异，这可能会影响最终的回归结果。为此，本文采用倾向匹配得分法(Propensity Score Matching，简称PSM)，以产权性质(Nature)、企业规模(Size)、资产负债率(Debt)、现金流量(CF)、企业成长性(Growth)、上市年限(Age)和宏观经济形势(GDP)变量作为配对标准，最终得到4 842个样本。PSM配对后的回归结果如表8所示。在第(1)列中，不考虑其他因素情况下，Culture的系数为−0.010，且在1%的水平上显著；第(2)列在第(1)列基础上加入了Culture×After和After两个变量，形成了DID模型，Culture的系数为−0.022，Culture×After的系数为0.015，且均在1%水平上显著；第(3)列加入了控制变量，Culture的系数为−0.021，Culture×After的系数为0.013，且均在1%的水平上显著。在控制变量方面，回归结果与前文基本保持一致。

表8 稳健性检验结果

VARIABLES	(1)		(2)		(3)	
	ROA		ROA		ROA	
	系数	T值	系数	T值	系数	T值
Culture	−0.010***	−3.06	−0.022***	−4.43	−0.021***	−5.08
Culture×After			0.015***	3.20	0.013***	3.33
After			−0.023***	−3.79	0.670***	6.65
Nature					−0.000 1	−0.09
Size					0.011***	13.70
Debt					−0.109***	−24.45
CF					0.235***	19.68
Growth					0.026***	16.41
Age					−0.010***	−7.32
GDP					11.767***	6.88
Constant	0.038**	2.15	0.043**	2.41	−1.641***	−7.50
Ind	Control		Control		Control	
Year	Control		Control		Control	
Observations	4 842.000		4 842.000		4 842.000	
R^2	0.065		0.067		0.328	
F值	3.822		3.904		24.894	

六、结 语

本文以委托代理理论、信息不对称理论和利益相关者理论为基础，以2006—2018年所有非金融类上市企业为样本，利用DID模型从动态视角研究文化金融政策对文化企业绩效的影响。研究发现：

(1) 文化企业绩效普遍低于其他企业，但在《指导意见》发布后，文化企业的绩效有了显著提升。这说明政策不仅直接改善外部制度环境，促进了文化产业的金融创新，降低了融资成本和营运管理成本，而且通过改善内部治理水平增加了投资收益，进而提升了文化企业的绩效。

(2)《指导意见》发布后，相比处于金融不发达地区的文化企业，处于金融发达地区的文化企业的绩效有显著提升。以北京为例，自《指导意见》发布后，北京市不仅在政策上跟进，还搭建了文化金融相关的服务平台，建立了覆盖政策咨询、投融资对接、上市培育、金融培训等全产业链的文化金融服务体系。这些措施涵盖的维度和支持的力度都远远超过其他地区。但这也从另一个侧面说明政策引导和体系化构建需要更加关注金融不发达的地区，这样才能充分发挥金融政策的杠杆作用，充分释放金融不发达地区文化企业的增长潜力，提升它们的绩效。

(3)《指导意见》发布后，相比非国有文化企业，国有文化企业的绩效有显著提升。这说明文化金融政策扶持与改制工作进一步助力了在文化资源和市场上具有先行优势的国有文化企业，提升了其整体绩效。但这也从另一个侧面说明政策引导需要关注非国有文化企业的发展。非国有文化企业提供了文化产业的大部分产品和服务，提升了就业水平。因此，对非国有文化企业兴办的、符合国家政策的项目，资本市场要与国有文化企业实行同一标准，改善它们的资金融通环境，增加它们提升绩效的可能性。

本文基于“文化金融政策—财务管理决策—文化企业绩效”的研究路线，分析了《指导意见》对文化企业绩效的影响。这不仅拓展了文化金融、文化企业和企业绩效的研究内容，也为分析政策传导过程提供了新的思路。本文的研究有助于全面认识文化金融政策对文化企业的影响，为更好地支持文化企业的发展提供理论指导。

参考文献

[1] 常晔.金融支持文化产业发展问题研究[J].经济研究导刊,2009(12).

[2] 崔杰,胡海青,张道宏.非上市中小企业融资效率影响因素研究——来自制造类非上市中小企业的证据[J].软科学,2014(12).

[3] 戴小勇,成力为.产业政策如何更有效:中国制造业生产率与加成率的证据[J].世界经济,2019(03).

[4] 谷永芬,王晓东,张佑林.信贷支持与文化创意产业生命周期及绩效关系研究[J].江西社会科学,2020(08).

[5] 韩超,肖兴志,李姝.产业政策如何影响企业绩效:不同政策与作用路径是否存在影响差异?[J].财经研究,2017(01).

[6] 金碚,龚健健.经济走势、政策调控及其对企业竞争力的影响——基于中国行业面板数据的实证分析[J].中国工业经济,2014(03).

[7] 李燕,安烨.文化创意上市企业无形资产资本化、融资能力与经济绩效[J].商业研究,2018(06).

[8] 沈红波,寇宏,张川.金融发展、融资约束与企业投资的实证研究[J].中国工业经济,2010(06).

[9] 王关义,刘苏.我国文化传媒企业股权结构与企业绩效关系的实证研究[J].中国出版,2018(09).

[10] 魏鹏举.我国文化产业的融资环境与模式分析[J].同济大学学报:社会科学版,2010(05).

[11] 魏志华,曾爱民,李博.金融生态环境与企业融资约束——基于中国上市公司的实证研究[J].会计研究,2014(05).

[12] 张强,张慧君,刘晓剑.信贷政策对文化产业的支持效果研究[J].湖南大学学报:社会科学版,2017(1).

[13] Inessa L.. Financial Development and Financing Constraints: International Evidence from the Structural Investment Model[J]. Review of Financial Studies, 2003(3).

[14] Monclus, Perez R.. Public banking for the cultural sector: financial instruments and the new financial intermediaries[J]. International Review of Social Research, 2015(2).

[15] Zeng S., Hu M.. Study on Financing Efficiency of China's cultural Industry[J]. IAW-SC-13, 2013.

作者简介

刘怡君，贵州贵阳人，中国传媒大学经济与管理学院在读博士生。研究方向为文化金融。

金雪涛，北京人，中国传媒大学国际传媒教育学院教授、博士生导师。研究方向为文化产业组织理论与政策，数字经济。

张天畅，河北石家庄人，伦敦政治经济学院经济学史系在读硕士生。研究方向为文化金融。

Research on Cultural Financial Policy and Performance of Cultural Enterprises —Based on the empirical analysis of listed companies from 2006 to 2018

Liu Yijun　Jin Xuetao　Zhang Tianchang

Abstract: Based on the principal-agent theory, information asymmetry theory and stakeholder theory, taking all non-financial listed enterprises from 2006 to 2018 as samples, this paper studies the influence of cultural and financial policies on the performance of cultural enterprises from a dynamic perspective by using a DID model. It is found that the implementation of cultural financial policies has significantly improved the performance of cultural enterprises. Further research shows that the improved performance of cultural enterprises in financially developed areas is more remarkable than that in underdeveloped areas. Compared with non-state-owned cultural enterprises, the performance improvement of state-owned cultural enterprises is more significant. Based on this, the research thinks that the current cultural and financial policy system should be improved for cultural enterprises and private cultural enterprises in underdeveloped areas, so as to fully release their growth potential and enhance their performance.

Key Words: Cultural financial　Cultural industry　Enterprises performance　DID model

传媒类上市企业金融化与企业价值:“蓄水池效应”还是“挤出效应”*

林　欣　赖　媛

摘　要:基于中国传媒类企业金融化倾向越来越大这一现象,以2007—2017年115家中国传媒上市公司为样本,实证研究了传媒企业金融化对企业价值的影响。结果表明,传媒上市企业金融化整体上与企业价值呈现显著正相关,表现为“蓄水池效应”,金融化程度越高,企业价值越大。进一步异质性检验发现,短期金融资产对企业价值的影响不大,而长期金融资产与企业价值呈现正相关,配置的长期金融资产越多,企业价值越大;相较于国有企业,非国有企业金融化程度正向影响企业价值的显著性更大。相关研究结论为传媒上市企业金融化影响企业价值提供了微观层面的经验证据,并且为传媒上市企业理性认识金融化趋势下金融资产的配置带来启示,以充分发挥金融化的积极作用。

关键词:传媒企业　企业金融化　企业价值　蓄水池效应　挤出效应

一、引　言

近年来,我国实体经济的收益率总体呈现逐年下滑的态势,作为新兴产业的传媒行业,其收益率也不够理想。自2008年金融危机发生后,传媒行业的收益率始终呈现下降趋势,从2009年的21.85%降至2017年的15.43%,而2019年的收益率则为-12.76%。与此同时,金融行业与房地产行业正逐渐成为具有高收益率的行业,其利润率远超其他行业。面对激烈的市场竞争、企业产能过剩、对资金的需求等,包括传媒上市公司在内的众多实体企业逐渐脱离其主要经营范围,进而转向具有高收益率的金融行业。[1]自2009年以来,我国传媒企业往金融化方向快速发

* 基金项目:广东省教育科学“十三五”规划2020年度研究项目“疫情经济下粤港澳大湾区中小微企业融资政策研究”(2020GXJK092)的阶段性研究成果。

展,通过计算,2009 年金融资产占总资产的比例仅为 3.49%,2017 年上升到了 7.20%,仅七年时间就上升了近四个百分点,2019 年稍有所回落,占比也达 6.67%,从整体上看仍呈现上升趋势。进一步研究发现,传媒企业不断脱离其主营业务,管理层在投资决策时更倾向于投资股票、房地产等具有高额回报的产品。另一方面,由于项目的投资额高,投资回收期长,传媒企业一直面临融资困境、资金短缺等问题[2],即使上市后也因投资者和银行对传媒行业风险的担忧,并未获得足够的融资[31],进而传媒上市公司很可能配置更多的金融资产,以解决资金困境。但过度的配置金融资产可能会降低企业的整体实力[3],削弱企业价值的提升,也会给企业价值带来不同程度的影响。[4]传媒上市企业持有金融资产可能是为解决企业的资金问题,减少对外部融资的依赖性,表现为"蓄水池效应";也可能是出于短期获利的动机,使得投资行为变得更加短期化,表现为"挤出效应"。

党的十九大报告指出:"建设中国社会主义思想文化强国,推动企业文化事业和文化产业技术发展,健全现代文化产业结构体系和市场管理体系。"传媒上市企业是我国传媒行业的领头者,也是提升我国文化软实力的主要践行者。在现有的研究中,学者们对传媒企业金融化的关注相对较少,较少文献涉及传媒企业的金融化与企业价值的关系。同时,传媒企业不同于其他企业,其既有经济价值也有社会价值,传媒业的经济价值在于,它能够影响受众的程度比较大,并且这种对受众的影响力进一步影响社会进程、社会决策,影响市场消费和人们社会行为的程度也比较大。同时,传媒行业在社会文明发展的进程中能够提供卓有成效的信息支撑、知识支撑和智慧支持,这也就是其社会价值所在。[5]因此,传媒行业的企业价值不仅包含看得见的经济价值,更隐藏着无形的社会价值。基于此,实证研究传媒类企业金融化与企业价值的关系可以提供微观层面的经验证据,给传媒上市企业的投资决策带来启示,充分发挥企业金融化的积极作用,具有较大的现实意义。

本文基于 2007—2017 年 115 家传媒上市公司的数据,构建传媒企业金融化程度为衡量指标,运用面板数据实证分析传媒企业金融化对企业价值的影响。相较于以往的文献,本文在以下几个方面有所尝试:第一,本文从微观层面检验了传媒企业金融化对企业价值的影响,并对传媒企业金融化对企业价值的"蓄水池效应"和"挤出效应"进行检验。第二,本文区分长、短期金融资产的不同特征,实证分析其对企业价值带来的影响是否具有差异性,并按金融资产的持有时间长短对其进行分类,分别检验了长期金融资产和短期金融资产对企业价值的影响。第三,本文按照传媒上市企业的不同产权属性进行分类,分别检验了企业金融化对国有和非国有传媒上市公司企业价值的影响。

二、文献回顾与假设提出

国内外现有诸多文献对企业金融化的经济后果进行研究，尚未得出一致的结论。

一方面，企业持有金融资产占资产总额的份额越大，就越会占用原本对实体经济投资的资金，导致企业的主营业务被挤出。Orhangazi(2008)经过实证分析表明，企业投资于金融资产的份额越大，就会削减对实体经济投资的资金。[6]同时，Tori 等(2018)的研究也表明，企业配置的金融资产越多，配置的固定资产数量会明显减少。[7]Seo 等(2012)、Akkemik 等(2014)认为，随着企业扩大金融资产的持有份额，会不断降低对固定资产和研发资金的投入，对企业的长远发展具有不利影响。[8][9]王红建等(2017)通过对制造业上市公司的研究发现，以长远的眼光看，企业出于套利的目的对金融资产进行投资，会降低企业的创新动力。[10]杜勇等(2017)通过构建微观企业金融化指标发现，企业未来主业受到破坏的原因之一是企业持有过高比例的金融资产。[11]戚聿东等(2018)通过构建不同动机下的模型表明，基于套利动机越强的企业，其配置金融资产后对企业价值的抑制性越高。[12]

另一方面，当企业使用闲置的资金对金融资产进行投资，短期内获取超额利润，能够在一定范围内解决企业对资金需求的问题，获得资金后会加大对主要经营业务的投资，企业的持久发展能够因此而得到相应的促进。Stulz(1996)研究发现，企业配置金融资产在其日常经营中发挥着“蓄水池”的作用，即在企业出现经营困境时，能够通过售卖金融资产暂时解决对资金的迫切需求，助企业渡过难关。[13]蔡艳萍等(2019)发现，在市场套利的目的下，企业持有金融资产的前期不利于企业价值的提升，当到达某个时间点后，又会提高企业价值。[14]杨筝等(2017)研究发现，企业对金融资产的投资可以减轻企业的融资压力，给企业研发创新的持续性带来一定的资金支持。[15]徐珊等(2019)基于创新投入和创新绩效两个角度进行研究发现，现阶段的企业金融化对创新投入和创新绩效均主要表现为促进作用。[16]

综合以往文献可以发现，实体企业持有金融资产所产生的效应具有一定的差异，一个是“挤出效应”，另一个是“蓄水池效应”。当企业基于短期获利动机对金融资产进行投资，就很可能会将实体经济的收益继续投资于金融资产，将企业管理层的投资决策变得短期化，缺乏长远发展的目光。虽然在短时间内获取了超额利润，但会使企业的主营范围缩小，实体经济变为空壳，给企业未来的发展带来不利影响，也就是带来了“挤出效应”，导致企业价值难以得到有效提升。当企业基于长期发展的战略目标投资于金融资产，企业在未来出现财务状况而带来融资压力时，就能够通过对金融资产的持有而带来的“蓄水池效应”，从而解决企业的资金问题，对外部融资减少依赖性，促进企业价值的提升。[13]因此，传媒企业金融化对企业价值的净效应主要取决于“挤出效应”与“蓄水池效应”的相对大小。当“蓄水池效应”大于“挤出效应”时，企业配置更多的金融资产将会给企业带来正向的影响，不断提升企业价值；当“蓄水池效应”小于“挤出效应”时，会降低企业主营业务可持续性发展的能力，进而抑制企业价值的提升。基于此，本文提出相应的假设：

H1：如果“蓄水池效应”大于“挤出效应”，那么企业金融化对企业价值具有正向影响。

H2：如果“蓄水池效应”小于“挤出效应”，那么企业金融化对企业价值具有负向影响。

企业价值真正得到提升，就是要达到企业价值的持久增值。由于金融资产的持有期限不同会给企业价值带来不同的影响，因而可将其区分为短期持有的金融资产和长期持有的金融资产。

第一，短期金融资产的特点为高风险、高收益和变现快等，企业很可能是以获取短期的高额收益为目的而将资金投资于短期金融资产，极容易短视化企业的战略目标，可能将企业暂时的利润变大，由于短期金融资产具有比较高的风险，很有可能一次亏损就给企业带来无法弥补的损失，对企业的长远发展带来不利的影响，抑制企业价值的持续提升。即使企业能够从短期金融投资中获取收益，但由于企业对主营业务进行投资后，需要较长的时间才能获得收益，增加了获益的不确定性，企业的管理层可能会出于私人的考虑，更愿意将获取的收益继续投资于金融市场[11]，从而使主营业务投资的范围被压缩，逐渐使实体企业变成空壳。[8]大量资金流出企业的主营业务范围，短期金融资产在获得高收益的同时伴随着高风险，这极可能在短时间内造成资金的大量流失，对企业价值的持久增值造成负面影响，不利于企业价值的提升。

第二，相较于短期金融资产，长期金融资产的风险较低，企业持有长期金融资产可能是基于企业的长期战略目标考虑，将企业投资主营业务后剩余的资金用于对长期金融资产的投资，可以使企业的资金得到最大程度的使用，提高资金的使用效率，使企业资源得到充分有效配置，同时还能防止资金的流失，有助于企业未来持续经营以及增强企业在市场中的竞争力，对企业价值的创造有促进作用。基于

此,本文提出:

H3:持有短期金融资产,对企业价值的提升具有负向影响。

H4:持有长期金融资产,对企业价值的提升具有正向影响。

三、研究设计

(一) 数据来源

本文选择 2007—2017 年传媒上市公司的相关财务数据作为研究对象,以 2007 年的数据为起点,是因为该年启用了新的会计准则,研究时无须考虑会计准则的变化对财务数据带来的影响,数据均来自 RESSET 数据库。为保证研究结论的严谨性,本文对原始数据进行了相应的筛选:剔除被 ST 的公司;剔除有缺失数据的公司;剔除 2017 年新上市的公司。经过上述筛选,最终选取了 115 家传媒上市公司的数据,一共 891 个年度观测值。同时,为了尽可能防止极端值对实证结果带来严重不利影响,对所有连续变量均进行上下 1%水平的缩尾(winsorize)处理。本文使用 Stata14 软件对样本进行回归分析。

(二) 关键变量定义

被解释变量为企业价值,本文借鉴已有文献[14],采用 TobinQ 值对企业价值进行衡量,计算公式为:TobinQ=市场价值/总资产。

核心解释变量为企业金融化,本文借鉴了前人的文献[11],用企业金融资产占总资产的份额进行衡量,具体计算公式为:企业金融化=(交易性金融资产+衍生金融资产+发放贷款及垫款净额+可供出售金融资产净额+持有至到期投资净额+投资性房地产净额)/总资产,记为 Financial。本文对金融资产的定义与企业会计准则对金融资产的定义有所不同。第一,本文未将货币资金纳入金融资产的范围,由于维持企业的正常运营需要资金的支持,因而企业会对一部分流动资金进行持有,但这种持有资金并没有给企业带来增值活动,所以本文没有将货币资金纳入金融资产的范围。第二,投资性房地产被纳入本文的金融资产范围,主要原因是我国房地产行业目前正在高速发展期间,许多企业已经将投资性房地产作为一种获取超额利润的手段,这与本文所探讨的金融资产定义相吻合,因此将其纳入金融资产。按照企业对金融资产的持有时间长短,本文将金融资产分为长期持有的金融资产和短期持有的金融资产,具体计算如下:短期金融资产=交易性金融资产/总资产,长期金融资产=(衍生金融资产+发放贷款及垫款净额+可供出售金融资产净额+持有至到期投资净额+投资性房地产净额)/总资产,分别记为 Short 和

Chang。

控制变量参考已有的文献，选取公司规模、公司年龄、成长能力、财务杠杆、自由现金流量、股权集中度对模型进行控制。控制变量相应的定义为：公司规模，以公司的总资产对其进行计量，并对总资产取自然对数，记为 Inasset；公司年龄，用当年年度与公司上市年度的差值进行衡量，记为 Age；成长能力，以当年的营业收入的增加值(本年营业收入－上年营业收入)与上年营业的比值进行衡量，记为 Growth；财务杠杆，用当年的末期负债总额与资产总额的比值进行衡量，记为 Lev；自由现金流量，用当年经营活动产生的现金净流量与总资产的比值进行衡量，记为 FCF；股权集中度，用第一大股东持股比例衡量，记为 Top。

表 1　变量名称与定义

变量名称	变量含义	变量符号	变量定义
因变量	企业价值	TobinQ	市场价值/总资产
解释变量	企业金融化	Financial	(交易性金融资产＋衍生金融资产＋发放贷款及垫款净额＋可供出售金融资产净额＋持有至到期投资净额＋投资性房地产净额)/总资产
	短期金融资产	Short	交易性金融资产/总资产
	长期金融资产	Chang	(衍生金融资产＋发放贷款及垫款净额＋可供出售金融资产净额＋持有至到期投资净额＋投资性房地产净额)/总资产
控制变量	公司规模	Inasset	公司总资产的自然对数
	公司年龄	Age	当年年度－公司上市年度
	成长能力	Growth	(本年营业收入－上年营业收入)/上年营业收入
	财务杠杆	Lev	负债总额/资产总额
	自由现金流量	FCF	经营活动产生的现金净流量/总资产
	股权集中度	Top	第一大股东持股比例
	国有企业	Soe	若企业为国有企业，则取值为 1，否则取值为 0
	年度虚拟变量	Year	当公司位于该年度时，取值为 1，否则取值为 0

(三) 模型设定

本文构建模型(1)的主要目的是对企业金融化与企业价值之间的关系进行相应的探讨；进一步研究短期金融资产和长期金融资产是如何影响企业价值的，构建了模型(2)和模型(3)。

$$TobinQ = \beta_0 + \beta_1 Financial + \beta_2 Inasset + \beta_3 Age + \beta_4 Growth + \beta_5 Lev + \beta_6 FCF + \beta_7 Top + \sum Year + \varepsilon \tag{1}$$

$$TobinQ = \beta_0 + \beta_1 Short + \beta_2 Inasset + \beta_3 Age + \beta_4 Growth + \beta_5 Lev + \beta_6 FCF + \beta_7 Top + \sum Year + \varepsilon \tag{2}$$

$$TobinQ = \beta_0 + \beta_1 Chang + \beta_2 Inasset + \beta_3 Age + \beta_4 Growth + \beta_5 Lev + \beta_6 FCF + \beta_7 Top + \sum Year + \varepsilon \tag{3}$$

四、实证结果与分析

(一) 描述性统计分析

由表 2 的描述性统计可知，企业价值（TobinQ）的标准差为 2.299，最小值为 0.405，最大值为 14.700，可以看出传媒上市公司的企业价值之间的差异较大。企业金融化（Financial）变量的中位数为 0.016，平均值为 0.042，最小值为 0，可以看出传媒企业中多数企业均持有金融资产，但其持有的金融资产在资产总体的占比存在一定的不同，并且有些企业之间的差别程度较大；另外，最大值为 0.342，表明传媒企业金融资产的比例超过了总资产的 34%，当传媒企业的非经营性资产超过一定比例时，就可能会对主业的发展产生压制作用，其金融资产的投资对企业产生的具体影响还需进一步验证。在样本企业中，从整体上看公司持有金融资产的比例存在逐年上升的情形，并且企业持有长期金融资产的比例远远高于持有短期金融资产的比例。

控制变量方面，企业规模（Inasset）的标准差为 1.106，可以看出样本企业的规模存在较大的不同。企业成长能力（Growth）的最小值为 −74.770，最大值为 644.400，平均值为 29.510，可以看出，有些企业的净利润增长率不高，且企业间的成长能力悬殊较大。其他连续控制变量的中位数与平均值均较为接近，不存在分布异常的情况。

表 2　变量的描述性统计

变量名	中位数	平均值	标准差	最小值	最大值	观测值
TobinQ	2.469	3.124	2.299	0.405	14.700	891
Financial	0.016	0.042	0.063	0	0.342	891
Short	0	0.002	0.007	0	0.055	891

（续表）

变量名	中位数	平均值	标准差	最小值	最大值	观测值
Chang	0.013	0.040	0.062	0	0.342	891
Inasset	21.454	21.470	1.106	18.770	23.840	891
Age	6.000	7.606	6.319	0	24.000	891
Growth	14.214	29.510	80.920	−74.770	644.400	891
Lev	0.318	0.357	0.225	0.0332	1.148	891
FCF	0.054	0.052	0.083	−0.203	0.303	891
Top	0.328	0.352	0.159	0.076	0.740	891

（二）模型回归结果

表3列示了本文假设的检验结果，从回归结果第(1)列可知，企业金融化水平对企业价值的影响是正向的，系数估计值为5.723，并且在1%的水平上显著。回归结果符合H1的预期，拒绝了H2的假设，表明传媒企业配置金融资产的“蓄水池效应”大于“挤出效应”，也就意味着传媒企业金融化程度越高，企业价值越高。一方面，传媒企业配置金融资产很可能是出于长期战略目标的考虑，对金融资产进行相应的投资，达到企业价值提升的作用；另外，传媒企业很可能是将持有金融资产所获得的收益投资于主营业务，而主营业务的规模不断扩大，使企业发展越来越好，企业价值得到了持续提升。从回归结果的第(2)列可知，短期金融资产的估计系数为−4.332，基于短期获利动机持有的短期金融资产在一定程度上会降低企业价值，但没有通过显著性水平检验。H3的假设没有得到验证，可能的原因是部分传媒企业配置短期金融资产的目的是企业在遭遇困难时能够快速变现，以增加现金流和获取生存机会，使企业的发展回到正常的经营状况。从回归结果的第(3)列可知，长期金融资产正向影响企业价值，系数估计值为5.942，且在1%的水平上显著。回归结果符合H4的假设，表明企业配置长期金融资产的“蓄水池效应”大于“挤出效应”，基于长期发展目标考虑而配置的长期金融资产越多，将会显著提高企业的价值。

在控制变量中，传媒企业的企业价值会受到其营业规模反向的影响，主要是因为规模越大的企业可能会存在盲目扩张的现象，导致企业资金的周转能力降低，错失很多投资机会，以及企业在面临困境时，无法及时扭转局面。企业成长能力的不断增强，将会使其企业价值得到增加，当企业的成长能力变强时，占据了市场的主要地位，更容易获取收益，有利于主营业务的发展。企业价值能否增加也会受到企业经营现金流量的变化，企业的现金流量会明显提高企业价值，当企业现金流量充足时，有助于公司的正常运营，也可以预防流动性风险。公司规模、年龄、财务杠杆等其他控制变量均对企业价值的影响不大，可能是我国传媒行业起步较晚，多数企业的上市时间都不长，尚未建立有效的经营管理体系和未形成有利于企业发展的资本结构，难以让企业价值出现明显的变化。

表 3　基准模型的回归结果

变量名	(1)	(2)	(3)
	企业金融化	短期金融资产	长期金融资产
Financial	5.723*** (4.39)		
Short		−4.332 (−0.55)	
Chang			5.942*** (4.44)
lnasset	−0.841*** (−5.28)	−0.782*** (−4.73)	−0.845*** (−5.31)
Age	−0.018 (−0.90)	−0.008 (−0.41)	−0.018 (−0.91)
Growth	0.003*** (4.64)	0.003*** (4.04)	0.003*** (4.65)
Lev	−1.566* (−1.93)	−1.614* (−1.94)	−1.575* (−1.94)
FCF	2.703*** (2.83)	2.789*** (2.78)	2.699*** (2.83)
Top	−0.944 (−1.39)	−0.991 (−1.43)	−0.929 (−1.37)
Constant	21.722*** (6.73)	20.670*** (6.19)	21.806*** (6.76)
观测值	891	891	891
R-squared	0.195	0.173	0.196
Year FE	YES	YES	YES

注：括号内表示 t 值，***、**、* 分别表示在 1%、5%和 10%的水平上显著。

（三）进一步研究：考虑企业产权的异质性

我国企业存在着国有与非国有两种不同的产权，那么传媒企业金融化会不会因为企业的产权异质性对企业价值有不同的影响呢？按照企业产权的性质，将传媒企业分为国有控股企业和非国有控股企业，并建立对应的模型对其进行回归。从表4回归结果的第(1)列表明，企业持有金融资产对国有控股企业价值的影响并不明显，原因可能是国有企业更容易获得政府资金的支持，不会过度依赖外部资金；以及国有企业每年都有短期的业绩考核指标，若没有达到对应的考核指标，管理层将会受到相应的惩罚。因此，国有企业投资金融资产可能存在"短视"行为，其目的是仅为获取短期收益，以满足当年的业绩需要，避免受到惩罚，其持有金融资产所产生的"蓄水池效应"不大。相反地，由于非国有企业存在外部融资的压力，并且管理层没有短期业绩考核压力，其对金融资产的投资决策更偏向于长远考虑，从回归结果的第(2)列可以看出，企业金融化与非国有控股的企业价值存在明显的正相关关系，持有金融资产对企业价值有促进作用。

表4 基于产权异质性的回归结果

变量名	(1)	(2)
	国有	非国有
Financial	0.281 (0.11)	6.791*** (4.49)
Inasset	−0.922*** (−4.83)	−0.851*** (−4.84)
Age	−0.033 (−1.09)	−0.011 (−0.42)
Growth	−0.001 (−0.43)	0.004*** (4.57)
Lev	−2.933*** (−2.93)	−1.282 (−1.38)
FCF	4.962* (1.80)	2.132* (1.68)
Top	−0.040 (−0.04)	−1.470* (−1.78)
Constant	23.990*** (5.63)	21.950*** (6.04)
观测值	200	691
R-squared	0.315	0.185
Year FE	YES	YES

注：括号内表示t值，***、**、*分别表示在1%、5%和10%的水平上显著。

(四) 稳健性检验

1. 工具变量法

到目前为止,企业金融化程度的界定和企业价值的衡量都没有完全统一的标准,因而在变量的测量上可能会存在一定的误差,导致出现内生性问题。同时,可能对企业价值产生影响的因素不仅仅只有文中所列举的几个控制变量,文中所设定的模型可能难以考虑所有的影响因素,因而可能存在模型设定时遗漏控制变量而产生内生性问题。为了使回归结果不会受到难以确定的内生性问题的干扰,本文选用工具变量法对这些可能存在的问题加以控制,保证回归结果的准确性。由于本文所选的数据集为面板数据,工具变量可以选择内生解释变量的滞后变量,因此,本文将工具变量选择为企业金融化滞后一期变量。将工具变量纳入模型中,从回归结果第(1)列发现:企业金融化滞后一期变量与企业价值变量表现为正相关的关系,回归结果与上文的结论保持了统一性,证明了上文结论的稳健性。

2. 改变样本区间

从 2007 年开始,中国证监会强制要求企业要对持有无形资产情况进行相应的披露,该政策在刚开始执行的前两年,很可能会因为上市公司的财务人员不熟悉新政策,在执行新的会计政策时会存在一些不规范和不完善的地方,从而可能使得无形资产披露的质量难以得到保证。所以,本文剔除 2007 年和 2008 年的数据进行检验,将 2009—2017 年的样本作为研究对象进行回归,从回归结果第(2)列再次证实了企业金融化对企业价值存在促进作用,可以认为本文的结论具有稳健性。

表 5　稳健性检验

变量名	(1)	(2)
	滞后一期	改变样本区间
Financial	3.879*** (3.03)	6.007*** (4.32)
Inasset	−0.823*** (−4.78)	−0.875*** (−4.78)
Age	0.003 (0.14)	−0.024 (−1.23)
Growth	0.003*** (3.97)	0.003*** (4.48)
Lev	−1.399 (−1.57)	−1.082 (−1.10)

（续表）

变量名	(1)	(2)
	滞后一期	改变样本区间
FCF	2.787** (2.52)	3.300*** (3.16)
Top	−0.936 (−1.40)	−1.108 (−1.57)
Constant	21.130*** (6.14)	22.413*** (6.08)
观测值	776	807
R-squared	0.190	0.197
Year FE	YES	YES

注：括号内表示 t 值，***、**、* 分别表示在 1%、5%和 10%的水平上显著。

五、结论与启示

由于传媒行业的收益率不断下滑，越来越多的企业将大量资金投资于高收益率的金融行业、房地产行业等。基于这一现象，本文选择了 2007—2017 年 A 股传媒类上市公司作为研究对象，构建传媒企业金融化水平的指标，实证检验了传媒企业金融化对企业价值的影响。相比之前的研究，本文的创新性观点通过区分传媒上市企业金融资产不同持有期和企业不同产权而得出。研究发现：① 从总体上看，传媒上市企业持有金融资产是出于长期目标考虑，企业金融化与企业价值存在明显正相关的关系，表现为“蓄水池效应”，传媒企业对金融资产的投资份额越多，企业的价值就越大。② 传媒上市企业金融化在整体上会促进企业价值的提升，持有长期金融资产越多，对企业价值的正向影响就越大；基于短期获利动机持有的短期金融资产，会对企业价值的增加产生一定的抑制作用，但显著性不高。③ 按照企业不同产权属性，将传媒上市企业分为国有控股企业与非国有控股企业进行异质性检验，结果发现，以上结论在非国有控股企业的显著性更高，这表明非国有控股的传媒上市企业的资金投资效率更高。

本文的结论可以为传媒上市企业的投资决策提供新的思路，同时为政府完善相应的政策提供一定的参考。基于此，本文的相关启示如下：

企业金融化对传媒上市公司的影响主要表现为“蓄水池效应”，其主要原因是投资于金融资产的收益正好缓解了传媒上市公司融资难的问题,这可能会使得越来越多企业对金融资产进行投资。政府部门要加强监管,营造良好的金融生态环境。具体而言:① 政府应加强对金融行业的监管。政府部门可以利用云计算、大数据等新技术加强对金融行业监管的力度,提高监管的频率,严格打击乱加杠杆、投资套利等行为。此外,由于企业金融化对国有传媒上市企业的"蓄水池效应"不明显,因此,要着重对这类企业投融资行为进行监管。② 政府部门应积极营造良好的金融生态环境。与短期金融资产相比,长期金融资产对企业价值的作用更显著,因此,良好的金融环境能够起到优化资产配置的效果。政府部门可以建立有效的预防机制,通过监控和评估风险较高的传媒企业,监督企业按时、完整地披露投融资信息。另外,还可以通过普及金融知识,提高金融投资者的整体素质,有效提高监管效率。

企业要合理配置金融资产,建立健全风险管理机制。相较于短期金融资产,传媒上市公司持有长期金融资产的"蓄水池效应"更显著。具体而言:① 传媒上市企业应当合理配置金融资产,将长期金融资产作为投资的主要方向才能更有效地提升企业价值。同时,要合理协调企业投融资和主营业务之间的资金比例,以有助于企业的长远发展。② 完善企业的风险管理机制。持有金融资产给企业带来较大收益的同时也不可避免地带来风险,企业应完善风险评估制度,加大对风险评估的投入,设立有效风险提示机制并积极执行,做好风险预警,努力将风险降至最低。国有传媒上市企业更应将风险防控作为首要任务,以有效防控金融风险。

参考文献

[1] 彭俞超,韩珣,李建军.经济政策不确定性与企业金融化[J].中国工业经济,2018(1).

[2] 李义杰,郑海江.文化企业融资现状、问题及对策研究——基于宁波文化企业的调查[J].中国出版,2016(13).

[3] 谢耘耕.媒介多元化投资及其风险[J].新闻界,2004(3).

[4] 魏明海,柳建华.国企分红、治理因素与过度投资[J].管理世界,2007(4).

[5] 喻国明.影响力经济——对传媒产业本质的一种诠释[J].现代传播,2003(1).

[6] Özgür Orhangazi. Financialisation and Capital Accumulation in the Non-financial Corporate Sector: A Theoretical and Empirical Investigation on the US Economy: 1973 - 2003 [J]. Cambridge Journal of Economics, 2008, 32(6).

[7] Tori D., Onaran. The Effects of Financialization on Investment: Evidence from Firm-

level Data for the UK[J]. Cambridge Journal of Economics, 2018, 42(5).

[8] Hwan Joo Seo, Han Sung Kim, Yoo Chan Kim. Financialization and the Slowdown in Korean Firms' R&D Investment[J]. Asian Economic Papers, 2012, 11(3).

[9] Akkemik, Ali K. and Özen Şükrü.. Macroeconomic and Institutional Determinants of Financialization of Non-financial Firms: Case Study of Turkey[J]. Socio-Economic Review, 2014,12(1).

[10] 王红建,曹瑜强,杨庆,等.实体企业金融化促进还是抑制了企业创新——基于中国制造业上市公司的经验研究[J].南开管理评论,2017(1).

[11] 杜勇,张欢,陈建英.金融化对实体企业未来主业发展的影响:促进还是抑制[J].中国工业经济,2017(12).

[12] 戚聿东,张任之.金融资产配置对企业价值影响的实证研究[J].财贸经济,2018(05).

[13] Stulz R. M.. Rethinking Risk Management[J]. Journal of Applied Corporate Finance, 1996, 9 (3).

[14] 蔡艳萍,陈浩琦.实体企业金融化对企业价值的影响[J].财经理论与实践,2019(3).

[15] 杨筝,刘放,王红建.企业交易性金融资产配置:资金储备还是投机行为?[J].管理评论,2017(2).

[16] 徐珊,刘笃池.企业金融化对技术创新影响的实证研究[J].科研管理,2019(10).

[17] 魏明海,柳建华.国企分红、治理因素与过度投资[J].管理世界,2007(4).

[18] 王红建,李茫茫,汤泰劼.实体企业跨行业套利的驱动因素及其对创新的影响[J].中国工业经济,2016(11).

[19] 宋军,陆旸.非货币金融资产和经营收益率的U型关系——来自我国上市非金融公司的金融化证据[J].金融研究,2015(6).

[20] 肖忠意,林琳.企业金融化、生命周期与持续性创新——基于行业分类的实证研究[J].财经研究,2019(8).

[21] 张成思,张步昙.再论金融与实体经济:经济金融化视角[J].经济学动态,2015(6).

[22] 周彬,谢佳松.虚拟经济的发展抑制了实体经济吗?——来自中国上市公司的微观证据[J].财经研究,2018(11).

[23] 彭俞超,倪骁然,沈吉.企业"脱实向虚"与金融市场稳定——基于股价崩盘风险的视角[J].经济研究,2018(10).

[24] 向志强,杨珊.中国传媒上市公司多元化经营与公司绩效关系实证研究[J].新闻与传播研究,2015(8).

[25] 张成思,张步昙.中国实业投资率下降之谜:经济金融化视角[J].经济研究,2016(12).

[26] 胡奕明,王雪婷,张瑾.金融资产配置动机:"蓄水池"或"替代"?——来自中国上市公

司的证据[J]. 经济研究,2017(1).

[27] 丁汉青,蒋聪滢. 传媒上市公司内部治理结构与融资结构关系研究[J]. 国际新闻界,2017(3).

[28] 刘姝雯,刘建秋,阳旸,等. 企业社会责任与企业金融化:金融工具还是管理工具? [J]. 会计研究,2019(9).

[29] González, I. , H. Sala. Investment Crowding-Out and Labor Market Effects of Financialization in the US[J]. Scottish Journal of Political Economy, 2014,61 (5).

[30] Stockhammer E. Financialisation and the Slowdown of Accumulation[J]. Cambridge Journal of Economics, 2004,28 (5).

[31] Stockhammer E. , L. Grafl. Financial Uncertainty and Business Investment[J]. Review of Political Economy, 2008, 22 (4).

[32] Luo Y. , F. Zhu. Financialization of the Economy and Income Inequality in China[J]. Economic and Political Studies, 2014,2 (2).

[33] 陈端. 2015—2016 中国传媒投融资领域模式创新与风险剖析[J]. 中国出版,2016(14).

作者简介

林欣,安徽马鞍山人,博士后,广东技术师范大学财经学院副院长、副教授、硕士生导师。研究方向为文化金融、金融风险管理。

赖媛,广东梅州人,广东技术师范大学财经学院研究生。研究方向为公司金融。

Financialization and Enterprise Value of Media Listed Enterprises: "Reservoir Effect" or "Crowding-out Effect"

Lin Xin　Lai Yuan

Abstract: Based on the increasing tendency of financialization of Chinese media enterprises, this paper makes an empirical study on the influence of financialization of media enterprises on enterprise value by taking 115 Chinese media listed companies from 2007 to 2017 as samples. The results show that the financialization of media listed companies is positively correlated with enterprise value as a whole, showing the "reservoir effect". The higher the degree of financialization, the greater the value of enterprises. Further heterogeneity test shows that short-term financial assets have little influence on enterprise value, while long-term financial assets are positively correlated with enterprise value, and the more long-term financial assets are allocated, the greater the enterprise value; Compared with state-owned enterprises, the degree of financialization of non-state-owned enterprises positively affects the enterprise value more significantly. Relevant research findings provide micro-level empirical evidence for the influence of financialization on corporate value, and bring enlightenment for media listed companies to rationally understand the allocation of financial assets under the trend of financialization, so as to give full play to the positive role of financialization.

Key Words: Media enterprises　Enterprise financialization　Enterprise value　Reservoir effect　Crowding-out effect

版权经济

从粗放发展到精耕细作
——知识共享平台的差异化竞争与福利分析

王 宇 汤 泽 李 阳

摘 要:伴随着共享经济的不断发展,市场中现有的知识共享平台在运营模式上不再单纯地依赖规模扩张,而日益重视产品和服务的质量,上述转变能否促进知识共享行业的良性发展呢?本文通过构建知识共享平台之间的差异化双寡头竞争模型,分析了市场竞争结果以及社会福利如何受到信息数量和质量的影响。研究结果发现,与单纯的信息数量竞争相比,当市场中的两个知识共享平台分别存在数量优势和质量优势时,两者之间的差异化竞争可以实现更高的社会福利,并且当知识共享市场存在较强的网络外部性时,质量更高的共享平台可以获得更高的竞争优势。

关键词:共享经济 知识共享 差异化竞争 质量竞争

一、引 言

知识共享作为共享经济的分支之一,是以互联网技术为传播载体,充分利用各领域专家的认知盈余实现知识经验大众化共享的新经济形式。在互联网与大数据技术快速发展的背景下,人们接触到的海量信息需要花费大量的时间精力进行过滤整理,才能形成用户需要的专业化知识,因此人们对于信息筛选的需要和对信息交流效率的需求催生出一系列知识共享平台,各个知识共享平台本质上就是整合各类信息资源、发掘多样化信息需求,实现知识经验供需双方快速匹配的平台,将专业化的知识包装产品或服务,通过用户免费或付费的形式实现平台的商业价值。2016 年被称为知识付费的元年,值乎、分答、知乎 Live 等付费产品纷纷面世,知识共享也迎来了“3.0 时代”,以实时互动和知识变现为主要特征的知识共享平台也呈现出多样化、专业化和有偿化的发展趋势。国家信息中心发布的《共享经济发展报告(2021)》显示,2020 年中国共享知识技能市场规模达 4 010 亿元,同比增长

30.9%,表明我国知识共享行业未来将具备较大的发展潜力。

但是知识共享行业发展初期仍然存在不少的问题,各大知识共享平台在发展初期过分注重共享知识规模的扩张以吸引更多的用户,导致知识共享的内容良莠不齐。一方面平台为了迎合用户偏好大量提供泛娱乐化的知识内容,容易造成平台"劣币驱逐良币"现象的发生,降低平台整体质量水平的同时造成用户的大量流失。(葛建华、王亚婷,2020)[1]另一方面消费者的知识消费习惯也在发生变化,从原来只愿意获得免费的知识而不重视质量,到逐步愿意为高质量的原创内容以及精品知识的需求支付更高的费用。基于上述存在的问题以及消费者需求的变化,我们观察到现有知识共享平台之间的竞争模式出现了一些新的变化,厂商从只重规模扩张的粗放式增长逐步转向关注质量的精细化运营。上述变化是否会对市场竞争的结果和社会福利产生影响,这对于政府通过合理的政策设计来引导知识共享产业的健康发展,进而实现社会福利的增进,具有重要的研究意义。

对知识共享范围的界定需要从共享经济的概念入手。共享经济的概念最初起源于国外学者对于协同消费(Collaborative Consumption)的创造性思考,人们认为协同消费是满足日常需求和人际交往的日常活动。(Felson & Spaeth,1978)[2]随着互联网技术的快速发展,网络以一种前所未有的方式重建了社团和集体的关系,通过作用于人们对个体利益和集体协作的权衡,从而产生了共享经济,最终基于产品服务系统、再分配市场和协作生活方式这三大系统构建起点对点的共享平台。(Botsman & Rogers, 2010)[3]当共享经济的概念进入国内时,其研究重点倾向于从供给侧探讨其本质,通过引入哈耶克的知识与秩序理论,研究发现共享经济的本质并非"共享",而在于人类社会经济中"合作"的扩展,是"知识经济"发展的新阶段。(谢志刚,2015)[4]如果将科斯的企业理论用来解释共享经济的本质,则表明共享经济实际上是利用轻资产的运营方式,通过提高交易透明度和降低交易成本将供给方闲置的要素所有权转移至更有效率的需求方,进而实现生产要素的社会化,促进经济的可持续发展。(郑志来,2016)[5]本文在前人研究基础上认为,现有共享经济的概念可以区分为"狭义的共享经济"和"广义的共享经济",狭义的共享经济是指利用互联网技术,从供给和需求侧来共享闲置的资源,以此来增加资源配置效率的平台;而广义上的共享经济是基于互联网层面的信息互通共享,通过平台对信息的整合、优化带动供求双方资源的合理配置,实现各方的收益最大化。广义的共享经济概念实际上突破了传统概念对于被共享资源范畴的限制,将其扩大到一切可被共享利用的信息资源,从而可以将知识共享纳入共享经济的研究范畴。

依托于互联网蓬勃发展的共享经济虽然颠覆了传统经济运行的模式，但依旧会出现诸如垄断、外部性、信息不对称等市场失灵因素，国外相应的研究对此持有不同的政策观点，从共享企业与政府关系的前景出发，政府不可能对具有垄断地位的共享企业采取自由放任的态度，而是通过向共享企业补贴、将其作为再分配工具和为政府提供服务的方式对共享企业采取管制措施以保护消费者权益。(Rauch & Schleicher, 2015)[6]共享经济存在“可持续性悖论”，即可持续的商业模式负外部性之间的矛盾，所以应当以限制消费、外部性内生化和社会项目再投资、保护用户与供给者和防止垄断作为政府监管的准则，而不是通过行政命令实施禁令来解决可持续发展问题。(Verboven & Vanherck, 2016)[7]而部分学者并不认为传统的政府监管方式会继续有利于消费者，他们的研究表明共享经济的增长会减少对于政府自上而下监管的需求，所以当市场发生重大变化时，政府应当放松传统管制方式以增加消费者福利。(Koopman et al., 2014)[8]同时，国内关于共享监管方面的研究也在近几年兴起，学界对于政府监管的态度也有所分化，其中多数学者对于政府监管持积极态度，由于共享经济的市场机制研究中发现共享经济的模式存在“两面性”，一方面开创了新的商业模式，另一方面也会对实体经济造成冲击，形成新的垄断势力，改变传统的劳资关系并带来安全、信用问题，所以有必要“从分行业指导和管理、平衡创新与监管关系、改善基础设施及制度环境等方面提高政府对共享经济监管的有效性”(蔡朝林，2017)；[9]基于新经济的内在运行逻辑，有学者认为传统的市场失灵因素具有根本性的转变，应当适当放松管制、转变规制内容和方式以适应新经济的发展。(戚聿东、李颖，2018)[10]少部分学者主张政府应当采取“无为而治”的态度，在共享经济的初创阶段给予市场充分发展的时间，以免让政府监管扼杀技术创新带来的难得的发展机遇(刘根荣，2017)[11]，针对知识共享经济目前所处的自组织自生长阶段，包容性的无为而治才是政府应当采取的监管态度(李梅芳等，2019)[12]。

如何实现知识共享平台的良性发展，涉及平台活跃度影响因素的分析。相关研究表明，知识付费平台的可持续发展需要从平台机制和用户意愿两方面着手，构建知识共同体的同时提升知识产品感知有用性和易用性(彭兰，2018)[13]，同时平台内部因素、用户及交易内容对用户的知识共享意愿和共享程度也具有显著的正面影响，这意味着平台用户数量和产品服务质量成为知识平台企业发展的关键(李梅芳等，2019)[12]，除此之外，较高比例的高质量用户能为平台带来更多的价值，对平台的发展也会产生较大的优势(孙凯等，2019)[14]，从知识共享收益的角度出发，较高的新知识收益系数能够增强用户的知识共享意愿，同时平台的奖励政策和机会成本也具有相同显著的作用（姚慧丽等，2020）[15]，而知识共享的不确定性则削弱了用户共享行为的倾向，这种不确定性主要来源于对知识产权、机会主义和互惠关系的担忧（田颖等，2021）[16]。

本文通过构建一个差异化的双寡头竞争模型，同时考虑了知识共享平台的信息数量、信息质量以及网络外部性如何影响平台竞争的结果，并在此基础上进行了福利分析。本文的研究结论表明，知识共享平台之间的差异化竞争能够带来更高的社会福利，质量优势在较强的网络外部性环境下能够为平台带来更高的竞争优势。上述结论也为政府有效培育和监管共享经济模式提供了一些理论依据。

二、知识共享平台的竞争模型

本文在差异化竞争的框架下（Hotelling，1929；Mussa & Rosen，1978）[17][18]，分别构建了知识共享行业中的垄断和双寡头竞争模型。

（一）知识共享垄断平台的信息数量选择

假设在一个市场中存在一个垄断性的知识共享平台 1，在没有其他竞争者的情况下独占市场，消费者 $x>0$ 从知识共享平台获取信息的效用可以表示为：

$$u_1=1-\frac{x}{\lambda}-p_1 \tag{1}$$

其中 1 代表固定效用，即消费者从知识共享中所获得的基础效用，p_1 是平台 1 提供的知识共享服务的定价。$\lambda>1$ 则衡量了平台 1 中的知识的丰富性，我们这里假设知识的丰富性主要体现在该平台中的信息数量。上述知识丰富性的提高，需要平台付出较高的成本，即需要各种资源奖励来吸引更多的内容生产者在平台中进行知识分享，并且在管理和维护现有的知识信息库的过程中投入更多的人力和财力。我们将上述成本定义为 $c_1(\lambda)=k_1(\lambda-1)^2$，其中 $k_1>0$。x 是消费者对知识丰富性的敏感程度，x 越大表示消费者对信息数量越敏感。

我们假设这种敏感程度在消费者群体中是均匀分布的，因此消费者数量为 $n_1=\lambda(1-p_1)$，那么平台 1 利润的最优化问题为：

$$\max_{p_1}\pi_1=n_1p_1-c_1(\lambda) \tag{2}$$

由上式的利润最大化一阶条件可以求出平台 1 的最优定价和相应的消费者数量分别为：

$$p_1^M=\frac{1}{2} \tag{3}$$

$$n_1^M = \frac{\lambda}{2} \tag{4}$$

此时平台 1 的利润为：

$$\pi_1^M = \frac{\lambda}{4} - k_1(\lambda - 1)^2 \tag{5}$$

通过式和式的效用函数我们可以得出社会福利函数为：

$$\omega^M = \pi_1^M + \int_0^{n_1^M} u_1 \mathrm{d}x = \frac{3\lambda}{8} - k_1(\lambda - 1)^2 \tag{6}$$

垄断性的知识共享平台为了最大化利润所选择的最优信息数量为：

$$\lambda^M = 1 + \frac{1}{8k_1} \tag{7}$$

此时垄断平台的利润和社会总福利分别为：

$$\pi_1^M = \frac{1}{4} + \frac{1}{64k_1} \tag{8}$$

$$\omega^M = \frac{3}{8} + \frac{1}{32k_1} \tag{9}$$

而在社会福利最大化情况下，最优的信息数量为：

$$\hat{\lambda}^M = 1 + \frac{3}{16k_1} > \lambda^M \tag{10}$$

此时垄断平台的利润和社会总福利分别为：

$$\hat{\pi}_1^M = \frac{1}{4} + \frac{3}{256k_1} < \pi_1^M \tag{11}$$

$$\hat{\omega}^M = \frac{3}{8} + \frac{9}{256k_1} > \omega^M \tag{12}$$

定理 1:垄断性的知识分享平台所选择的知识丰富程度无法实现社会福利最大化，存在市场失灵的情况。

事实上，在知识共享所代表的共享经济兴起之前，传统的知识分享途径相对单一，人们往往只能通过图书馆或者查询百科全书来获得多样化的知识。很显然，当知识分享的平台存在较高的垄断性时，由于信息生产和传播所产生的较高成本，平台既不能也不愿意扩充自身的知识库。举例来说，无论国内的《辞海》还是国外的大英百科全书，尽管收录的词条数量在不断增多，但是其增速是在不断放缓的，这与当前知识与信息大爆炸的时代背景是完全不符合的。根据我们理论模型的结论不难发现，垄断性的知识平台为了保证一定的利润，很难在信息的数量规模上满足消费者需求。

(二)知识共享平台之间的信息数量竞争

假设有一个新的知识共享平台进入市场,我们将其称为平台 2。此时两个平台之间形成双寡头竞争,消费者的效用函数变为:

$$\begin{cases} u_1 = 1 - \dfrac{x}{\lambda} - p_1 \\ u_2 = 1 - x - p_2 \end{cases} \tag{13}$$

我们这里假设新进入的知识共享平台在信息数量上存在着劣势,即由于后发劣势以及资金约束,它很难在信息数量上超过原有平台。换句话说,我们可以理解为消费者可以在平台 1 更容易获得他们需要的知识与信息。因此我们假设平台 2 的知识丰富度为 1,而平台 1 的知识丰富度为 $\lambda > 1$,并且我们进一步将平台 2 的固定成本标准化为 0。p_2 是平台 2 提供的知识共享的服务定价。

基于上述效用函数,我们可知平台 1 和 2 的消费者数量分别为:

$$\begin{cases} n_1 = \dfrac{\lambda(p_2 - \lambda p_1 + \lambda - 1)}{\lambda - 1} \\ n_2 = \dfrac{(p_1 - p_2)\lambda}{\lambda - 1} \end{cases} \tag{14}$$

结合固定成本函数 $c_1(\lambda)$,可得两个平台各自的最优化问题为:

$$\max_{p_1} \pi_1 = n_1 p_1 - c_1(\lambda) \tag{15}$$

$$\max_{p_2} \pi_2 = n_2 p_2 \tag{16}$$

此时平台 1 和 2 的最优定价分别为:

$$\begin{cases} p_1^H = \dfrac{2(\lambda - 1)}{4\lambda - 1} < p_1^M \\ p_2^H = \dfrac{\lambda - 1}{4\lambda - 1} < p_1^M \end{cases} \tag{17}$$

相应的消费者数量为:

$$\begin{cases} n_1^H = \dfrac{2\lambda^2}{4\lambda - 1} > n_1^M \\ n_2^H = \dfrac{\lambda}{4\lambda - 1} > 0 \end{cases} \tag{18}$$

所以平台 1 和 2 的利润水平可以表示为:

$$\begin{cases} \pi_1^H = \dfrac{4\lambda^2(\lambda - 1)}{(4\lambda - 1)^2} - k_1(\lambda - 1)^2 \\ \pi_2^H = \dfrac{\lambda(\lambda - 1)}{(4\lambda - 1)^2} \end{cases} \tag{19}$$

整个社会的福利函数为：

$$\begin{aligned}\omega^H &= p_1^H n_1^H - c_1(\lambda) + p_2^H n_2^H + \int_0^{n_2^H} u_2 \mathrm{d}x + \int_{n_2^H}^{n_1^H+n_2^H} u_1 \mathrm{d}x \\ &= \frac{\lambda(12\lambda^2-\lambda-2)}{2(4\lambda-1)^2} - k_1(\lambda-1)^2 \end{aligned} \tag{20}$$

假设平台 1 可以通过调整平台中的信息数量来实现利润最大化，那么此时最优化的信息数量 λ^H 必然满足 $\lambda^H > \lambda^M$，并且此时行业总利润以及社会总福利和完全垄断的情况相比，我们可知 $\pi_1^H + \pi_2^H < \pi_1^M$ 且 $\omega^H > \omega^M$。与此同时，我们可知在令社会福利最大化的最优信息数量 $\hat{\lambda}^H$ 也必然满足 $\hat{\lambda}^H > \lambda^H$，并且在该数量下社会总福利也要高于平台利润最大化时的结果，即 $\hat{\omega}^H > \omega^H$。与此同时，我们可知当 k_1 较小时，必然可以得到 $\pi_1^H > \pi_2^H$。

定理 2:知识共享平台之间的信息数量竞争会让行业整体利润下降，但是可以严格提高社会福利，并且当信息扩张成本较低时，存在信息数量优势的平台可以获得更高的利润。

根据上述分析可知，相对于单个平台垄断市场，即使新进入的知识共享平台存在信息数量上的劣势，两者之间的竞争还是可以严格增进社会福利的。从这个意义上来说，新平台的进入发挥了一定的“鲶鱼效应”，会逼迫原有平台维持较高的信息数量的同时降低服务价格。尽管竞争会导致整体的行业利润有所下降，但是消费者福利的改善最终能够实现社会总福利的严格上升。我们分析同时发现，只要信息数量的扩张成本不是太高，那么拥有信息数量优势的平台必然可以获得更高的市场利润。

(三) 知识共享平台之间的差异化竞争

在这一部分，我们将考虑新进入的知识共享平台为了克服信息数量上的劣势，选择提供质量更高的知识，此时消费者的效用函数将变为：

$$\begin{cases} u_1 = 1 - \dfrac{x}{\lambda} - p_1 \\ u_2 = \delta - x - p_2 \end{cases} \tag{21}$$

其中 $\delta \geqslant 1$ 代表平台 2 提供的知识与对手的相对质量差距，该系数越大就表明前者的知识信息的相对质量越高。与此同时，这种质量差距也意味着会导致更高的生产成本。为了分析方便，我们假设平台 1 的成本仅仅与信息的相对数量相关，而平台 2 的成本只与信息的相对质量有关，其成本为 $c_2(\delta) = k_2(\delta-1)^2$，其中 $k_2 > 0$。此时两个平台的用户数量分别为：

$$\begin{cases} n_1=\dfrac{\lambda(p_2-\delta+\lambda-p_1\lambda)}{\lambda-1} \\ n_2=\dfrac{(\delta-1+p_1-p_2)\lambda}{\lambda-1} \end{cases} \tag{22}$$

两个平台各自的最优化问题为：

$$\max_{p_1}\pi_1=n_1p_1-c_1(\lambda) \tag{23}$$

$$\max_{p_2}\pi_2=n_2(p_2-c_2(\delta)) \tag{24}$$

因此两个平台各自的最优定价为：

$$\begin{cases} p_1^N=\dfrac{k_2(\delta-1)^2-\delta+2\lambda-1}{4\lambda-1}<p_1^H \\ p_2^N=\dfrac{2k_2\lambda(\delta-1)^2+2\delta\lambda-\lambda-\delta}{4\lambda-1}>p_2^H \end{cases} \tag{25}$$

平台 1 和 2 的均衡利润水平为：

$$\begin{cases} \pi_1^N=\dfrac{\lambda^2[k_2(\delta-1)^2-\delta+2\lambda-1]^2}{(4\lambda-1)^2(\lambda-1)}-k_1(\lambda-1)^2 \\ \pi_2^N=\dfrac{\lambda\{(2\lambda-1)[k_2(\delta-1)^2-\delta]+\lambda\}^2}{(4\lambda-1)^2(\lambda-1)} \end{cases} \tag{26}$$

此时社会总福利为：

$$\begin{aligned} \omega^N &= p_1n_1-k_1(\lambda-1)^2+[p_2-k_2(\delta-1)^2]n_2+\int_0^{n_2}u_2\mathrm{d}x+\int_{n_2}^{n_1+n_2}u_1\mathrm{d}x \\ &= \frac{\lambda}{2(4\lambda-1)^2(\lambda-1)}(2-9\lambda+12\lambda^2)\{[k_2(\delta-1)^2-\delta]^2+\lambda\} \\ &\quad -(6\lambda-16\lambda^2)[k_2(\delta-1)^2-\delta)]-k_1(\lambda-1)^2 \end{aligned} \tag{27}$$

首先分别对式(26)中平台 2 的利润函数和式(27)中的社会福利函数求一阶条件，可以分别求出平台 2 利润最大化时的最优质量水平 δ^N 和社会福利最大化的质量水平 $\hat{\delta}^N$ 为：

$$\hat{\delta}^N=\delta^N=1+\frac{1}{2k_2} \tag{28}$$

与此同时，平台 1 在寻求利润最大化时选择的最优数量 λ^N 应满足等式：

$$k_1=\frac{\lambda^N[8k_2(\lambda^N-1)-1]\{8k_2[4(\lambda^N)^3-7(\lambda^N)^2+5\lambda^N-2]+4(\lambda^N)^2+\lambda^N-2\}}{32k_2^2(\lambda^N-1)^3(4\lambda^N-1)^3} \tag{29}$$

当平台 1 的边际成本 k_1 较小时，与之前的情况相比，平台 1 所提供的信息数量会进一步提高，即 $\lambda^N>\lambda^H$，并且社会总福利水平也会进一步提高，即 $\omega^N>\omega^H$。

定理 3:与单纯的信息数量竞争相比,分别具有数量和质量优势的两个知识共享平台进行差异化竞争时,社会总福利水平会进一步提升。

综合定理 2 和 3 的结论,我们发现平台之间的竞争是可以严格增进社会福利的,并且当不同平台分别选择数量和质量进行差异化竞争时,可以进一步提高社会福利。联系当前具体的市场发展实践,知识共享市场中的代表性平台也确实逐步根据自身的情况采取了一定的差异化竞争模式。百度百科作为最早的知识分享平台,由于成立较早,因此在信息数量上遥遥领先于其他竞争对手,而以知乎、得到以及知识星球等新入局的平台,虽然很难在信息数量上与百度百科正面竞争,但是他们不约而同地选择了精品化的发展策略,通过精确定位高端人群以及引入具有影响力的意见领袖等方式来提供质量更高的内容产品,以此来进行差异化的竞争。很显然,上述平台之间的差异化竞争一方面促进了原有平台信息的进一步丰富,并且也在不断产生质量更高的知识分享,客观上提高了消费者福利。

三、模型扩展:网络外部性

网络外部性是共享经济的一个重要特征(郑联盛,2017),它意味着市场中共享经济的每个参与者均会受益于其他人的存在,所以本文在上述模型的基础上考虑了网络外部性的作用,以此来探讨网络外部性的存在对知识共享市场的影响。

假设存在网络外部性的情况下,消费者的效用函数为:

$$\begin{cases} u_1=\alpha(n_1+n_2)+1-\dfrac{x}{\lambda}-p_1 \\ u_2=\alpha(n_1+n_2)+\delta-x-p_2 \end{cases} \tag{30}$$

除了信息数量与质量之外,消费者的效用水平还与总体用户数量相关,这里 $0<\alpha<1$ 为网络外部性的强度。此时两个平台各自的用户数量为:

$$\begin{cases} n_1=\dfrac{\lambda^2(1-\alpha)(p_1-1)}{(\lambda-1)(\alpha\lambda-1)}+\dfrac{\lambda(p_2-\delta)}{(\lambda-1)} \\ n_2=\dfrac{(\delta-p_2+p_1-1)\lambda}{\lambda-1} \end{cases} \tag{31}$$

结合平台各自的成本函数,可得两个平台的最优化问题为:

$$\max_{p_1}\pi_1=n_1p_1-c_1(\lambda) \tag{32}$$

$$\max_{p_2}\pi_2=n_2(p_2-c_2(\delta)) \tag{33}$$

对上式求利润最大化的一阶条件和二阶条件,其中二阶条件为:

$$\begin{cases}\dfrac{\partial^2 \pi_1}{\partial p_1^2}=-\dfrac{2(\alpha-1)\lambda^2}{(\lambda-1)(\alpha\lambda-1)}\\ \dfrac{\partial^2 \pi_2}{\partial p_2^2}=-\dfrac{2\lambda}{\lambda-1}<0\end{cases} \tag{34}$$

上式中$\dfrac{\partial^2 \pi_1}{\partial p_1^2}$的正负性未定，因此需要对网络外部性强度系数 $\alpha(0<\alpha<1)$进行分类讨论。

(一) 网络外部性强度较低

假设市场中网络外部性强度较低，等价于网络外部性强度 α 满足 $0<\alpha<\dfrac{1}{\lambda}$，则两个平台各自的最优价格水平为：

$$\begin{cases}p_1^E=\dfrac{[k_2(\delta-1)^2-\delta](1-\alpha\lambda)+(2-\alpha)\lambda-1}{(4-3\alpha)\lambda-1}\\ p_2^E=\dfrac{2k_2\lambda(1-\alpha)(\delta-1)^2+2\lambda\delta-\lambda-\delta-\alpha\lambda(\delta-1)}{(4-3\alpha)\lambda-1}\end{cases} \tag{35}$$

均衡时的用户数量分别为：

$$\begin{cases}n_1^E=\dfrac{(1-\alpha)\lambda^2\{[k_2(\delta-1)^2-\delta](1-\alpha\lambda)+(2-\alpha)\lambda-1\}}{(\lambda-1)(1-\alpha\lambda)((4-3\alpha)\lambda-1)}\\ n_2^E=\dfrac{\lambda\{[(2-\alpha)\lambda-1][\delta-k_2(\delta-1)^2]-(1-\alpha)\lambda\}}{(\lambda-1)[(4-3\alpha)\lambda-1]}\end{cases} \tag{36}$$

由式(35)和(36)分别对网络外部性强度 α 求导可知：

$$\frac{\partial p_1^E}{\partial \alpha}>0;\frac{\partial p_2^E}{\partial \alpha}>0;\frac{\partial n_1^E}{\partial \alpha}>0;\frac{\partial n_2^E}{\partial \alpha}>0 \tag{37}$$

这说明随着网络外部性强度的增加，两个平台的均衡价格以及用户数量都会增加，因此利润水平自然也会随之增加。然后由式(35)和(36)可得平台 2 的最大化利润和社会福利水平，分别求最大化一阶条件，可得：

$$\delta^E=\hat{\delta}^E=\delta^N=\hat{\delta}^N=1+\frac{1}{2k_2} \tag{38}$$

定理 4：当知识共享市场存在较弱的网络外部性时，相互竞争的知识共享平台的利润都会随着网络外部性强度的上升而增加，而平台的最优信息质量水平 δ^E 不变且能够实现社会福利的最大化。

较弱的网络外部性并不会对知识共享平台之间的竞争产生实质性的影响，唯一的变化在于网络外部性的存在会使消费者对知识共享服务的意愿支付变得更高，因此每个平台的利润都会随着网络外部性的增强而不断增加。这就意味着当消费者在知识共享的过程中存在着一定的外溢效应时，会让每个竞争平台都严格获益。但是与没有网络外部性的情况相比，知识共享平台中的最优信息数量和质量都没有发生变化。

（二）网络外部性强度较强

假设网络外部性强度 α 满足 $\frac{1}{\lambda}<\alpha<1$，则式(34)中的第一个二阶导数大于 0，即平台 1 不存在最优定价。为了得到有意义的结果，我们这里额外假设市场中的消费者人数存在上限，即 $n_1+n_2=\bar{n}$。那么此时平台 1 的最优定价为：

$$p_1^E=1+\frac{(\alpha\lambda-1)\bar{n}}{\lambda} \tag{39}$$

两个平台各自的用户数量为：

$$\begin{cases} n_1=\dfrac{(p_2-\delta)\lambda-\bar{n}(\alpha-1)\lambda}{\lambda-1} \\ n_2=\dfrac{(\delta-p_2)\lambda+\bar{n}(\alpha\lambda-1)}{\lambda-1} \end{cases} \tag{40}$$

平台 2 的最优化问题为：

$$\max_{p_2}\pi_2=n_2(p_2-c_2(\delta)) \tag{41}$$

对上式求利润最大化的一阶条件，结合式(39)，可得平台 1 和 2 的利润最大化定价为：

$$\begin{cases} p_1^E=1+\dfrac{(\alpha\lambda-1)\bar{n}}{\lambda} \\ p_2^E=\dfrac{[k_2(\delta-1)^2+\delta]\lambda+(\alpha\lambda-1)\bar{n}}{2\lambda} \end{cases} \tag{42}$$

因此均衡时两个平台的用户数量为：

$$\begin{cases} n_1^E=\dfrac{[k_2(\delta-1)^2-\delta]\lambda+\bar{n}[(2-\alpha)\lambda-1]}{2(\lambda-1)} \\ n_2^E=\dfrac{\bar{n}(\alpha\lambda-1)-[k_2(\delta-1)^2-\delta]\lambda}{2(\lambda-1)} \end{cases} \tag{43}$$

由式(42)和(43)对网络外部性强度 α 求导可知：

$$\frac{\partial p_1^E}{\partial\alpha}>0;\frac{\partial p_2^E}{\partial\alpha}>0;\frac{\partial n_1^E}{\partial\alpha}<0;\frac{\partial n_2^E}{\partial\alpha}>0 \tag{44}$$

与式(37)对比可知，当网络外部性强度较高时，唯一的变化在于信息数量较高但信息质量较低的平台 1，在均衡情况下的用户数量会随着网络外部性强度 α 的增加而递减。这是因为当市场中的消费者数量达上限后，网络外部性的增强会使得拥有信息质量优势的平台 2 开始侵蚀平台 1 的市场份额。虽然平台 2 的利润水平会随着 α 递增，但是平台 1 的利润变化存在着不确定性。

最后我们考虑在不同条件下可能存在的三种不同的市场竞争结果。由式(39)可知，当消费者总量 $\bar{n}$ 一定时，平台 1 的最优定价 p_1^E 以及消费者从平台 1 获得的效用函数 u_1 也随之确定，但平台 2 通过选择不同的信息质量 δ 会形成的不同的效用函数 u_2，那么消费者效用 u_1 和 u_2 在 $0<x<\bar{n}$ 中的大小关系会产生三种不同的市场竞争结果，如图 1 所示。

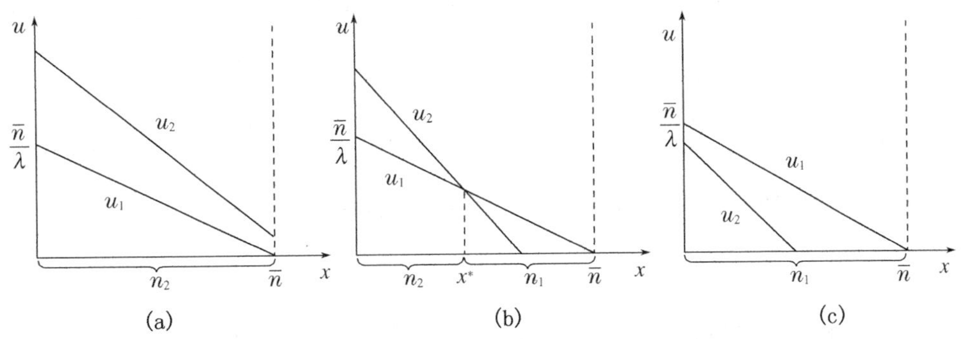

图 1　不同市场竞争结果下消费者的效用函数

(1) 平台 2 垄断市场

如上图(a)所示，当平台 2 垄断整个知识共享市场时，$u_2>u_1$ 在 $0<x<\bar{n}$ 时恒成立，这意味着无差异点 x^* 位于 $x=\bar{n}$ 右侧，这等价于 $n_1^E\leqslant 0$，由式(43)可知 δ 满足

$$1\leqslant\delta\leqslant 1+\frac{1}{2k_2}(1+A) \tag{45}$$

其中 $A=\sqrt{1+\frac{4k_2}{\lambda}[(\alpha\lambda-2\lambda+1)\bar{n}+\lambda]}$。

(2) 两个平台同时存在的双寡头竞争市场

如上图(b)所示，两个平台同时存在于市场中，$u_1=u_2$ 的无差异点 x^* 满足 $0<x^*<\bar{n}$，这等价于 $n_1^E>0$ 和 $n_2^E>0$ 同时成立，由式(43)可知 δ 满足

$$1+\frac{1}{2k_2}(1+A)<\delta<1+\frac{1}{2k_2}(1+B) \tag{46}$$

其中 $B=\sqrt{1+\frac{4k_2}{\lambda}[(\alpha\lambda-1)\bar{n}+\lambda]}>0$ 恒成立。

(3) 平台 1 垄断市场

如上图(c)所示,当平台 1 垄断市场时,$u_2 < u_1$ 在 $0 < x < \bar{n}$ 时恒成立,这意味着无差异点 x^* 位于 $x = \bar{n}$ 左侧,这等价于 $n_2^E \leqslant 0$,由式(43)可知 δ 满足

$$\delta > 1 + \frac{1}{2k_2}(1+B) \tag{47}$$

因为信息质量水平 δ 由平台 2 内生决定,它不会主动退出市场,因此这种情形可以不考虑。

综上所述,因为平台 2 最终选择的信息质量水平 $\delta^E = 1 + \frac{1}{2k_2}$,所以最终的市场竞争结果取决于 A 是否存在:

(a) 当 $0 < \bar{n} \leqslant \frac{(1+4k_2)\lambda}{4k_2[(2-\alpha)\lambda - 1]}$ 时,$1 + \frac{4k_2}{\lambda}[(\alpha\lambda - 2\lambda + 1)\bar{n} + \lambda] \geqslant 0$ 恒成立,A 总是存在,最优信息质量 δ^E 满足式(45),平台 2 垄断市场。

(b) 当 $\bar{n} > \frac{(1+4k_2)\lambda}{4k_2[(2-\alpha)\lambda - 1]}$ 时,$1 + \frac{4k_2}{\lambda}[(\alpha\lambda - 2\lambda + 1)\bar{n} + \lambda] < 0$ 恒成立,A 不存在,此时最优信息质量 δ^E 只能满足式,两个平台同时存在于市场中。

定理 5:当知识共享市场中存在较强的网络外部性时,如果消费者人数较少,那么信息质量更高的平台将垄断整个市场;如果消费者人数较多,知识共享市场形成双寡头竞争格局,信息质量较低的平台的市场份额会随着网络外部性的强化而减少。

在较强的网络外部性的情况下,平台竞争的结果将极大地受到消费者规模的影响。质量较高的知识共享平台会在消费者人数较少的情况下垄断整个市场,而在消费者人数较多的情况下形成双寡头垄断,并且网络外部性的强化会让信息质量更高的平台获得更多的市场份额。上述结论意味着,在特定类型的小众知识分享市场中,高质量的精品化平台是一个更好的市场选择,仅仅依靠信息的数量优势反而很难在市场中生存。与之相对的是,对于那些一般性的大众知识分享市场中,将存在着不同类型的平台之间的差异化竞争,但是网络外部性的存在会让信息质量更高平台在市场竞争中获得更高的市场份额。

四、结论与政策建议

伴随着共享经济的蓬勃发展,知识共享在互联网时代下知识的生产与传播中扮演着愈发重要的角色,各种知识共享平台已经成为大众获取信息以及日常学习

的一个重要工具。资本的涌入促进了大量的知识分享平台的诞生与成长,但是随着资本热潮的退却以及共享经济发展进入新阶段,知识共享平台之间的竞争格局与竞争模式也在悄然发生着变化。了解知识共享平台之间的差异化竞争的市场结果及其对社会福利的影响,对于政府制定合理的管理与规制政策来引导行业的健康发展有着非常重要的意义。本文基于知识共享平台在信息数量和质量上的差异,构建了一个双寡头竞争模型,分析和讨论了不同的市场竞争结果及其福利影响。文章的研究结论显示:第一,相比于单个知识分享平台垄断市场,平台之间基于信息数量的竞争总可以提高社会福利,拥有数量优势的平台可以获得更高的利润;第二,当知识共享平台分别基于信息数量与信息质量进行差异化竞争时,社会福利可以进一步提升;第三,当知识共享市场存在较高的网络外部性时,信息质量更高的平台会在市场竞争中获得更多的优势。

根据上述结论,我们提出以下四点政策建议:

第一,对于知识共享平台来说,要坚持走精品化的发展战略。在知识分享发展的早期,平台的信息数量决定了平台的竞争优势,但是随着平台之间竞争的加剧,尤其是消费者对于高质量信息的追求,信息的质量而不是数量才是平台核心竞争优势。平台要想能够持续提供高质量的知识内容,关键在于吸引知识更加专业、影响力更强的知识生产者在平台的集聚,鼓励用户提供形式多样、信息丰富且思想深刻的内容产品。

第二,在知识共享的商业模式上,相关平台需要重视用户之间互动所形成的网络外部性的重要作用。在互联网模式下,知识的生产与传播不再是静态和单方面的,消费者的参与以及用户之间的互动,都会使相关知识产品在消费中形成一定的网络外部性,而这种外部性可以让知识平台获得更高的收益。与此同时,平台之间在竞争中保护自身知识产权的同时,可以主动选择彼此开放和共享部分知识产品,更好地培养消费者的知识付费习惯,推动部分知识作品能够在更大的网络上形成更高的影响力。

第三,对于行业监管部门来说,应当重视知识分享平台的垄断问题。为了避免平台一家独大进而形成市场垄断,损害消费者福利,监管部门需要制定合理的反垄断政策,针对大平台关于“二选一”和“独家签约”等强化市场垄断地位的行为要坚决予以制止。与此同时,监管部门可以适当降低市场准入门槛,鼓励中小平台进入市场,以此来提高市场的整体竞争强度,保护消费者权益。

第四,对于政府和管理部门来说,还要通过相应的产业政策来鼓励知识分享平台的差异化发展。知识分享的便利性和知识产品内容的高质量对于消费者而言都很重要,为了保证知识分享产业的健康发展,政府应当鼓励不同平台选择差异化的发展路径。市场中既要有以信息分享为主的"大而全"的平台,也需要以内容深度取胜的"小而美"平台,两者之间的差异化竞争和共存,更有利于行业的长远发展。

参考文献

[1] 葛建华,王亚婷.共享经济中供需双方的信用风险管理研究——以知识技能共享为例[J].北京行政学院学报,2020(02):80—88.

[2] Felson M., Spaeth J. L.. Community Structure and Collaborative Consumption: A Routine Activity Approach[J]. American Behavioral Scientist, 1978, 21(4): 23.

[3] Botsman R., Rogers R.. What's Mine Is Yours: The Rise of Collaborative Consumption[M]. Harper Business, 2010.

[4] 谢志刚."共享经济"的知识经济学分析——基于哈耶克知识与秩序理论的一个创新合作框架[J].经济学动态,2015(12):78—87.

[5] 郑志来.共享经济的成因、内涵与商业模式研究[J].现代经济探讨,2016(03):32—36.

[6] Rauch D., Schleicher D.. Like Uber, But for Local Governmental Policy: The Future of Local Regulation of the 'Sharing Economy'[J]. Social Science Electronic Publishing, 2015, 58(2): 613-627.

[7] Verboven H., Vanherck L.. The Sustainability Paradox of The Sharing Economy[J]. uwf Umwelt Wirtschafts Forum, 2016, 24(4): 303-314.

[8] Koopman C., Mitchell M. D., Thierer A. D.. The Sharing Economy and Consumer Protection Regulation: The Case for Policy Change[J]. Social Science Electronic Publishing, 2014.

[9] 蔡朝林.共享经济的兴起与政府监管创新[J].南方经济,2017(03):99—105.

[10] 戚聿东,李颖.新经济与规制改革[J].中国工业经济,2018(03):5—23.

[11] 刘根荣.共享经济:传统经济模式的颠覆者[J].经济学家,2017(05):97—104.

[12] 李梅芳,齐阳阳,王梦婷,等.知识技能型共享经济平台活跃度的影响因素及其作用机理研究[J].研究与发展管理,2019,31(03):99—108.

[13] 彭兰.平台机制与用户意愿:知识付费的两大要素解析[J].中国编辑,2018(11):11—17.

[14] 孙凯,王振飞,鄢章华.共享经济商业模式的分类和理论模型——基于三个典型案例的研究[J].管理评论,2019,31(07):97—109.

[15] 姚慧丽,毛翔宇,金辉.考虑平台影响因素的虚拟社区知识共享演化博弈研究[J].运筹与管理,2020,29(12):82—88.

[16] 田颖,常焙筌,田增瑞,等.是否知识共享?——基于开源数字创新社区视角[J/OL].科学学研究,2021,39(08):1—22.

[17] Hotelling H.. Stability in Competition[J]. Economic Journal, 1929, 39(153): 41-57.

[18] Mussa M., Rosen S.. Monopoly and Product Quality[J]. Journal of Economic Theory, 1978, 18(2): 301-317.

作者简介

王宇,江苏南京人,南京大学长江三角洲经济社会发展研究中心副教授,硕士生导师。研究方向为产业组织理论、互联网经济与创新理论。

汤泽,江苏镇江人,南京大学商学院硕士研究生。研究方向为共享经济。

李阳,重庆人,南京大学商学院硕士研究生。研究方向为产业组织理论。

From Extensive Development to Intensive Cultivation —Analysis of Differentiated Competition and Welfare of Knowledge-sharing Platform

Wang Yu　Tang Ze　Li Yang

Abstract: With the continued growth of the sharing economy, existing knowledge-sharing platforms in the market are focusing more on the quality of products and services rather than just scale expansion. Can the above changes promote the benign development of the knowledge sharing industry? By constructing a differentiated duopoly competition model between knowledge-sharing platforms, this paper analyzes how market competition results and social welfare are affected by the quantity and quality of information. The results show that, compared with pure information quantity competition, when two knowledge-sharing platforms in the market have quantity advantages and quality advantages respectively, the differentiated competition between them can achieve higher social welfare, and when the knowledge sharing market has a strong network externality, the sharing platform with higher quality can gain higher competitive advantages.

Key Words: Sharing economy　Knowledge sharing　Differentiated competition　Quality competition

跨界融合背景下澳大利亚出版业就业统计及其对中国的启示*

孙俊新　Terry Flew

摘　要:出版领域的跨界融合同时伴随着人员的流动,这不仅改变了出版领域的就业结构,而且挑战了传统的就业统计方法。本文采用澳大利亚人口普查数据,从行业和职位的双重维度,将出版领域的就业区分为专业性就业、支持性就业和嵌入性就业,揭示了澳大利亚出版业深度融合的现状及就业结构的变化。研究发现,澳大利亚出版业就业高度集中,嵌入性就业约占总就业的40%,且就业从出版向其他经济部门的溢出将推高从业人员收入和增加值贡献。这一结果不仅为中国出版业融合发展提供了模式性参考,而且澳大利亚所实践的行业和职位双重维度的统计方法,也为产业融合背景下中国文化产业的就业统计提供了方法性借鉴。

关键词:出版　就业　统计　澳大利亚　溢出效应

一、引　言

文化与经济的融合通常分为三个阶段:1.0阶段,文化是经济的附属;2.0阶段,文化产业成长为独立的经济部门,独立创造产值和就业;3.0阶段,除了经济价值,文化在激发社会凝聚力和创造力方面的作用被进一步强调,文化同其他经济部门的融合进一步深化。(UNWTO,2018)中国"十四五"规划多次提到产业融合,涉及众多文化领域,这种融合必将带来人员的跨部门流动,有必要对各部门就业重新统计,但传统统计方法以行业为统计单位,模糊了行业和职业的界限,不能完整反应3.0阶段就业的真实情况。这一不足对出版业的影响尤其明显。从行业的角度看,出版业既有出版职位,也有非出版职位;从职业的角度看,出版职位既存在于出版业,也存在于非出版业。当单纯考虑出版行业时,出版业就业规模下降,其引申

*　本文系首都对外文化贸易研究基地重点项目(WHMY16A002)的阶段性成果。

的政策含义是减少出版人才培养，但事实上，其他行业的出版人才的需求可能增加，甚至抵消出版行业人才需求的减少，此时引申的政策含义是保持甚至扩大出版人才供给。可见，如果不能完整描绘就业版图，将可能误判行业发展形势。国外对这一现象早有研究，并已经在实践中推广新的统计方法，其中尤以澳大利亚的表现最为亮眼。为此，本文详细阐述澳大利亚新的统计方法及其实践所揭示的澳大利亚出版业发展特征，回应出版领域人才流失等热点关切，以期为中国出版业发展提供借鉴，为中国文化产业就业统计提供参考。

二、文献综述

就业是衡量出版业经济贡献的常见指标，如世界知识产权组织即是从增加值、就业和对外贸易三方面评估各国版权产业经济贡献。(WIPO，2020)近年来，在全球出版收入和资源(尤其是新闻编辑室)持续萎缩的背景下(World Association of News Publishers，2019)，中国编辑出版专业一直在走下坡路，与之相反，零售、金融等传统产业对出版编辑人才需求增加，适应融合出版和移动互联网的新兴出版编辑人才缺口很大(刘蒙之和刘战伟，2017)，但现行统计规则尚不能全面揭示这一就业结构变化。中国的行业统计标准遵循《国民经济行业分类》，国家统计局发布的《文化及相关产业分类》也是以此为基础形成的派生分类；《职业分类与代码表》提供了职业分类标准，并被直接用于人口普查，但各类普查数据仅提供行业就业或职位就业信息，不能提供行业和职业的交叉统计信息。

文化产业的就业统计前后经历了三个发展阶段(Higgs 和 Cunningham，2008)：第一阶段以英国数字、文化、媒体和体育部(DCMS)在 1998 年发布的文化产业地图为代表，仅从行业的视角考虑文化产业内部就业(DCMS，1998)；第二阶段以中国香港地区(Centre for Cultural Policy Research，2003)、加拿大安大略省(Gertler 和 Vinodrai，2001)为引领，基于行业和职业的双重视角，将文化产业的就业分为专业性就业(出版业出版职位的就业)与支持性就业(出版业非出版职位的就业)或者专业性就业与嵌入性就业(非出版业出版职位的就业)两部分展开分析；第三阶段同样基于行业和职业的双重视角，法国文化部(French Ministry of Culture，2005)和澳大利亚昆士兰州(SGS 和 CIRAC，2005)率先将文化产业的就业分成专业性就业、支持性就业、嵌入性就业三部分，并经过欧洲多国和澳大利亚十余年数轮统计实践逐渐完善。

澳大利亚文化产业起步早，其文化和经济融合发展的实践居于世界前列。澳大利亚联邦政府在 1994 年率先发布《创意国家》，成为全球首个将文化产业发展作为经济驱动力的国家（傅特睿和刘睿，2018），并在 2013 年再次发布《创意澳大利亚》，明确将“促进文化部门对国家、社区和经济的贡献”作为文化部门五大发展目标之一。2017 年，澳大利亚统计局实施微观数据管理方式改革，研究人员在经过批准后能够通过 DataLab 访问人口普查数据，更进一步推动了学界的研究和这一统计方法在全国范围的尝试，这也是本文得以进行的重要依托。

三、方法与数据

澳大利亚将出版领域的就业分为三部分：专业性就业，即出版业出版职位的就业，是出版领域最核心的就业；支持性就业，即出版业非出版职位的就业，主要负责支持性、服务性工作（如管理、会计和技术支持工作）；嵌入性就业，又称溢出性就业，即非出版业出版职位的就业，代表着出版业对其他行业以人员融合为主要形式的溢出。

（一）统计分类

完善的统计分类是区分上述三类就业的前提。澳大利亚对行业的界定遵照统计局发布的《澳大利亚和新西兰标准产业分类》（Australian and New Zealand Standard Industrial Classification，以下简称 ANZSIC）。据此，出版业的内涵及编码见表 1。

表 1　澳大利亚出版业分类

ANZSIC 四分位编码	出版业英文描述	出版业中文描述
1612	Printing Support Services	印刷支持服务
5400	Publishing (except Internet and Music Publishing)	出版（互联网和音乐出版除外）
5410	Newspaper, Periodical, Book and Directory Publishing	报纸，期刊，书籍和目录出版
5411	Newspaper Publishing	报纸出版
5412	Magazine and Other Periodical Publishing	杂志和其他期刊出版
5413	Book Publishing	图书出版
5419	Other Publishing (except Software, Music and Internet)	其他出版（软件、音乐和互联网除外）

（续表）

ANZSIC 四分位编码	出版业英文描述	出版业中文描述
6000	Library and Other Information Services	图书馆和其他信息服务
6010	Libraries and Archives	图书馆和档案馆
6020	Other Information Services	其他信息服务

注：出版业的中文描述由作者翻译完成。

职业层面，澳大利亚对职业的界定遵照统计局发布的《澳大利亚和新西兰标准职业分类》(Australian and New Zealand Standard Classification of Occupations，以下简称 ANZSCO)。据此，出版职位的内涵及编码见表 2。

表 2 澳大利亚出版职位分类

ANZSCO 六分位编码	出版职位英文描述	出版职位中文描述
212200	Authors, and Book and Script Editors	作者以及书籍和脚本编辑
212211	Author	作者
212212	Book or Script Editor	书籍或脚本编辑
212400	Journalists and Other Writers	记者和其他作者
212412	Newspaper or Periodical Editor	报纸或期刊编辑
212413	Print Journalist	印刷记者
212415	Technical Writer	技术文件撰稿人
212499	Journalists and Other Writers	记者和其他作者
224200	Archivists, Curators and Records Managers	档案管理员、策展人和唱片经理
224211	Archivist	档案保管员
224611	Librarian	图书管理员

注：出版职位的中文描述由作者翻译完成。

（二）数据来源

本文的数据来自澳大利亚人口普查，系依托澳大利亚文化热点项目获得的授权。澳大利亚人口普查每五年开展一次，最近的一次发生在 2016 年，提供了行业和职业的交叉统计数据。在人口普查数据中，行业和职位分别按照 ANZSIC 六分位编码和 ANZSCO 六分位编码公布，很好地避免了重复计算或遗漏，保证了结果的准确度。

澳大利亚统计局人口普查数据提供 SA3(Statistical Areas Level 3,三级统计区域)、SA2(Statistical Areas Level 2,二级统计区域)和 LGA(Local Government Areas,地方政府区域)三个版本,其中 SA3 是 SA2 的加总,而 LGA 的地理边界曾发生调整而影响跨期比较,因此,本文最终采用 SA2 的结果进行分析。根据澳大利亚统计地理标准(Australian Statistical Geography Standard)的说明,SA2 是用于收集和传播人口普查数据的基本空间单位,覆盖整个澳大利亚,没有空白或重叠,这一级别的划分将能够展示城市级别(Metropolitan Areas)的发展,并能通过加总显示区域(Regional Areas)和州级别(State Areas)的信息。

四、分析结果

(一) 就业规模分析:嵌入性就业占比高,现有统计严重低估出版就业

2016 年,澳大利亚出版业就业总人数 37 002 人,其中非出版职位 27 753 人,且创意职位以外的职位的就业数量(21 291 人)远超出版职位的就业数量(9 249 人);出版职位总就业数量 38 151 人,其中仅 1/4 在出版业就业(表 3)。出版领域就业(包括在出版业和出版职位的就业)总人数为 65 904 人,其中 14.11%为专业性就业、41.99%为支持性就业、43.90%为嵌入性就业(表 3)。出版领域的就业占澳大利亚就业总人数的 0.65%,其中专业性就业占 0.09%、支持性就业占 0.27%、嵌入性就业占 0.28%。

表 4 对比了 2011 年和 2016 年两次人口普查的数据,并据此计算各行业各职位的年均复合增长率。可以看出,出版职位在除出版业以外的各行业都有明显增长,但因为出版业出版职位的就业下滑过大(−4.86%),导致文化产业中出版职位的就业规模下降 1.38%,总就业中出版职位的就业下降 0.41%。出版业中出版职位的减少主要源于出版业的收缩,但出版职位的下降比例 4.86%仍低于出版业就业下降比例 5.02%,表明出版业就业的收缩仍主要体现在支持性职位。同时,出版职位的增长主要来自文化产业,除电影电视和广播以外的文化产业的出版职位的增长均超过非文化产业 0.69%的增长速度。

表 3　2016 年澳大利亚出版领域就业人数

就业职位	出版业	其他文化产业	非文化产业	合计
出版职位	9 249	10 190	18 712	38 151
其他创意职位	6 462	160 239	273 275	439 976
创意职位以外的职位	21 291	188 901	9 520 852	9 731 044
合计	37 002	359 330	9 812 839	10 209 171

表 4　2011—2016 年澳大利亚分部门和职位的就业增长率(单位:%)

就业职位		文化服务产业			文化生产产业			文化产业	非文化产业	总计
		广告和营销	建筑和设计	软件和数字内容	电影电视和广播	出版	视觉艺术			
文化服务职位	广告和营销	2.28	2.48	6.47	3.53	−0.84	4.18	3.16	3.96	3.86
	建筑和设计	0.76	4.82	12.09	1.41	−9.63	1.09	4.50	3.10	3.98
	软件和数字内容	−0.22	3.17	5.71	2.01	−5.91	4.14	4.40	3.86	4.13
文化生产职位	电影电视和广播	−0.86	4.69	7.66	2.13	−3.02	2.67	1.95	4.48	2.38
	音乐和表演艺术	0.42	1.23	9.32	2.05	−5.94	4.45	3.64	5.23	4.30
	出版	7.98	2.45	4.14	0.02	−4.86	2.37	−1.38	0.69	−0.41
	视觉艺术	—	13.83	−17.66	3.38	−16.93	−0.38	−0.26	−1.94	−1.04
小计	创意职位	1.81	4.35	5.80	1.97	−4.55	2.83	3.14	3.61	3.43
	创意职位以外的职位	3.33	2.67	3.43	1.62	−5.37	3.35	2.06	2.58	2.57
	总计	2.57	3.65	4.27	1.84	−5.02	3.07	2.56	2.61	2.61

综上所述，出版业同时存在出版职位和非出版职位，且非出版职位的规模远超出版职位，在出版业总雇员人数下降的背景下，非出版职位的缩减速度超过出版职位的缩减；出版业以外存在大量出版职位且规模远超出版业内部出版职位，文化产业中出版人才就业规模接近非文化产业中出版人才就业规模；出版业以外行业吸纳出版人才的能力不断增强，文化服务产业中出版职位增长速度明显高于文化生产部门；支持性就业和嵌入性就业的规模远超过专业性就业，且嵌入性就业约占就业规模的40%。这一方面反映了出版业人员的流失，另一方面也表明各经济部门对出版人才的需求依旧迫切，提示产业间融合对出版业和其他经济部门都有着重要的意义。

(二) 就业集中度分析:地区集中度高，行业垄断特征明显

澳大利亚出版领域具有很高的地区集中度。新南威尔士州集中了最多的专业性就业(38.40%)、最多的嵌入性就业(36.05%)和最多的支持性就业(40.00%)。维多利亚州紧随其后，在三类就业中占比都居于第二。两个州合计占到出版业和出版职位总就业60%以上(见表5)。

表5 2016年澳大利亚出版领域就业的地区分布(单位:%)

州/领地	专业性就业	嵌入性就业	支持性就业
新南威尔士州	38.40	36.05	40.00
维多利亚州	27.33	27.69	26.34
昆士兰州	13.82	15.11	14.15
西澳大利亚州	6.81	8.62	7.70
塔斯马尼亚	2.21	1.60	2.02
首都领地	4.53	4.36	3.04
北领地	0.88	0.94	0.57
南澳大利亚州	6.02	5.64	6.19
合计	100.00	100.00	100.00

出版领域的就业约80%集中在首府地区(表6)，除了塔斯马尼亚集中度稍低，各州和领地出版领域就业近2/3集中在首府(表7)。这同澳大利亚人口分布集中在首府有密切联系。澳大利亚2/3的人口集中在首都城市地区，其中最集中的州是西澳大利亚(78.7%)和南澳大利亚(77.5%)，而最不集中的州是塔斯马尼亚(42.8%)和昆士兰州(48.3%)(Glenn,2016)。但出版领域就业在首府的集中度

明显高于人口在首府的集中度，从而出版领域就业在首府的集中不仅源于人口集中，更源于出版领域本身的行业集中和就业集中。

同高度的地区集中度相类似，澳大利亚出版领域的就业集中在规模较大的企业。表8的数据显示，澳大利亚出版领域超过半壁江山的就业在GST(Goods and Services Tax，商品和服务税)公司，而按照澳大利亚税务部门的规定，任意一家在澳大利亚运营的公司都需要注册ABN(Australian Business Number，澳大利亚营业号码)，只有年营业额超过75 000澳元的公司才需要注册GST，因此出版领域的就业高度集中在规模较大的公司。

表6 分首府和周边地区统计2016年澳大利亚出版领域就业(单位:%)

地区	专业性就业	嵌入性就业	支持性就业
首府	75.89	81.01	80.27
周边地区	24.11	18.99	19.73
合计	100.00	100.00	100.00

注:因为首都领地全境都被视为首都城市地区，因此表中的统计未包括首都领地。

表7 2016年澳大利亚出版领域在首府就业的比重(单位:%)

州/领地	首府	专业性就业	嵌入性就业	支持性就业
新南威尔士州	悉尼	82.01	81.63	86.18
西澳大利亚州	柏斯	81.11	88.43	87.17
维多利亚州	墨尔本	76.94	86.61	80.57
塔斯马尼亚	霍巴特	55.39	68.47	51.43
南澳大利亚州	阿德莱德	80.25	90.98	84.57
昆士兰州	布里斯班	55.79	63.58	61.33
北领地	达尔文	72.84	65.81	84.91

注:因为首都领地全境都被视为首都城市地区，因此表中的统计未包括首都领地。

地区和GST公司就业的高度集中印证了澳大利亚出版领域的高度垄断。以报业为例，澳大利亚联邦政府对媒体和媒体法规的调查曾得出“澳大利亚的报纸业是发达国家中最集中的产业之一”的结论(Finkelstein，2012)。1903年澳大利亚的八个首府共有21家日报并分属17个所有者，20世纪50年代已经逐渐合并为15家日报和10家所有者，2016年则只有10种大都市或全州范围发行的报纸，且澳大利亚新闻、费尔法克斯传媒(Fairfax Media)、七西传媒(Seven West Media)和APN新闻与媒体(APN News and Media)在2015—2016财年的收入约占报业收入的90%以上。(Dwyer,2018)

表8 分ABN和GST统计澳大利亚出版企业分布(单位:%)

公司类型	2011	2016
注册GST的出版企业占全部出版企业的比重	62.73	57.47
注册ABN未注册GST的出版企业占全部出版企业的比重	37.27	42.53

(三)从业人员收入分析:跨界融合推高从业人员收入

出版行业平均收入和出版职位平均收入均高于澳大利亚劳动力收入的平均水平。2016年,出版业雇员的平均年收入为65 500澳元,低于文化产业雇员的75 700澳元,高于非文化产业雇员的60 200澳元。(见表9)出版业中各职位的收入有所不同,出版职位的收入介于创意职位和创意职位以外的职位之间,为67 900澳元。出版职位在非文化产业中收入最高,达到69 000澳元,且出版职位的年均收入67 700澳元比澳大利亚劳动力收入的平均水平高11.35%。各产业中出版职位的平均收入都低于创意职位,且在非文化产业中担任创意职位的人收入最高,为86 100澳元。

一个有意思的现象是,非文化产业中出版职位、创意职位的收入都是对应职位中收入最高的。出版领域正在经历由数字经济所带来的前所未有的冲击,受此影响,出版人才的就业出现两极分化,一方面传统出版领域就业下降,另一方面新兴领域及高层次人才缺口很大,而跨界融合职位所获得的更高收入,从一个侧面体现了跨界融合的必要性和迫切性。

表9 2016年澳大利亚从业人员平均年收入(单位:澳元)

就业职位	出版业	文化产业	非文化产业	全部产业
出版职位	67 900	66 500	69 000	67 700
创意职位	71 100	74 300	86 100	81 500
创意职位以外的职位	61 500	77 000	59 400	59 800
全部职位	65 500	75 700	60 200	60 800

从业人员收入同行业增加值密切相关。理论上,行业增加值等于净产出,近似等于从业人员收入加上税前利润,且考虑利润率的通常分布范围,从业人员收入占

增加值的绝对比重。现实中,澳大利亚文化产业及其细分行业增加值约为从业人员总收入上下浮动 10%。综合表 3 和表 9 的数据可以计算澳大利亚出版领域从业人员总收入及收入结构,再结合表 4 的趋势分析,可以发现出版人才的跨界流动为出版领域创造了最多的增加值,印证了跨界融合的重要性。

五、研究结论、不足和启示

(一) 研究结论和不足

产业融合背景下出版业就业特征发生深刻变化,就业统计方法也需要与时俱进。借助澳大利亚相对成熟的统计体系和统计方法,上文分析了澳大利亚出版领域就业的特征及其溢出效应,主要结论如下:第一,嵌入性就业贡献大,忽视嵌入性就业将严重低估出版领域就业贡献。嵌入性就业占澳大利亚出版领域就业比重超过 40%,其规模和增速在近年来实现双增长,展现了出版业蓬勃发展的另一面。事实上,由于文化产业创新创意的贡献,这一统计方法不仅适用于出版产业,也适用于文化产业。(Hearn,2015)在各文化产业的细分领域,嵌入性就业的规模和增速普遍高于专业性就业,忽视嵌入性就业将导致相关细分领域的就业低估 25%—40%。第二,跨界融合推高从业收入。澳大利亚出版领域已经呈现出越来越明显的以人员流动为代表的强有力的跨界融合,并带来明显的经济收益,突出体现在嵌入性就业的收入明显高于专业性就业,表明行业间融合将推高从业人员收入、扩大出版业的增加值贡献。第三,澳大利亚出版业高度集中。这种高度集中性便利了信息的获取和传播。

澳大利亚的统计方法同时面临一些挑战,主要表现在:第一,未能有效捕捉新产业新业态新模式中的就业数据。ANZSCO 是 2013 年修订的,未能涵盖部分新兴职位,而下一次全面修订最早也要到 2021 年,即标准同现实之间存在 10—15 年的差距。第二,隐性就业问题。澳大利亚出版业中存在大量自由职业者,同时从事两个或两个以上的工作(Cunningham,2014),基于短期合同不定期地参与文化项目(陶斯,2016),导致大量隐性从业人员未能纳入统计,从而出版业的实际就业贡献将高于本文的分析结果。

(二) 研究启示

第一,鼓励全方位跨界融合,特别是出版同非文化部门间的融合。按照联合国《创意经济展望(2019)》的分析,文化和科技、信息、旅游、体育、金融等产业的不断融合已经成为中国、英国等众多国家文化产业发展的亮点。出版的跨界融合分为三个层面：出版领域内部传统业态和新兴业态之间的跨界融合；出版同游戏、动漫等其他文化领域的跨界融合；出版同教育、科技、卫生、财经等非文化部门之间的融合。同非文化部门的融合正是3.0阶段的核心，其所吸纳的出版职位的规模在澳大利亚已经接近前两种融合的总和，在中国这种融合也已经开始。与之类似，文化产业因其溢出效应显著，同其他部门的融合将为打造中国经济高质量发展的支点贡献力量。

第二，建立基于行业和职业双重维度的统计制度，为产业融合背景下的就业评估提供支撑。在文化和经济融合发展的1.0和2.0阶段，单纯考虑出版业内部就业是可行的，而步入3.0阶段，文化和经济的融合增强，如果继续将行业或者职业作为唯一统计单位，将严重低估出版等外部溢出效应明显的行业的就业贡献，且无法充分评估行业融合程度，影响行业发展趋势判断。“融合发展关键在融为一体、合而为一。”随着行业间融合增强，改革现行的就业统计制度，详细区分专业性就业、支持性就业和嵌入性就业将变得非常重要。

第三，重视嵌入性就业，不惧人员跨界流动。产业融合不仅仅是单纯的相“加”，更是相“融”，是从“你是你、我是我”变成“你中有我、我中有你”，进而变成“你就是我、我就是你”。因此，产业融合必将伴随人员流动。一方面，新业态的出现增加了出版领域的支持性就业，并带来大量兼职就业和隐性从业人员（如兼职网络写手），拓宽了出版领域的人才库。另一方面，作为传统产业，嵌入性就业带来了更高的就业流失，导致出版业就业人数下降，这种现象在转型时期存在是正常的，无须过度担心。同时，大量外流人员所从事的工作内容和依托的工作能力仍同出版相关，应该计入出版的就业贡献。

第四，支持新业态新模式健康发展，打造数字经济新优势。2020年发改委等多部门联合发布《关于支持新业态新模式健康发展　激活消费市场带动扩大就业的意见》，明确新业态新模式对扩大就业、提高从业人员收入有重要作用。《2019年全国出版从业人员收入调查》显示，新兴出版的人均薪酬水平和增幅均比传统出版更具竞争力。特别是在抗击新冠肺炎疫情中，包括数字出版在内的数字经济发挥了不可替代的积极作用，成为推动我国经济社会发展的新引擎。这一变化改变了新旧业态中从业人员的收入水平，而这又将进一步加深从业人员在企业内部、传统业态和新业态之间、文化部门和非文化部门之间的流动。

第五，适度提高产业集中度，培养强大市场主体。随着负面清单和自贸区先行先试经验的推广，外资所面对的市场准入、持股比例、进入方式等方面的限制不断放宽。为迎接不断增强的市场竞争，有必要打破条块分割、地区封锁、城乡分离的封闭格局，鼓励出版企业跨地区、跨行业、跨媒体、跨所有制、跨国界兼并重组和资源整合，加速培育和壮大一批实力雄厚的新闻出版企业，努力打造具有国际竞争力的跨国出版传媒集团。

参考文献

[1] UNWTO. Report on Tourism and Culture Synergies[R]. UNWTO, 2018.

[2] Higgs P., Cunningham S.. Creative Industries Mapping: Where have we come from and where are we going? [J]. Creative Industries Journal, 2008(1).

[3] DCMS. Creative Industries Mapping Documents 1998-Publishing[EB/OL]. https://assets.publishing.service.gov.uk/government/uploads/system/uploads/attachment_data/file/193582/Creative_Industries_Mapping_Document_Publishing.pdf.

[4] Centre for Cultural Policy Research, the University of Hong Kong. Baseline study on Hong Kong's creative industries [EB/OL]. https://www.createhk.gov.hk/en/link/files/baseline_study.pdf.

[5] Gertler M., Vinodrai T.. Designing the economy: A profile of Ontario's design workforce[EB/OL]. https://www.yumpu.com/en/document/view/36614819/designing-the-economy-a-profile-of-ontarios-design-workforce.

[6] French Ministry of Culture. Cultural employment in Europe Cultural employment represents 2.5% of total EU employment [EB/OL]. https://ec.europa.eu/commission/presscorner/detail/en/STAT_04_68.

[7] SGS Economics and Planning Pty Ltd in conjunction with Creative Industries Research and Applications Centre. Mapping Queenslan, Creative Industries: Economic Fundamentals [EB/OL]. https://eprints.qut.edu.au/2425/1/Mapping_Qlds_Creative_Industries_Economic_Fundamentals.pdf.

[8] WIPO. The Economic Performance of Copyright-Based Industries[EB/OL]. https://www.wipo.int/copyright/en/performance/.

[9] World Association of News Publishers. World Press Trends 2019[EB/OL]. https://www.wan-ifra.org/reports/2019/10/28/world-press-trends-2019.

[10] 刘蒙之，刘战伟. 融合出版背景下编辑出版人才市场需求分析与培养改革思考——基于 2017 年就业季 120 条编辑出版类招聘信息文本的词频考察[J]. 出版科学，2017，25(05).

[11] 傅特睿，刘睿. 澳大利亚文化创意产业政策法规[M]//刘睿，傅特睿. 澳大利亚文化市

场研究. 北京:中国商务出版社,2018.

[12] Glenn. Latest figures show population further concentrated in Australia's capital cities [EB/OL]. https://blog. id. com. au/2016/population/population-trends/concentrated-population-growth-in-australias-capital-cities/.

[13] Finkelstein R.. Report of the Independent Inquiry into Media and Media Regulation / by R. Finkelstein assisted by M. Ricketson [M]. Canberra: Dept. of Broadband, Communications and the Digital Economy, 2012.

[14] Dwyer T.. FactCheck: is Australia's level of media ownership concentration one of the highest in the world? [EB/OL]. https://theconversation. com/factcheck-is-australias-level-of-media-ownership-concentration-one-of-the-highest-in-the-world-68437.

[15] Hearn G.. The Creative Fulcrum: Where, How and Why the creative workforce is growing[M]//Andersen L., Ashton P., and Colley L.. Creative Business in Australia: Learnings from the Creative Industries Innovation Centre 2009 - 2015. Sydney: University of Technology Sydney ePress, 2015.

[16] Cunningham S.. Creative labour and its discontents: A reappraisal[M]//Hearn G., Bridgstock R., Goldsmith B., Rodgers J.. Creative Work Beyond the Creative Industries. Cheltenham: Edward Elgar Publishing, 2014.

[17] 露丝·陶斯. 文化创意经济概述[M]. 周正兵,译. 大连:东北财经大学出版社,2016.

作者简介

孙俊新,山东泰安人,北京第二外国语学院经济学院教授,首都国际服务贸易与文化贸易研究基地研究员。研究方向为国际文化贸易与投资、国际服务贸易与投资。

Terry Flew,澳大利亚人,澳大利亚昆士兰科技大学数字媒体研究中心教授。研究方向为文化经济、数字经济。

Employment Statistics of Australian Publishing Industry Against a Backdrop of Cross-border Integration and its Reference Value to China

Sun Junxin Terry Flew

Abstract: Cross-border integration in the publishing field is accompanied by the flow of personnel, which not only changes the employment structure in the publishing field, but also challenges traditional employment statistics methods. Based on Australian census data, this paper divides the employment in the publishing field into professional employment, supportive employment and embedded employment from the dual dimensions of industry and position, and reveals the current situation of deep integration of Australian publishing industry and the change of employment structure. It is found that employment in Australia's publishing industry is highly concentrated, with embedded employment accounting for about 40% of the total employment, and the overflow of employment from publishing to other economic sectors will increase employees' income and value-added contribution. This result provides not onlya model reference for the integration and development of China's publishing industry but a methodological reference for the employment statistics of China's cultural industry under the background of industrial integration.

Key Words: Publishing Employment Statistics Australia Overflow effects

文化黏结、技术创新与设计表现：“一带一路”背景下壮侗民族文创产品的创新路径探索*

梁　韵　刘东涛

摘　要：民族文创产品是民族文化传承的载体之一，但当前民族文创产品存在产品同质化现象严重、创新不足、文化符号错用乱用等现象，同时，我国少数民族聚居区多处于国家或区域边界处，位于“一带一路”区域经济空间建设的战略布局之下，深入探讨新背景下民族文创产品的设计呈现形式，通过民族文创产品作为载体进行民族文化交流传播，对外可连接海外，增进不同区域、国家间的经济交流与文化认同；对内可以实现地域文化的创新，从而推动民族技艺的活态传承目的。艺术、技术与文化之间关系的探讨，也能为民族的活态传承和地方文化产业的创新发展提供思路。

关键词：“一带一路”　文化认同　设计转化　文化赋能

一、引　言

“一带一路”倡议是国家于 2013 年基于谋求自身发展的同时共促各国发展而提出的倡议。它积淀了以和平合作、开放包容、互学互鉴、互利共赢为核心的丝路精神，而中华优秀传统文化先天具有的共赢、共享、共建诉求契合了丝路精神，也是这种内在诉求在国家层面的体现。①我国多数民族聚居区处于国家或区域边界处，

* 基金项目：国家社会科学基金青年项目“‘一带一路’视角下壮侗民族织锦类特需品创新发展机制与路径研究”(17CMZ032)、山东省社会科学规划研究项目“民国时期中国山水画的时空观嬗变研究”(14CWYJ02)的阶段性成果。

① 赵振羽. 一带一路彰显中华优秀传统文化魅力[EB/OL]. http://theory.people.com.cn/n1/2017/0905/c40531-29514765.html, 2017-9-5.

位于“一带一路”区域经济空间建设的战略布局之下。比如具有具备多民族融合特点的西南民族典型代表——壮侗民族主要分布于湘桂黔地带，就从属于国家21世纪“海上丝绸之路”以及中国—中南半岛经济走廊（“一带一路”框架下六大走廊之一）区域经济空间建设的战略格局之下。此外，以壮侗民族为代表的少数民族与国内外多种民族文化相近。深入探讨新背景下民族文创产品的设计呈现形式，通过民族文创产品作为载体进行民族文化交流传播，对外可连接海外，增进不同区域、国家间的经济交流与文化认同；对内可以实现地域文化的创新，从而推动民族技艺的活态传承目的。然而，当前大部分的民族文创产品设计缺乏对本民族文化进行主动积极传承及传播的自觉性，大部分仅围绕获取商业经济利益这一单一目的而进行。另一方面，人工智能等新技术（如AI、数字技术、智能硬件等）的兴起，让在新技术背景驱动下的民族文创产品的设计呈现方式悄然产生了变化。传统设计形式下的民族文创产品创新乏力，传承不足，比如作为民族织锦代表的壮侗民族织锦，在进行民族文创产品设计的时候，大都围绕服装或围巾等家居产品作为设计载体，进行图案、色彩等设计创新，这类被称为民族风的服装设计范围较为局限，也由于受审美偏好限制，这类民族文创产品的受众较少。即使出于文化传承目的单纯使用织锦图案符号进行传播（比如建筑设计上使用织锦图案），也因为呈现方式不完整，使得民族文化及内涵在转译过程中形成缺失。

“一带一路”倡议的实施与新技术的兴起深刻影响了社会的各个方面。如微信红包这一网络文化的形成和传播则很好地印证了这一观点：2015年微信推出电子红包并在羊年与春晚合作，微信借助技术的手段将春节仪式感移入网络空间，并迅速席卷了海内外华人聚居区，而春节发红包的民俗则借助微信抢红包这一有趣互动的形式通过网络进行传播并受到海外前所未有的关注和认可。① 同样的案例还有支付宝春节集五福活动。“一带一路”倡议的实施、新技术的兴起等引发的社会语境的改变，也让学者们对民族文化传承的方式和媒介产生了新的思考。在“一带一路”对不同区域、国家间加强经济交流与文化认同的诉求下，探讨民族文创产品设计的新形式，也许能为民族的活态传承和地方文化产业的创新发展提供思路。

二、“一带一路”背景下民族文创产品的诉求

我国多数民族聚居区处于国家或区域边界处，位于“一带一路”区域经济空间

① 李易儒.由网络新民俗看传统文化的日常性保护[M]//文化产业观察.北京：知识产权出版社，2018.

建设的战略布局之下。比如具有具备多民族融合特点的西南民族典型代表——壮侗民族在语言文化上属汉藏语系壮侗语族，与国内外多种民族文化（如越南的佬族、泰国的傣族等）相近。而作为民族文化典型代表的壮侗民族织锦，受文化亲缘性市场影响，它所蕴含的民族、文化属性较易获得周边区域的认可。从这个意义上来说，依托民族文创产品这个载体，能起到对外进行民族文化传播、对内促进民族区域经济发展的作用。而依托民族文化认同上的文化传播和经济交流，也有利于民族间的融合协作。

（一）桥梁构建：民族文创产品应搭建起各民族文化理解认同的桥梁

Phinney J. S. 认为民族认同是一个多维度建构，涉及族群感情、态度、知识和行为[①]，也是个体对其民族成员身份的认可，对其所属民族的积极态度，并为自己的民族特性怀有自豪的积极情感。[②] 而 Mccowan C. J. 和 Alston R. J. 则提出，民族认同更多的是一种文化认同，个人对一个群体的文化特性的接纳、承诺和参与其文化实践。[③] 文化认同是民族认同的基石，总的来说，文化认同具备三种形式，其一为同一民族的文化认同，其二为同一信仰的文化认同，其三为同一文化圈（或文明）的认同。[④] 在“一带一路”大背景下，民族文化应充当起对内进行积极的民族身份认同、对外起到促进各文化间融合互通的角色功能，这有利于增进民族融合，从而最终推动人类命运共同体的构建。如与国内外多种民族文化同源的壮侗民族，其聚居区域处于“一带一路”区域经济空间建设的战略布局之下，具有天然的多民族文化认同和进行对外传播的文化基础。民族文创产品是民族文化的物质表征，壮侗民族与部分居住在东盟国家的民族拥有相近的习俗以及生活方式等，但由于国家、区域间的地理因素制约，文化交流有限，而以民族非物质文化遗产（如民族织锦技艺等）为基础的民族文创产品，则可以冲破地理等因素的桎梏，搭建起各民族文化理解认同的桥梁。从这个意义上来说，拥有广泛民族文化认同的壮侗民族，其民族文创产品具备可传播的特性。以民族文创产品为载体，搭建多民族间文化理

---

① Phinney J. S.. Ethnic identity and self-esteem: A review and integration [J]. Hispanic Journal of Behavioral Sciences, 1991(2).

② Phinney J. S.. Ethnic identity in adolescents and adults: review of research [J]. Psychological bulletin, 1990(3).

③ Mccowan C. J., Alston R. J.. Racial identity, African self—Consciousness, and career decision making in African American college women[J]. Journal of Multicultural Counseling and Development, 1998(1).

④ 栗志刚. 民族认同的精神文化内涵[J]. 世界民族，2010(02)：1—5.

解认同的桥梁，而这也是基于“一带一路”的发展背景对民族文创产品提出的设计需求。

（二）再生途径：设计新形式的探讨为民族传统文化再生提供途径

在手工艺复兴和国家致力推动民族区域经济发展的背景下，民族文创产品得到前所未有的繁荣发展。以经济发展为目标，大多数的民族地区都依托民族文化这个卖点，发展民族旅游业。从表面上看，以民族非物质文化遗产（如民族织锦技艺等）为基础的民族文创产品广受欢迎，间接推动了民族文化的传播与传承，但实际上，大部分民族文创产品的形象及设计手法陈旧、更新缓慢、载体老化，易造成市场的审美疲劳，使得多数民族文创产品叫好不叫座，也不利于民族文化的正向、积极传播；另一方面，由于设计师并不全都熟识民族文化，造成流向市场的民族文创产品大都文化表征不明、内涵缺失①，作为文化传播载体的民族文创产品反而对民族文化进行了错误的传达，比如作为侗族织锦图案典型代表的踩堂纹、蜘蛛纹出现在了其他民族的绣片上，旅游区机绣的滥用也使得绣片设计同质化现象严重等。这类错误的传达使得本应承载深厚民族文化意义的文创产品变成仅供展示的装饰品，也与设计师借助文创产品进行民族文化传达、传承的初始设计意愿相悖离。而政府扶持政策的倾向性，也可能成为影响民族传统文化多样性传承发展的因素之一。为此，学者张朵朵对此提出了忧思：政府扶持不均会压制民族文化内部各个支系文化的均衡发展，更有甚者，这将会造成部分支系的手工技艺的衰落与消亡。由此可见，文化认同的缺失，设计形式、手法的匮乏以及行政力量的倾向性影响了民族传统文化的活化传承。而文化科技意识的抬头、网络媒体的介入等为民族传统文化再生提供新的途径和传承媒介，也是民族文创产品的设计新挑战。

（三）视觉表征：民族文创产品是民族形象的新视觉表征

国家的对外形象常常借助于特定的民族符号来象征。政府各级机构的对外交往中，也会经常通过宣传民族的传统文化，以提升国家或区域的文化软实力。② 比如作为广西传统民族符号的壮锦，一直充当政府间文化交流的载体。政府的这一行为促进了民族文化传播和传承，对内推动了民族间的文化融合和认同，对外也积极解决民族身份构建的问题。民族文创产品作为传统文化再生的载体与民族身份

---

① 张朵朵，刘兵. 当代少数民族手工艺技术变迁中的文化选择分析——以贵州苗族刺绣为例[J]. 科学与社会，2013，3(04)：66—80.

② 徐赣丽. 当代民俗传承途径的变迁及相关问题[J]. 民俗研究，2015(03)：29—38.

的新视觉表征，在对外传达积极正面形象的同时，也能减少因文化差异而引发的认知冲突。另一方面，民族文创产品作为民族身份的代表，也蕴含着民族文化资源内涵深化及外扩的可能性，也是建立积极正面的国家形象不可或缺的一部分。

三、"一带一路"背景下民族文创产品存在的问题

（一）产品同质化现象严重及文化内涵缺失

民族文化是在民族发展历程中逐渐形成的重要财富，它包含了民族代代相传的历史故事、习俗信仰、生活方式等。作为民族文化传承重要载体的民族文创产品在推进民族文化传承发展、构建多民族间文化理解认同上的重要性不言而喻。民族文创产品并非独立存在的个体，它与特定民族所依托的地域环境、人文生态等构成一个整体。民族聚居区域大都发展有限，相对封闭，保存了良好的自然生态和文化多样性。然而，随着如高铁建设等基础设施的完善及旅游业的兴起，旅游商品也日益兴旺。为了快速获取经济利益，地处民族聚居区的商户选择采用工业大批量生产的小商品而非民族手工艺品用于售卖。大量被快速模仿、复制的文创产品进入旅游市场，使得民族文创产品日益趋同，文创产品同质化现象严重，本应传承民族文化内涵的产品意义缺失；其次，由政府主导，出于传承及复兴民族技艺为目的的非遗传承培训（如非遗传承人群研修培训计划等），在与各类文化快速融合过程中，民族文化的独立性也逐渐消退，产品的设计也日益趋同。这类样式雷同、劣质的民族文创产品难以彰显地域特色。

（二）产品创新不足及传播意识匮乏

民族文创产品主要以旅游商品的形式出现，旅游业的发展带动了旅游商品市场的繁荣，但市场上鲜少有具备影响力的民族文创产品，民族文化并未得到有效传播。

首先，民族文创产品以小规模私人作坊为主。以旅游商品形式出现的民族文创产品的来源主要来自义乌小商品市场或本地。广西百色市靖西县旧州村素有"绣球之乡"的美誉，旧州村手工制作的绣球是壮民族文化的代表之一，壮族绣球也多产于此，旧州村几乎家家都以家庭为单位制作绣球进行售卖。然而多年来，绣球的设计、制作几乎一成不变，缺乏创新。以小规模私人作坊为主力的民族文创产品缺乏创新的动力和资源，更无法形成有效的文化传播。

其次，民族文创产品开发水平与层次较低，技术参与程度有限。民族传统手工艺传承人大都没有接受过专业的美术设计教育，也由于受市场偏好、成本控制、审

美制约、材料选用等原因，民族文创产品的开发停留在较低层次。另一方面，民族文创产品过度商业化也背离了活化传承民族文化的目的，受经济利益驱使，大量表意不明的文创产品进入市场，破坏了民族文化的原真性。此外，技术的发展使民族文创产品设计有了新的设计手段，但技术在设计中的参与仍较有限。

最后，以手工艺人为制作主体的民族文创产品设计传播意识不强。为打造出更多具有广泛影响力的中国文化符号，腾讯集团副总裁、腾讯影业首席执行官程武提出了“新文创”的概念①，也给民族文化传承带来可供持续发展的思路。而民族文创产品设计大都以手工艺人为制作主体，他们大都社会地位低下，缺乏相应的文化知识产权打造和传播意识，也缺少运用科技进行产品创新的手段。

（三）民族传承脱节及民族符号使用混乱

少数民族聚居区多处于相对偏僻和贫困落后的地区，工业化、城镇化的加速发展使得民族聚居区的大量年轻人前往城镇聚居，由于外出就业、学习的年轻人日渐增多，现代文明的融合、审美观念的改变以及时间的限制等使得迅速吸收异质文化的年轻人逐渐失去传承动力，对本民族文化及符号日渐生疏。这导致了民族传承缺乏内驱力。而民族传统村落空巢化现象严重，借由民族节庆等活动进行文化传承、族群凝聚的节日逐渐被忽略，即使由于旅游业发展而被开发的民族区域，也由于为了迎合商业需求，而举行缺乏内涵的民族展演。民族传统文化继承乏力，赖以生存的文化土壤逐渐失去，也由此造成民族传统手工艺逐渐衰落、难以传承，造成民族文创产品所依托的文化土壤养分缺失。旅游业的发展虽然促进了民族地区的经济发展，但也引起民族符号滥用的现象，比如贵州各地旅游景区的民族刺绣绣片，大都来自贵州凯里的机绣。贵州凯里机绣的繁荣，却使贵州各地苗族支系手工刺绣发展受到影响。② 民族传承的脱节及民族文创产品中存在的图案符号混用、滥用现象突出，都不利于民族文化的正向传播。

四、“一带一路”背景下民族文创产品的创新路径探索

原有的民族文创产品设计手法一般为产品仿生法、产品语义法等，产品设计过程中更多的创新聚焦在产品外观、材料、纹样上，而忽略了产品本身所隐含的文化

① https://baike.baidu.com/item/新文创/22573461? fr=aladdin[EB/OL].新文创.

② 张朵朵，刘兵.当代少数民族手工艺技术变迁中的文化选择分析——以贵州苗族刺绣为例[J].科学与社会，2013，3(04)：66—80.

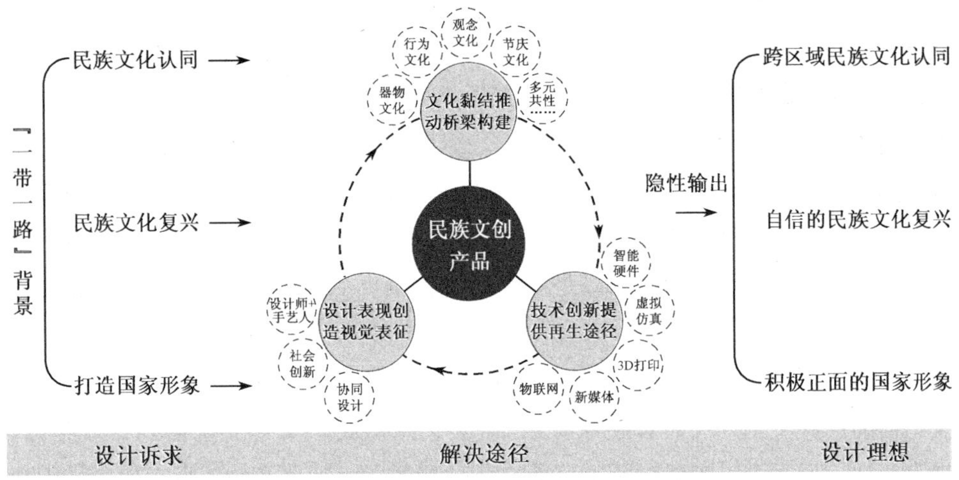

图 1 “一带一路”背景下的民族文创产品创新路径

传承。这一思路和方法在文化旅游市场兴起之初，解决了市场对文创产品的需求。但随着社会的发展、技术的进步、审美的改变以及国家环境的变化，原有的民族文创产品设计已经不能满足市场的需求。它不仅需要面对产品个体创新的挑战，还被时代赋予了民族文化的传承及传播使命。探索“一带一路”背景下民族文创产品设计的路径，不仅能够从微观层面进行产品设计创新，进而解决设计同质化、产品创新不足等问题；从宏观层面来说，也是推动民族文化传承及认同，凝聚民族团结和打造积极正面的国家形象的途径。

（一）强化文化黏结推动桥梁构建

全球化的推进使得地域边界变得日益模糊①，由于文化的差异，各个民族多样性文化之间的交流引发了区域化和全球化、差异性和关联性的矛盾。在对外交流过程中，强调民族间的共性，可以减少不同民族、区域间由于文化差异而引发的冲突。② 以强调和平合作、开放包容、互学互鉴、互利共赢为核心的“一带一路”倡议，为不同文化之间的对话提供了沟通准则。区域间的求同存异的发展，有助于促进双方文化共存、交流和认同。民族文创产品作为民族文化的载体，应重点关注它所承载的文化价值，在设计的过程中，积极连接多元主体，寻求跨区域相似民族文化

① GIDDENS A. The Consequences of Modernity[M]. New Jersey: John Wiley & Sons, 2013.

② 闵晓蕾，季铁. 参与式设计中的文化间性与设计对话[J]. 包装工程，2019，40(08)：54—59.

的共性，广泛汲取力量和资源来进行设计，并最终搭建起各民族文化之间理解认同的桥梁。传统的民族文创产品设计大都追求商业利益而忽略附着在文创产品上的文化软输出，而这种文化软输出恰巧能成为海外对中国民族文化进行认知的渠道。第三届中国设计大展的作品《百鸟林》就是跨民族文化沟通的作品案例，多数民族有崇鸟的习俗（如壮、侗、瑶、苗和吴越地区的崇鸟文化等），《百鸟林》在不同民族织锦上进行鸟纹样设计并借用声音、视觉等手段融合各民族的技艺进行设计，融合了多种技艺手法和文化的《百鸟林》是多民族文化融合的典型作品，成为各民族无障碍沟通的桥梁。

（二）技术创新应用为民族文化提供再生途径

当前民族文创产品设计手法陈旧，缺乏创新。民族文化无法得到有效传播。借用新技术手段可以极大地拓宽民族文化传播的渠道和传承的范围。比如借用微信小程序和 App，可以将民族传统文化通过网络的形式加以保存、更新，并赋予传统文化以新的生机和活力。[①] 故宫博物院联合网易共同推出的叙事手游《绘真·妙笔千山》以《千里江山图》为创作蓝本，将青绿山水画以全新面貌向全球玩家呈现。技术的介入也为民族非遗带来了崭新的设计形式，由设计师孟昕和国家级侗锦织造技艺传承人粟田梅联合设计制作的《红色织机》作品则使用了智能硬件技术对传统的侗锦织造进行创新，《红色织机》使用了光导纤维来替代纬线进行织造，织机机体和织锦均采用了中华民族的代表色彩——红色，红色的光导纤维和织线交错，将非遗手工、现代科技、艺术表现融合在一起，整个装置设计显得庄严肃穆。技术的介入在保有民族传统的同时，为民族文化的创新提供了新的再生途径。

（三）借助民族文创产品打造民族形象的新表征

从文化层面来说，个体民族身份的确认和民族认同是建立在其对民族传统文化的认同基础上的。[②] 一个民族的正向身份感，能产生强大的心理力量，给个体带来安全感、自豪感、独立意识和自我尊重。[③] 推动文化产业“走出去”，在全球市场竞争中成长，除了在经济层面给民族区域带来积极的推进作用以外，还能在精神层面强化民族内部的认同感。准确使用民族文化符号，依托民族文创产品，打造积极正面的民族形象，进而树立本民族的自豪感，更能增进民族内部的稳定，也减少各

---

① 李易儒.由网络新民俗看传统文化的日常性保护[M]//文化产业观察.北京：知识产权出版社，2018.

② 栗志刚.民族认同的精神文化内涵[J].世界民族，2010(02)：1—5.

③ 徐讯.民族主义[M].北京：中国社会科学出版社，2005：53.

民族文化差异所引来的冲突。然而，当前民族文创产品存在文化符号错用、滥用等现象，主要原因除了民族文化持有人本身意识落后，进行民族文创产品设计的设计师对民族文化不熟识也是主要原因之一。因此，在进行民族文创产品设计时，不同背景的群体（如民族手艺人、设计师等）协同进行共创设计就显得异常重要，而社区参与、跨民族文化沟通等则有助于避免传达有分歧的文化符号。深圳的开物成务文化科技公司进行的刺绣音响运用不同民族的刺绣手法，通过借助通用的产品载体——音响，开发既具有民族差异性（不同的刺绣手法）又带有共性（共同的文化沟通符号——鸟纹样）的产品。开物成务的设计案例说明，民族文化之间具有差异性，但可以借助文化符号的共性来进行融合设计，避免产生分歧，从而达到借助文创产品打造民族对外交流的积极形象的目的。

五、结　语

原有的民族文创产品设计形式大都关注产品本身，而忽略产品存在的社会语境，"一带一路"倡议的提出为民族文创产品设计提出了新的诉求。一方面，民族文创产品亟须创新，这是民族文化传承和民族区域经济发展的需求。当前的民族文创产品设计的同质化现象、创新不足、传承脱节及民族文化符号使用混乱等现象削弱了民族间的文化认同，也使得民族文化在转译的过程中形成缺失。另一方面，全球经济发展不断影响着地域文化，多样文化间的交流引发了区域化与全球化、差异性与关联性的矛盾，民族文创产品可以作为多文化沟通的软性输出，为不同文化之间的沟通创造条件和测试基石，推动多民族文化之间的文化共存、交流及认同。

此外，设计、技术与文化的无间互动，有助于推动民族文化价值与全球价值的融合，技术的发展为民族文化提供了一个新的创新及展示渠道，设计作为引导民族文化正向发展的手段之一，具有重要的引导作用。借助民族文创产品这个载体，使用共通的文化符号进行融合设计，可以减少不同民族区域间的分歧，进而打造积极正面的民族、国家形象。

作者简介

梁韵，广西贵港人，广西师范大学副教授。研究方向为文化资源的设计转化、文化产业等。

刘东涛，山东济南人，济南大学美术与设计学院副教授。研究方向为文化产业。

Cultural Cohesion, Technological Innovation and Design Performance: the Creative Products of Zhuang and Dong Nationalities Explore the Innovative Path under the Background of the "the Belt and Road Initiative"

Liang Yun　Liu Dongtao

Abstract: National cultural creative products are one of the carriers of national cultural heritage. However, at present, the cultural and creative products of ethnic minorities are characterized by serious product homogenization, insufficient innovation, misuse and abuse of cultural symbols. At the same time, most of the ethnic minority areas in China are located at the border of the country or regions. Under the strategic layout of the regional economic space construction of the "Belt and Road Initiative", the design presentation forms of the national cultural and creative products under the new background are discussed thoroughly. National cultural exchanges and communication carried out with national cultural and creative products as carriers can connect the country to the rest of the world and encourage the economic exchange and cultural identity across different regions and countries; also, theycan realize the innovation of regional culture and promote the living inheritance of national skills. The study of the relationship between art, technology and culture can also provide ideas for the living inheritance of a nation and the innovative development of local cultural industries.

Key Words: "the Belt and Road Initiative"　Cultural identity　Design transformation　Cultural empowerment

产业集聚

江苏省体育产业基地空间特征与发展策略研究

王 进

摘　要：选取江苏省体育产业基地为研究样本，运用最邻近指数分析法、地理集中指数法、核密度强度指数法等方法，研究江苏省体育产业基地的分布规律及发展策略。结果表明，① 江苏省体育产业基地整体空间分布呈现南部集聚、北部分散的特征；② 在不同类型体育产业基地中，体育装备制造类产业基地集聚程度高，特色综合类、健身培训类、体育旅游类、体育场馆类基地呈现出分散性布局；③ 江苏体育产业基地的发展模式主要包括都市圈发展模式、扬子江城市群发展模式和大运河沿线发展模式。通过本研究加快体育产业基地建设，形成体育产业关联循环体系，以期在江苏全域构建更加科学的体育产业基地空间布局和发展模式。

关键词：体育产业　基地　空间布局　策略

一、引　言

为贯彻落实《省政府关于加快发展体育产业的实施意见》，做大做强江苏体育产业，提升区域竞争力，促进产业大融合，江苏省自 2009 年开始启动省级体育产业基地建设与管理工作。体育产业基地则是体育产业集群发展的高级化形态，是为了发展体育产业而建立的集群式示范区，是在体育产业发展方面具备相当基础、规模和特色的地区，在体育产业重点领域具有较大影响力和较强竞争力的单位或机构，以及在体育产业特定领域成绩显著、具备较好经济和社会效益的活动或项目的总称。

经过十年的发展，江苏省形成了一批具有相当基础、规模和特色的体育产业基地，且发展势头良好，为江苏省体育产业的发展起到了较好的示范与驱动效应，使江苏省体育产业在发展规模和产业集聚等方面得到了较大的提升。但是整体来看，区域布局存在不均衡的状况。因此，通过研究江苏省体育产业基地在省域、区域和市域空间尺度的发展布局及其关系，揭示江苏省体育产业基地的发展规律，并以资源禀赋、发展阶段、功能定位来谋划江苏体育产业基地的空间布局，对于进一步配置要素资源，发挥区域优势，建设特色显著、功能性高和综合实力强的体育产业基地具有重要的现实意义及理论指导价值。

二、文献回顾

目前，国内学者对于体育产业基地的研究角度主要分为四种，分别是：① 体育产业基地综述类研究，② 体育产业基地建设与发展现状以及对策相关研究，③ 体育产业基地空间布局方面研究，④ 体育产业基地价值作用方面研究。其中关于体育产业基地建设与发展现状以及对策相关研究最多。

在体育产业基地综述类的研究之中，学者们大都从一个较大的架构或者从一个相对较长的时间线来研究体育产业基地。李雨阳等人通过研究 2006—2018 年我国体育产业基地发展历程，分析了体育产业基地在空间格局上发生的变化以及出现拐点的原因，指出国家级体育产业基地分布呈现出东部地区集中、西部地区分散的特征，得出基地分布由中南地区向中原地区转变，重心偏移逐渐稳定等结论。[1]姜同仁等人在文章中对国家级体育产业基地发展现状做了研究，指出目前基地发展势头良好，体育产业基地对体育产业发展的推动作用较为明显。[2]近年来，国家相关部门对于体育产业基地空间布局的推进力度不断加大。方春妮等就近十年我国学者关于体育产业基地相关内容主要成果进行归纳总结，并对影响产业基地发展的因素进行排序，认为地方政府在基地建设中发挥着重要作用。[3]

在体育产业基地建设与发展现状和对策的研究中，学者们对基地的发展现状进行了深入研究，并基于此提出了一些发展对策和前景展望。有的着手研究产业基地核心竞争力，合理利用波特钻石模型，归纳总结出了影响基地竞争力的主要因素，并在此基础上构建出一套体育产业基地竞争力评价指标体系。[4]赵彬彬等充分结合区域经济学和核心竞争力理论，研究分析了辽宁体育产业基地的发展状况，设计出一套适宜辽宁省体育基地发展的战略模型，并提出提高体育产业核心竞争力的战略措施。[5]有的研究从体育产业基地面临的问题和困境出发，以晋江国家体育产业基地为例，学者赵少聪等分析了福建体育用品制造业运营存在的困境，指出体育用品制造业的发展需要体育产业政策、基础设施等支持，并且提出需要通过理念创新、科技创新等手段推进体育用品制作业服务转型。[6]有的研究从基地的可持续发展策略出发，谭震皖通过对苏南国家体育产业基地进行研究，指出其发展中存在的问题,并针对其问题,提出了一体化发展战略等。[7]有的在对建设经验与启示挖掘的基础上进行研究,付群通过对张家港和徐汇区进行调查研究,梳理总结出了国家体育产业示范基地建设和发展的经验。[8]该部分的研究涉及体育产业基地发展的各个方面,研究的视角或大或小,有的研究将全国全部体育产业基地作为目标对象,有的则聚焦到某个地方某个省级体育产业基地。

在体育产业基地空间布局相关研究之中,学者们大多数是基于产业集群理论视角下进行的。有学者对国家体育产业基地的空间分布进行研究,研究结果发现各地区基地空间分布较分散,属于随机性分布,其中八大经济区空间分布密度差异性较大。该研究在体育产业基地区域空间分布等问题的研究上起到了启示和指导作用。冯建强从产业集群理论出发,分析了我国体育产业基地在运营过程中存在的不足,并提出了相应的解决措施。

在体育产业基地价值作用方面的研究中,学者们运用了一些经济学的知识和理论来研究体育产业基地对地方经济的影响。温阳等人对国家体育产业基地运行状况进行调查,研究分析了基地建设对于社会发展的贡献程度和经济刺激水平,在此基础上构建了体育产业基地经济社会发展贡献指标体系,全面总结了体育产业基地对区域经济发展水平的刺激作用。[9]张强等运用了双重差分法对15个地区的体育产业基地进行研究,分析基地发展对于拉动地区经济增长的影响,最终得出基地的建设有利于地区经济的发展,合理的空间布局能够有效缩小不同地区之间经济发展差距的结论。[10]

体育产业基地的建设对体育产业的发展起着明显的带动作用,David Shilbury等众多学者曾对体育产业集群的形成和发展机制等进行了系统研究[11][12],并指出体育产业集群具有提高生产力、提高创新能力和带动相关产业发展等功能。

总之,体育产业基地的研究在产业集聚、价值功能、评价指标等方面都有涉及,但对于体育产业基地在省域、区域、市域不同空间尺度的分布特征等方面的研究相对较少。为此,本研究运用ArcGIS空间分析方法,从地理学空间视角探讨体育产业基地的分布均衡性,为协调推进体育产业基地发展质量以及优化空间布局提供一定的理论指导。

三、数据来源和研究方法

(一) 数据来源

本文中的不同空间是指省域、区域、市域三个研究尺度,其中区域尺度包括沿海经济带、江淮生态经济区、淮海经济区（“1+3”重点功能区），苏锡常、宁镇扬、徐州经济都市圈以及苏南、苏中、苏北，主要根据各地区的资源状况、发展水平、目标定位等进行区域划分。江苏省体育产业基地数量、基地名称、基地类型、基地产值、基地企业等数据均来源于江苏省体育产业报告和各市体育产业年度总结等。基于江苏省体育产业基地地理坐标（经度、纬度），运用 ArcGIS 的“添加 XY 数据”工具，绘制出体育产业基地地理空间分布图。

（二）研究方法

1. 最邻近指数法

最邻近指数指实际最邻近距离与理论最邻近距离之间的比例。本研究将体育产业基地作为近似成点状要素，利用最邻近指数测量与反映其空间分布状况。根据最邻近点指数的测算，可以判别了解体育产业基地的空间分布情况。该指数的公式为：

$$R=\frac{\bar{r}_1}{\bar{r}_E}$$

在此公式中，R 为最邻近点指数；$\bar{r}_E=\frac{1}{2\sqrt{D}}=\frac{1}{2\sqrt{m / A}}$ 为理论最邻近距离，其中 A 指区域面积，m 指点数，D 表示点密度。若最邻近点指数 $R=1$，则表明体育产业基地在空间上呈现随机分布特征；$R<1$ 表明空间分布较聚集；$R>1$ 则表明分布趋于均匀；$R=0$ 表明呈现完全集中分布。

2. 地理集中指数

地理集中指数主要用来表示区域分散集中程度。将该指标引入体育产业基地研究中，可表明体育产业基地在省际尺度上的分布集中情况。其公式为：

$$G = 100\% \times \sqrt{\sum_{i=1}^{w}(X_i / T)^2}$$

在公式中，G 表示江苏省地域上体育产业基地的地理集中指数；X_i 为第 i 个市体育产业基地的建设数量；T 为体育产业基地的建设总数；w 为江苏省下辖地级市数量。

3. 核密度强度分析法

核密度强度能够反映江苏省体育产业基地在空间上的分布特征及其形态变化。核密度值越大，表明体育产业基地分布越集中。其公式为：

$$f(x) = \frac{1}{nh}\sum_{i=1}^{n}k(\frac{x-X_i}{h})$$

公式中，$f(x)$为核密度估计值：$k\left(\frac{x-X_i}{h}\right)$为核函数；$n$ 为体育产业基地的建设数量，h 为窗口宽度；$x-X_i$ 表示估值点 x 到求点 X_i 的距离

四、江苏省体育产业基地空间特征

(一) 省域分布呈现梯度带状密集特征

1. 整体分布

利用 ArcGIS 软件中的密度分析工具 Density 制作江苏省体育产业基地核密度图，用来表明江苏省体育产业基地的空间分布集中程度(见图 1)。如图所示，江苏省体育基地数量在各个区域分布不平衡，呈层次性空间分布特征，形成以南京、苏州、无锡地区为核心的三大密集区，其余地区较为分散。

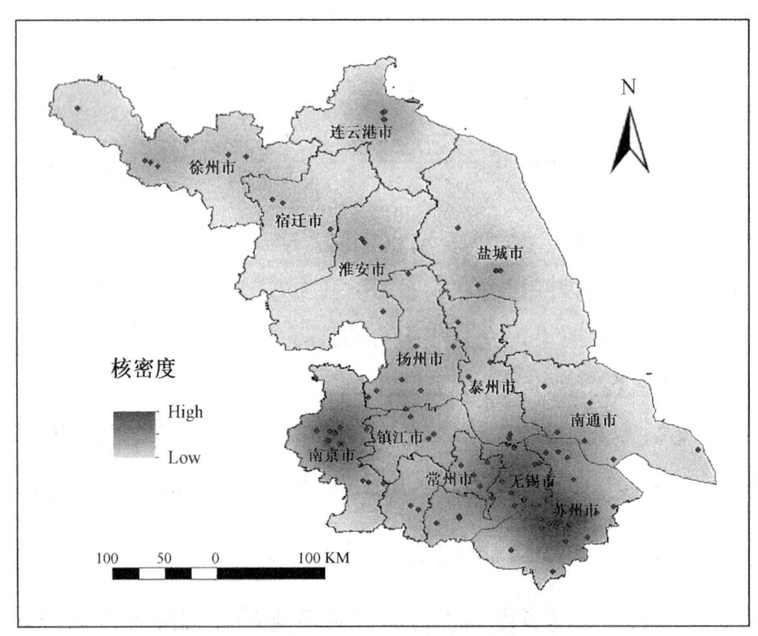

图 1　江苏省体育产业基地核密度

近年来，江苏省将创造充满活力的创新创业环境看作是增强产业发展稳定性和有序性的有效途径，积极推动政府、企业、大学和研究机构联合创新，构建开放式创新发展体系。产业空间优化是产业的商业部门和生产要素在地理上迁移和转移的过程，目的是选择最适宜的发展位置，需要重新合理组织要素和空间配置。产业空间优化是一个自觉性、自发性的行为，其优化动力主要分为内在需求和外在刺激

两种，同时也受到政府的宏观调控。

体育产业基地的建设和发展就是一种产业空间优化的行为，通过促进相关产业专业供应商、服务组织和配套设施在空间上的聚集，吸引企业投资、常驻，并以此积累和加强一个地方的凝聚力。

2. 不同类型体育产业基地分布

表 1　江苏省体育产业基地的类型($n=100$)

类型	总计	比例(%)
体育制造类	31	31.00
特色综合类	24	24.00
健身培训类	20	20.00
体育旅游类	13	13.00
体育场馆类	12	12.00

从体育产业基地类型来分析，目前江苏省体育产业基地类型主要是体育制造类、特色综合类、健身培训类、体育旅游类、体育场馆类五大类。其中，体育制造类占比最高，达到 31%；说明江苏省以体育制造类产业集群类型的体育产业基地为主。其次是特色综合类和健身培训类，分别占 24%和 20%，这表明江苏省户外资源状况与休闲健身发展战略相适宜，能够为创建和培育以综合类和健身培训类的产业基地提供有效支撑。总体来看，江苏省产业基地总体态势良好，不同类型的体育产业基地均有较大发展空间。

随着国家层面关于促进相关产业融合发展政策的陆续出台，体育产业迎来更多的发展机会，我国体育产业基地规模化、集聚化发展的步伐也不断加快。同时体育产业本身的转型升级也具有强烈的高效发展诉求，产业基地无疑是很好的产业聚集发展模式。

由图 2 可知，江苏省不同类型体育产业基地在空间分布上存在显著差异，基地建设数量上从北到南呈递增趋势。体育制造产业是当前江苏省产业基地数量最多、发展最快的业态，体育制造类产业基地虽遍布在苏南、苏中、苏北各个区域，但大多数布局在江苏南部地区，苏南地区也因此成了省内著名的体育制造区；体育场馆类和特色综合类产业基地分布在以南京、镇江、常州、无锡、苏州等城市为中心的带状密集区，徐州、盐城、南通等少部分苏北和苏中地区有所分布；体育旅游类体育基地分布较为分散，主要布局在经济发达、环境资源较好的南京、镇江、无锡、苏

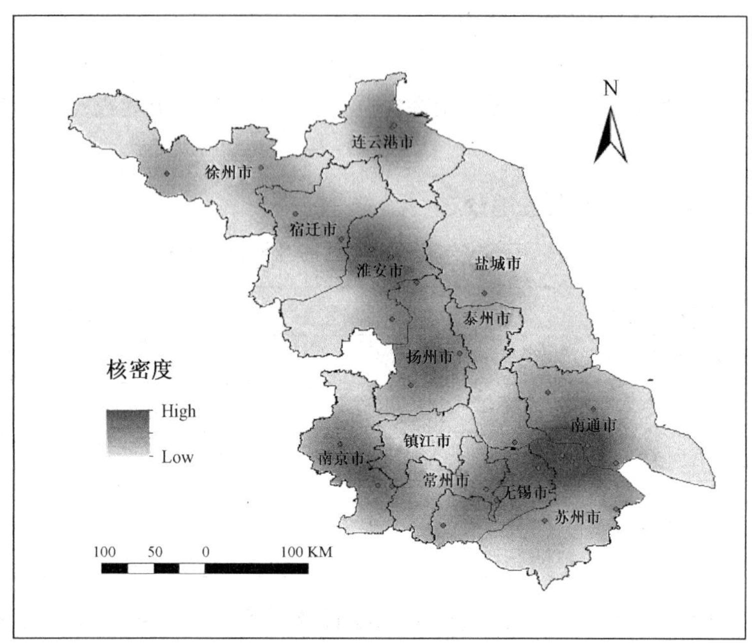

体育制造类基地核密度

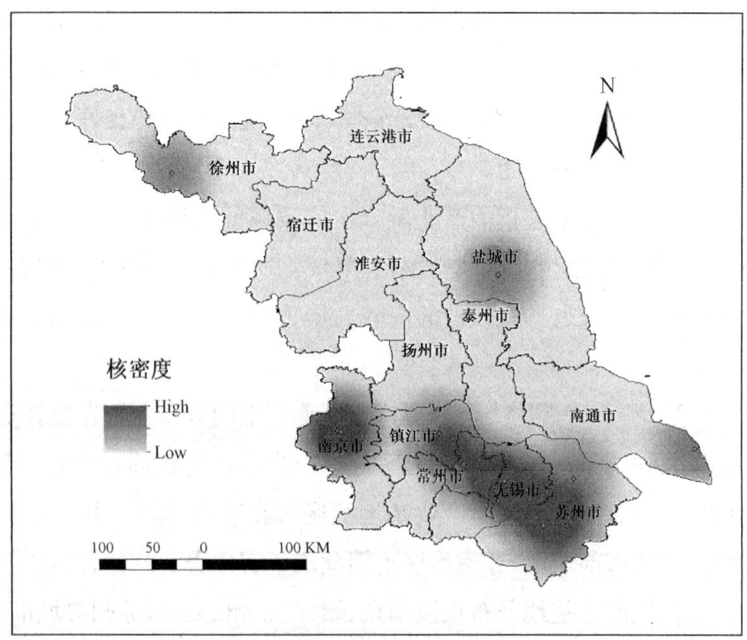

体育场馆类基地核密度

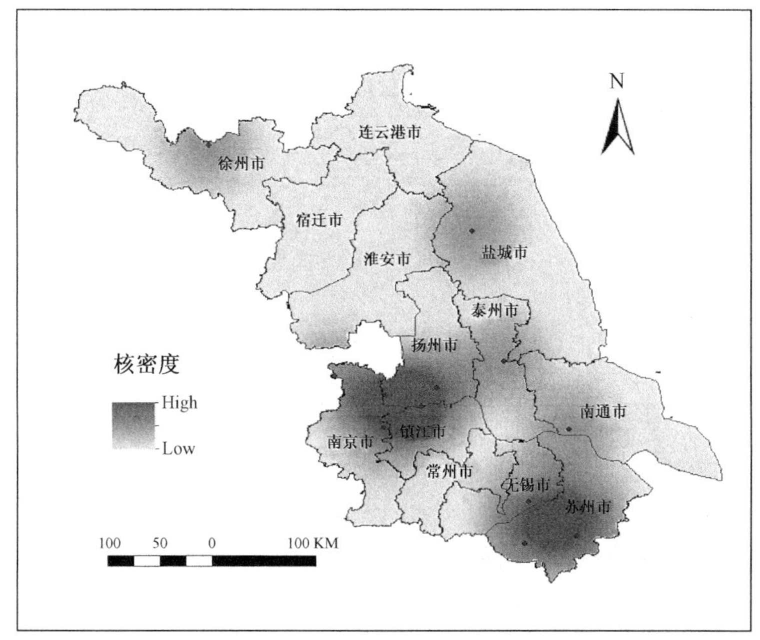

体育旅游类基地核密度

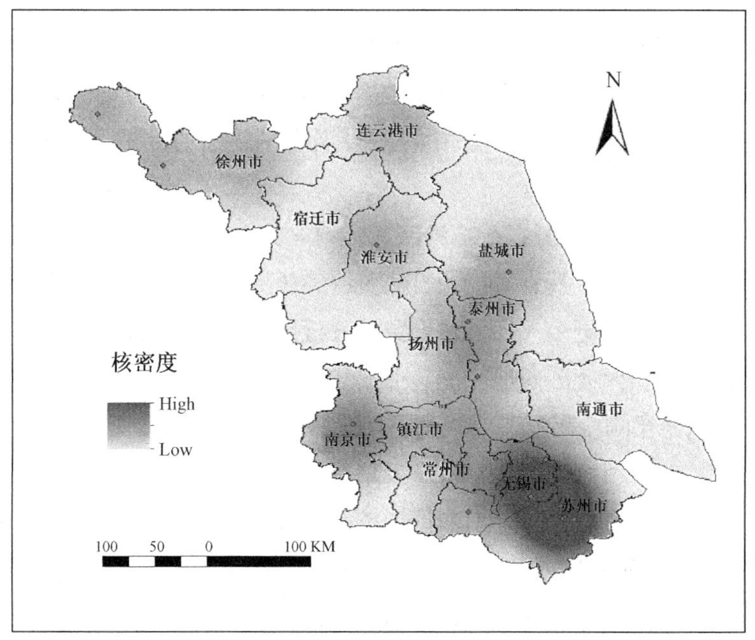

健身培训类基地核密度

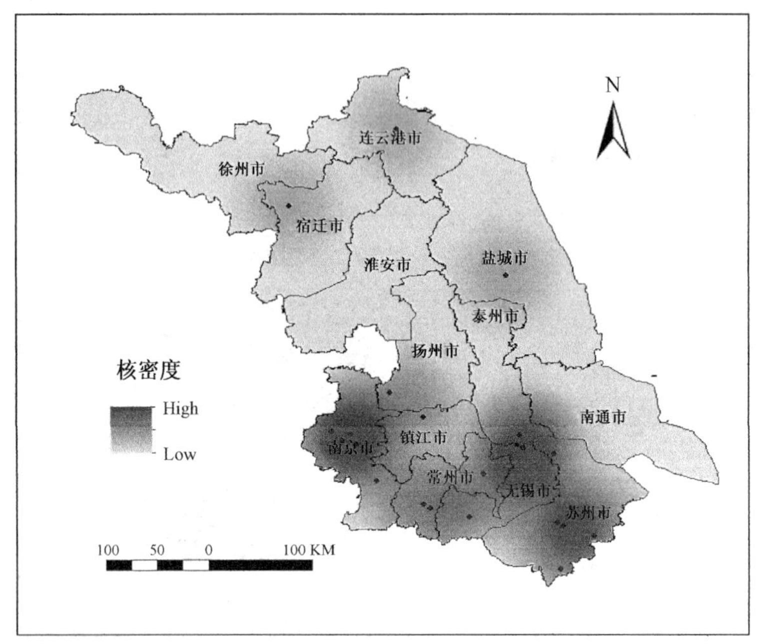

特色综合类基地核密度

图 2　江苏省不同类型体育产业基地核密度

州等苏南地区，零散分布在扬州等几个资源相对较弱的地级市；随着人们对生活质量要求的不断提高，人们对健身休闲的欲望也越来越强烈，健身培训业得到迅猛发展，产业基地遍布江苏省各区域，其中经济发展水平越高的地域分布数量越多，如南京、苏州等。

省域体育产业基地的分布受多种因素影响。首先，地理环境影响较大，拥有优越地理环境的地区，往往具有富饶的自然资源和便捷的交通条件，能够接收到周围城市的辐射带动，吸引更多人、财、物聚集。分析来看，苏南地域的地理环境条件明显优于苏北和苏中，因此苏南地区能够形成体育产业密集区。

（二）区域分布的城市群布局具有不均衡特征

长期以来，江苏根据地理位置将全省划分为苏南、苏中和苏北三部分。通过进行分区域、分层次、分类别指导，不断推动产业转移与升级，在各方面取得了显著的成效。但随着江苏发展进入新时代，就要求在更高层次上统筹区域协调发展，由同质竞争转变为协同发展，实现区域之间功能的转变。2017 年 5 月，江苏省提出"1＋3"功能区战略，打造江苏区域协调发展的新布局，该战略在规模和层级上具有其内在的合理性和科学性。2020 年 8 月，江苏省委十三届八次全会提出，要"做深做实苏锡常、宁镇扬一体化发展和锡常泰、苏通跨江融合，加快推进省内全域一体化”。以现代化都市圈为主要单元和重要抓手，通过现代化都市圈引领省域一体化，既是江苏贯彻落实中央精神、参与新一轮一体化区域布局的迫切需要，更是担负为国家发展探路使命、推动省域治理现代化走在前列的现实需要。

本研究结合“1＋3”重点功能区战略、江苏现代化都市圈战略以及苏南、苏中、苏北三大区域战略的实施，对江苏省体育产业基地在江苏不同层级城市的空间布局特点进行研究，以体育产业基地发展布局带动江苏体育产业发展优势，进而进一步推动江苏体育产业基地空间布局和优势互补，不断提升江苏区域产业发展的整体能级。

1. “1＋3 功能区”体育产业基地分布

2017 年 5 月，江苏提出“1＋3”重点功能区概念。其中，“1”指扬子江城市群，“3”指沿海经济带、江淮生态经济区和淮海经济区，想要通过战略实施实现江苏区域协调发展的新布局。从产业基地数量上来看，扬子江城市群产业基地数量都较其他三个区域为多，高达 67 个，其次是淮海经济区为 21 个，再次是沿海经济带，而江淮生态经济区发展规模最小，仅有 7 个。从级别角度上来看，扬子江城市群在国家级和省级产业基地数量上都较其他三个区域为多，沿海经济带有且仅有 1 个国家级产业基地，而淮海经济区和江淮生态经济区均没有国家级产业基地。总体上来看，四个功能区在空间格局分布上存在较大差距，扬子江城市群基地数量多，产业集聚效果好，有利于更快更好地发展；淮海经济区和沿海经济带发展处于中游，江淮生态经济区发展稍显落后。

表 2 “1＋3 功能区”产业基地空间分布

地区	国家级	省级	总计
扬子江城市群	10	57	67
淮海经济区	0	21	21
沿海经济带	1	14	15
江淮生态经济区	0	7	7

“1＋3”重点功能区战略的提出，充分发挥了扬子江城市群引导示范作用，以及淮海经济区、沿海经济带和江淮生态经济区的信息作用，能够充分激发江苏发展潜能，成为全省经济发展的重要引擎。对四个功能区的产业基地类型进行划分，体育制造类在四个功能区均发展良好，健身培训类和特色综合类发展一般，场馆类和旅

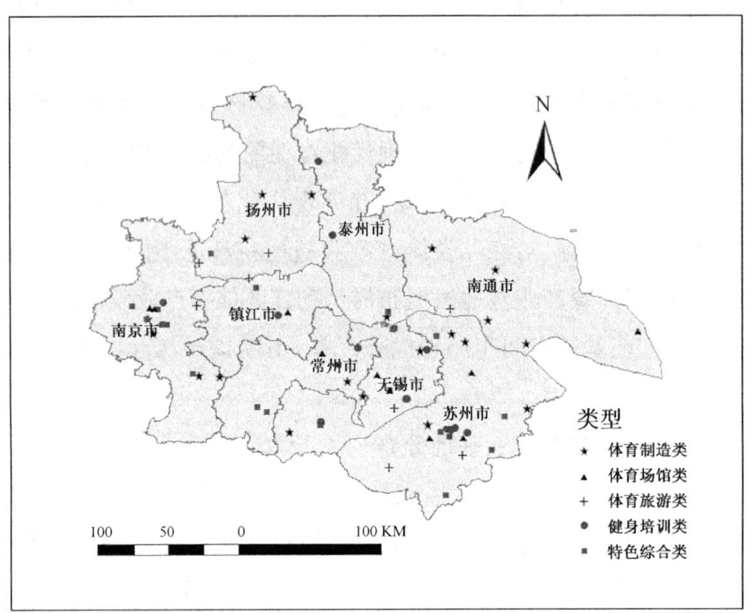

扬子江城市群

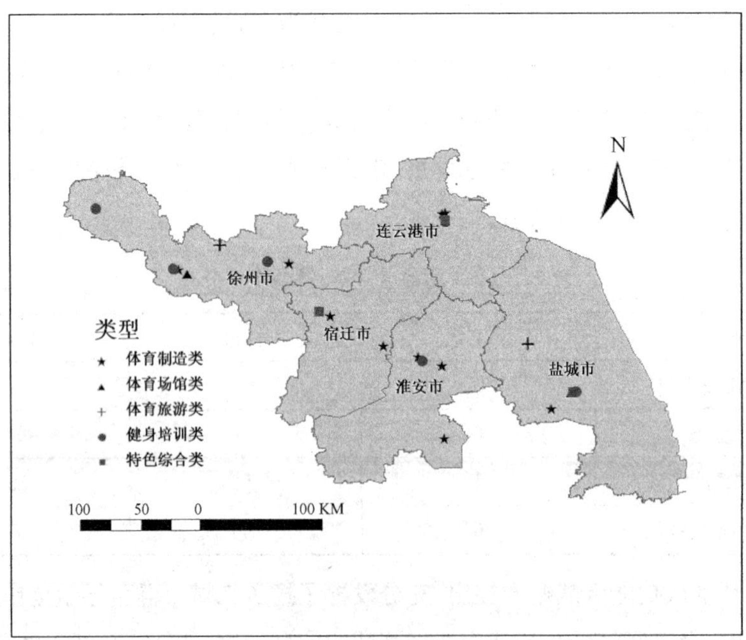

淮海经济区

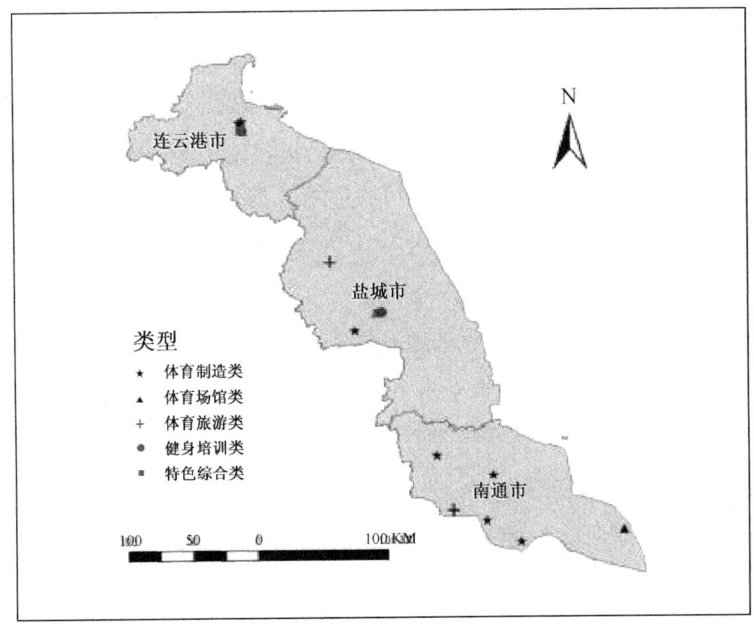

沿海经济带

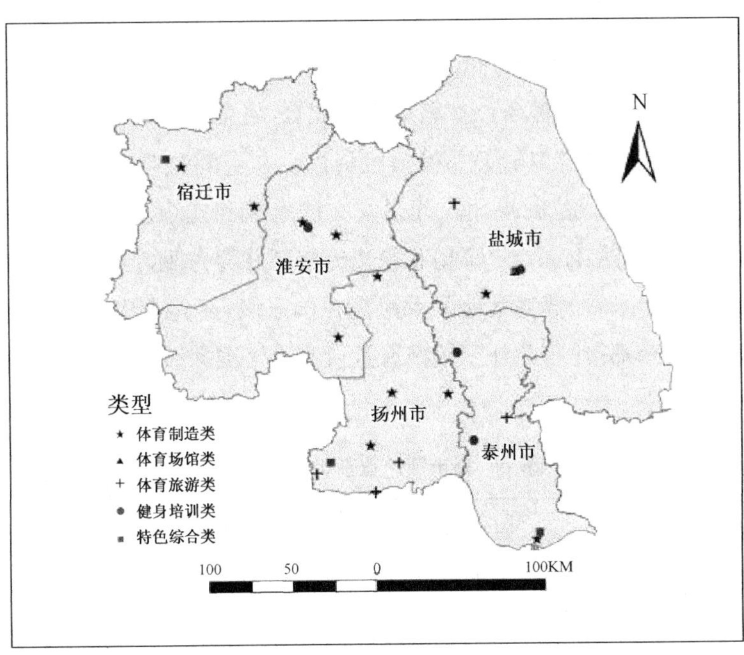

江淮生态经济区

图 3 “1+3 功能区”产业基地空间分布

游类仍有很大发展空间。其中,扬子江城市群在五种类型产业基地数量上均位居四个区域的首位。在该城市群中,苏锡常和南京布局的基地大多是制造类和综合类的,其综合类基地数量占全省综合类的78%;在沿海经济带中,体育制造类产业基地数量最多,其余四种类型基地数量相同,均为2个;在江淮生态经济区中,体育制造类产业基地数量最多,健身培训类和特色综合类基地均有且只有一个,体育场馆类和旅游类均没有得到开发,数量均为0;在淮海经济区中,体育制造类和健身培训类发展良好,其他类型则发展较为一般。

总的来说,“1+3功能区”产业基地发展利好,但是在不同城市群、经济带之间存在发展不均衡等问题,尤其是产业业态的发布差异性加大,经营效益和业态类型方面问题突出,导致体育产业在推动产业转型和消费升级方面的作用较小。从“1+3功能区”产业基地空间分布上来看,在将扬子江城市群视为江苏体育产业基地发展“主战场”的基础上,将淮海经济区和沿海经济带作为体育基地重要战略区域,充分利用江淮生态经济区生态价值,统筹“1+3功能区”内体育产业基地的分布,发挥各功能区集聚的功能和作用,注重区域协调发展,有效推动功能区内体育要素的有序流动,在更深层次形成互助互补、协作共赢、联系紧密的体育产业基地集聚群。

2. **都市圈体育产业基地分布**

从都市圈的角度对江苏省产业基地进行划分,将全省分为苏锡常(苏州、无锡、常州)、宁镇扬(南京、镇江、扬州)和徐州经济区。在空间分布上,都市圈体育产业基地空间分布呈现“一超”的局面。苏锡常在国家级和省级基地数量上均遥遥领先,产业基地数量高达40个,宁镇扬和徐州经济区并驾齐驱,但与苏锡常仍存在较大差距。从级别上来看,苏锡常地区无论是在国家级,还是在省级方面,数量上均明显多于其他两个都市圈,此外宁镇扬有且仅有1个国家级基地,而徐州经济区则没有国家级基地。

表3 都市圈产业基地空间分布

地区	国家级	省级创建	总计
苏锡常	8	32	40
宁镇扬	1	15	16
徐州经济区	0	14	14

都市圈的形成,在实现扬子江城市群、沿海经济带和江淮生态经济区的大协同

的同时，增强淮河生态经济带与扬子江城市群的对接能力；在稳步推进徐州经济区中心城市建设、促进四省十市共建的同时，以更加务实的态度推动江苏境内徐州都市圈发展，为苏北发展赋能。在基地类型方面，苏锡常布局的基地大多是综合类的，它不局限于某个体育产业部门，宁镇扬和徐州经济区则以体育制造业为主。在体育制造类基地方面，苏锡常和宁镇扬数量相等，均为 8 个；特色综合类方面，苏锡常发展态势较好；数量高达 13 个；在体育场馆类和健身培训类基地中，苏锡常在这两种类型基地数量上分别达到 6 个和 9 个，均占据了超过 50%的市场。而徐州经济区对于场馆和旅游类产业的发展相对薄弱；体育旅游类基地方面，宁镇扬发展领先，该类型产业基地数量高达 6 个，位于三个都市圈的首位，而徐州经济区发展相对薄弱，有且仅有 1 个该类型产业基地。

不同都市圈受到地域及经济水平的影响，对基地类型的发展侧重有一定影响。因此，未来各地需要在一定程度上因地制宜，在不同都市圈调整发展侧重点，力求更好、更快、更高效地发展，从而实现江苏体育产业基地错位布局和特色化发展。此外，徐州经济区作为国家级重点开发区域，要充分发挥其按照主体功能作用和引

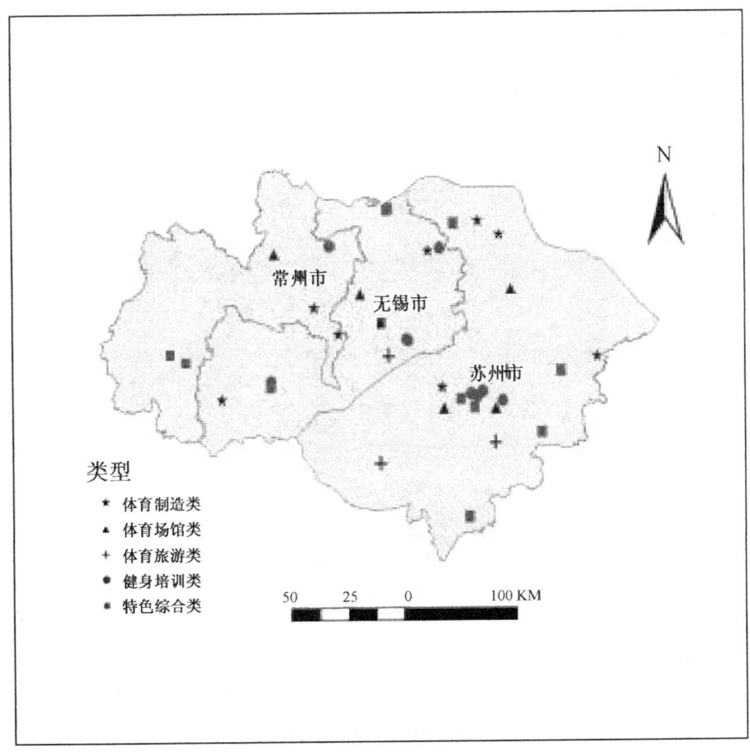

苏锡常体育产业基地

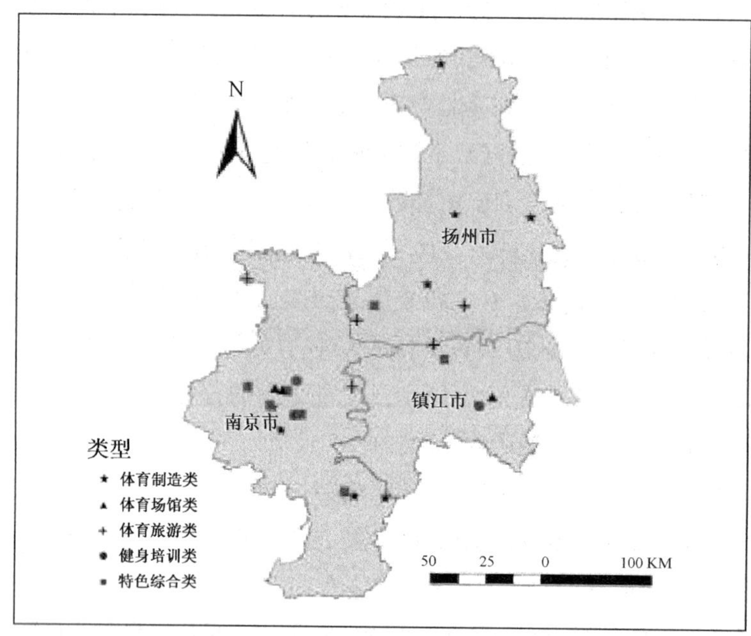

宁镇扬体育产业基地

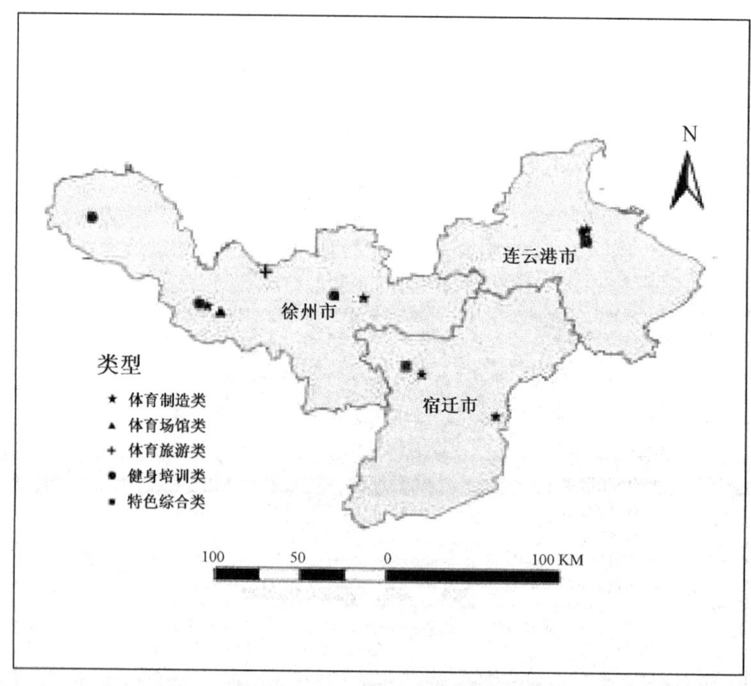

徐州经济区体育产业基地

图 4　都市圈产业基地空间分布

领辐射作用，积极创建国家级和多种类型的体育产业基地，在强化自身发展的同时，为周边地区的体育产业基地发展赋能。

3. 苏南、苏中、苏北体育产业分布

按照地理区域对江苏省进行划分，包括苏南、苏中、苏北三部分。苏南区域主要包括南京、镇江、常州、无锡、苏州，苏中区域包括扬州、泰州、南通，苏北地区包括徐州、连云港、宿迁、淮安、盐城。从数量来看，苏南地区国家级和省级产业基地数量存在较大优势，占比达到 53.4%；另外苏中占比 21.3%，苏北 25.3%，两者差距不大。值得注意的是，苏北目前仍没有国家级产业基地，应加快发展和规划，跟紧步伐。

表 4　苏南、苏中、苏北产业基地空间分布

地区	国家级	省级创建	总计
苏南	8	32	40
苏中	1	15	16
苏北	0	19	19

苏北多港口，具有强大的交通运输枢纽，是长三角地区国际货运的重要组成部分；苏南地区经济发达、体育产业发展迅猛；而苏中三市作为联通苏北、苏南的中间桥梁，对于传递苏南信息资源，辐射带动苏北发展，促进全省各区域协调发展具有重要的枢纽与传导作用。从基地类型方面来说，以苏锡常和南京为主力军的苏南仍然以特色综合类为重点，在此基础上实现各种类型的共同发展；苏中以体育制造类和特色综合类为主，场馆与健身培训方面较为薄弱；苏北的体育制造业发展良好，其他方面发展相对缓慢。在体育制造类中，三个地区发展同步，苏南和苏中均有 8 个该类型产业基地，苏北有 7 个该类型基地；在体育场馆类方面，苏南拥有的基地数量最多，为 6 个，其次是苏中 3 个，苏北 2 个；健身培训类方面，苏南发展较好，拥有 9 个该类型产业基地，然后是苏北，拥有 5 个该类型基地；体育旅游类方面，苏中的数量最多，其次是苏南和苏北；在特色综合类方面，苏南拥有的数量明显比其他两个地区多，高达 13 个，占总数的 50%以上。

就苏南、苏中、苏北三个地区而言，在基地数量和布局上呈现南多北少、南强北弱的局面，经济发达、设施完备的苏南地区体育产业基地投资总规模大于苏北地区。想要改变现状，苏中苏北地区需要在功能定位、空间规划、产业布局等方面进行细致思考与规划，修正和完善集群政策体系，通过互联网汇聚赛事资金流和信息

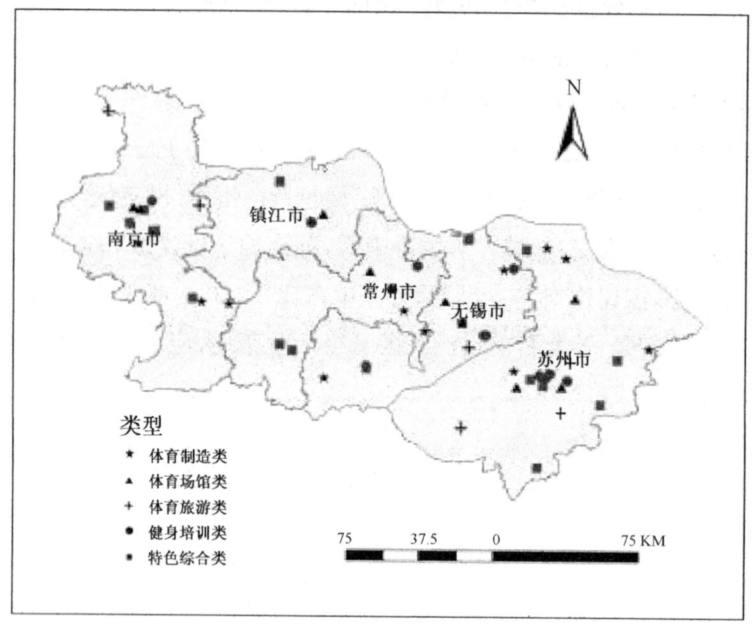

苏南体育产业基地

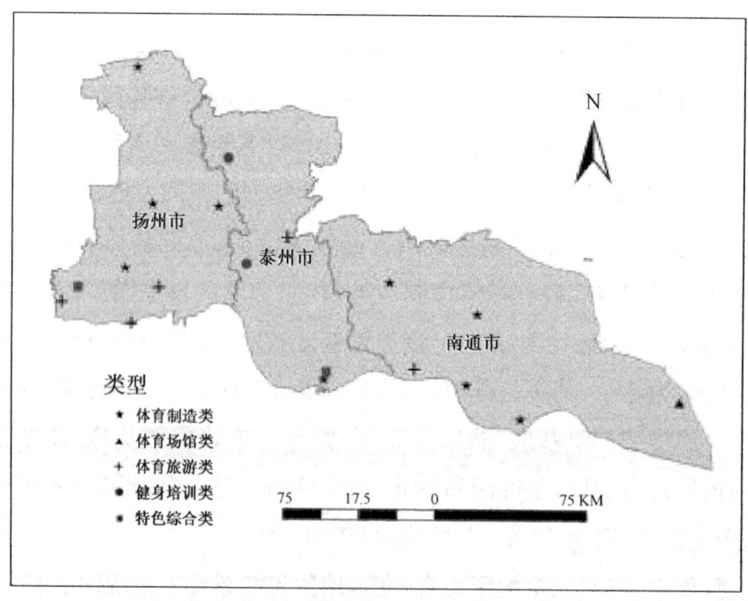

苏中体育产业基地

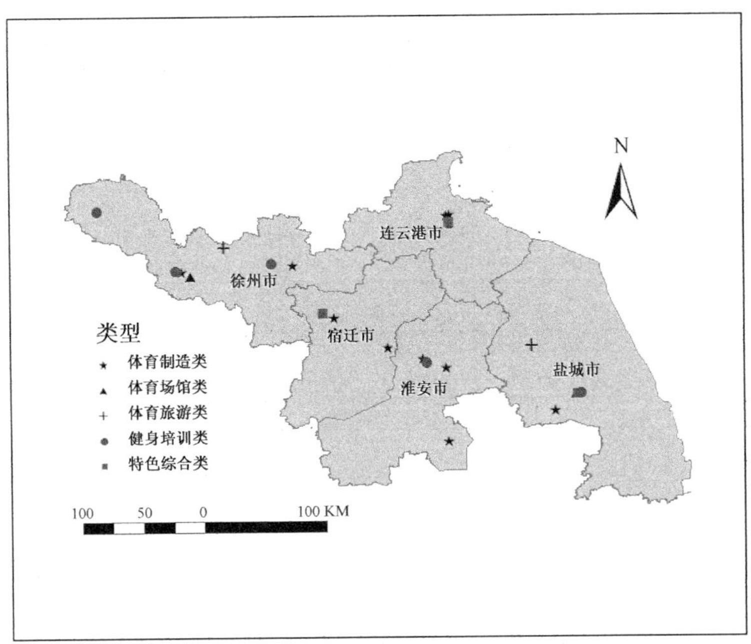

苏北体育产业基地

图 5 苏南、苏中、苏北产业基地空间分布

流，推动集群发展创新。与此同时，需要倡导与支持苏南地区对苏中、苏北地区的体育产业帮扶，统筹南北发展，逐步形成互助互利的“南北共建”发展态势，实现江苏省内各区域协调、共同发展。

城市群的体育产业基地布局不均衡，一方面是雄厚的经济基础提供更多的公共体育服务和产品，同时配备较好的餐饮、住宅、通信等基础设施，因此经济较好的地区体育产业基地的分布就越多；另一方面是政策支持，江苏省近年来发布了多项体育政策，持续推动体育产业基地发展。其中南京、苏中各市等地区也先后出台了当地适宜的体育产业政策，为该地区的基地发展提供了强有力的支持力度。

(三) 市域分布呈层次性空间分布特征

1. 差异特征

表 5 江苏省各市产业基地空间分布

地区	国家级	省级	总计	比例(%)
苏州	6	14	20	20.00
南京	1	14	15	15.00

(续表)

地区	国家级	省级	总计	比例(%)
无锡	1	12	13	13.00
扬州	0	8	8	8.00
常州	1	6	7	7.00
徐州	0	7	7	7.00
南通	1	5	6	6.00
泰州	0	5	5	5.00
盐城	0	5	5	5.00
淮安	0	4	4	4.00
连云港	0	4	4	4.00
宿迁	0	3	3	3.00
镇江	0	3	3	3.00
合计	10	90	100	100

空间分布的数量和比例直接影响体育产业的集聚性能和发展速度，能够较好地反映其规模结构特征。从空间分布上来看，江苏省体育产业基地遍布全省 13 个城市，总体上体育产业基地以苏州、南京、无锡为主，体育产业基地数量在全省共占比高达 48%；在体育产业基地区域分布上，苏州市体育产业基地数量最多，达 20 个；其次是南京市 15 个，无锡 13 个；其中宿迁和镇江产业基地数目最小，均仅为 3 个。从体育产业基地的等级来看，江苏省国家级体育产业基地共计 10 个，省级体育产业基地共计 90 个，反映江苏省致力于推进体育产业基地的建设与发展。

2. 集聚特征

依据江苏省不同类型体育产业基地的区域分布数据，运用密度分析工具制作体育产业基地核密度图，进一步表明江苏省体育产业基地的空间分布特征（见图 6）。如图所示，江苏省体育基地数量在各个区域分布不平衡，呈层次性空间分布特征。首先，以南京、无锡、苏州地区为一级密集区；其次，是以常州、扬州、泰州和徐州为二级密集区；最后，是以淮安、盐城、宿迁、连云港等地区为三级密集区。江苏省体育产业基地在空间分布上整体趋于集聚。

总体上来看，江苏省各市都较重视体育产业基地的建设与发展，均形成不同密度、不同程度的基地集聚区。[13]究其原因，伴随着区域的资源开发、基础设施建设、

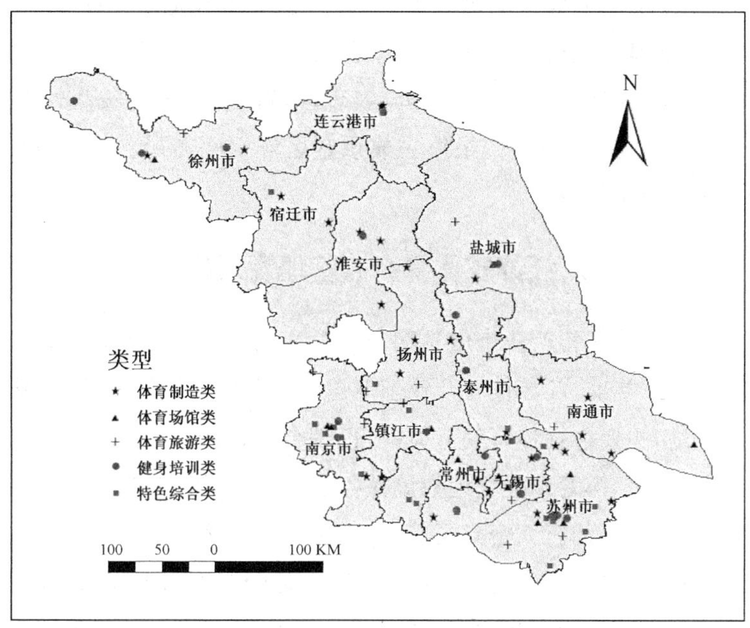

图 6 江苏省体育产业基地空间分布

生产设施及其配套设施建设，受体育产业规模经济内在要求的驱动，不同类型体育企业集中连片布局，在集聚机制的作用下，各集聚区在相互协作发展的基础上形成了适宜的发展布局与业态，主要特点表现为：

（1）形成具有较大竞争力的产业集聚

江苏省各设区市凭借自身地理、经济及资源等方面的优势，吸引大量体育企业和各类关联性行业进驻，以此形成了特色鲜明、类型多元的体育产业聚集区，加快了江苏省体育产业基地建设与发展的步伐，不断提升了区域体育产业竞争力。[14]

（2）形成与体育产业相匹配的业态融合

现阶段，江苏省体育制造类产业基地已逐步实现由产品制造型向技术研发创新型转变。随着专业化分工趋势的不断深入，生产性服务将被构建到制造业生产的各个环节中，江苏体育制造类基地发展将得到强大的生产性服务业的支撑，实现与生产性服务业的深度融合，所形成的新型产业形式将满足区域内产业结构发展的需要，实现生产性服务业与现代制造业的双向互动。[15]

（3）形成与区域发展格局相适应的产业布局

作为我国经济发展最为迅速的地区之一，江苏省内区域经济发展布局已初步构成，区域内相互竞争与合作的态势日益显著。体育产业作为拉动国民经济增长的重要支柱产业，其发展模式应该与区域发展空间格局相适宜。在政府、企业等的支持下，体育产业基地通过资源驱动、技术创新、产业升级与结构优化等方法手段，不断推进体育产业基地的空间合理布局，实现区域内内生式增长和外延式扩展以及区域经济一体化协调发展[16]，最终完成重塑区域空间布局、优化升级江苏体育产业结构的重要目标任务。

五、江苏省体育产业基地发展模式

体育产业基地是体育产业中最具潜力与活力的新型增长点，是推动体育产业发展的重要动力。当前，江苏体育产业基地建设呈现井喷发展之势，共建设有 100 个体育产业基地，主要包括体育制造类、特色综合类、健身培训类、体育旅游类、体育场馆类五种类型。体育产业基地数量在各个地区空间分布不平衡，形成以南京、苏州、无锡地区为核心的三大密集区，其余地区较为分散的分布特征。为提升体育产业基地发展速度和质量，有效处理体育产业基地分布不均衡等问题，在充分考虑江苏省体育产业基地发展现状和特征的基础上，本研究提出采用都市圈协作发展模式、扬子江城市群发展模式以及沿大运河发展模式。

（一）都市圈协作模式

根据《江苏城镇体系规划（2012—2030）》中“三圈一极”的格局部署，宁镇扬、徐州经济区、苏锡常三大都市圈成为江苏省内重要的城镇集聚区。苏锡常凭借其自身地理位置、经济状况等优势，吸引大量体育企业和各类相关性行业进行投资、进驻，形成了特色显著带动效应强的体育产业聚集区。其无论是在体育产业基地数量上，还是在体育产业基地级别上均遥遥领先于另外两个都市圈。宁镇扬和徐州经济区虽均有所发展，但与苏锡常仍存在较大差距。

在此情况下，为了增强宁镇扬和徐州经济区体育产业基地的发展潜力和综合竞争力，推动区域内资本流动和基地空间上的动态转移，江苏坚持自主开放、市场配置资源，遵循生产要素互补原则和产业结构差异原则，实施都市圈协作模式。积极构建新型的城市群发展轴模式，充分激发中小城市活力，推动实现体育产业分工协作一体化和产业空间重构，促成区域间体育产业基地类型合理分工和要素集聚，形成有机联动的体育产业基地空间形态，以期在江苏全域建立能够有效带动徐州经济区和宁镇扬都市圈体育产业基地的发展。

（二）扬子江城市群模式

扬子江城市群是江苏构建的省域重点功能区。该城市群共有体育产业基地

67 个，其中国家级基地 10 个，省级基地 57 个，在五种类型产业基地数量上均位居“1+3 功能区”四个区域的首位，其综合类基地建设表现良好，数量占全省综合类基地的 78%。

近年来，跨江交流与江海联动频率明显增加，因此建设以长江沿岸八大城市为基础的扬子江城市群，并通过建立健全体育配套资源协作共享、体育产业基地错位协同发展，促进江苏沿江城市群互利互补共赢发展，强化其在长江经济带中的发展引擎作用。同时建立沿江体育产业关联循环体系，不断提升区域体育产业基地之间的分工协同与实践创新能力，实现整体联动、产业集聚高效，从而形成扬子江城市群体育产业基地集群优势。

(三) 沿大运河模式

大运河文化带生态旅游资源天赋异禀，绿色高端产业发展较好。大运河流经江苏境内徐州、宿迁、淮安、扬州、镇江、常州、无锡、苏州等 8 个城市。这八个城市依托丰富的自然资源与人文资源积极开发体育产业，均有布局体育产业基地，共建设产业基地 55 个，其中国家级产业基地 8 个，省级基地 47 个。

由于“点-轴-面”发展模式符合空间生产力聚集和扩散趋势，因此沿大运河发展模式首先需要以各种类型城市和体育产业基地为建设核心，围绕“点”进行重点开发，如南京、苏州、无锡等地的体育产业优势，重点在体育制造类基地、体育旅游类基地等方面加强建设和发展；同时依靠大运河沿线交通线路和信息网络等基础设施，推进镇江、扬州、淮安、宿迁、徐州等地方的体育产业基地建设，实施点轴发展战略，使区域生产要素从“点”向四周扩散，形成集中式、网格状的大运河体育产业基地空间布局，促进运河沿线地区的体育产业基地协同发展和集约发展，缩小苏南苏北之间的发展差距，形成更紧密的合作互动和更细致的体育产业基地要素分工，形成了更高层次的区域体育产业基地集聚发展体系。

六、结论与建议

(一) 主要结论

本研究采用最邻近指数法、地理集中指数法、核密度强度分析法等方法，借助 ArcGIS 空间分析软件，对江苏省体育产业基地的空间分布特征进行研究，并据此提出江苏省体育产业基地的发展策略。本研究主要结论如下：

(1) 江苏省体育产业基地整体空间分布呈现南部集聚、北部分散的特征。空间集聚具有指向性，形成了以南京、苏州和无锡为核心的一级密集区，常州、镇江和徐州的次级密集区。

(2) 江苏省体育产业基地主要包括体育制造类、特色综合类、健身培训类、体育旅游类、体育场馆类五种类型。不同类型的体育产业基地集聚程度明显不同。其中,体育制造类产业基地集聚程度高;特色综合类、健身培训类、体育旅游类、体育场馆类集聚程度不高,布局较分散。

(3) 江苏省体育产业基地的发展模式主要有都市圈发展模式、扬子江城市群发展模式和大运河沿线发展模式,通过加快体育产业基地建设,形成体育产业关联循环体系,以期在江苏全域构建更加科学的体育产业基地空间布局和发展模式。

(二) 建议

江苏省体育产业基地的发展较为快速。从全国范围来看,截至 2019 年,江苏已成功建设国家体育产业示范基地 6 个,国家体育产业示范单位和国家体育产业示范项目各 7 个,数量位居全国第一,但其在体育产业基地的空间布局上仍存在需要进一步优化的地方,以契合江苏省体育产业发展的战略。首先,江苏省应充分利用本省的资源优势和体育特色,准确把握体育产业基地的功能地位,合理规划发展方向。其次,要以体育强国和体育强省建设为契机,继续挖掘和放大体育产业基地在区位、产业等方面的特色,促进体育产业基地在产业、文化、旅游的聚合发展。第三,重视区域内的协调发展,完善空间布局,充分发挥体育产业政策的引导和支撑作用,建立不同类型体育产业基地之间的有机联系,准确把握各地区、各类型体育产业基地的特征,进行差异化和特色化发展。

参考文献

[1] 李雨阳,朱云笙. 2006—2018 年我国国家级体育产业基地空间格局演变研究[J]. 黑龙江生态工程职业学院学报,2019,032(006):49—51,57.

[2] 姜同仁,张林,王兆红,等. 中国国家体育产业基地发展态势与新时代的前景展望[J]. 天津体育学院学报,2018,033(004):277—285.

[3] 方春妮,赵清双. 新时期我国体育产业基地发展因素的提炼与思考——基于内容分析法的研究[J]. 中国学校体育:高等教育,2017(07):7—12.

[4] 赵世伟. 我国体育产业基地竞争力评价指标体系研究[J]. 惠州学院学报:自然科学版,2015,35(3):81—86.

[5] 赵彬彬,宋扬,施兰平,等. 我国体育产业基地核心竞争力提升战略研究——以辽宁体育产业基地为例[J]. 沈阳体育学院学报,2019,38(4):70—77.

[6] 赵少聪,杨少雄,郭惠杰. 福建省体育用品制造业服务化转型困境与路径研究——以福建晋江国家体育产业基地为例[J]. 福建师范大学学报:哲学社会科学版,2018(4):15—23.

[7] 谭震皖. 苏南(县域)国家体育产业基地的产业引领作用分析及其可持续发展[J]. 南京体育学院学报:社会科学版,2017,31(004):45—49.

[8] 付群. 国家体育产业示范基地建设经验与启示——基于张家港和徐家汇的实地考察[J]. 体育文化导刊,2019(3):70—75.

[9] 温阳,徐光辉,李桦,等. 论国家体育产业基地对经济社会发展的贡献[J]. 南京体育学院学报:自然科学版,2018,001(006):9—20.

[10] 张强,董向荣. 基于双重差分方法对体育产业基地推动地区经济增长的验证[A]//AEIC Academic Exchange Information Centre(China). Proceedings of 2017 2nd International Conference on Humanities Science and Society Development (ICHSSD 2017)(Advances in Social Science, Education and Humanities Research VOL. 155)//AEIC Academic Exchange Information Centre(China): International Conference on Humanities and Social Science Research, 2017: 8.

[11] Belussi F. and Pilotti L.. Knowledge Creation and Collective Learning in the Italian Local Production Systems[J]. University of Padua,"Marco Fanno"Working Paper, 2000, 21.

[12] David Shilbury. Strategic Sport Marketing[M]. PUBLISHER: Paul & Co Pub Consortium, 2009, 01.

[13] 毛爽,朱菊芳. 江苏省体育产业集聚点分析[J]. 辽宁体育科技,2020,42(3):11—17.

[14] 潘登,王进. 大运河(江苏区域)体育产业基地空间布局研究[C]. 第十一届全国体育科学大会论文摘要汇编,2019.

[15] 金向红. 江苏省体育产业集群发展路径与模式[J]. 淮海工学院学报:社会科学版,2013,11(21):61—63.

[16] 刘兵,董春华. 体育产业集群形成与区域发展关系研究[J]. 体育科学,2010,2(30):48—54.

作者简介

王进,江苏南京人,南京体育学院体育产业与休闲学院副教授。研究方向为体育赛事经济。

Research on Spatial Characteristics and Development Strategy of Sports Industry Bases in Jiangsu Province

Wang Jin

Abstract: Taking Jiangsu Sports Industry Base as the research sample, this paper studies the distribution law and development strategy of Jiangsu sports industry bases by using the methods of the nearest neighbor index, geographical concentration index and nuclear density intensity index. The results show that: The overall spatial distribution of sports industrial bases in Jiangsu Province is characterized by agglomeration in the south and dispersion in the north; Among different types of sports industrial bases, sports equipment manufacturing industrial bases have a high degree of agglomeration, and the characteristic comprehensive bases, fitness training bases, sports tourism bases and stadiums and gymnasiums bases show a decentralized layout; The development model of Jiangsu sports industry bases mainly includes the development model of metropolitan area, the development model of Yangtze River urban agglomeration and the development model along the Grand Canal. It is hoped that through this study, the construction of sports industry bases will be accelerated, and a sports industry association circulation system will be formed, so as to build a more scientific spatial layout and development model of sports industry bases in Jiangsu.

Key Words: Sports industry Base Spatial layout Strategy

文化创意产业时空格局演变及影响因素研究*

——以山东省为例

王昌森　董文静　张　震

摘　要:基于2008—2018年山东省16地市文化创意产业发展水平,从时间演变和空间格局演变两方面研究山东省文化创意产业发展格局的演变特征,并分析演变的影响因素。结果表明,山东省文化创意产业发展的时间演变呈现波动型上升发展态势;空间格局演变具有明显的非均衡性,呈现由西向东渐次升高的梯度分布特征;整体格局呈带状集聚分布态势,且具有明显的空间溢出效应;城镇人口比重、科学研究和技术服务业产值、文化体育和娱乐业法人单位数、数字电视用户数对山东省文化创意产业发展具有显著的正影响,且影响强度依次递减。

关键词:文化创意产业　时间演变　空间格局　演变特征　影响因素

一、引言与文献回顾

文化创意产业是一种将文化或者有文化因素的自然和人文资源通过现代技术和创意进行商业化运作的产业集合[1],是提升一国经济硬实力和文化软实力的重要产业形态[2],其产品兼具商品属性和社会意识形态属性[3]。近年来,全球文化创意经济产业增长势头迅猛。联合国教科文组织等发布的数据显示,2018年全球文化创意产业创造产值2.25万亿美元,超过电信业全球产值(1.57万亿美元)。主要发达国家文化创意产业占GDP比重平均在10%左右,美国达25%,且美国在世

* 基金项目:山东省社科规划青年学者重点培养计划专项"新旧动能转换下山东省文化创意产业转型升级的路径研究"(18CQXJ20)、教育部人文社会科学研究青年基金项目"中国文化产业和旅游产业融合发展的内在机理及实现路径研究"(20YJCZH021)阶段性研究成果。

界文化创意产业市场中所占份额则高达43%。[4]相比之下,2018年我国文化创意及相关产业增加值占GDP比重仅为4.48%,占世界文化创意产业市场份额不足3%[5],增长空间及发展潜力巨大。当前,面对低附加值产品过剩、产品同质化严重、产业利润空间日益狭小的窘境[6],我国迫切需要推动文化创意产业技术升级、市场升级,进而带动全产业链条的转型升级和价值增长。

山东是文化大省,拥有以孔孟之道为代表的文化创意资源禀赋优势,具有发展文化创意产业的绝佳有利条件。近年来,山东省实施"文化强省战略"和"新旧动能转换重大工程"①,将文化创意产业列为优先大力发展的"十强"产业之一。2018年,山东省文化创意产业增加值占GDP比重4.3%[7],低于全国4.48%平均水平,山东省的文化创意资源禀赋优势并未有效转换为文化创意产业价值优势。鉴于此,探讨山东省文化创意产业时空格局演变特征及影响因素,有助于破解山东省文化创意产业发展的瓶颈,为其他省市文化创意产业深入发展提供经验借鉴。

国外学者有关文化创意产业影响因素的主要研究观点如下:Florida[8](2002)认为,人才、科技、容忍度是文化创意产业的核心影响因素。Glaeser[9](2005)提出,技能、阳光和城市蔓延等因素影响文化创意产业的发展。Scott[10](2006)认为,基础设施、地方大学、研究机构、设计中心等是文化创意产业的关键影响因素。Evans[11](2009)提出,城市文化地位是影响文化创意产业发展的重要因素。Brown[12](2000)、Graham[13](2003)、Karen[14](2005)、Fikri[15](2016)、Johnston[16](2018)等通过对大量案例进行研究后指出,文化创意产业发展的影响因素包括产业政策、历史街区氛围、基础设施、城市多样性、创意人才储备、创意氛围等。

国内学者有关文化创意产业影响因素的研究主要集中在文化创意产业发展的影响因素[17][18]、文化创意产业技术效率的影响因素[19][20]、文化创意产业集聚的影响因素[21][22]等方面。文化创意产业发展的影响因素方面,国内学者大多从国家、区域、城市层面进行实证研究,如文娉、胡兵[23](2014),黄伟群[24](2014)等从国家宏观层面对文化创意产业发展的影响因素进行计量分析;曹锦阳[25](2019),陈红霞、吴姝雅[26](2018)等从我国区域宏观层面对文化创意产业发展影响因素开展计量研究;褚岚翔、黄丽[27](2019),何金廖等[28](2018),沈艳等[29](2017)从城市微观

① 《山东省新旧动能转换重大工程实施规划》由山东省人民政府于2018年2月13日印发实施,该文件将文化创意产业列为山东省优先发展的"十强"产业之一。山东新旧动能转换综合试验区位于山东省全境,包括济南、青岛、烟台三大核心城市,十四个设区市的国家和省级经济技术开发区、高新技术产业开发区以及海关特殊监管区域。

层面对文化创意产业发展的影响因素进行实证分析。

归纳相关研究成果可以发现,研究内容方面,文化创意产业影响因素的研究尺度呈现从宏观到微观逐渐转变的态势,研究视域集中于国家和城市层面,省域内部中观尺度的研究成果偏少;研究方法方面,相关研究侧重于对文化创意产业发展现状及其影响因素进行静态比较,较少开展时间变化、空间联系和时空格局演变方面的研究。鉴于此,基于中观尺度对省域内部文化创意产业时空格局演变及影响文化创意产业发展的关键因素进行动态变化分析,有助于拓宽研究视域,突破既有的研究范式,弥补文化创意产业宏观、微观尺度研究,以及静态比较研究中存在的缺陷。本研究在借鉴既有研究成果的基础上,运用 2008—2018 年山东省及其 16 地市文化创意产业发展水平的时间序列数据和空间面板分布数据,以中观尺度研究为逻辑出发点,采用动态比较方法从时间变化、空间联系等方面实证分析山东省文化创意产业时空格局及演变态势;并构建文化创意产业发展的影响因素指标体系,根据山东省文化创意产业产值与主要影响因素相关数据,比较分析文化基础设施、需求结构、相关产业等因素对山东省文化创意产业发展的影响,最后根据实证结果提出相关对策建议,为其他类似省市文化创意产业发展提供经验借鉴。

二、山东省文化创意产业发展时空格局演变

(一) 山东省文化创意产业发展的时间演变

为分析山东省文化创意产业发展的时间演变态势,本文选取 2008—2018 年山东省文化产业增加值和文化产业增加值占 GDP 比重数据绘制图(见图 1)。数据

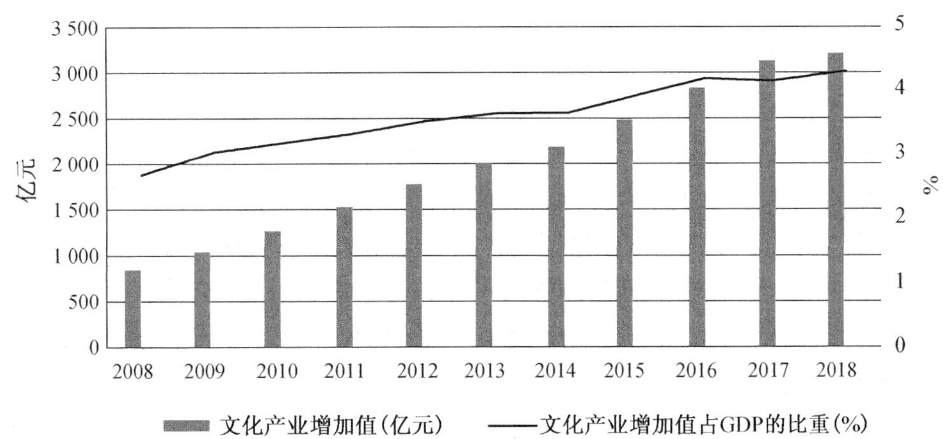

图 1　2008—2018 年山东省文化产业增加值和文化产业增加值占 GDP 比重

来源于2009—2019年的《山东文化发展报告》[30]，以及山东省人民政府网站、统计公报等。

1. 文化创意产业发展水平逐年提升

从发展水平来看，2008年，山东省文化创意产业增加值仅为857.9亿元，2009年突破1 000亿元，2013年突破2 000亿元，2017年突破3 000亿元，2018年达到3 210亿元，比2008年增长3.74倍，年均增速14.25%。文化创意产业增加值占山东省GDP比重逐年提升，由2008年的2.72%提升到2018年的4.30%，提高1.58个百分点。

2. 文化创意产业发展态势波动型上升

从发展态势来看，2008—2009年文化创意产业增加值占山东省GDP比重提升了0.32%，2009—2010年提升了0.14%，其后6个年度的提升幅度依次为0.17%、0.2%、0.1%、0.03%、0.26%、0.23%，至2016—2017年回落0.01%，在2017—2018年又回升了0.14%。可见，山东省文化创意产业建设初显成效，增长速度虽然在中期有所放缓，并略有小幅回落，但整体已走向稳健发展的道路，发展历程整体呈波动型上升趋势。究其原因，山东省文化创意产业发展既依托于其较雄厚的经济基础和悠久的文化历史资源，也得益于政府在产业发展中所发挥的关键性引导作用。山东省GDP总量连续多年位居全国第三，且历史文化底蕴深厚，具有发展文化创意产业所需的良好经济基础及资源禀赋支撑。自2007年起，山东省相继出台了《山东省文化产业发展专项规划(2007—2015)》《山东省文化创意产业发展规划(2018—2022年)》等一系列文化产业支持政策，大力扶持文化创意产业发展。2018年，在国务院批复的《山东新旧动能转换综合试验区建设总体方案》中，文化创意产业被列为山东省"十强"产业之一，是山东省推进"新旧动能转换"的重要发力点。

(二) 山东省文化创意产业发展的空间演变

根据山东省16市文化创意产业发展空间分布的综合测度结果进行类别划分，文化创意产业增加值(单位:亿元)C∈[400,699)代表增速很快，C∈[300,399)代表增速快，C∈[200,299)代表增速较快，C∈[100,199)代表增速一般，C∈[60,99)代表增速较慢，C∈[30,59)代表增速慢，C∈(0,29)代表增速很慢。文化创意产业增加值占各地市GDP比重S分为4个层级，其中S∈[5%,6%)代表比重高，S∈[4%,5%)代表比重较高，S∈[3%,4%)代表比重一般，S∈[2%,3%)代表比重较差。本文选取2008年、2018年首末时间作为时间节点，对山东省16地市文化创意产业发展的空间演变格局进行直观分析(见图 2、图 3)。相关统计数据主要来源于山东省及其 16 地市的政府网站、统计公报,以及山东省文化产业网等。为保证统计口径的一致性,本文以现行政区划,按 2019 年统计口径进行整理,即济南市 2008—2018 年的数据叠加了原莱芜市的数据。

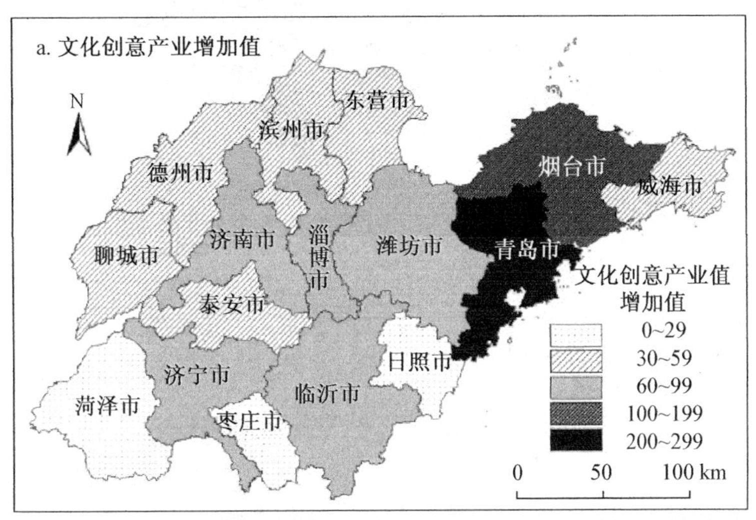

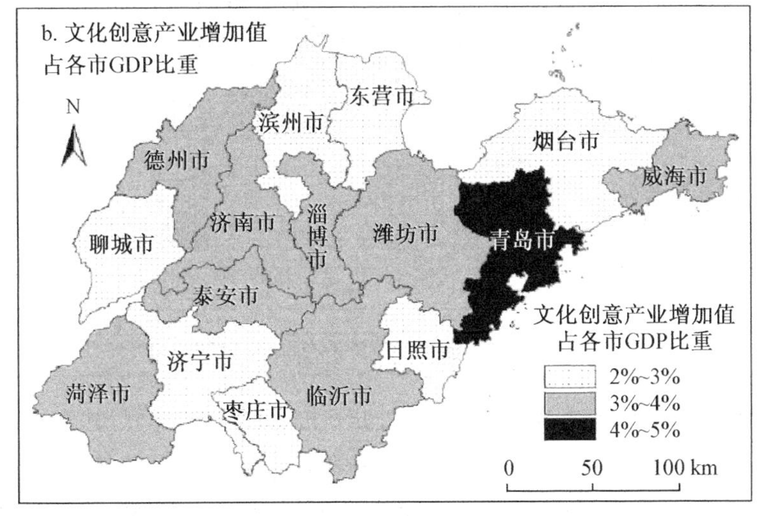

图 2 山东省文化创意产业发展空间分布(2008 年)

1. 文化创意产业贡献水平整体偏低

2008 年,山东省仅青岛市文化创意产业增加值占 GDP 比重超过 4%,其余 15 地市占比均低于 4%,全省文化创意产业增加值占 GDP 比重仅为 2.72%。2018 年,山东省 16 个市的文化创意产业增加值占 GDP 比重在 5%以上的只有青岛,烟

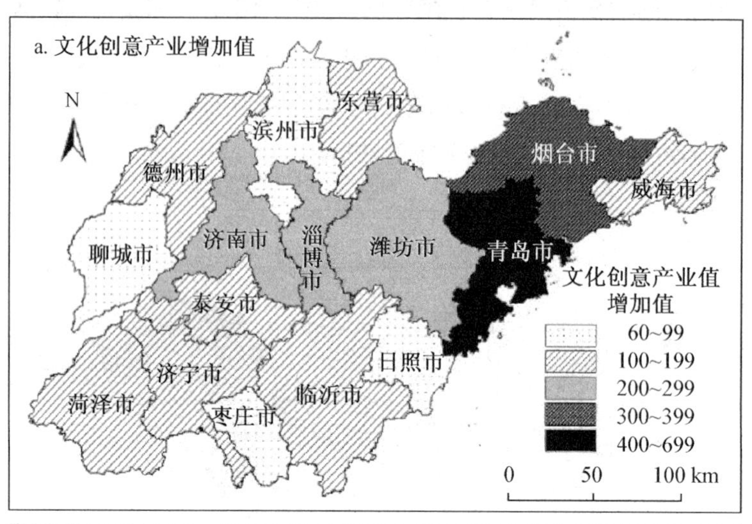

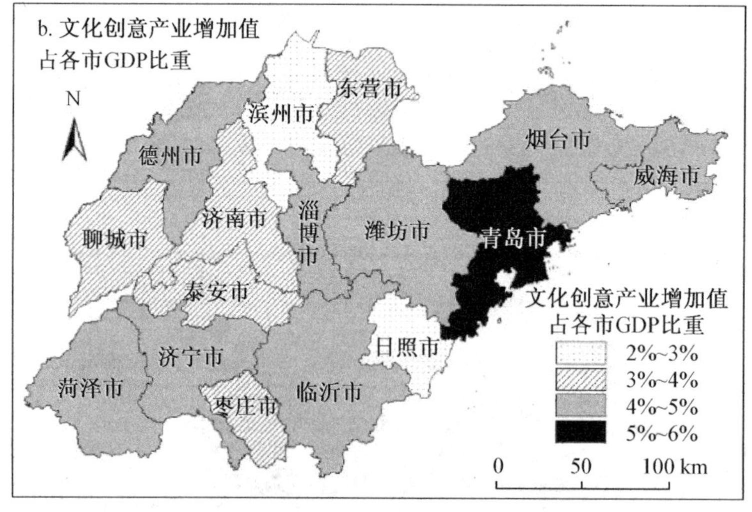

图 3　山东省文化创意产业发展空间分布(2018 年)

台、威海、潍坊、淄博、德州、菏泽、济宁、临沂 8 市占比 4%—5%,其余 7 市占比均低于 4%,全省文化创意产业增加值占 GDP 比重为 4.30%。这表明,2008—2018 年期间,山东省文化创意产业发展空间格局演变整体呈向好趋势,但向好发展力度存在明显差异,文化创意产业贡献水平整体偏低。

2. 文化创意产业区域发展水平不均衡

2008 年,山东省文化创意产业增加值排名前三位的设区市分别是青岛(222.4 亿元)、烟台(100 亿元)、潍坊(92.5 亿元),仅这 3 市的文化创意产业增加值就占全省文化产业增加值比重的 48%,其他 13 市文化创意产业增加值总和占比不到

52%。2018年,青岛市仍独占鳌头,文化创意产业增加值达653.39亿元,排名第二的烟台市为314.84亿元,排名第三的济南市为277.28亿元,且青岛、烟台、济南3市的文化创意产业增加值占全省文化产业增加值的比重达到40%,其他13市文化创意产业增加值的总和占比不到60%。这表明,2008—2018年期间,山东省16市文化创意产业增加值空间分布变化明显,各市文化创意产业发展水平呈现明显的非均衡性。

从空间格局来看,2018年,文化创意产业增加值增速很快的青岛市、增速快的烟台市地处鲁东地区;增速较快的济南市、淄博市、潍坊市属于鲁中地区;增速一般和增速较慢的地区中聊城市、德州市、滨州市等属于鲁西北地区,菏泽市、济宁市、枣庄市、临沂市等属于鲁西南地区。可见,鲁东地区文化创意产业发展较快,已经引领东部率先形成高水平发展区域;鲁中地区各市毗邻鲁东地区、省会济南市,区位环境得天独厚,辐射鲁西北、鲁西南广阔腹地,具有极强的外延辐射能力,文化创意产业增加值增速较快;鲁西北地区、鲁西南地区文化创意产业发展水平整体较低,分别处于增速一般和增速较慢水平。可知,山东省16市文化创意产业发展水平呈现明显的由西向东渐次升高梯度分布特征,与山东省区域经济及文化发展水平的空间格局相吻合。这表明,山东省文化创意产业发展具有明显的经济依赖性与经济地带性,既有的经济基础和文化教育水平对产业发展产生显著影响。

3. 文化创意产业发展格局呈带状分布

从宏观格局来看,青岛市是山东省的经济文化中心和龙头城市,常住人口城镇化率位列全省首位,具有发展文化创意产业的深厚基础和先发优势,同时,青岛市重视制定和实施文化创意产业发展扶持政策,为其成为山东省文化创意产业增加值增速很快的地市提供了有力保障。烟台市是全省经济文化中心,常住人口城镇化率较高,文化创意产业发展软环境较好,属于文化创意产业增加值增速快的城市,与青岛市一同构成山东半岛文化创意产业带。济南市作为省会城市和山东省政治文化中心,区位及政治叠加优势明显,具有深入发展文化创意产业的资源禀赋,文化创意产业增加值增速仅次于青岛市和烟台市,与其相邻的淄博市、潍坊市等都属于文化创意产业增加值增速较快的地市,一同构成了以济南市为核心的省会文化创意产业带。山东半岛文化创意产业带和省会文化创意产业带共同构筑了山东省文化创意产业发展T字型空间格局。山东省文化创意产业发展整体呈现出带状集聚分布态势，具有明显的空间溢出效应，与山东省“两区一圈一带”①“新旧动能转换重大工程”战略布局高度吻合。

三、文化创意产业发展的影响因素指标体系与模型构建

（一）影响因素指标体系的构建及数据来源

根据国内外相关研究成果[31][32][33]，在参考《文化产业振兴规划》《山东省文化创意产业发展规划（2018—2022 年）》的基础上，结合实际情况，采用理论分析法、频度统计法对指标进行筛选，构建文化创意产业发展影响因素指标体系（见表 1）。考虑到相关数据的可获性和可比性，将山东省 16 市文化创意产业增加值列为文化创意产业发展水平的衡量指标，将文化创意产业增加值 Y 列为被解释变量。考虑评价指标重要性和可度量性，选择生产要素、需求要素等五种影响因素的 22 个评价指标数据作为文化创意产业发展的影响因素。统计数据来源于 2009—2019 年《山东省统计年鉴》[34]、《中国文化及相关产业统计年鉴》[35]、国家统计局地区数据库及相关统计网站。

表 1 文化创意产业发展影响因素指标体系

影响因素	变量	指标描述
生产要素	人力资源	文化体育娱乐就业人数（万人）X_1
		R&D 人员数量（人）X_2
	基础设施	艺术表演团体机构数（个）X_3
		公共图书馆数（个）X_4
		博物馆机构数（个）X_5
		数字电视用户数（万户）X_6
		出版印刷企业数（个）X_7
	资本资源	文化及相关产业固定资产投资水平（万元）X_8
		文化、体育和娱乐业全社会固定资产投资（亿元）X_9
		地方财政文化体育与传媒支出（亿元）X_{10}

① “两区一圈一带”是 2013 年 8 月山东省提出的发展战略，“两区”是指山东半岛蓝色经济区和黄河三角洲高效生态经济区；“一圈”是指省会都市圈，地域包括济南、淄博、泰安、德州、聊城、滨州，共 6 市，52 个县（市、区）；“一带”是指鲁南城市带，地域包括枣庄、济宁、临沂、德州、聊城、菏泽 6 市和泰安市的宁阳县、东平县，共 60 个县（市、区）。

（续表）

影响因素	变量	指标描述
需求要素	需求水平	人均地区生产总值(元/人)X_{11}
		城镇居民可支配收入(元/人)X_{12}
	需求结构	居民文化娱乐消费支出(元/人)X_{13}
		城镇人口比重(%)X_{14}
相关产业要素	旅游产业	接待国内外游客(百万人次)X_{15}
	教育产业	普通高等学校在校生数(人)X_{16}
	科技产业	专利申请授权量(件)X_{17}
		科学研究和技术服务业产值(亿元)X_{18}
企业竞争要素	规模状况	文化、体育和娱乐业法人单位数(个)X_{19}
		文化、体育和娱乐业新增固定资产投资(亿元)X_{20}
政府要素	政府行为(地方财政)	教育支出占地方财政支出比重(%)X_{21}
		科学技术支出占地方财政支出比重(%)X_{22}

（二）模型构建

为分析影响文化创意产业发展的主要因素，本文建立如下多元线性回归模型[36]：

$$Y=a_0+\beta_1X_1+\beta_2X_2+\cdots+\beta_kX_k+u\text{，其中，}K=1,2,\cdots22\text{。} \quad (1)$$

式中：Y 为被解释变量，用于表述文化创意产业增加值；X_1，$X_2\cdots X_k$ 为解释变量；a_0，β_1，β_2，$\cdots\beta_k$ 为待估计参数；u 为随机误差项。在排除多重共线及无因果关系变量，保证回归方程式的稳定性，不遗漏重要的解释变量，同时不引进不必要的解释变量的基础上，进一步分析所选取的所有影响因素对文化创意产业增加值产生的影响力，将文化产业增加值 Y 的自然对数作为被解释变量，将所有影响因素的自然对数作为解释变量，构建如下双对数模型[37]：

$$\text{Ln}\,Y=a_0'+\beta_1'\text{Ln}\,X_1+\beta_2'\text{Ln}\,X_2+\cdots+\beta_k'\text{Ln}\,X_k+u'\text{，其中，}K=1,2,\cdots22\text{。} \quad (2)$$

式中：β_k'为解释变量的系数，表示文化产业增加值 Y 对五类影响因素 X_k 的弹性系数。

四、山东省文化创意产业发展影响因素实证分析

（一）实证分析

根据表 1 的指标体系选择 2008—2018 年山东省文化创意产业影响因素的时

间序列数据，并把所有影响因素与文化创意产业增加值进行相关性分析，发现出版印刷企业数(X_7)、接待国内外游客(X_{15})、教育支出占地方财政支出比重(X_{21})、科学技术支出占地方财政支出比重(X_{22})分别为 0.244、0.360、0.248、0.169，既不显著也不合理，变量可以剔除。实际上，出版印刷企业数、接待国内外游客、教育支出占地方财政支出比重、科学技术支出占地方财政支出比重对文化创意产业发展而言非常重要，但山东省受制于出版印刷企业良莠不齐且未形成规模集聚效应，旅游产业与文化创意产业融合发展仍处于低水平耦合协调阶段，教育资源供给与文化创意产业发展需求不匹配，对互联网经济时代下的科技创新重视不够等原因，导致这些因素与文化创意产业发展水平呈现不相关。

根据式(2)，首先建立逐步回归方程，探讨主要影响因素，结果表明 X_1、X_3、X_5、X_6、X_9、X_{10}、X_{14}、X_{18}、X_{19}、X_{20} 这 10 个解释变量通过了 t 检验并且经济意义也比较合理；随即对上述 10 个解释变量进行逐步回归，遵循 p 值最大剔除原则，又先后剔除了 X_1、X_3、X_5、X_9、X_{10}、X_{20}，显示 X_6、X_{14}、X_{18}、X_{19} 这 4 个变量是影响山东省文化创意产业发展的最主要因素。为更好地寻找显著影响因变量变化的主要因素，进而分析山东省文化创意产业发展的重点，在各个变量之间数量级差异的基础上，构建如下双对数回归模型：

$$\mathrm{Ln}Y=C+\theta_0\cdot\mathrm{Ln}X_6+\varepsilon t \quad (3)$$

$$\mathrm{Ln}Y=C+\theta_1\cdot\mathrm{Ln}X_{14}+\varepsilon t \quad (4)$$

$$\mathrm{Ln}Y=C+\theta_2\cdot\mathrm{Ln}X_{18}+\varepsilon t \quad (5)$$

$$\mathrm{Ln}Y=C+\theta_3\cdot\mathrm{Ln}X_{19}+\varepsilon t \quad (6)$$

$$\mathrm{Ln}Y=C+\theta_0\cdot\mathrm{Ln}X_6+\theta_1\cdot\ln X_{14}+\theta_2\cdot\mathrm{Ln}X_{18}+\theta_3\cdot\mathrm{Ln}X_{19}+\varepsilon t \quad (7)$$

根据式(3)(4)(5)(6)(7)，分别引入 X_6、X_{14}、X_{18}、X_{19} 等 4 个最主要因素，回归得出模型 1、2、3、4、5，具体研究结果如表 2 所示。

表 2 回归模型结果

解释变量	模型 1	模型 2	模型 3	模型 4	模型 5
常数项	357.295 (1.338**)	−8 292.938 (−25.835***)	812.983 (5.513***)	902.202 (6.878***)	5.1765E−16
$\mathrm{Ln}X_6$	1.387 (6.802***)				0.055 (1.485)
$\mathrm{Ln}X_{14}$		18 866.469 (32.242***)			1.046 (15.692***)

（续表）

解释变量	模型 1	模型 2	模型 3	模型 4	模型 5
Ln X_{18}			1.894 (8.179***)		0.129 (3.323**)
Ln X_{19}				0.088 (9.303***)	0.031 (0.697)
R^2	0.837	0.991	0.893	0.915	0.999
调整 R^2	0.819	0.990	0.880	0.905	0.999
F 统计值	46.268	1 039.541	66.891	86.543	2 981.149

注：*、**、*** 分别代表参数估计值在 10%、5%和 1%水平下显著。

根据实证分析得出的回归结果，模型 1、2、3、4、5 的可决系数及调整后可决系数均较大，表明 5 个模型的回归效果均比较理想，可以对实际问题进行较好模拟；F 值较大，表明各自变量与因变量间的线性关系比较显著，计量方程的解释能力整体上较好。通过表 2 的回归结果，分析得出下述结论：

第一，模型 1 显示，数字电视用户数的增加对山东省文化创意产业的发展具有积极影响，但影响系数相对较小，为 0.915，且解释变量已经通过 1%显著性水平的检验。可见，数字电视作为文化创作与高技术产业结合的新业态，在文化创意产业发展中具有资源性和支撑性作用。不过，由于山东省人口众多，人均数字电视数相对偏少，数字电视用户数增加对文化创意产业发展产生的影响程度小于城镇人口比重，科学研究和技术服务业产值，文化、体育和娱乐业法人单位数，排名第四。要以数字技术推动文化创意产业新业态发展，山东省需加快传统文化创意产业数字化和网络化更新，大力发展以现代数字技术为核心支撑的数字文化创意产业，并加大推广应用力度。在逐步回归中，其他文化基础设施指标（X_3、X_4、X_5 和 X_7）都没有进入最终的回归结果，表明艺术表演团体机构数、公共图书馆数、博物馆机构数、出版印刷企业数等文化基础设施变量对文化创意产业发展并未产生显著影响，这与山东省文化基础设施配套建设投入不足且存在明显短板，公共文化产品供给量与群众精神文化需求不匹配有关。要推动文化创意产业深入发展，山东省需要持续推进文化创意产业供给侧结构性改革，创新文化创意产业供给侧资源要素管理体制机制，加快文化创意产业基础设施建设，增加公共文化产品供给，加强数字技术平台建设和推广。

第二，模型 2 表明，城镇人口比重增加与山东省文化创意产业发展呈正相关，回归得到的影响系数为 0.999，排名第一，是影响山东省文化创意产业发展最关键的因素，表明城镇数量的增多和非农人口的增长等城镇化进程为山东省文化创意产业发展提供了强大动力。国际发展经验表明，城镇化率达到 50%以上是服务业大发展的时期。2018 年山东省常住人口城镇化率达到 61.18%，为文化创意产业深入发展打下坚实基础。下一步，山东省应继续深入推进新型城镇化建设，有效发挥城镇的资源整合作用，深化城镇经济结构调整和社会文化现代化建设，推动文化创意产业与经济建设有机结合。在逐步回归中，其他需求要素指标（X_{11}、X_{12} 和 X_{13}）都没能进入最终回归结果，表明山东省文化创意产业所取得的成绩主要由城镇化比重（X_{14}）增加带动，而非人均地区生产总值（X_{11}）、城镇居民可支配收入（X_{12}）等需求水平要素指标带动，这与山东省经济结构中国有经济所占比重较大，城镇居民可支配收入仅接近全国平均水平有关。可见，在持续推进新型城镇化建设进程中，山东省应继续深化需求侧改革，综合运用财政、金融等手段提升居民对文化创意产品的购买欲望和购买能力。

第三，模型 3 显示，科学研究和技术服务业产值增加对山东省文化创意产业的发展具有积极影响，回归得到的影响系数为 0.958，在文化创意产业发展影响因素中位列第二，这表明科学研究和技术服务业对山东省文化创意产业发展具有至关重要的推动作用。由此可见，山东省要大力发展文化创意产业，应当从深入实施科技带动战略入手，大力孵化和培育文化创意科技企业，加速文化科技创新成果的转化和产业化；应当依托相关产业载体，推动文化创意产业的集群发展，形成规模集聚效应；应当着力发挥科技创新对文化创意产业发展的带动作用，通过提高科技含量增加文化创意产品的附加值。在逐步回归中，相关产业要素指标（X_{15}、X_{16} 和 X_{17}）都没能进入最终回归结果，表明山东省文化创意产业发展主要依赖于科技（X_{18}）推动而非旅游（X_{15}）或教育（X_{16}）推动，这与山东省“各地市旅游发展水平极不均衡，城市间发展水平差距显著”[38]，以及山东省高水平普通高等院校、学科数量偏少导致创新型人才供给不足有关。要有效发挥旅游、教育对文化创意产业的促进作用，山东省亟须提升旅游产业发展水平，大力发展文旅产业融合新模式、新业态，增加对高水平普通高等院校、学科建设的投入力度。

第四，模型 4 表明，文化、体育和娱乐业法人单位数的增加对山东省文化创意产业深入发展具有显著影响，回归得到的影响系数为 0.930，在文化创意产业发展影响因素中排名第三，这与山东省居民消费结构中文化、教育、娱乐支出占消费总支出的比重不高有关，也与山东省文化、体育和娱乐业整体供给能力不足直接相关。文化、体育和娱乐业是国民经济的重要组成部分，是推动经济社会持续快速发展的支柱产业。山东省要发挥文化、体育和娱乐业对文化创意产业的推动作用，就必须深化文化创意产业供给侧结构性改革，不断创造新的文化娱乐产业形态，多渠道、多路径创新消费供给，推动文化、体育和娱乐业与文化创意产业间的深度融合。

第五，模型5表明，综合考虑X_6、X_{14}、X_{18}、X_{19}这4个因素的共同作用，解释变量X_{14}与X_{18}通过了1%显著性水平检验，回归得到的影响系数分别为1.046、0.129。可见，无论是从单向影响关系还是从多元影响关系来看，城镇人口比重（X_{14}）增加、科学研究和技术服务业产值（X_{18}）增加都是影响山东省文化创意产业发展最为显著的两个因素。

（二）稳健性检验

为验证上述回归结果的稳健性和指标解释能力的强壮性，采用广义矩估计方法GMM对模型进行估计，GMM估计模型分析结果与前文结论基本一致，表明结论可靠且稳健，具体研究结果如表3所示。

表3 系统GMM估计回归结果

解释变量	模型1	模型2	模型3	模型4	模型5
常数项	−0.036 (−0.331)	0 (0.01)	0 (0)	0 (0)	0 (0.001)
$\ln X_6$	0.89 (8.703***)				0.031 (0.312)
$\ln X_{14}$		1.003 (84.55***)			1.106 (6.246***)
$\ln X_{18}$			1.07 (16.495***)		0.147 (4.68***)
$\ln X_{19}$				1.107 (6.891***)	0.01 (0.12)
R^2	0.835	0.998	0.905	0.833	0.999
调整R^2	0.817	0.998	0.894	0.815	0.999
Wald χ^2	75.74	7 148.772	272.096	47.492	25 828.67

注：(1) *、**、*** 分别代表参数估计值在10%、5%和1%水平下显著；(2) 模型2－5的常数项为0表示常数项极小，无法显示。

五、结论与讨论

本文运用2008—2018年山东省文化创意产业增加值和文化创意产业增加值占GDP比重的时间序列数据，以及山东省16市文化创意产业增加值和文化创意产业增加值占各市GDP比重的空间面板分布数据，探讨山东省文化创意产业发展的时空格局及演变态势。构建文化创意产业影响因素指标体系，运用2008—2018年山东省文化创意产业产值与主要影响因素相关数据，比较分析文化基础设施、需求结构、相关产业等因素对山东省文化创意产业发展的影响。通过实证分析，我们认为：

首先，在时间上，2008—2018年，山东省文化创意产业增加值呈逐年上升趋势，文化创意产业增加值占GDP比重呈波动型上升趋势。随着文化要素市场化改革向纵深推进以及文化创意产业全方位开放格局的形成，山东省文化创意产业发展逐步从政府政策导向型向市场需求导向型转变。在空间上，2008—2018年，山东省16市文化创意产业发展的空间格局演变呈现向好趋势，但文化创意产业贡献水平整体偏低；16市文化创意产业增加值空间分布变化明显，不同市的创意产业发展水平具有明显的非均衡性特征，呈现明显的由西向东渐次升高梯度分布特征；山东半岛文化创意产业带和省会文化创意产业带共同构筑了山东省文化创意产业发展T字型空间格局，山东省文化创意产业发展整体呈现出带状集聚分布态势，具有明显的空间溢出效应，与山东省“两区一圈一带”“新旧动能转换重大工程”战略布局高度吻合。因此，对于山东省这类文化创意资源禀赋优势明显但未能有效转换为文化创意产业发展价值优势，且所辖地市文化创意产业发展水平呈现明显非不均衡性特征的省市而言，应进一步强化市场在文化产业要素分配中的核心地位，持续深入开展文化创意产业供给侧结构性改革，摒除制约文化创意产业深入发展的体制机制；应进一步整合文化创意产业带内的优势资源，发挥既有产业带的辐射带动作用，推动邻近地市协同出台文化创意产业集群发展扶持政策，强化规模集聚效应，构建产业收益共享机制。

其次，山东省文化创意产业发展影响因素的实证分析表明，城镇人口比重增加、科学研究和技术服务业产值增加、文化体育和娱乐业法人单位数增加、数字电视用户数增加对文化创意产业发展产生显著的正影响，且影响强度依次递减；出版印刷企业数增加、接待国内外游客增加、教育支出占地方财政支出比重增加、科学技术支出占地方财政支出比重增加对文化创意产业发展的影响不显著。因此，对于山东省这类新型城镇化建设水平较高，但文化基础设施建设相对薄弱、教育和旅游等文化创意相关产业发展水平相对较低的省市而言，应当深化需求侧改革，继续大力推进城镇化建设，综合运用财政、金融等手段提升居民对文化创意产品的购买欲望和购买能力；应当加快文化创意产业基础设施建设，加大高水平普通高等院校、学科建设的财政投入力度；应当大力发展文化创意产业与相关产业融合新模式、新业态，多渠道推进文化创意与相关产业的深度融合与业态聚集。

最后，需要指出的是，当前，山东省经济发展正处于"深度调整期、瓶颈突破期、动能转换胶着期"，"经济社会发展还存在不少困难和问题"[39]，为文化创意产业持续向好发展带来挑战和机遇。可以预见的是，未来一段时期，山东省文化创意产业会延续既有的发展惯性，继续向城镇化进程快的地区扩展，省域内核心城市及城市群地区仍会是文化创意产业发展最繁荣的区域，并继续发挥基于既有文化创意产业发展优势而产生的循环累积因果效应。因此，对于类似山东省这样的省市而言，如何推进省域内各地市形成合理的、良性互动的文化创意产业空间格局，推动相关地区尽早形成区域集聚经济体，更快更好地做大做强本省的文化创意产业，以补充并发展文化创意产业相关理论仍值得进一步探讨。

参考文献

[1] 孙丽文，任相伟. 基于生态位理论的我国文化创意产业发展评价研究[J]. 北京交通大学学报：社会科学版，2020，19(1).

[2] 陈波，林馨雨. 中国文化产品出口模式特征：基于偏最小二乘判别分析的实证研究[J]. 中国软科学，2019(10).

[3] 薛东前，万斯斯，马蓓蓓，等. 基于城市功能格局的西安市文化产业空间集聚研究[J]. 地理科学，2019，39(5).

[4] 厉无畏. 发达国家文化产业占 GDP 比重 10%左右[N]. 新华每日电讯，2012-03-03(1).

[5] 国家统计局数据库[DB/OL]. http://www.stats.gov.cn/tjsj/zxfb/202001/t20200121_1724242.html.

[6] 周晓光，官玥，黄晓霞. 文化创意产业债务融资结构的影响因素研究——基于 2012—2016 年上市公司的面板数据[J]. 运筹与管理，2018，27(12).

[7] 涂可国. 山东文化发展报告(2019)[M]. 北京：社会科学文献出版社，2019.

[8] Florida R.. The Rise of the Creative Class[M]. New York: Basic Books, 2002.

[9] Glaeser E. L.. Review of Richard Florida's the Rise of the Creative Class[J]. Regional

Science and Urban Economics, 2005, 35(5).

[10] Scott A. J.. Entrepreneurship, Innovation and Industrial Development: Geography and the Creative Field Revisited[J]. Small Business Economics,2006,26(1).

[11] Evans G.. Creative Cities, Creative Spaces and Urban Policy[J]. Urban Studies, 2009, 46(5).

[12] Brown A., O'Connor J., Cohen S.. Local Music Policies Within a Global Music Industry: Cultural Quarters in Manchester and Sheffield[J]. Geoforum,2000(31).

[13] Graham D.. 'This Place Gives Me Space': Place and Creativity in the Creative Industries[J]. Geoforum,2003(34).

[14] Karen A. D., Robert E. L.. 'Editors' Review Roundtable: Cities and the Creative Class[J]. Journal of the American Planning Association, 2005, 71(2).

[15] Fikri Z. F., Sierdjan K., Jouke V. D.. The Location of Creative Industries in a Developing Country: The Case of Indonesia[J]. Cities, 2016(59).

[16] Johnston A., Huggins R.. Regional Growth Dynamics in the Service Sector: The Determinants of Employment Change in UK Regions[J]. Growth and Change, 2018, 49(1).

[17] 孟书魁,雷原. 中国文化产业发展的影响因素研究[J]. 统计与决策,2019,35(7).

[18] 肖雁飞,王缃韵,万子捷. 中国文化创意产业发展影响因素与实证研究[J]. 科技管理研究,2014,34(11).

[19] 解学芳,臧志彭. 人工智能在文化创意产业的科技创新能力[J]. 社会科学研究,2019(1).

[20] 陈羽洁,赵红岩,俞明传,等. 中国创意产业创新效率及影响因素:基于两阶段 DEA 模型[J]. 经济地理,2018,38(7).

[21] 吴丹丹,马仁锋,张悦,等. 杭州文化创意产业集聚特征与时空格局演变[J]. 经济地理,2018,38(10).

[22] 蔡建忠,蔡昀,曲洪建. 基于扎根理论的创意产业集群空间集聚影响因素研究[J]. 商业经济,2019(9).

[23] 文嫮,胡兵. 中国省域文化创意产业发展影响因素的空间计量研究[J]. 经济地理,2014,34(2).

[24] 黄伟群. 我国文化产业发展的主要影响因素实证分析[J]. 图书情报工作,2014,58(10).

[25] 曹锦阳. 粤港澳大湾区文化创意产业集群发展量化分析研究[J]. 深圳社会科学,2019(1).

[26] 陈红霞,吴姝雅. 文化创意产业的空间集聚特征及其区际差异比较:基于地级市的实证研究[J]. 城市发展研究,2018,25(7).

[27] 褚岚翔,黄丽. 影响文化创意产业园区空间分布的地理区位因素分析:以上海为例[J]. 现代城市研究,2019(1).

[28] 何金廖,黄贤金,司月芳. 产业集群的地方嵌入与全球生产网络链接:以上海文化创意产业园区为例[J]. 地理研究,2018,37(7).

[29] 沈艳,陈广,顾江. 本地社会网络、外部空间溢出与城市文化产业增长——基于江苏地级市的空间计量研究[J]. 经济问题探索,2017(8).

[30] 山东社会科学院. 山东文化发展报告[M]. 北京:社会科学文献出版社,2009—2019.

[31] 马仁锋,王腾飞,张文忠,等. 文化创意产业区位模型与浙江实证[J]. 地理研究,2018,37(2).

[32] 陈政,胡吉,洪敏,等. 湖南文化产业发展的时空特征与影响因素分析[J]. 经济地理,2018,38(3).

[33] 薛莹,刘婷,寻丹丹. 杭州文化创意特征产业的空间分布及其影响因素[J]. 世界地理研究,2018,27(6).

[34] 山东省统计局. 山东统计年鉴[M]. 北京:中国统计出版社,2009—2019.

[35] 国家统计局社会科技和文化产业统计司. 中国文化及相关产业统计年鉴[M]. 北京:中国统计出版社,2009—2019.

[36] 李培哲. 灰色多元线性回归模型及其应用[J]. 统计与决策,2012(24).

[37] Eisen R.. Versicherungsökonomik [M]. Medizinökonomie: Springer Berlin Heidelberg, 2012.

[38] 孙剑锋,李世泰,纪晓萌,等. 山东省文化资源与旅游产业协调发展评价与优化[J]. 经济地理,2019,39(8).

[39] 龚正. 山东省 2020 年政府工作报告[EB/OL]. http://www.shandong.gov.cn/art/2020/2/21/art_114892_8830765.html.

作者简介

王昌森,山东泰安人,复旦大学管理学院工商管理博士后流动站博士后,山东外贸职业学院财会金融系副教授。研究方向为产业创新政策。

董文静,河北邯郸人,管理学博士、博士后,山东外贸职业学院经济管理系教授,中国海洋大学国家文化产业研究中心双聘研究员。研究方向为文化产业。

张　震,山东青岛人,管理学博士,山东外贸职业学院经济管理系副教授。研究方向为旅游产业。

Research on the Spatial and Temporal Evolution of Cultural and Creative Industries and its Influencing Factors —Taking Shandong Province as an example

Wang Changsen　Dong Wenjing　Zhang Zhen

Abstract: Based on the development level of cultural and creative industries in 16 cities of Shandong Province from 2008 to 2018, this paper studies the evolution characteristics of the development pattern of cultural and creative industries in Shandong Province from two aspects of time evolution and spatial pattern evolution, and analyzes the influencing factors of the evolution. The research results show that the time evolution of the development of cultural and creative industries in Shandong Province presents a fluctuating upward development trend, The evolution of spatial pattern is obviously unbalanced, showing the gradient distribution characteristics gradually rising from west to East. The overall pattern shows a banded agglomeration distribution trend, with obvious spatial spillover effect; The proportion of urban population, the output value of scientific research and technical service industry, the number of legal entities in culture, sports and entertainment industry and the number of digital TV users have a significant positive impact on the development of cultural and creative industries in Shandong Province, and the impact intensity decreases in turn.

Key Words: Cultural and creative industries　Temporal evolution　Spatial pattern　Evolution characteristics　Influencing factors

长三角文化产业集群发展：实践成效、现实困境与战略路径*

王文娅　刘柏阳

摘　要:长三角文化产业集群发展是文化产业高质量发展的重要途径。本文在归纳总结长三角文化产业集群发展实践成效的基础上,从行政区划分制约集群发展、产业集群核心企业相对缺乏、公共文化服务体系尚未建成和文化产品服务供需矛盾突出等方面,剖析了长三角文化产业集群发展面临的现实困境。文章分别从推进长三角一体化合作、构筑水平和垂直的文化产业链集群、培育产业集群核心企业、推动科技赋能产业发展、健全公共文化服务体系和创新集群文化消费业态等视角,提出了长三角文化产业集群发展的战略路径。

关键词:文化产业　产业链　集群发展　长三角

一、引　言

文化产业具备高知识性、高附加值、高融合性的特征,文化产业要实现高质量发展,必须主动适应时代发展要求。文化产业集群作为有效配置区域创新资源的新型组织形态,对促进城市发展和社会经济高质量发展具有重要的驱动作用。从全球范围看,世界级大城市群与主要文化创意产业集群之间存在深刻的必然联系,长三角城市群是我国人口规模最大、GDP总量最高、城镇化率最高、城镇层级体系发育最完善的超级城市群,正在向世界级城市群发展。长三角地区文化底蕴深厚、文化资源丰富,这里也是文化产业集聚度最高,拥有文化产业集群最多的地区,是

*　本文系研究阐释党的十九届四中全会精神国家社科基金重点项目"健全现代文化产业体系和市场体系研究"(立项号:20AZD065)、江苏省决策咨询基地委托课题"推进文旅融合,加快发展文化旅游消费的政策研究"(21SSL041)、文化和旅游智库项目"文化产品与服务内容品质提升战略研究——以江苏探索为例"(18ZK07)的阶段性成果。

全国文化产业发展水平最高且最具活力的地区之一，这是文化产业高质量一体化发展的重要基础。近年来，随着长三角一体化国家战略的深入推进，沪苏浙皖各地依托产业基础和特色优势，因地制宜、因业布局、因时施策，正在形成点面结合、错位发展、优势互补、协调共享的具有富民效应和示范效应的战略性文化产业集群。

二、长三角文化产业集群发展的实践成效

（一）文化产业总量规模稳中有进，综合实力领跑全国

长三角地区文化产业保持了稳中有升的基本态势。2018 年长三角地区文化产业增加值为 12 365.92 亿元，占全国的文化产业增加值 30%以上。2018 年文化及相关产业法人单位和从业人员为 49.19 万家和 510.9 万人，比 2013 年年末分别增长了 93.4%和 13.7%；2018 年长三角文化产业主营业务收入为 32 183.7 亿元，比 2013 年年末（27 356.5 亿元）增长了 17.6%，增速高于全国 2 个百分点。从结构上比较看，2018 年长三角地区文化产业增加值占全国文化产业增加值总量的 31.9%，文化产业增加值占该区域 GDP 的 5.84%，高于全国 4.30%的平均水平，在全国率先实现文化产业增加值占比突破 5.6%，文化产业已发展成为区域经济支柱产业。

（二）文化企业整体规模持续扩大，盈利能力表现突出

长三角地区规模以上文化企业在企业数、从业人员数、资产以及营业收入等方面都具有明显优势，2018 年长三角地区规模以上文化及相关产业企业单位数 17 113 家，占全国比重为 28.3%，资产总计 4.06 万亿元，占全国比重为 32%。骨干文化企业总体规模实力和综合效益进一步提升，市场竞争力和盈利能力持续增强，文化产业良好发展势头明显。在连续 11 届评选出的全国文化企业 30 强中，长三角地区文化企业上榜次数 119 次，占全国总量的 36%，在全国规模以上文化企业中占据重要地位。

（三）文化产业园区数量相比较多，产业集群逐步形成

长三角地区以上海为核心城市集聚区，杭州、苏州、南京、宁波、合肥等城市为中心城市，在地方政府的政策引导和推动下兴建了一大批文化产业园区，提升了中心城市的文化产业集聚水平。截至 2018 年年底，长三角共有 59 个园区先后建成国家级文化产业示范基地，省级文化产业示范基地更是多达数百家。2019 年，长三角地区共有六家企业入选国家级文化科技融合示范基地，占全国约 26%。从行业类别来看，长三角是世界前三、中国第一的会展中心城市集聚区，是全国主要的

动画电视生产基地之一，具有全国规模最大的影视生产综合基地、电视剧生产与流通平台、对外文化贸易集群、网络文学集群、网络电台和网络教育基地、数字出版产业集群。

（四）细分行业空间集聚格局显现，产业集聚优势明显

在外部经济和规模经济下，产业集聚度的高低反映了该产业的专业化程度和区域竞争力大小。以文化及相关产业从业人员数为基础，通过区位熵方法计算集聚度，反映文化产业在长三角地区的比较优势和集聚特征。分析发现，长三角文化产业在全国具有比较优势，特别是规模以上文化企业集聚优势尤为突出，区位熵值达 1.46。其中，规模以上文化服务业相对于规模以上文化批发和零售业、规模以上文化制造业区位熵值更高、集聚优势更强。从长三角地区内部来看，江苏文化制造业优势明显，上海在文化服务业、文化批发和零售业方面集聚度相对较高。从具体文化产业细分部门来看，长三角地区公益性文化服务空间分布较为均匀，其中艺术馆、文化馆、博物馆、公共图书馆集聚度在三省一市间差距相对较小，而在会展、动漫、广告、图书出版、广播电视、旅行社和星级饭店等行业集聚度差异较大，空间分布较为集中。其中，上海和江苏在图书出版、会展、广告方面具有比较优势，上海和浙江在广播电视、动漫、艺术表演、娱乐场所、星级饭店等行业集聚优势明显，安徽在 A 级景区、艺术表演团体方面具有优势。长三角文化产业集聚特征和空间格局已初步形成。

三、长三角文化产业集群发展的现实困境

（一）行政区划分割制约集群发展，文化资源优势亟待转化

长三角一体化战略从国家层面做出了规划引导，推动区域间的协同，但是沿线城市分属不同省份，文化产业发展目标不同、文化政策重点倾向不同、城市间跨省辐射有限，且安徽全域加入长三角是在 2019 年，资源合作规划、联合开发还未形成体系，导致同宗同源但市场和文化资源的分割。此外，文化资源因其属性的特殊，分属园林、水利、宗教等不同管理部门，出现多头管理、条块分割的现象，部门之间管理目标的差异、资源产权的复杂使得资源整合难以形成合力，制约了文化资源的开发利用，亟须改变文化资源的单向流动，以平台化发展模式解决地域间和企业间文化资源配置不均衡问题，使文化资源自由流通，多样文化资源有效对接，实现高效协作，打造完整文化产业价值链。

（二）产业集群核心企业相对缺乏，大型文化项目亟待引进

文化企业是长三角文化产业集群发展的主力军，大型核心文化企业作为文化产业集群的龙头，具有很强的示范引领作用。而长三角区域内虽然已有不少知名文化企业，拥有全国较为完善的动漫、游戏、电竞产业为代表的数字文化产业链体系，但总体来说规模以上文化企业尤其是具有鲜明品牌形象的文化核心领域企业、大型旅游企业和项目、体育企业相对缺乏，且长三角文化产业园区中孵化的文化企业，大部分也都是中小微文化企业，这些文化企业的市场开拓、品牌宣传能力都比较有限，无法形成长三角文化产业集群中的核心效应；亟须引进国际、国内文化传媒、艺术创作、创意设计、科技研发、头部文化企业和重大文化产业项目，发挥重大项目的支撑和引导作用。

（三）公共文化服务体系尚未建成，文化产业链条亟须延伸

长三角文化产业集群的发展迫切需要公共服务平台来提供信息交流、投融资、人力资源、专业技术等服务。长三角地区虽然正在积极推进公共文化服务一体化，探索以社会保障卡为载体建立公共文化服务“一卡通”，然而，在公共文化服务设施、软性服务质量、文明旅游氛围等方面与国际标准存在较大差距。长三角文化产业链条水平发展明显，垂直延伸不够，集群内文化企业在发展过程中大部分仍然坚持独立的经营管理模式，在经营组织过程中各自为政、相互独立，对外文化交流的资源整合不够，尚未形成集群内部的协调互助机制，人力、资金、项目等要素需要进一步有效组合、集中发力，亟须完善公共文化服务共享、市场共享。

（四）文化产品服务供需矛盾突出，文化消费市场亟须优化

长三角地区人均文化娱乐消费水平持续增长，特别是头部城市上海、苏州、杭州和南京在全国文化消费中处于引领态势，但仍然存在文化消费增长结构较为畸形、文化消费率滞后于经济发展的情况。就文化产品和服务供给而言，由于历史遗存资源导向下，长三角地区以观光为主的历史文化产品仍占据主导地位，现代化、国际化的新型休闲度假产品尚处培育期，已建、在建、计划建设项目众多，代表性龙头产品仍然缺乏，同时，文化娱乐性产品供不应求，艺术欣赏、高端文化产品与服务消费不足，但教育性文化产品供大于求，存在着严重的供需结构性失衡。此外，文化产业中既有企业单位也有事业单位，事业单位作为公共文化产品和服务的提供者，有利于对文化资源的保护，但也因此在市场中缺乏竞争意识，缺少转型动力，提供的文化产品和服务缺乏创新创意，制约了文化产品和服务的竞争力。未来需要积极适应新时期市场变化，实施“盘活存量、创新增量”策略，深化文化产品和服务

供给侧结构性改革。

四、长三角文化产业集群发展的战略路径

(一) 推进长三角一体化合作,实现文化资源高端聚合

首先积极响应长三角一体化国家战略机遇,打破文化产业边界,深化区域协同。推进长三角文化产业制度与政策一体化、文化资源共同开发、文化核心企业跨区经营和跨区构建文化价值链网,并分别形成文化制度与政策驱动、文化资源共同开发驱动、文化市场势力驱动和文化价值链网驱动等四条长三角文化产业集群发展推进路径,形成长三角文化产业集群整合系统。

一要建立健全长三角文化产业协作联席会议制度,组建专家咨询委员会(专家智库),探索共建长三角文化产业合作发展基金会,设立长三角文化科技研发投资基金等专项母基金,形成以政府资金为引导,广大社会资金为支撑的文化与科技投融资体系。二要重点围绕文艺精品创作、数字文化产业、核心企业培育、公共文化服务和文化消费空间等方面加强沪苏浙皖间的合作,推动长三角文化资源与实体经济融合发展,提升相关产业的经济附加值,促使科技、人才、信息等文化资源汇集长三角,实现人才联合培养和文化资源、信息共享,培育长三角文化产业集群,构建长三角文化产业生态联盟。

其次,立足长三角地区历史文化资源的深厚根基,注重文化资源的挖掘、解构、重构和聚合,以人工智能、大数据、AR/VR 为载体,通过 5G 技术、移动互联网、信息管理系统等传播手段,构建长三角文化产业集群相关政策研究库、文化企业名录库、重大项目文化资源数据库、上市文化企业资源数据库,共享各地区的文化产业重大决策、园区招商推广、文化企业投融资等资讯和其他相关资讯,打造集"文化产业研究、文化政策法规、文化投资合作、文化企业名录"为一体的长三角文化产业集群综合信息服务平台,促进长三角优秀文化资源数字化。一是以长三角云平台、云计算中心等的建立为基础,充分运用互联网信息技术等现代化科技手段及平台,支持长三角文化企业升级信息系统,建立长三角文化资源数据汇集平台,推动文化资源大数据采集、存储、加工、分析和服务等环节产品开发,形成完整贯通的长三角文化资源数据链。二是构建长三角文化资源数据开发利用场景,支持集群上下游文化企业开放数据,建设可信文化资源数据流通环境,引导和规范公共数据资源开放流动,打通传输应用堵点,提升文化资源数据流通共享商用水平,培育文化资源数据市场,发展数据驱动的新业态新模式,打造长三角文化资源数据体系,率先探索

形成文化产业新发展格局，推进长三角文化产业集群发展。

（二）构筑水平和垂直的文化产业链集群，提升区域整体竞争力

首先，以国家级文化产业园区创建为抓手，优化升级长三角已有园区，推动长三角文化产业与相关产业融合发展，构筑长三角水平文化产业链集群。充分发挥长三角现有园区载体优势，做大做强动漫游戏、电子竞技、创意设计、文博会展等长三角优势文化产业，培育数字文旅、夜间文旅、文艺影视和旅游民宿等新兴业态。同时，充分利用长三角地区丰富的教育与人才优势，建立集高等院校、研究机构与企业的长三角文化产业学会与联盟，搭建长三角文化产业产学研体系，培育、升级和引进一批国家级文化产业众创空间和孵化器，有效增强园区示范性和影响力，全面提升长三角文化产业集群发展质量。

其次，深化技术研发、创新协同、场景应用，促进长三角文化产业集群内政策链、资金链、产业链、创新链、人才链深度融合，构筑长三角垂直文化产业链集群。一是建立长三角文化产业链链长工作制，提升长三角文化产业集成和协同水平，加强长三角文化企业与开发商、渠道商、中介服务平台、金融机构的合作，鼓励金融机构、产业链核心文化企业、文化金融服务中心等建立长三角产业链金融服务平台，发展产业链金融，为上下游中小微文化企业提供高效便捷低成本的融资服务。二是利用哔哩哔哩、华策影视等在影视传媒、新媒体技术方面的比较优势，凤凰出版传媒集团、阅文集团等在出版发行、数字内容方面的专业化优势，成立长三角文化产业集群发展促进中心，以开放式、联动式的发展机制，实施以园区、社区、街道为载体的大众文化发展计划，推进小剧场、书吧等生活化文化设施社区化、园区化配置，培育产业间、企业间、民众间跨界并联发展机制。

（三）培育产业集群核心企业，引导助力集群品牌形成

首先，做大做强做优集群内核心文化企业，加快培育一批百亿级文化企业，使其成为长三角文化产业集群发展的中坚力量。一要加大长三角文化企业招引激励力度，引进国际、国内头部文化企业，实施头部文化企业链式服务，鼓励头部文化企业带动产业链上下游联动发展。二要引导支持长三角文化企业加大对数字技术应用的研发投入，支持“新技术、新业态、新模式”文化企业发展，联合建立长三角技术中心、设计中心等机构，扶持长三角中小微文化企业成长，加快培育更多创新能力强、发展潜力大的成长型核心文化企业，充分发挥其在文化产业集聚、示范引领、扩大出口等方面的支撑作用，助力长三角文化产业集群发展。

其次，打造集群文化品牌，擦亮集群文化标识，助力集群高质量发展。一是加

强长三角文化品牌产品、领军文化企业之间的交流合作。在首届长三角文博会举办期间，长三角影视制作基地联盟、长三角动漫产业合作联盟、长三角电子竞技产教协同创新中心、长三角文旅产业联盟、长三角红色文化旅游区域联盟、长三角XR创意媒体发展联盟、长三角文创特展产业联盟、长三角文化金融合作服务平台、环淀山湖战略协同区文化一体化发展合作项目等纷纷推动成立；应充分发挥长三角文化产业博览会和进口博览会的溢出带动效应，集聚更多全球优质文化资源，扩大国际文化影响力。二是深化长三角区域内城市的经验、成果交流，发展文化品牌授权，提升文化制造业和文化服务业的品牌价值和文化价值，促进统一的长三角文化品牌的整合打造与对外宣传，全面提升长三角文化产业集群的社会效益和经济效益。

(四) 推动科技赋能产业发展，形成数字文化产业集群

首先，发挥长三角地区现有优势，大力发展沪苏浙皖文化与科技融合发展的强势领域，从不同维度和方向推动文化与科技融合发展，构建文化与科技相生相携的绿色生态。① 长三角作为全国重要的科创中心，在开放合作中广泛集聚了文化创新资源、增长点和增长极，上海市具有经济高度发达、金融资源丰富、服务业高端等优势，应不断发挥其在文化与科技融合中金融及人才资源配置、提供综合服务的功能，在文化与科技融合发展的国际化、品牌化发展中发挥重要作用。② 江苏省文化制造业中科技含量高，科研投入水平高，科教资源丰富，应不断探索文化制造业与科技的更深入更广泛融合，推动苏南自主创新示范区、南京江北新区中的文化科技企业落地、创业，进一步提高文化制造业的产业创新力和附加值。③ 浙江省具有数字经济发达，民营经济活力十足的特点，应不断推动各类互联网、5G、数字文化业态发展，充分发挥民营企业在文化与科技融合发展中多元化、细分化以及对市场敏锐度高的特点。④ 安徽省创新活跃强劲、制造特色鲜明、文化与科技融合发展潜力较大，应大力发展文化与科技新兴产业的试点区和集聚地，打造成为文化与科技融合的创新策源地。通过长三角地区的分工合作，沪苏浙皖各显所长，避免同质化、低效率发展。

其次，推动长三角文化产业链与互联网、物联网深度融合，加快长三角数字文化产业链建设，培育长三角数字文化产业集群。① 鼓励数字文化产业向国家级文化产业示范园区、国家文化产业创新实验区、国家文化与科技融合示范基地等重点功能平台集聚，培育创新要素富集、配套功能齐全、产业链条完善的长三角数字文化产业集群。② 文化产业数字化是文化和科技深度融合的集中体现，应打造长三角文化科技创新共同体，建立长三角区域文化与科技信息资源共享平台，成立长三角数字文化产业引导基金，加大对5G、大数据、人工智能、区块链等高新技术的研发投入，引导民间资本进入新兴数字文化产业领域。③ 培育数字文化产业新型业态，丰富云展览业态、发展沉浸式业态，大力发展以数字音乐、数字出版、数字教育为代表的数字文化产业集群，支持优秀原创网剧、网络音乐、网络出版、网络文学、网络直播、网络电影等在长三角创作生产、制作发行，培育一批数字文化产业标杆企业，建成集内容原创、技术研发、数字加工、版权运营、复合出版、终端服务为一体的长三角数字文化产业集群。

（五）健全公共文化服务体系，提升集群创新发展水平

首先，建立健全长三角地区基层公共文化设施网络，联合长三角核心文化企业、高校院所、文化产业园区力量，探索政企共享共建模式，共同打造长三角文化产业集群创新基地、孵化器、众创空间，定向孵化集群内优秀文化创客和创业型文化企业，推动集群内文化创意成果和文化科研成果转化为生产力，促进集群内文化创意设计成果展示交易和文化人才信息交流。同时，鼓励社会力量和民营资本参与孵化双创服务平台，以文化领域的中小微文化企业为服务对象，提供文化投融资、文化创业培训、文化品牌推广等创业孵化服务。

其次，建立健全长三角地区社会力量参与准入、退出机制，整合参与公共文化的社会力量，引导社会力量深度参与公共文化设施建设、管理与运营，推动长三角地区公共文化服务社会化发展。① 鼓励金融机构为社会力量参与长三角公共文化服务提供支持，针对文化投融资这个产业链中的薄弱环节，通过整合文交所、文化银行、文创基金、文化小贷公司、保险、担保、信托等长三角文化金融机构，构成一条全方位的长三角文化产业金融服务链，并将根据文化企业发展规模、阶段提供差异化的文化金融服务。② 完善长三角地区文化志愿者参与机制，规范文化志愿者招募流程，加强文化志愿者培训。广泛开展群众文化活动，稳固和发展群众文化社团组织，提升社团组织规范化管理水平和专业化服务能力，引导长三角地区公共文化服务机构充分利用行业协会力量。

（六）创新集群文化消费业态，拓展集群文化消费空间

首先，充分利用长三角文化资源，积极培育文化消费新业态、新模式，创造新的消费热点。① 长三角区域内上海、南京、宁波、合肥、苏州、杭州、芜湖7个城市入选国家文化消费试点城市，占全国比重高达15.6%，因此，应积极在长三角文化产业集群内推广试点城市经验，推动更多市、区、县开展文化消费试点建设，优化文化消费环境。② 支持利用长三角各地区存量土地、低效用地建设文化综合体,支持社会力量在大型商业综合体、户外空间举行艺术展览和演出活动,鼓励以鲜明的主题带动文化消费,将文化消费立足于各类节庆、展会、赛事、论坛等活动,推动文化元素融入商业业态,打造综合文化消费场所,激发居民文化消费潜力。③ 积极培育文化网络消费、定制消费、体验消费、智能消费、互动消费等消费新热点,发挥互联网科技在文化消费方面的宣传和推广作用,引导基于长三角区域网络平台的新型消费模式、线上线下消费融合创新,重点发展长三角文化消费夜经济,打造夜间文化消费集聚区,在有条件的文化场所开展夜间游览活动。

其次,以消费者习惯为导向,以市场需求为核心,根据消费者的习惯提供相应的文化产品和服务,拓展集群文化消费空间,实现长三角文化产业从以往"产品导向"转变为"需求导向"。① 培育长三角居民文化消费理念,培养居民文化消费习惯,综合运用传统与新兴媒介方式以及多样化的文化活动,加强文化消费活动的宣传力度,培养居民树立文化消费意识,使文化消费观念渗入居民日常生活之中,让文化消费成为一种习惯和生活方式。② 营造良好文化消费环境,激发文化消费潜力,支持图书出版、影视、演艺、动漫等文化企业开展文化消费,推出多类型惠民文化演出,通过对剧场演出、院线电影票价补贴,以及低价票、学生票、家庭票等各类营业性演出票价优惠,鼓励居民进行各类文化消费,同时举办普及性、公益性文化演出,推动数字文化产品和服务在公共文化场馆的应用,丰富公共文化空间体验形式和内容,提高居民文化参与度。③ 突出社会效益优先,加强高品质文化内容生产。鼓励打造具有长三角区域文化特色的自主品牌与 IP,以长三角地方特有的文化内涵赋予文化产品和服务的不可复制性和不可替代性,创造具有高附加值的文化产品和服务,推动传统文化消费升级,扩大内容文化出口,积极融入以国内大循环为主体、国内国际双循环相互促进的新发展格局。

参考文献

[1] 顾江,陈鑫,郭新茹,等."十四五"时期健全现代文化产业体系的逻辑框架与战略路径[J].管理世界,2021,37(03):9—18.

[2] 范周.数字经济变革中的文化产业创新与发展[J].深圳大学学报:人文社会科学版,2020,37(01):50—56.

[3] 詹绍文,王敏,王晓飞.文化产业集群要素特征、成长路径及案例分析——以场景理论

为视角[J]. 江汉学术,2020,39(01):5—16.

[4] 郭新茹,顾江,陈天宇. 文化产业集聚、空间溢出与区域创新能力[J]. 江海学刊,2019(06):77—83.

[5] 马立平,鲍鑫,熊璞刚. 京津冀地区文化产业集聚水平及特征分析[J]. 出版发行研究,2019(03):29—33.

[6] 马健. 文化产业生态圈:一种新的区域文化产业发展观与布局观[J]. 商业经济研究,2019(02):174—176.

[7] 高乐华,张美英. 中国区域性文化产业集群发展模式与趋势[J]. 企业经济,2018,37(06):127—134.

[8] 王亚楠,虞重立. 文化创意产业集群的网络结构与创新知识流动——基于社会网络视角的分析[J]. 科技管理研究,2017,37(11):158—163.

[9] 李强,李晥玲,张飞霞. 我国文化产业集聚效应与区域经济耦合发展研究[J]. 生产力研究,2016(02):16—20,38.

[10] 薛东前,张志杰,郭晶,等. 西安市文化产业集聚特征及机制分析[J]. 经济地理,2015,35(05):92—97.

[11] 孙智君,李响. 长江经济带文化产业集聚水平测度及影响因素研究[J]. 学习与实践,2015(04):49—58.

[12] 张惠丽. 文化产业集群演化动力机制研究[D]. 西安:西安建筑科技大学,2015.

[13] 林玮. 特色文化产业集群的资源开发与乡村实践[J]. 西北农林科技大学学报:社会科学版,2015,15(05):89—94.

[14] 鲍枫. 中国文化创意产业集群发展研究[D]. 长春:吉林大学,2013.

[15] 刘蔚. 文化产业集群的形成机理研究[D]. 广州:暨南大学,2007.

[16] 康小明,向勇. 产业集群与文化产业竞争力的提升[J]. 北京大学学报:哲学社会科学版,2005(02):17—21.

作者简介

王文姬,山东桓台人,南京大学长三角文化产业发展研究院副研究员,产业经济学博士生,南京传媒学院副教授。研究方向为文化产业经济。

刘柏阳,黑龙江齐齐哈尔人,南京大学长三角文化产业发展研究院副研究员,产业经济学博士生。研究方向为文化产业经济。

The Development of Cultural Industry Cluster in Yangtze River Delta: Practical Effect, Realistic Dilemma and Strategic Path

Wang Wenji　Liu Boyang

Abstract: the development of cultural industry cluster in the Yangtze River Delta is an important way for the high-quality development of cultural industry. On the basis of summarizing the practical results of the development of cultural industry cluster in the Yangtze River Delta, this paper analyzes the practical difficulties faced by the development of cultural industry cluster in the Yangtze River Delta from the aspects of administrative division restricting the development of the cluster, the relative lack of core enterprises in the industrial cluster, the unfinished public cultural service system and the prominent contradiction between supply and demand of cultural products and services. From the perspectives of promoting the integration and cooperation of the Yangtze River Delta, building a horizontal and vertical cultural industry chain cluster, cultivating the core enterprises of the industrial cluster, promoting the development of science and technology enabled industries, improving the public cultural service system and innovating the cultural consumption formats of the cluster, this paper puts forward the strategic path for the development of the cultural industry cluster in the Yangtze River Delta.

Key Words: Cultural industry　Industrial chain　Cluster development　Yangtze River Delta

产业创新

长三角文化艺术产业发展的重塑模式研究*

张　轶　杨筱敏　黄可悦

摘　要:通过对国内发展较好的长三角地区文化艺术产业的研究,总结和归纳文化艺术产业发展的可行策略,形成文化艺术产业发展的地域性发展重塑模式。结果表明,在现有的发展环境中,文化艺术产业发展需要协调和统筹社会各方力量,不仅要站在文化艺术挖掘了解的角度,还要考虑文化发展的政策环境、投资环境、传统文化艺术和当代设计的美学结合以及和高新技术的发展同步;文化艺术产业发展应在全局和宏观的视角上思考和研究。

关键词:长三角地区　文化艺术产业　重塑模式

一、引　言

文化建设是中国特色社会"五位一体"总体布局中的重要一环,党的十八大报告进一步强调和深化了文化建设在中国特色社会主义建设道路上的重要地位和作用。党的十九大以来,我国社会的主要矛盾已经变成了人民日益增长的美好生活需要和不平衡不充分的发展之间的矛盾,我国经济已由高速增长阶段转向高质量发展阶段。坚定文化自信,发展文化艺术产业,建设社会主义文化强国是为满足人民对于美好生活的需求,助力新时代经济高速增长向高质量增长主动转型的重要内容。

文化艺术产业是市场经济条件下繁荣发展社会主义文化的重要载体,是满足人民群众多样化、多层次、多方面精神文化需求的重要途径,也是推动经济结构调整、转变经济发展方式的重要着力点。①文化艺术产业凭借其耗能低、污染小、利润高、发展快等优势逐渐在资源环境日益紧张的当代成为一种主流产业,拥有巨大的

---

*　2021年江苏高校"青蓝工程"资助。

①　新华社.《文化产业振兴规划》全文发布[EB/OL].中央政府门户网站,2009-09-26.

发展潜力和发展空间，具有很强的渗透性和产业关联性。我国2017年印发的《国家"十三五"时期文化发展改革规划纲要》提出："加快发展文化产业，促进产业结构优化升级，提高规模化集约化专业化水平，促进文化产品和要素在全国范围内合理流动，促进文化资源与文化产业有机融合，扩大和引导文化消费，提高文化产业发展质量和效益。"①在政府的有力支持下，我国文化艺术产业发展迅速，欣欣向荣，迄今为止已经形成了较大的消费市场和稳定的消费群体，创造了一定的经济效益。

据统计，我国2016—2018年文化及相关产业增加值年均增长14.8%。② 2019年我国全国文化及相关产业增加值为44 363亿元，比上年增长7.8%，占GDP的比重为4.5%。③ 随着文化艺术产业的不断发展和壮大，大众文化娱乐需求不断增加，产业融资速度不断加强，逐渐成为社会资本投资的主要流向之一。可以看出，文化艺术产业已经在社会经济发展建设中做出了一定贡献，日益成为我国新时代社会主义经济建设新的增长点。

我国的文化艺术发展建立在不同的角度和立场上，出现了多种发展路径和模式。张元等立足苏东地区，提出发展海洋文化应发挥社会功能，推进带状的区域联盟发展模式建立；④邵明华等将特色文化产业分为资源内生模式、创意升级模式、科技转化模式、政府推动模式、文化授权模式五个类别；⑤贺宝成等站在协同视角对于地方文化艺术产业提出了集资源配置方式、空间布局、产业链、创新资源"四位一体"的文化产业发展新模式；⑥马苹认为应区分文化核心产业、文化相关领域产业和文化辅助产业三者的产业职能和概念。⑦

---

① 新华社.中共中央办公厅国务院办公厅印发《国家"十三五"时期文化发展改革规划纲要》[EB/OL].中央政府门户网站.

② 宁吉喆."十四五"规划的重要意义及其与2035年远景目标的内在逻辑[EB/OL].人民日报社，2020-12-16.

③ 国家统计局.2019年全国文化及相关产业增加值占GDP比重为4.5%[DB/OL].国家统计局，2021-01-05.

④ 张元，洪晓楠."一带一路"倡议下苏东地区海洋文化产业集聚发展模式研究[J].广西社会科学，2018(02)：184—190.

⑤ 邵明华，张兆友.特色文化产业发展的模式差异和共生逻辑[J].山东大学学报，2020(04)：82—92.

⑥ 贺宝成，任佳，曹媛.协同视阈下西安未央区文化产业发展范式创新[J].新西部，2018，462(35)：30—31.

⑦ 马苹.区域文化产业创新发展模式研究——以大连市为例[J].辽宁大学学报，2019，47(06)：67—75.

但现有的文化艺术产业发展模式出发点普遍较为单一，都从某一切入点深入地对文化艺术产业发展进行模式规划，如地域或文化艺术种类等。在面对文化艺术市场时，单一的文化艺术产业发展模式会出现适应灵活性较弱，地方特色性受限，文化艺术产业剖析不够全面等问题。因此如何发挥好和发展好地区文化艺术产业的特点，形成文化艺术产业的优势依旧是我国文化艺术产业发展道路上的一大难题。

长三角地区的文化艺术产业发展在全国名列前排，发展重点会根据地区的特色有一定的调整，产业发展较为全面，涵盖了文旅、非遗、影视、高新科技等多种产业形式。本研究将了解各地政府学者对于文化产业模式的理解，在明确国内文化艺术产业发展现状的基础上，通过阅读相关文献和地方文件对于长三角文化艺术产业的整体及地区发展情况进行分析，并对于区域内不同地区特色文化艺术产业的发展重点和发展路径进行归纳提炼，从区域性的文化产业发展集群扩大到全国范围，思考如何从长三角文化艺术产业发展中深层次挖掘和理解文化艺术产业的文化内涵和发展特质，分析文化艺术产业的发展机制和因素，推导总结出在新时代经济建设和文化强国的发展背景下，文化艺术产业发展重塑模式的策略和建议。

二、长三角文化艺术产业发展背景

(一) 长三角地区文化艺术产业发展溯源

长三角地区是我国三大经济区域之一，长三角地区经济总量占到全国的近1/4。①《长江三角洲区域一体化发展规划纲要》中描述长三角地区为“我国经济发展最活跃、开放程度最高、创新能力最强的区域之一，在国家现代化建设大局和全方位开放格局中具有举足轻重的战略地位”。良好的地理位置、雄厚的资金基础、稳定的内外部社会政治环境以及开放性的文化氛围，为长三角地区的文化艺术产业的发展提供了优渥的发展土壤。

长三角地区文化艺术产业在我国文化艺术产业中具有重要地位，不仅因为长三角文化产业发展规模大，更是因为长三角文化艺术产业发展速度和经济贡献量都在全国城市群中名列前茅。自2010年以来，长三角文化艺术产业增加值稳步增长，占全国总量的比重始终保持在30%以上，2017年长三角三省一市文化艺术产业增加值达到10 893.64亿元，是文化艺术产业占全国总量比重最高的地区(见图1)。

---

① 郁菁.长三角文化产业协同创新路径研究[J].观察与思考，2020(05)：70—76.

当前，长三角地区文化艺术产业已经成长为长三角地区的支柱性产业，在经济发展、增加就业、活化市场等方面做出了巨大的贡献。

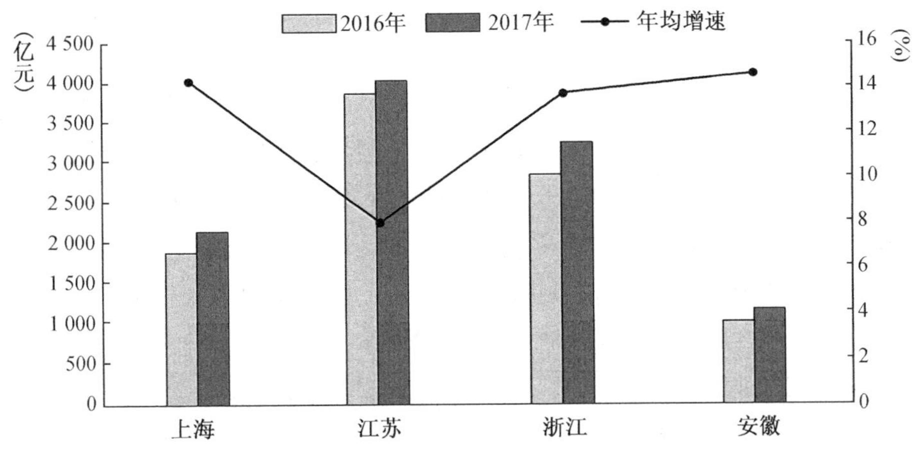

图 1　2014—2017 年长三角地区文化产业增加值及年均增速

(二) 长三角地区文化艺术产业发展优势

1. 扶持政策到位，一体化发展同步

2019 年长三角一体化正式上升为国家战略。"长三角一体化"是指长三角地区的各个省市充分利用自身的基础和资源，充分发挥自身的发展优势，实现长三角各个地区之间资源、投资、政策、市场、人才、对外开放等方面共享联通的目的，形成长三角地区特有的经济整体。"长三角一体化战略"体现了国家政府对于长三角发展的关注和重视，是推进长三角地区新经济、新产业发展的有力支撑，是构建现代化经济体系不可或缺的战略支持。

一体化不仅是经济的一体化，还要考虑一体化的深层次、多方面和多样化。文化艺术产业是发展成为一个世界级创新发展城市群的强大动力，也同时受到国家政府的支持。一体化发展过程中不仅要关注传统产业的健康发展，更应刺激新鲜的消费需求，促进文化艺术产业的进一步蜕变，尽快形成新型的消费环境和体系，构建合理有序的文化消费环境。

2. 经济基础稳固，资本流活跃度高

长三角地区拥有较为稳固和优渥的经济基础，是最早发展制造业和轻工业的地区，经济发展历史较长，产业发展经验丰富，是全国经济最发达的地区之一。近年来由于文化艺术产业的活跃度和其低投入高回报的特性使其成了投资热点和指向标，大量资本向文化艺术产业倾斜。因此，长三角良好的历史发展基础、稳定的

发展环境以及沿海开放的地理条件使长三角地区不仅存在活跃的民资投入，更吸引了不少国际资本流入。长三角地区文化艺术及相关产业固定资产投资增长相对平缓，年均增长率为 13.63%。

3. 社会认同度高，市场需求量充足

2016 年至今，长三角地区居民人均文化消费支出水平占总消费比重均高出全国居民文化消费的平均占比水平。上海、南京、宁波、合肥、苏州、杭州、芜湖 7 个城市入选国家文化消费试点城市。[①] 长三角地区的开放状态下，居民对文化艺术产业发展认同度高，接受度高，包容度高。2020 年第三届长三角文博会上发布的《2020 年长三角数字文化消费研究报告》指出，在全国 11 大城市群中，长三角数字文化指数总量排名第 1，综合均值排名第 3。[②]（见图 2）

与全国城市群对比，长三角数字文化消费呈现了稳定的发展态势，显示了长三角地区居民的文化消费意愿和庞大的文化消费市场。①②

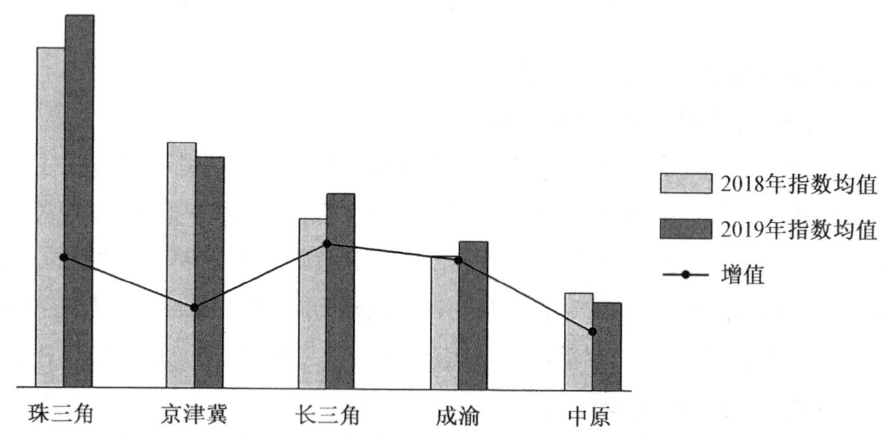

图 2　2019 年 11 大城市群数字文化指数均值及增速（图为前五个城市群）

4. 文化资源丰富，产业链初具规模

长三角地区文化资源丰富，是全国文化产业集聚度最高，拥有文化产业集群最多的地区。长三角地区也是我国非遗文化分布高密度核心区，其中浙江省为全国非遗数量最多的省份，占全国非遗总量的 7.19%。沿河流域的生存环境使传统文

---

① 于锋，吴雨阳. 文化产业一体化如何发展？《长三角文化产业发展蓝皮书》来提供依据[EB/OL]. 新华报业网，2020-11-21.

② 腾讯研究所. 引领未来消费，首份长三角数字文化消费报告发布[EB/OL]. 腾讯新闻，2020-11-20.

化艺术在人民稳定的生存和发展中流传至今。中华人民共和国成立后,国家对于文化艺术产业的重视和鼓励使得长三角地区的传统文化艺术和手工艺留存较好,并且在一定程度上已经有了较为合理和成功的开发。2007年我国形成长三角、珠三角、环渤海地区三大文化产业带。

长三角地区的文化艺术产业已经初具规模,为长三角地区日后发展文化艺术产业带来了较好的产业发展基础和发展经验,提供了较为完善成熟的产业发展体系。

(三) 长三角地区文化艺术产业发展价值

1. 夯实金融发展基础,加快经济转型速度

面对新时代经济发展从高速发展转向高质量发展的历史要求,长三角地区的经济建设自然也应在时代潮流中力争上游。长三角地区是全国最早兴起文化产业增值的地区之一,文化艺术产业发展意识自1978年就开始萌芽,近年来经济效益增长尤为明显。

发展长三角文化艺术产业能够有效夯实长三角地区的经济基础,多元化发展经济实力,扩大长三角地区的经济辐射范围,拓展资金融资渠道,增强长三角地区的经济影响力,加快在新时代背景下经济的主动转型,为长三角地区的经济发展提供助推力。

2. 助力城市品牌建设,打造地区特色名片

近年来城市的文化特征被各级政府和人民逐渐重视起来。如何彰显出自身城市的文化特色,树立较为鲜明的城市形象,输入特有的文化符号元素,成为各个城市文化建设的重点。通过文化艺术产业的发展和壮大,可以将城市地区的特色文化艺术和文化建设通过产品的方式向其他城市甚至国外地区输出;文化和特色形象的建立又反过来推动城市文化建设和文化品牌的打造,因此形成有效有益的经济循环。

发展长三角文化艺术产业可以有效建立起长三角地区人民的文化自信,通过产业发展和拓展的模式建立自己的文化特征,打造属于自己的文化名片,发展带有地区特征的文化经济产业,成为一种助力当地文化建设发展和推广输出的有利形势。

3. 反哺文化资源宣传,激发传统艺术活力

长三角地区文化旅游资源丰富,非遗数量位居全国前列,但文化宣传和推广并不成熟,并未形成专属于长三角地区的文化名片,多数文化品牌仍旧停留在限定地域范围内传播,文化艺术形象较为片面。

长三角地区文化艺术产业的发展能够有效开发长三角的传统文化艺术，通过经济开发的方式打开文化宣传的新方式，反哺长三角文化艺术的宣传和推广，拓展文化艺术对外输出的途径，将长三角地区的文化艺术资源化、产业化、国际化。在宣传传统文化艺术的基础上，通过文化艺术产品的改造和设计，将传统文化艺术融入现代生活，使其更适应现代的消费需求，为传统文化和艺术在新时代的发展注入新的时代血液和创作灵魂。

三、长三角文化艺术产业的特质和内涵

（一）长三角文化艺术产业内涵

文化艺术产业，即建立在地方和地区的文化艺术基础上，由个人或团体进行有针对性地开发，通过设计、技术等方式将现有的文化艺术资源产业化，并根据市场和时代要求科学地改造文化艺术资源，形成文化艺术知识产权体系的产业形态。文化艺术产业的出现和发展满足了消费者的精神和审美需求，因此文化艺术产业的快速发展是居民消费能力提高、消费结构优化的重要体现。

长三角的文化艺术产业是基于三省一市的文化艺术资源形成的带有区域特色的文化艺术产业。凭借沿海开放的地理位置，率先起步的经济条件，江南文化的文化基因以及注重创新的发展环境，长三角地区文化艺术产业的发展在全国始终位居前列，形成了辐射带广泛、产业链成熟、形式创新强等特点。在此基础上，长三角文化艺术产业部门较为完整，地区一体化程度高，整体竞争力较强。

（二）长三角文化艺术产业特质

长三角地区文化艺术产业地域性较为明显。长三角地区各地文化艺术资源的差异性和产业环境导致三省一市的文化艺术产业侧重点有所不同，形成了高度认同、各显特色、互补协调的文化艺术发展体系。

上海市以高新技术为媒介大力发展创新性现代文化艺术产业，其中新闻信息服务、内容创作生产和创意设计服务占上海文化艺术产业的 59.8%①，数字文化发展全国领先，上海的动漫游戏产业更是在全国独占鳌头。2018 年上海网络游戏销售收入高达 712.6 亿元②，移动游戏销售收入达到 393.2 亿元，增长率为 17.6%，高于中国移动游戏市场实际销售收入 15.4%的增长率。上海已经逐渐成长为具

① 郭博文.《2019 年上海文化产业发展报告》发布[EB/OL]. 中国经济网，2020－04－23.

② 郭博文.《2019 年上海文化产业发展报告》发布[EB/OL]. 中国经济网，2020－04－23.

有全球影响力的动漫游戏产业中心。

浙江省的文化艺术产业则建立在数字传媒文化企业的发展上。2019 年浙报传媒、浙江出版联合集团、宋城演艺、华策影视等 4 家传媒文化企业入选“全国文化企业 30 强”名单①,横店影视城和象山影视城等影视基地更是成为国内电影电视剧的主要取景地。浙江省在传媒文化具有强大优势的基础上着力打造全国影视产业副中心,大力扶持影视产业发展,将影视产业作为浙江文化艺术产业发展的重要动力之一。

江苏省和安徽省的文化艺术产业偏重较为类似,两者都在文化艺术和旅游业的结合上有所优势,不同的是,江苏省的文化旅游更多建立在人文艺术资源上,而安徽则更偏向于自然景观资源。江苏省拥有苏州和南京等富有历史底蕴的人文城市,其中国家历史文化名城 13 座,江苏省历史文化名城 3 座,形成了大批人文文化企业、文化园区以及文化品牌。2019 年江苏省旅游外汇收入为 47.4 亿美元。同时江苏还注重发展伴随文旅业发展的文化创意产品设计制造,苏州博物馆的文创设计在全国甚至全世界都享有盛誉,在促进当地文化经济增值发展的同时,形成了具有苏州特色的文化形象。

安徽省丰富的自然文化资源为安徽省的文化旅游产业提供了良好的基础,三座名山跻身全国“十大文化旅游胜地”。安徽省在国家政策召唤下,在良好的旅游业发展基础上推陈出新,将文化和旅游相结合,在旅游中融入安徽特色的文化和艺术体验,优化丰富了游客的旅游体验,旅游人数不断攀升,2019 年黄山接待游客 7 402 万人次。安徽省文化和旅游产业的融合创新使得安徽成为全国文旅示范性地区。

四、长三角文化艺术产业重塑模式研究

对于具有地区特征的文化艺术产业发展,各个专业领域都存在从自身角度出发,提出了不同思路的发展策略和建议。这些建议都存在专业性和参考性,但正是由于这些发展策略都是从领域的单一视角下提出的,因此都存在一定的片面性,在文化艺术产业发展过程中都存在限制。

文化艺术产业的重塑模式,即立足文化艺术产业发展的大视角,从各个发展参

---

① 卢一. 2019 浙江文化产业发展成果发布:高质量发展文化产业高水平建设文化浙江[EB/OL]. 浙江在线,2020-01-09.

与者的视角出发研究和参考特色文化艺术产业发展，从文化艺术产业的各个发展要素入手，归纳总结出具有通用性的特色文化艺术产业发展策略，将产业发展涉及的主体和产业发展的各个要素对应结合，明确发展重点和路径，从而系统化特色化地发展具体区域的文化艺术产业。这是基于艺术资源化、资产化、金融化、证券化（大众化）的产业发展模式创新。其突破口是要积极建构长三角艺术资源的资产化、金融化平台体系，整合资本市场资源，加快对接长三角金融及其他产业支撑体系，为艺术产业提供多样化的产品与服务。（见图 3）

重塑模式并不是针对一个产品单向时间线的归纳，而是整个产业发展的各个相关组织从自身的角度进行对文化艺术产业发展的专业协助和推动。

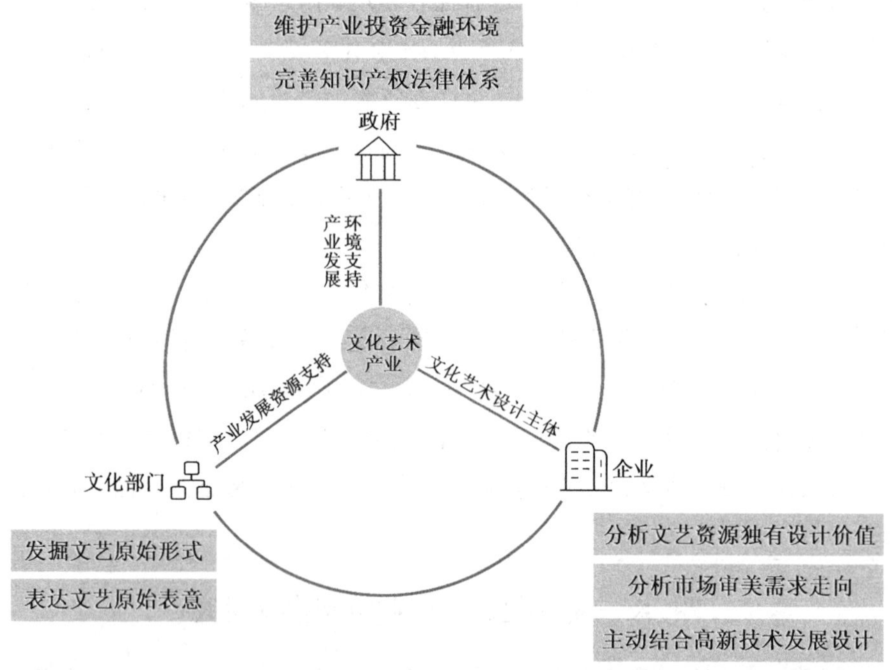

图 3　文化艺术产业重塑模式示意

(一) 利用现有文艺资源，建立地区特色品牌

1. 对于当地文化的发掘和设计价值分析

具有地区特色的文化艺术产业应注重地域性，应该从当地的人文和自然文化资源进行思考和利用。文化艺术资源的挖掘和整理是文化艺术产业发展的基础性要素，文化艺术相关的部门在传统文化艺术资源管理时不仅要注重发掘文化原始形式，更要把握文化原始表意，将当地文化的独特之处和区别整理建立，为文化艺

术产业的发展打好根基;企业在发展循环中要主动分析发展文化的特点和特色,对该文化艺术的本质和核心进行调研,找到文艺资源独有的设计价值。

文化艺术产业在地域上的适应性和生命力都来自别具一格的当地文化艺术。能否建立有地区特色的文化艺术产业,发展什么样的特色文化艺术产业以及如何发展特色艺术产业都是建立在自然和人文文化资源特质上的。发展特色文化艺术产业的优劣以及如何在全国乃至世界范围内占有一席之地,则取决于政府、企业,甚至于产业从业人员对于当地文化的理解和剖析。只有抓准了自身的文化艺术基因优势,才能从普通文化产业层面跳脱出来,到达特色文化产业层面,并拉开竞争差距,获得竞争优势。如安徽省抓住当地丰富的自然旅游文化资源,大力推进文化产业和旅游业的结合,在发挥好文化旅游的概念基础上,带动其他文化艺术产业部门的发展,逐步完善和优化文化艺术产业链,形成自成一体的地区文化内循环。

因此在发展文化艺术产业时,当地政府和企业应该注意发挥特色优势,整合特色资源,开发特色基因,形成产业聚集,在借鉴其他示范性文化艺术产业发展道路的同时,将当地的艺术资源化、文化资产化,重点围绕"名人、名品、名牌"的"三名"模式,根据自身文化艺术资源的特色规划和总结出适合当地文化艺术产业发展的特色道路。

2. "泛 IP"驱动发展新环境

IP 是指 Intellectual Property,即知识产权。IP 的泛化是知识产权与授权产业多元化、碎片化发展的一个必然趋势。文化艺术产业的泛 IP 化本质概念是要建立在文化艺术知识产权基础上的品牌系统。这不仅要求企业在公司发展规划中建立和强调产权和授权的相关内容,提高对于 IP 的法律意识,更要求政府在产业发展的环境中起到维护知识产权,营造利于文化艺术产业发展的良好环境。

在建立一种文化艺术的 IP 系统的过程中,需要对这种文化艺术进行有逻辑有目的的整理。对于一种文化艺术来说,形成一个有文化特征和印记的 IP 有助于促进对该文化艺术的整理和总结,并形成自成一体的文化边界,和其他的文化艺术形成有效区分,突出自身的基因特色。

从文化艺术企业的角度来看,通过对企业文化和主营文化艺术业务等企业形象元素的整合和自身的元素具象化,形成有效且具有辨识度的 IP,可以有效建立企业的文化形象,将企业所涉及的文化艺术种类和自身的企业相结合,产生较强的关联性,提升企业和产业的符号联系。很多企业的形象 IP 甚至衍生出了多样的产业形式,如由一个单一的形象形成文化产品周边以及动漫短剧。

知识产权意识的建立对于维护文化艺术产业发展大环境的秩序性也有一定的促进作用。泛 IP 的出现使得知识产权的概念逐渐成为文化艺术企业和个人发展标杆，完善了有关文化艺术产业的法律缺失。

目前的文化艺术产业逐渐形成了知识产权维权的概念，在文化艺术产业建立泛 IP 化的概念不仅是对于文化艺术产业发展提出策略和建议，更是为维护和建立更好的文化艺术产业发展环境做基础。

（二）置身文艺产业发展，深入调研用户市场

1. 把握未来国内外产业更新方向

在全球化的时代大背景下，发展文化艺术产业要主动融入世界发展潮流，敏锐发现时代的文化需求。是否遵循产业发展规律，迎合发展潮流，直接决定企业在国际产业大环境下的发展。因此产业发展的定位和分析，都属于企业在进行相关设计和推广时需要考虑和把握的重要问题。

文化艺术产业链结构比传统产业更为复杂，包含从创意、设计、生产制造，再到销售、物流等诸多环节。在这些环节中，如何结合产业的内在规律，形成适于全球化背景的文化艺术产业就成了产业发展趋势。我国文化艺术产业起步较晚，但近几年的重视和发展使其已经拥有了良好的基础，并逐渐形成了一定的产业规模。同时，越来越开放的社会环境让经济产业不再困于地域和距离的限制，文化艺术产业相较于传统产业更偏于非物质性的传播，更需要思考如何将自身的传统文化艺术融入世界文化艺术的洪流。在立足于民族文化的土壤上，汲取世界文化艺术产业发展的营养，将民族的和世界的结合起来，用民族的优势抢占全球艺术市场，获得在世界文化艺术产业发展中的主动权，促进对内和对外两个资源良性循环，扩大中国文化艺术产业规模，深化中国文化艺术产业改革。

要注重“文化＋”“艺术＋”的产业跨界融合发展模式创新，围绕产业进行多角度多思路的拓展。文化艺术并不是独立在各产业之外的产业系统，其根基是深深扎根在其他产业中的。如果独立地去思考文化艺术产业在某个时代的发展和优化，文化艺术产业的发展就等于失去了根基和源泉。促进文化艺术产业多元化多层次地和其他产业跨界融合，有利于保持文化艺术创作的活性，保证文化艺术产业的可持续发展。

2. 把握新时代精神消费需求市场

人民大众是文化艺术的消费者，也是文化艺术的创造者，文化艺术产业满足了人民大众的审美和精神消费，文化艺术产业好坏优劣都是需要市场检验的。人民

需要什么样的文化艺术产品，喜欢什么样的文化艺术内容，都是市场的具体体现。对于市场审美基本了解和开发，是企业开发设计过程中需要着重思考的问题。

传统文化艺术不能一成不变，需要根据国家社会、企业发展、文化传承等的需要进行改变，需要结合当代的精神和导向完成进化。文化艺术产业发展离不开对于时代精神和需求的把握，用全新的时代灵魂和理解才能创造出被时代认可、被市场和人民大众认可的产品。在推动产业纵向快速推进的同时，要横向考虑市场的导向和人民大众的需求，深入挖掘消费者的潜在消费倾向，及时调整产业产出内容及其形式。

（三）传统当代设计融合，结合科技升级创新

1. 传统和现代的审美结合

传统文化艺术需要注入新的设计审美，才能从原先的审美中跳脱至更符合现有市场的审美，并满足人们的需求，更好地融入人们的日常生活，发挥出其在现代的审美价值和经济价值。传统文化艺术的审美和理解建立在当时的社会环境和生活环境下，想要使其融入当前的社会生活环境，就要加入当代社会的美学元素。在传统艺术设计创新的过程中，通过材料、工艺、使用方式以及外观元素的碰撞改造，产生不同的艺术美学效果，使原有的文化艺术产品绽放出更为鲜活的生命力，创造出更符合现代社会审美倾向的产品，满足消费市场多元化、个性化的需求。

在满足市场对于美学的需求时，需要思考的还有传统文化艺术在当代生活中的特殊地位，背后的时代精神存在的优劣性应该被注意。在设计再创新的过程中，应该对该文化艺术进行透彻的理解，对于“设计对象的时代精神是否符合当代价值观”“是否能输出符合当代文明需求的文化”这两点进行深入研究，才能将文化艺术中最为本质的文化内核展现出来，文化艺术的再创造才有意义。

2. 高新技术与之结合的产业发展

高新技术的融入是文化艺术产业另一个层面上的时代创新，也是企业在设计输出过程中提升文化消费质量的有力辅助。

在文化艺术创作阶段应该尽可能多地尝试和开发各种文化艺术形式和各种高新技术结合的可能性。高新技术会给文化艺术产业形式的呈现带来新可能，在技术和交互层面提供达到创作的新高度，丰富消费者的使用体验。如近年来的VR技术不断地被应用在文化体验和会展交互等领域，消费者在使用产品时更有代入感。

关注互联网平台化为主导的创新体系对于拓展中国文化艺术产业的辐射广度和深度，以及服务和交易范围，对于扩大文化艺术产业交易边界和交易规模具有重

要作用。高维数据和5G信息时代的发展为中国文化艺术产业提供了数据传播的支持，多向发展和强化了文化艺术产业的各个部门，将数据运算和数据分析更精准地运用在产业发展中，为提供较为客观的数据支撑，催生文化艺术产业新业态，更新文化消费内容，增加消费体验和场景，充实消费理念和需求，为进一步推进长三角艺术产业科技化的进程做出技术上的贡献。

在当代社会环境下，文化艺术产业发展应和科技发展保持同步，并且牢牢把握科技发展带来的新技术新工艺新机会，在与科技的碰撞中使传统文艺获得新生，产业发展得到助推。

五、结　语

综上，文化艺术产业成为推动新经济发展和转型的重要推力已经得到共识。本研究将研究对象定位于长三角的文化艺术产业，从其发展中，总结归纳了文化艺术产业的发展策略。文化艺术产业的发展应该站在发展全局的角度和思考上，统筹社会力量，从各方面推进和协调文化艺术产业发展的各个部门，才能把握文化艺术产业发展的基本方向和动态，寻找其重塑的路径和价值，打造出符合时代和市场的产业体系。

本研究从研究视角方向创新，扩大了文化产业发展模式研究的样本范围，走出研究地域的局限性；试图从多视角而非单一视角对文化艺术产业发展进行研究和总结；建立产业的发展实例和产业发展模式之间的印证关系。本研究在研究内容上跳脱原有的产业发展模式，认为应从文化剖析、市场定位以及设计和科技融合去思考一个地区的文化艺术产业发展，将文化和艺术的发展结合在地区发展的脉络中，构建有地区特色的文化艺术产业发展体系，不断扩大市场深化消费，才能更好地促进产业发展，使文化艺术产业成为一个地区经济发展的助推力。

文化艺术产业重塑模式是在长三角地区的文化艺术产业发展基础上概括和补充得出的，借助的相关研究是建立在产业发展现状和地方文件之上的。未来将围绕重塑模式根据不同地区的优质产业链不断更新，对于网络数据不断挖掘以丰富模式内容，增加灵活性，并针对在其他地区的适用性展开更深入的研究。

参考文献

[1] 沈杰，周继洋，王雯莹. 长三角一体化示范区共建江南文化品牌路径选择[J]. 科学发展，

2020,139:82—85.

[2] 仲宇,李光安.长三角一体化背景下江南城市文化符号的联动开发路径研究[J].南京艺术学院学报:美术与设计,2020(01):162—164.

[3] 郭新茹,陈天宇.长三角文化市场区域合作与一体化路径研究[J].江苏社会科学,2020(2):80—88.

[4] 高晗.长三角数字文化产业发展要点[J].信息化建设,2020(8):60—61.

[5] 柏锦菲,王莹莹,胡静,等.长三角区域一体化背景下安徽省文化产业影响因素灰色关联分析[J].中国产经,2020(6):75—77.

[6] 何建华.长三角国家战略与文化融合发展"同心圆"[J].上海文化,2018(02):83—90.

[7] 花建.长三角文化产业高质量一体化发展:战略使命、优势资源、实施重点[J].上海财经大学学报,2020,22(4):33—47.

[8] 王元,刘素华,朱易安.长三角地区非遗与文创产业的协同发展研究[J].文化产业研究,2017(03):96—106.

[9] 胡慧源.长三角文化产业发展——现状、特点与趋势[J].文化产业研究,2019(01):183—196.

[10] 陈星.长三角地区在中国近代艺术教育史上的作用[J].艺术百家,2020,36(01):34—39.

[11] 徐柏翠,潘竟虎.中国国家级非物质文化遗产的空间分布特征及影响因素[J].经济地理,2018,38(05):188—196.

[12] 付思兰.长三角区域文化产业合作发展研究[D].合肥:安徽大学,2014.

作者简介

张轶,江苏南京人,南京理工大学设计艺术与传媒学院教授、硕士生导师。研究方向为设计学。

杨筱敏,浙江台州人,南京理工大学设计与艺术传媒学院硕士生。研究方向为工业设计。

黄可悦,江苏常州人,南京理工大学设计与艺术传媒学院硕士生。研究方向为环境艺术设计。

Research on the Remodeling Model of Cultural and Art Industry Development in Yangtze River Delta Region

Zhang Yi　Yang Xiaomin　Huang Keyue

Abstract: Through the study of the domestically well-developed culture and art industry in Yangtze River Delta region, the feasible strategies for the development of culture and art industry are summarized, and the regional development remodeling model for the development of culture and art industry is formed. The results show that in the existing development context, the development of culture and art industry demands the coordination of all forces in society. It should take into account not only culture and art excavation but also the policy environment, investment environment, aesthetic combination of traditional culture and art and contemporary design, and synchronization with the development of high technology. The development of culture and art industry should be studied from the overall and macro perspectives.

Key Words: Yangtze River Delta　Cultural and art industry　Remodeling model

我国文化产业转移的梯度特征及影响因素分析

王树华　宋颖弘

摘　要:本文从宏观层面对我国31个省份文化产业的梯度特征进行了分析，并以我国文化及相关产业类102家上市公司2010—2019年在大陆31个省份的投资数据为样本，分别运用Logit和Tobit模型从企业发展和地区发展两个层面对文化产业转移的影响因素进行了实证分析。研究结果表明，在市场机制作用和中央、地方政策支持下，部分省份文化产业发展的梯度优势日益凸显，文化产业的梯度发展格局已基本形成。具有较大市场规模、较高经济发展阶段的地区，更容易吸引外来企业投资，从而加快产业转移；劳动力成本、土地成本、人力资本以及税费负担越低的地区，对外来文化企业投资的吸引力越大；规模较大的企业具有更强的产业转移意愿。在实证分析的基础上，本文围绕推动文化产业在各区域间的协调发展提出了对策建议。

关键词:文化产业　梯度特征　影响因素

一、引言及文献回顾

习近平总书记在党的十九大报告中明确指出，“文化是一个国家、一个民族的灵魂”“没有高度的文化自信，没有文化的繁荣兴盛，就没有中华民族的伟大复兴”。早在2000年10月，党的十五届五中全会通过的《中共中央关于制定国民经济和社会发展第十个五年计划的建议》，就首次提出要“完善有关文化产业政策”“推动有关文化产业发展”。随后，党的十六大、十七大报告分别提出要“支持文化产业发展”“大力发展文化产业”，党的十八大进一步提出要“提高文化产业规模化、集约化、专业化水平”。党的十九大则提出要“推动文化事业和文化产业发展”“健全现代化文化产业体系和市场体系”。2020年10月，党的十九届五中全会通过的《中共中央关于制定国民经济和社会发展第十四个五年规划和2035年远景目标的建议》中，明确提出了到2035年建成社会主义文化强国的战略目标。中央一系列战略决策表明，繁荣发展社会主义文化已经成为新时期我国经济社会发展的重要内容，文化产业在国民经济中的重要地位日益凸显。文化产业作为提升我国精神文明生产的重要载体和社会主流价值观传播的主要形态，其发展水平将给我国文化强国建设带来最为直接的影响。近年来，我国文化产业发生了翻天覆地的变化。相伴而生的是，文化产业在各区域间的发展差异也在不断扩大。因此，现阶段迫切需要研究的重点问题是，准确把握我国文化产业布局的梯度特征，客观分析文化产业发展的影响因素。在此基础上，有针对性地采取积极有效的措施推动文化产业在我国各省市区之间的协调发展，以更好地满足人民日益增长的美好生活需要。

当前，产业转移已经成为我国统筹区域协调发展的重要途径，加快产业结构转型升级的重要手段。在产业转移的理论研究方面，国内外学者已取得了比较丰硕的研究成果。相对系统化的理论研究，最早可以追溯到20世纪30年代日本经济学家赤松要(Kaname Akamatsu)提出的"雁行模式"理论。随后，阿根廷经济学家普雷维什(Raul Prebisch)于1949年从国家视角系统阐释了"中心-外围理论"；美国哈佛大学教授雷蒙德·弗农(Raymond Vernon)于1966年提出了产品生命周期理论，日本一桥大学教授小岛清(Kojima)于1978年在国际贸易比较成本理论基础上提出了"边际产业扩张理论"。英国雷丁大学教授邓宁(J. H. Dunning)在20世纪70年代末至80年代末，将国际贸易理论、国际投资理论结合起来，提出了"国际生产折衷理论"。在产业转移的影响因素方面，学者们认为，要素成本、市场需求、集聚外部性、对外开放水平、市场发育程度、企业规模、金融环境、交通条件等对我国产业转移起到了决定性的影响。(马子红，2006；桑瑞聪、刘志彪、王亮亮，2013；张贵良、孙久文，2013；刘明、王霞，2020)

遗憾的是，学界关于文化产业转移的文献却较为匮乏。从理论分析视角，有学者从文化产业空间布局的一般规律出发，探讨了区域文化产业布局的重点任务与价值取向。(胡惠林，2005)还有学者运用产业梯度系数模型测算了2016年我国文化产业的地区间梯度转移情况，得出我国区域间文化产业尚未发生大规模产业转移的结论。(邹荣，2019)此外，以单个省份或省内欠发达地区为样本，学者们从产业承接地的角度对推动文化产业转移提出对策建议。(金元浦，2010；韩平、苗秀娥，2012；常静、栾晓梅，2015；徐望，2019)

综上所述，现有文献关于产业转移的理论与实证研究已较为充分。但是，对于文化领域的产业转移研究，宏观层面的研究尚不深入，微观企业层面的实证研究更是鲜见。鉴于此，本文将从宏观层面对我国地区间文化产业转移梯度特征进行分析，从微观层面对文化产业类上市公司产业转移的影响因素进行实证分析，以期为推动我国文化产业有序转移，实现文化产业在各地区的协调发展提供决策参考。

二、我国文化产业布局的梯度特征分析

（一）数据说明及测量方法

为全面分析我国地区间文化产业梯度转移的实际情况，本文以国内 31 个省（市、自治区）为研究对象，并结合学界把 31 个省份划分为东中西三大区域[①]展开研究的视角，从省份和区域两个层面进行多维分析。本文关于文化产业层面的统计数据来源于国家统计局社会科技和文化产业统计司、中宣部文化体制改革和发展办公室编印的《中国文化及相关产业统计年鉴(2020)》。

在分析方法上，本文在戴宏伟(2003)产业梯度模型的基础上加以改进。考虑到该方法主要考虑的是劳动力和技术两个生产要素，并不全面。我们认为，劳动力流动的受限在一定程度上是制约产业转移的因素之一，而资产流动则是可以伴随着产业转移同时发生的，最佳经济效率的地区总是能为产业转移注入新动力，为资产带来可观的收益。因此，本文拟采用区位熵、比较劳动生产率和比较资产收入率三者的乘积来刻画各地区的产业梯度系数，并依此来分析我国各区域之间文化产业转移的梯度特征。

分别来看，区位熵(LQ)用来反映文化产业的专业化水平，其计算公式是：

$$LQ_i=\frac{\frac{CIVA_i}{GDP_i}}{\frac{CIVA}{GDP}} \tag{1}$$

在公式(1)中，i 为地区(下同)，GDP 为全国地区生产总值，GDP_i 表示 i 省份地区生产总值；$CIVA$ 表示全国文化产业增加值。

比较劳动生产率(CLP)用来反映文化产业的劳动力产出效率，其计算公式是：

$$CLP_i=\frac{\frac{CIVA_i}{L_i}}{\frac{CIVA}{L}} \tag{2}$$

---

① 我国东部地区包括河北、北京、天津、山东、江苏、上海、浙江、福建、广东、海南；中部地区包括山西、吉林、黑龙江、安徽、江西、河南、湖北、湖南；西部地区包括重庆、四川、陕西、云南、贵州、广西、甘肃、青海、宁夏、西藏、新疆、内蒙古。

在公式(2)中,L 表示文化产业从业人员数。

本文创新性地引入"比较资产收入率"(CAP)指标,用来反映文化产业的运营能力。资产收入率用来刻画营业收入与总资产占用之间的关系。某地区文化产业的资产收入率越高,表明该地区文化产业的资产运营能力越强。比较资产收入率则表示该地区文化产业运营情况与全国文化产业运营情况的比值。其计算公式是:

$$CAP_i = \frac{TAIR_i}{TAIR} \tag{3}$$

在公式(3)中,$TAIR$ 表示文化产业的资产收入率。

由此,i 地区的文化产业转移梯度系数可以表示为:

$$IGC_i = LQ_i \times CLP_i \times CAP_i \tag{4}$$

为了对各省市文化产业梯度系数进行测算,我们查阅了《中国文化及相关产业统计年鉴(2020)》,并分别运用公式(1)、公式(2)和公式(3),对我国 31 个省(市、区)2018 年文化产业的区位熵、比较劳动生产率、比较资产收入率进行测算,进而运用公式(4)计算出各省市的产业梯度系数,如表 1 所示。

表 1　我国分省文化产业梯度系数情况表(2018 年)

地区		区位熵	比较劳动生产率	比较资产收入率	产业梯度系数
东部地区	北京	2.074	1.264	0.845	2.214
	天津	0.958	1.425	1.043	1.424
	河北	0.580	0.727	0.678	0.286
	辽宁	0.558	0.928	0.690	0.358
	上海	1.359	1.589	1.339	2.893
	江苏	1.116	0.996	0.847	0.941
	浙江	1.467	1.357	1.104	2.198
	福建	1.185	0.967	1.957	2.244
	山东	0.846	0.889	1.072	0.806
	广东	1.292	0.854	1.424	1.572
	海南	0.732	0.935	0.211	0.145
中部地区	山西	0.482	0.740	0.332	0.118
	吉林	0.348	0.777	0.372	0.101

（续表）

地区		区位熵	比较劳动生产率	比较资产收入率	产业梯度系数
中部地区	黑龙江	0.326	0.749	0.593	0.145
	安徽	1.009	1.126	1.049	1.191
	江西	0.839	0.799	1.118	0.749
	河南	0.958	0.865	1.369	1.134
	湖北	0.946	0.903	0.928	0.793
	湖南	1.127	1.019	1.370	1.573
西部地区	内蒙古	0.484	1.377	0.313	0.209
	广西	0.509	0.767	0.719	0.281
	重庆	0.893	0.774	0.973	0.672
	四川	0.888	1.178	0.898	0.940
	贵州	0.650	0.842	0.274	0.150
	云南	0.665	0.990	0.689	0.454
	西藏	1.063	1.115	0.755	0.894
	陕西	0.674	0.842	0.513	0.291
	甘肃	0.491	0.380	0.334	0.062
	青海	0.402	0.574	0.571	0.132
	宁夏	0.576	0.981	0.469	0.265
	新疆	0.451	1.131	0.577	0.294

（二）各地区文化产业梯度水平评析

1. 运用区位熵指标进行评析

从区位熵来看，北京(2.074)、浙江(1.467)、上海(1.359)、广东(1.292)、福建(1.185)、湖南(1.127)、江苏(1.116)、西藏(1.063)、安徽(1.009)等 9 个省份文化产业区位熵均超过 1，表明这些地区文化产业的专业化程度较高，在产业规模上已经形成了较强的比较优势。与此同时，北京(9.29%)、浙江(6.57%)、上海(6.09%)、广东(5.79%)、福建(5.31%)、湖南(5.05%)、江苏(5.00%)等 7 个省份的文化产业增加值占 GDP 比重已超过了 5%，说明文化产业已经成为该省份国民经济发展的支柱产业；另外西藏(4.76%)、安徽(4.53%)两省(区)的文化产业增加值占 GDP 比重接近 5%，说明文化产业有望很快成为该地区国民经济发展的支柱产业。

另外，天津(0.958)、河南(0.958)、湖北(0.946)等3个省市文化产业的区位熵较为接近1，说明这些省市文化产业的专业化程度与全国平均水平相差不大。

对于区位熵小于0.9的其他省份，我们大致可以划分为三类：第一类是区位熵相对较低的省份，包括重庆(0.893)、四川(0.888)、山东(0.846)、江西(0.839)、海南(0.732)等5个省份，其区位熵值大致位于0.7—0.9之间；第二类是区位商低的省份，包括陕西(0.674)、云南(0.665)、贵州(0.650)、河北(0.580)、宁夏(0.576)、辽宁(0.558)、广西(0.509)等7个省份，其区位熵值大致位于0.5—0.7之间；第三类是区位熵很低的省份，包括甘肃(0.491)、内蒙古(0.484)、山西(0.482)、新疆(0.451)、青海(0.402)、吉林(0.348)、黑龙江(0.326)等7个省份，其区位熵值位于0.5以下。

2. 运用比较劳动生产率指标进行评析

从比较劳动生产率指标来看，上海(1.589)、天津(1.425)、内蒙古(1.377)、浙江(1.357)、北京(1.264)、四川(1.178)、新疆(1.131)、安徽(1.126)、西藏(1.115)、湖南(1.019)等10个省份的比较劳动生产率均超过1。这表明，如果以比较劳动生产率衡量产业发展的比较优势，这10个省份的文化产业在全国具有较强竞争力。

此外，江苏(0.996)、云南(0.990)、宁夏(0.981)、福建(0.967)、海南(0.935)、辽宁(0.928)、湖北(0.903)等7个省份的比较劳动生产率较为接近1，与全国平均水平比较接近。

在比较劳动生产率小于0.9的14个省份中，除青海(0.574)和甘肃(0.380)两省外，剩余12个省份的比较劳动生产率大部分都在0.7以上。这说明我国的文化产品和文化服务生产对于劳动力的需求正逐步从一般劳动力向具有较高劳动生产率的高素质人才转变。

3. 运用比较资产收入率指标进行评析

从比较资产收入率来看，福建(1.957)、广东(1.424)、湖南(1.370)、河南(1.369)、上海(1.339)、江西(1.118)、浙江(1.104)、山东(1.072)、安徽(1.049)、天津(1.043)等10个省份的比较资产收入率大于1，说明这些省份文化产业的资产运营情况好于全国平均水平。此外，重庆(0.973)和湖北(0.928)两省市比较资产收入率与全国平均水平大体相当。

在比较资产收入率小于0.9的19个省份中，资产运营情况相对较差，其中，四川、江苏、北京、西藏、广西等 5 个省份比较资产收入率位于 0.7—0.9 之间；辽宁、云南、河北、黑龙江、新疆、青海、陕西等 7 个省份比较资产收入率位于 0.5—0.7 之间；宁夏、吉林、甘肃、山西、内蒙古、贵州、海南等 7 个省份比较资产收入率低于 0.5。

综合来看，东部地区文化产业的资产运营能力总体强于中部和西部地区，但北京和江苏两个东部省份比较资产收入率低于全国平均水平，值得重视。

4. 对各区域产业梯度系数的评析

表 1 显示，在全国 31 个省份中，有 9 个省份文化产业的梯度系数大于 1，分别是上海(2.893)、福建(2.244)、北京(2.214)、浙江(2.198)、湖南(1.573)、广东(1.572)、天津(1.424)、安徽(1.191)、河南(1.134)。其中，仅有湖南、安徽、河南三省来自中部地区，其余 6 个省市均来自东部地区。这表明，东部地区文化产业在全国的梯度优势是十分明显的。与此同时，在产业梯度系数排名后十位的省份中，仅有海南(0.145)1 个省份为东部地区；黑龙江(0.145)、山西(0.118)、吉林(0.101)三个省份为中部地区；广西(0.281)、宁夏(0.265)、内蒙古(0.209)、贵州(0.150)、青海(0.132)、甘肃(0.062)等 6 个省份均为西部地区，这表明大多数中西部地区文化产业仍然位于比较优势不突出的低梯度地区。

(三) 我国文化产业的梯度分布特征

通过前述分析，我们不难总结出我国文化产业的梯度分布特征。

1. 文化产业发展的地区梯度已基本形成

对各地区文化产业的梯度系数值进行比较可以发现，我国文化产业梯度布局总体呈现出东部地区文化产业梯度高于中部地区，中部地区则高于西部地区的发展态势。文化产业发展到成熟阶段，将出现从高梯度地区向低梯度地区转移的现象。各省份文化产业的梯度情况大体可以划分为如下四类。

第一梯队：上海、福建、北京、浙江。这四个省市均处于我国东部地区，且产业梯度系数大于 2，远远高于其他省份。这四个省市无论是文化产业占比，还是文化资产运营能力，抑或是文化人才劳动生产率等方面，都处于全国领先水平。

第二梯队：湖南、广东、天津、安徽、河南。这 5 个省市产业梯度系数均大于 1，有 2 个省份位于东部地区，3 个省份位于中部地区。得益于经济发展水平较高，政策支持力度大，这些地区文化产业在各自区域已经具备一定竞争优势。

第三梯队：江苏、四川、西藏、山东、湖北、江西、重庆。这 7 个省(市、区)产业梯度系数介于 0.5—1 之间，有 2 个省份位于东部地区，2 个省份位于中部地区，3 个省份位于西部地区。江苏经济发展水平虽然高，但因为文化资产运营能力稍弱，其比较资产收入率仅为0.847，居全国第14位，拉低了其产业梯度系数。山东则主要是因为文化产业增加值占国民经济比重偏低，影响了区位熵指标值。据统计，2018年，山东文化产业增加值占比仅为3.79%，低于全国平均水平0.69个百分点。

第四梯队：其他省份。这些省份大多数处于中西部地区，其区位熵大多小于1，表明这些地区文化产业的专业化水平相对较低；同时，这些地区的文化产业增加值也比较小，表明文化产业在各自区域尚未在区域经济发展中占据支柱地位，尚未成为经济增长的引擎。

2. 文化产业转移与传统产业有一定差别

按照经济发展的一般规律，产业转移将按照经济发展水平的高低，遵循从“东部地区→中部地区→西部地区”的顺序依次推进。总体而言，我国文化产业的梯度格局基本呈现出东部地区高于中部地区，中部地区高于西部地区的格局。文化产业发展似乎与经济发展水平呈正向关联，但是也有例外。以西部地区的西藏为例，我国绝大多数省份的经济发展水平和科教人才优势均高于西藏。但西藏文化产业占GDP的比重为4.76%，区位熵(1.063)和比较劳动生产率(1.115)均大于1，带动其产业梯度系数达到0.894，位居全国第12位，明显好于其经济发展水平在全国的位次。湖南省的情况也是如此，作为中部省份，湖南经济总量位居全国第9位，但湖南文化产业增加值占GDP比重为5.50%，位居全国第6位，比较劳动生产率(1.019)和比较资产收入率(1.370)均大于1，表明湖南文化资产运营情况好，文化产业从业人员效率高，带动产业梯度系数达到1.573，位居全国第6位。由此看来，文化产业发展具有特殊性，文化产业是否完全依据经济发展水平高低进行转移有待进一步验证。

三、我国文化产业转移的影响因素

(一) 样本情况

1. 数据说明

为了从微观层面探索影响文化及相关产业转移的影响因素，本文以2010—2019年沪深A股102家文化及相关产业类上市公司为样本展开实证研究。根据2018年国家统计局发布的《文化及相关产业分类(2018)》以及中国证监会发布的《上市公司行业分类指引》(2012年修订)，文化及相关产业类上市公司主要包含五大板块，分别是“文化、体育和娱乐业（文化艺术业，新闻和出版业，广播、电视、电影和影视录制业，体育业）”“教育业”“信息传输、软件和信息技术服务业（互联网和相关服务，电信、广播电视和卫星传输服务，软件和信息技术服务业）”“文教、工美、体育和娱乐用品制造业”“公共设施管理业”。102 家上市公司数据来源于东方财富网、同花顺财经发布的上市公司公告发布的有关数据，部分数据来源于相关年份《中国统计年鉴》、相关年份各省市统计年鉴以及前瞻数据库。为了确保研究的准确性，我们在数据分析中剔除了 ST、* ST 类上市公司的样本。

2. 模型选取与变量说明

为实证检验我国文化产业转移的影响因素，在借鉴学界关于产业转移影响因素的研究以及企业投资行为特征研究成果的基础上，本文建立如下产业转移的影响因素模型：

Logit 模型：

$$\begin{aligned} INT_{jit} = {} & \alpha_0 + \alpha_1 LC_{it} + \alpha_2 LAC_{it} + \alpha_3 HC_{it} + \alpha_4 MS_{it} + \alpha_5 ED_{it} + \\ & \alpha_6 TRADE_{it} + \alpha_7 TAX_{it} + \alpha_8 ES_{it} + \alpha_9 PR_{it} + \alpha_{10} CS_{it} + \\ & \alpha_{11} OS_{it} + \sum Ind + \sum Red + \upsilon_{ijt} \end{aligned} \tag{5}$$

在式(5)中，INT 为是否发生产业转移的虚拟因变量，若本年对外投资额大于 0，$INT=1$，否则 $INT=0$。j 为企业，i 为地区，t 为时间，为随机误差项。

Tobit 模型：

$$\begin{aligned} INTR_{jit} = {} & \beta_0 + \beta_1 LC_{it} + \beta_2 LAC_{it} + \beta_3 HC_{it} + \beta_4 MS_{it} + \beta_5 ED_{it} + \\ & \beta_6 TRADE_{it} + \beta_7 TAX_{it} + \beta_8 ES_{it} + \beta_9 PR_{it} + \beta_{10} CS_{it} + \\ & \beta_{11} OS_{it} + \sum Ind + \sum Red + \varepsilon_{ijt} \end{aligned} \tag{6}$$

由于企业的投资额不可能小于 0，我们选择处理限值因变量的 Tobit 模型进一步估计各因素对产业转移的影响。在该模型中，我们以企业每年在国内 31 个省份的实际投资额作为因变量来衡量产业转移规模。

其中，LC 是劳动力成本，用居民人均可支配收入进行衡量。LAC 是土地成本，用该地区商品房平均销售价格进行衡量。HC 是人力资本，用每十万人口高等学校平均在校生数占总人口的比值进行衡量。MS 是市场规模，用该地区社会消费品零售额进行衡量。ED 是经济发展阶段，用二、三产业增加值占 GDP 的比重进行衡量。TRADE 是开放程度，用进出口总额占 GDP 的比重进行衡量。TAX 是税费负担，用地方财政非税收入占 GDP 比重进行衡量。ES 是企业规模，定义为企业总资产。PR 是企业毛利率，用企业毛利润占营业收入的比重进行衡量。CS 是资本结构，也就是资产负债率，用企业总负债占总资产的比值进行衡量。OS 为企业股权结构，用第一大股东占公司股本的比例进行衡量。

（二）实证结果分析

本文分别使用 Logit 和 Tobit 模型检验各解释变量对产业转移的影响。实证结果表明，无论是 Logit 模型还是 Tobit 模型，回归结果中各解释变量的系数和显著性都具有相当的稳健性。

1. Logit 模型回归结果分析

Logit 模型（MacFadden，1984）解释了企业是否进行转移的问题。表 2 给出了 Logit 模型回归结果，其中列（1）和列（2）仅考虑了企业发展因素对产业转移的影响，列（3）和列（4）分析地区发展因素对产业转移的影响，列（5）和列（6）则是在列（1）至列（4）基础上的整合分析。

表 2 Logit 模型回归结果

	(1)	(2)	(3)	(4)	(5)	(6)
劳动力成本			−0.011*** (0.000)	−0.011*** (0.000)	−0.042*** (0.000)	−0.043*** (0.000)
土地成本			−0.016*** (0.001)	−0.016*** (0.001)	−0.015*** (0.001)	−0.015*** (0.001)
人力资本			−0.045*** (0.000)	−0.045*** (0.000)	−0.057*** (0.000)	−0.057*** (0.000)
市场规模			0.022*** (0.000)	0.022*** (0.000)	0.031*** (0.000)	0.031*** (0.000)
经济发展阶段			0.103*** (0.002)	0.103*** (0.002)	0.271*** (0.001)	0.271*** (0.001)
开放程度			0.459 (0.787)	0.459 (0.787)	0.604 (0.578)	0.604 (0.578)
税费负担			−0.152*** (0.002)	−0.152*** (0.002)	−0.083*** (0.001)	−0.083*** (0.001)
企业规模	0.026*** (0.001)	0.026*** (0.001)			0.037*** (0.000)	0.037*** (0.000)
企业毛利率	0.051 (0.704)	0.051 (0.704)			0.114 (0.869)	0.114 (0.869)

（续表）

	(1)	(2)	(3)	(4)	(5)	(6)
企业资本结构	−0.106 (0.434)	−0.106 (0.434)			−0.073 (0.598)	−0.073 (0.598)
企业股权结构	0.296 (0.623)	0.296 (0.623)			0.180 (0.576)	0.180 (0.576)
常数项	0.362 (0.275)	0.362 (0.275)	2.089 (3.775)	2.089 (3.775)	−0.810 (3.867)	−0.810 (3.867)
观察值	421	421	421	421	421	421
企业数	102	102	102	102	102	102

注：括号内为标准差。***、** 和 * 分别表示在 1%、5%和 10%水平下显著。

从列(1)和列(2)来看，企业规模的系数显著且为正，达到 1%的显著水平，说明规模越大的企业越容易发生转移。企业毛利率、企业资本结构以及企业股权结构对企业对外转移的影响均未通过显著性检验，说明企业毛利率、企业资本结构以及企业股权结构不是产业转移的重要影响因素。

从列(3)和列(4)来看，在地区发展因素中，劳动力成本、土地成本、人力资本、市场规模、经济发展阶段以及税费负担的系数都显著，均达到 1%的显著水平。其中，劳动力成本、土地成本、人力资本以及税费负担的系数为负，也就是说这些因素对产业转移产生了负影响，说明在承接产业转移地区的劳动力成本、土地成本、人力资本以及税费负担越低的情况下，企业更容易发生转移。市场规模、经济发展阶段的系数为正，说明市场规模的需求越大、经济发展阶段越高的地区，越能吸引外来企业投资，加快产业转移速度。开放程度的系数未能通过显著性检验，说明在当前阶段开放程度并不是产业转移的重要影响因素。

列(5)和列(6)整体分析了企业发展因素和地区发展因素对产业转移的影响，结果并未改变各解释变量的系数和符号，同样可以看出地区层面的 6 个发展因素以及企业发展层面的企业规模对产业转移具有一定的正向或反向作用。其中，劳动力成本、土地成本、人力资本以及税费负担对产业转移具有负影响。

2. Tobit 模型回归结果分析

在 Logit 模型回归分析研究了企业是否发生转移问题的基础上，我们进一步采用处理限值因变量的 Tobit 模型估计了各因素对产业转移规模的影响。从 Tobit 模型回归结果来看，企业规模的系数显著且为正，达到 1%的显著水平，再一次证明了规模越大的企业越容易发生转移。同样，企业毛利率、企业资本结构以及企业股权结构等因素对产业转移仍未出现显著性影响。劳动力成本、土地成本、人力资本以及税费负担的系数为负，再一次说明了劳动力成本、土地成本、人力资本以及税费负担越低的地区越容易承接外来企业进行产业转移。市场规模和经济发展阶段的系数均显著且为正，说明市场规模的需求越大、经济发展阶段越高的地区，越容易承接外来企业进行产业转移。

总体来看，承接地为劳动力成本、土地成本、人力资本以及税费负担较低的地区具有一定的优势，而承接地拥有较大的市场规模和较高的经济发展阶段是吸引外来企业进行投资的主要驱动力。鉴于劳动力成本、土地成本、人力资本、税费负担等宏观因素对产业转移具有显著影响，承接产业转移的地区应致力于通过优化营商环境为外来企业提供具有竞争力的要素成本，提高对区域外企业在本地投资的吸引力。对于产业转出地而言，鉴于企业规模对产业转移具有显著影响，原则上应重点鼓励和支持具有实力的大企业向外转移，以提高企业的市场竞争力。

四、基本结论与政策建议

本文首先从宏观层面对我国 31 个省(市、自治区)文化产业的梯度特征进行了分析;随后，以我国文化及相关产业类 102 家上市公司在 2010—2019 年的国内投资数据为样本，分别运用 Logit 和 Tobit 模型从企业发展层面以及地区发展层面对文化产业转移的影响因素进行了实证分析，得出以下结论：

第一，虽然文化产业正在蓬勃发展，其行业结构调整也在逐步深化，但我国东中西部文化产业的发展差距仍然比较明显。在市场机制作用和中央、地方政策支持下，部分省份文化产业发展的梯度优势日益凸显，文化产业的梯度发展格局已基本形成。

第二，劳动力成本、土地成本、人力资本、市场规模、经济发展阶段、税费负担以及企业规模是影响文化产业转移的决定性因素，而开放程度、企业毛利率、企业资本结构以及企业股权结构不是影响文化产业转移的决定性因素。具体而言，具有较大市场规模、较高经济发展阶段的地区，更容易吸引外来企业投资，从而加快产业转移;劳动力成本、土地成本、人力资本以及税费负担越低的地区，对吸引外来文化企业投资的可能性越大;规模较大的文化企业具有更强的产业转移意愿。

在开启全面建设社会主义现代化新征程的新时期，文化产业的发展不仅有助于满足人民日益增长的美好生活需要，而且也有助于成为推动经济高质量发展的新动能和新引擎。在文化产业梯度已基本形成的背景下，结合文化产业转移影响因素的实证分析结果，我们对进一步推动文化产业在各区域间的协调发展，提出如下对策建议：

1. 加强文化产业人才培养和扶持，为文化产业发展提供动力支持

要加大人才培育力度，鼓励有条件的高校开设文化产业相关课程、相关专业；要加强对文化产业在职员工的培养，充分发挥高等学校、园区基地和专业培训机构等的作用，推动产学研用一体化合作、联合培养，提升文化产业从业人员的素质与能力；要加大文化产业人才的引进力度，以有竞争性的人才引进政策，实现文化人才的区域集聚。

2. 扩大文化产品和服务有效供给，为文化产业发展塑造特色品牌

适应社会主要矛盾的变化，推动文化产业适应居民消费需求，发力点主要在供给端。发展文化产业，既要契合人们精神文化生活需要，又要加强文化产品的创新性，丰富文化产品体系。资源产品化是文化产业发展的前提。要以科技创新、市场引导等手段推动文化资源向文化产品顺利转化；要综合采用数字技术、互联网等现代化信息技术手段主动对接市场需求，将各种文化资源、文化遗产、文化元素转化为人民群众可以体验、可以购买的产品和服务，并通过"文化＋"强化与旅游、制造、科技等产业的融合发展，拓宽文化消费领域，催生新的消费业态，培育一批叫得响的特色文化品牌。

3. 优化文化产业空间布局，为文化产业发展提供拓展空间

主动对接"一带一路"倡议、京津冀协同发展、粤港澳大湾区建设、长江经济带发展、长三角区域一体化发展等国家战略，进一步建立健全跨省域文化产业发展协调机制，进一步优化文化产业空间布局，加快形成以文化产业带发展引领文化跨区域协同发展新格局。各地区要立足地方文化特色资源，推动文化产业特色化、差异化发展，从而有效推动文化产业提档升级、协调发展。

4. 持续优化文化产业发展环境，为文化产业发展提供制度保障

要进一步净化文化市场环境，在完善相关法律法规的基础上，进一步加大执法力度，切实加强对文化产品和文化服务的知识产权保护，确保国家文化安全和意识形态，确保文化产业发展的公平竞争、有序竞争。要进一步促进文化产品和文化服务的流通，在充分发挥文化传播平台、信息网络设施作用的同时，要着力建立和完善安全高效的流通体系，促进文化产品和文化要素在全国范围内高效流动，显著提高文化产业的社会效益和经济效益。

参考文献

[1] 戴宏伟.区域产业转移研究:以“大北京”经济圈为例[M].北京:中国物价出版社,2003.

[2] 常静,栾晓梅.文化驱动视角下的产业转移与湖北省文化产业升级路径研究[J].商业经济,2015(5).

[3] 范周,杨裔.改革开放四十年中国文化产业发展历程与成就[J].山东大学学报:哲学社会科学版,2018(4).

[4] 韩平,苗秀娥.基于产业转移理论的中国鲁西南地区文化产业发展对策研究[J].对外贸易,2012(3).

[5] 胡惠林.区域文化产业战略与空间布局原则[J].云南大学学报:社会科学版,2005(5).

[6] 金元浦.贵州文化产业必须走特色发展之路[J].当代贵州,2010(20).

[7] 刘明,王霞.中国制造业空间转移趋势及其影响因素:2007—2017[J].数量经济技术经济研究,2020(3).

[8] 马子红.基于成本视角的区际产业转移动因分析[J].财贸经济,2006(6).

[9] 桑瑞聪,刘志彪,王亮亮.我国产业转移的动力机制:以长三角和珠三角地区上市公司为例[J].财经研究,2013(5).

[10] 徐望.我国文化产业区域布局政策优化路径[J].经济界,2019(1).

[11] 张贵良,孙久文.金融加速器效应的经济区域特征与区域产业转移[J].产业经济研究,2013(3).

[12] 邹荣.我国文化产业的地区间梯度转移[J].江汉论坛,2019(2).

作者简介

王树华,江西安福人,江苏省社会科学院区域现代化研究院副研究员,博士。主要研究方向为产业经济、区域经济。

宋颖弘,江苏南京人,江苏省社会科学院区域现代化研究院助理研究员,博士。主要研究方向为区域经济、行为经济。

Analysis of Gradient Characteristics and Influencing Factors of Cultural Industry Transfer in China

Wang Shuhua　Song Yinghong

Abstract: This paper analyzes the gradient characteristics of cultural industry in 31 provinces of China from the macro level, and takes the investment data of 102 listed companies in cultural and related industries in 31 provinces of mainland China from 2010 to 2019 as samples. This paper employs Logit and Tobit models to analyze the influencing factors of cultural industry transfer from two aspects of enterprise development and regional development. The results show that under the role of market mechanism and the support of central and local policies, the gradient advantage of cultural industry development in some provinces is increasingly prominent, and the gradient development pattern of cultural industry has basically formed. Regions with larger market scale and higher stage of economic development are more likely to attract investment from foreign enterprises, thus speeding up industrial transfer; and regions with lower labor cost, land cost, human capital and tax burden are more attractive to foreign cultural enterprises. Large-scale enterprises have stronger willingness of industrial transfer. Based on empirical analysis, this paper proposes countermeasures and suggestions to boost the coordinated development of cultural industry among regions.

Key Words: Cultural industry　Gradient characteristics　Influencing factors

疫情常态化背景下高校文化产业人才培养的转向*

欧阳红玉　胡慧源

摘　要:2020年年初暴发的新冠肺炎疫情深刻改变了高校文化产业人才培养的外部环境,高校文化产业人才培养亟须转向。遵循为何转、转什么以及怎么转的基本思路,本文定性分析了高校文化产业人才培养转向的必要性、重点方向以及实现路径。分析表明,疫情暴发给文化产业发展带来的叠加影响对高校文化产业人才培养形成了倒逼效应。高校文化产业人才培养亟待在三方面寻求突破与转向,即重高等教育轻社会教育的培养模式、重知识积累轻能力培育的培养方式以及重传统学科轻交叉学科的培养内容。具体的转向路径同样有三:一是以校企合作为基础丰富人才培养层次体系;二是以项目实践为抓手强化人才培养质量成效;三是以学科交融为重点创新人才培养专业建设。

关键词:疫情常态化　数字文化产业　校企合作　项目制　交叉学科

一、引　言

2020年下半年以来,随着国内新冠肺炎疫情(以下简称“疫情”)得到有效控制,各行各业的复工复产工作稳步推进。疫情常态化背景下,以“宅”经济为代表的数字经济、在线经济正逐渐改变着人们工作、学习、生活和娱乐的方式,并有望成为疫情常态化下经济复苏的重要动力。但疫情暴发对实体经济的负面影响同样不容忽视,多数企业不得不通过裁员、降薪、停招甚至停业等方式寻求存续。

就文化产业而言,一方面,演艺娱乐、节庆会展等线下消费为主的文化产业业态在此次疫情中“首当其冲”,各地电影院、会展场馆、娱乐场所、主题公园等经营单位直到2020年5月才逐步恢复营业,营业收入遭遇较大降幅;另一方面,以移动视

*　本文系教育部高校思想政治工作队伍培训研修中心(华东政法大学)成果。

听、网络游戏、网络文学、在线教育等线上消费为主的文化产业业态却在此次疫情中"逆势上扬",多数行业 2020 年营业收入增幅接近 20%。

由此可见,疫情暴发重塑了文化产业的发展环境和产业结构。在此情势下,高校文化产业人才培养是否应该变革进而寻求转向?我们认为答案是肯定的。高校文化产业相关专业和学科建设的重要任务之一,在于培养高素质文化产业人才,服务于地区文化产业发展和国家文化大发展大繁荣。当外部环境发生重大变化特别是当前疫情暴发带来的上述叠加效应会持续较长一段时间时[1],高校文化产业人才培养的理念、模式和方式等应该予以及时调整,如此才能确保人才培养的质量和效果。

本文的研究目的,正是在于探讨疫情常态化背景下高校文化产业人才培养如何实现转向。这一目的的实现,离不开三个关联问题的回答,即为什么转、转什么以及怎么转。为此,本文将在理论联系实际的基础上,对高校文化产业人才培养转向的必要性、重点方向以及实现路径等内容展开论述。相关结论希望能够为各高校文化产业专业积极调整人才培养思路和举措提供参考和借鉴,切实提高高校文化产业人才培养质量,满足疫情常态化背景下文化产业发展对人才的客观新要求,"转危为机"推动我国文化产业转型升级与高质量发展。

二、高校文化产业人才培养转向的必要性

疫情暴发以来,鉴于各行业自身特性与结构特点各不相同,政府部门采取了差异化的防疫管制政策,由此各行业受到的影响也不尽相同。譬如,以日用品为代表的生活类消费品行业在疫情期间遭受的影响相对较少。尽管因为居家防疫政策造成了人流锐减,但居民单次出门采购日用品的数量和种类相对增多;以文化娱乐为代表的生活类服务业在疫情期间则遭受了巨大打击,商场、餐馆、娱乐会所、电影院等线下消费体验场所几乎全部关门停业,行业内大量公司倒闭、人员失业。

这种异化现象在文化产业中同样存在。文化产业实际上是一个由众多细分行业组成的"集合",譬如创意设计、新闻出版、演艺娱乐、广播电影电视、节庆会展、工艺美术、网络文化服务等。按照文化生产/消费过程是否依赖于数字技术、网络技术、信息技术等高新技术,可以把文化产业分为以线下为主的文化产业业态如演艺娱乐、节庆会展、工艺美术,以及以线上为主的文化产业业态如新闻出版、创意设计、网络文化服务,这两类文化产业业态在本次疫情中受到的影响差异较大,对人才的需求也呈现出完全不同的特点。

(一) 线下文化消费遭受严重冲击，人才需求大幅萎缩

节庆会展、演艺娱乐、工艺美术等以线下为主的文化企业，其生产/消费场景都以人员聚集和流动为典型特征的线下实体空间，譬如节庆会展的举办离不开展馆，演艺娱乐的消费离不开电影院、KTV、舞厅、网吧等场所，工艺美术的鉴赏同样需要特定的物理空间。疫情暴发初期，为了防止局部地区疫情的集中爆发和扩散，全国线下场所的疫情防控政策持续处于高压状态，上述企业直到 2020 年 5 月之后才逐步有条件地恢复营业。多数企业营业收入遭受“断崖式”下降，部分企业甚至在 2—4 月出现“零收入”的情况，这对于这些原本经营规模不大、资金流有限的企业来说无疑是“雪上加霜”。以疫情最为严重的湖北省为例，2020 年 3 月有关新冠疫情对文化企业尤其是线下业态为主文化企业的调查显示，超过 60%的受访文化企业预计 2020 年上半年营业收入相比同期要下降 50%以上，超过 80%的受访文化企业表示在此次疫情中遭受了严重经营困难，将近 10%的受访文化企业更是表示企业无法正常运转、处在倒闭边缘。[2]

营业收入大幅下降等直接经济损失，造成了上述企业资金流或者现金流出现严重问题，多数可能无法支撑超过 3 个月。为了降低企业运营成本，多数企业都选择了降低薪资、裁减人员尤其是经营管理人员等手段作为应对疫情影响的首选措施。即使在逐步复工复产后，这些企业对文化产业人才的需求也大幅萎缩，招聘也采取更加谨慎的态度，规模不仅有限而且往往会减薪、减招，由此造成了高校培养的大量文化产业人才短时间内无法找到专业对口的线下工作。

(二) 线上文化消费迎来巨大机遇，人才需求出现“井喷”

与以线下消费为主的文化企业相比，创意设计、新闻出版、网络文化服务等以线上为主的文化业态在此次疫情中遭受的负面影响相对较轻。疫情暴发初期，居家防疫的政策措施给数字文化消费带来了巨大空间，网络电影、网络文学、网络游戏、网络直播、数字音乐、短视频等成为居民居家防疫期间的主要文化消费形式，直接带动了相关文化企业营业收入的持续高速增长。国家统计局统计数据显示，2020 年上半年线上文化消费相关的 16 个细分行业共实现营业收入近 1.3 万亿元，同比增长 18.2%，其中以多媒体游戏动漫、数字出版、互联网广告服务、互联网其他信息服务等为代表的新兴业态上半年营业收入增速超过两位数。[3]

疫情背景下数字文化消费的“井喷”激发了数字传媒企业对创意创作人才的大规模需求，数字文化产业正逐步成为疫情常态化背景下文化产业稳就业的重要人才“蓄水池”。根据智联招聘和阅文集团等第三方机构的相关调查，2020 年网络直

播行业对直播人才的需求逆势上涨，相关岗位招聘人数同比上涨达 83.95%；网络文学领域同样如此，以网文创作者为代表的网络文学新增灵活就业岗位超过 33 万个，环比增长 129%。[4]可以预见，疫情常态化下文化消费的数字化进程将进一步加快，数字文化(传媒)企业对文化产业人才尤其是创意创作类人才的需求将进一步凸显。

综上可见，疫情暴发对不同类型文化产业发展造成了差异化影响，人才需求也呈现出一定的异化，这表现在传统文化企业对人才尤其是经营管理人才需求的大幅萎缩，以及新兴文化企业对人才尤其是创新创作人才需求的快速增长。吊诡的是，当前多数高校文化产业专业以培养经营管理人才而非创意创作人才作为主要目标，这其实与疫情常态化下数字文化产业发展对人才的需求相去甚远。由此，疫情暴发对我国高校文化产业人才培养事实上形成了有效的“倒逼”效应，高校文化产业人才培养模式、培养方案等亟待转向。

三、高校文化产业人才培养转向的重点内容

疫情暴发深刻改变了文化产业发展的外部行业环境，也加剧了文化产业劳动力市场供需不平衡状况。这种供需不平衡的产生有其偶然性，譬如本次疫情暴发可以看作是一个强有力的外部冲击，但背后的必然性更加值得我们反思。我们认为这与当前高校文化产业人才培养体系高度关联，因而也应成为人才培养实施变革进而实现转向的重点所在。具体来说，高校文化产业人才培养转向的重点涉及培养模式、培养方式和培养内容三个方面。

(一) 变革重高等教育轻社会教育的培养模式

高等教育是我国当前文化产业人才培养的主要方式。与职业教育、市场培训等其他教育方式相比，高等教育在专业师资方面具有比较优势，专业知识的讲解和传授更加系统和全面，但其缺陷也十分明显。一方面，高校文化产业专业教师少有“双师双能型”人才，即教学能力较强但实践能力较弱。由于缺乏对文化产业、文化企业、文化政策等业界动态的深入了解，高校教师较难有效指导学生将所学理论知识运用到具体项目，譬如一场网络营销直播或者一个爆款短视频的策划、设计和执行等实际问题的解决中；另一方面，高等教育通常是有时间期限的，譬如四年制的本科教育或者三年制的硕士研究生教育，这就意味着学生在校期间学习的知识和技能具有阶段性特点，这显然不符合文化产业尤其是数字文化产业快速发展的客观要求，也不满足个人、企业甚至社会对终身学习的客观要求。

与高等教育相比，以市场需求为导向的职业教育和市场培训不仅在人才培养定位上紧紧抓住应用性这一特点，而且还可以凭借其弹性灵活的培养方式成为整个社会构建终身学习体系的重要组成部分。进一步地，职业教育和市场培训拥有高等教育不可比拟的三方面优势[5]：一是教育和培训主体的多样性。现实中承担职业教育和市场培训的主体除了高校教师之外，往往还涉及研究院所的科研人员、知名企业的业务骨干、政府机关的工作人员、行业组织的从业者等。多样化的教育和培训主体能够向学习者传授多元的知识和技能，满足其对文化产业发展前沿以及细分领域的个性化学习需求。二是教育和培训时间的长期性甚至是终身性。只要市面上针对特定专业知识和职业技能存在足够的需求规模，职业教育和市场培训运营主体就会想方设法提供针对性极强的专业化服务，满足学习者的持续学习需求。三是教育和培训结果的融通性。学习者接受职业教育和市场培训获得的职业技能证书可以作为其掌握和具备某种特殊技能的证明，这种证明一旦得到了国家人社部的认定，就具备了权威性和融通性，能够得到业界的广泛认可。

疫情常态化背景下，随着文化消费数字化转向的不断强化，数字文化产业有望成为文化产业发展乃至地区经济复苏的"新引擎"。以互联网营销师、电子竞技员、电子竞技运营师、网文作者等为代表的一大批新兴职业已经成为就业市场上的"新宠"，这些基于新的市场需求、新的消费方式涌现的职业对文化产业人才专业技能提出的新要求是高等教育短时间之内无法满足的。由此，变革当前单一主体的人才培养模式，将职业教育和市场培训等需求导向以更加弹性的教育方式纳入文化产业人才培养体系建设显得尤为重要。

（二）变革重知识积累轻能力培育的培养方式

当前高校文化产业人才培养更多强调的是通过课堂理论讲授，让学生们"足不出户"就可以掌握和积累文化产业及其细分行业相关的理论知识，如文化产业相关基本概念、市场结构演变、产业发展规律等，缺少对学生相关能力的养成培养。这里所说的能力，不仅包括与工作直接相关的职业能力，如项目策划与运营能力、团队合作能力等，还包括与自主学习相关的学习能力，如批判分析能力、创意创新能力、信息检索能力、逻辑推理能力等。

这一人才培养方式的弊端之一，在于不利于提升人才培养的质量成效。通常来说，检验高校人才培养质量高低的一个重要指标，就是个体在校期间的代表性成果，这种成果既可以是偏重学术性的论文发表、课题立项，也可以是偏重实践性的作品创作、参赛获奖等。能否取得代表性成果，很重要的一个因素是个体是否具备包括职业能力、学习能力在内的综合能力，而非掌握存量知识的多寡。对于用人单位来说，代表性成果就是判断个体能力高低的直接“信号”。代表性成果越多，说明人才的综合能力越强，其在就业市场上的选择机会也就越多，这对于人才的长远发展来说无疑十分重要。

疫情影响下不同门类文化企业对人才需求的差异性需求进一步印证了上述分析。受疫情影响，合适的线下工作岗位少之又少，文化产业专业毕业生只能积极寻求应聘网文作者、网络营销师等线上工作岗位。遗憾的是，多数毕业生可能无法胜任上述工作，直接原因可能是在校期间并没有接受过专业系统的有关网络文化内容策划、生产和营销相关实践培训，也就不具备网络直播、网文创作等实战方面的技能和经验。深层次原因则在于，个体并没有相关成果或者材料证明其能够胜任上述岗位要求，也就无法获得用人单位的青睐。

（三）变革重传统学科轻交叉学科的培养内容

当前高校文化产业专业设置的课程多以文、史、经、管等传统学科为主，如《文化产业管理概论》《文化产业经济学》《中国文化史》《文化资源概论》《公共事业管理》《大众传媒管理》《演艺娱乐经营管理》等。这些课程内容的讲解和传授，的确有助于帮助学生了解和掌握文化产业总体以及文化遗产、工艺美术、文博会展等细分领域的基础概念和一般规律等知识，但当与数字文化产业发展前沿相比，上述课程涉及的内容显得较为“陈旧”，容易导致高校文化产业人才培养与市场需求之间存在“脱节”。[6]

以“文化＋科技”为特点的新兴业态近些年已经成长为文化产业中的“朝阳行业”，代表着文化产业发展前沿。国外的亚马逊、奈飞（Netflix）、谷歌、苹果和“脸书”（Facebook）以及国内的腾讯、百度、阿里、字节跳动等独角兽公司先后在数字视听、数字出版、数字艺术等领域进行了重点业务布局并且取得了极大成功。随着大数据、云计算、物联网、人工智能、增强现实（AR）、虚拟现实（VR）等高新技术在文化产业领域应用场景的不断落地，未来将涌现出更多的数字传媒企业或者文化科技企业，传统文化企业向数字化、科技化、智慧化转型的“步伐”也将不断加快。

疫情常态化将进一步强化文化产业发展的上述路径，这就意味着数字文化产业的发展空间将不断扩张，对于文化产业人才来说其发展空间会更大、面临的机会也会更多，势必将成为其就业的热门选择。[7]由此，变革当前文化产业人才培养的专业内容，将信息技术、人工智能、脑科学等关联学科的前沿知识和理论融入专业内容设计之中显得十分迫切，这也应成为当前文化产业人才培养转向的第三个重点。

四、高校文化产业人才培养转向的实现路径

为了提高文化产业人才培养成效，增强其对疫情常态化背景下行业新环境的适应能力，我们认为高校文化产业专业和学科需要在上述三个亟待变革的重点内容上推进体制机制创新。具体来说，一是要通过确立高等教育、职业教育和市场培训“三位一体”的人才培养新模式丰富人才培养层次体系，二是以项目实践为抓手强化人才培养质量，三是以学科交融为重点创新人才培养专业方案。

（一）以校企合作为基础丰富人才培养层次体系

高等教育、职业教育、市场培训在人才培养过程中拥有各自独特优势，相互之间如果能做到协调一致就能形成有效互补，实现“1＋1＋1＞3”的协同效应。为此，当前应调整高等教育作为文化产业人才培养主要方式的现有模式，构建“三位一体”多层次的人才培养新模式，形成高等教育、职业教育和市场培训联动的人才培养新局面。

在功能定位上，高等教育、职业教育和市场培训三者之间应有所错位，其中高等教育依然是“三位一体”中的核心，应充分发挥自身在理论讲授、科学研究等方面的学术优势，进一步提高文化产业人才在文化＋科技、数字文化产业、文化产业数字化等领域的文化素养和研究能力；职业教育应充分发挥自身在工学结合中的实践优势，由参与合作的数字传媒企业为见习学生指派带教老师，在“干中学”中提高其职业素养和应用能力以适应数字文化产品研发、生产和营销相关工作的客观要求；市场培训应充分发挥自身在保障个体个性化学习中的专业优势，针对性地开发网络直播、网文创作、网游制作、电子竞技经纪人等数字文化产业前沿的培训课程，为人才技能革新提供帮助。

在合作方式上，作为高等教育、职业教育和市场培训的主体，高校、数字传媒企业和培训机构应相互签订合作协议，以项目形式共同推进文化产业人才的校企联合培养，确保三方合作的规范性和长期性。作为三方合作的主导者，高校在文化产业人才培养全过程中应与企业和培训机构进行“无缝对接”，结合数字文化产业发展趋向，就专业设置、课程体系、教材编写、教学方式等内容，与企业、培训机构进行深入研讨，共同确定文化产业人才培养全过程各环节相关标准。

在机制建设上，三方主体应共同选派管理人员组建联合领导工作小组，全面负责合作项目的落地与实施。建设信息共享通道，及时反馈和分享人才培养过程和培养质量相关信息，据此对合作内容、方式等进行动态优化。完善对项目成员的激

励，各主体应结合实际情况出台或者修订绩效考核办法，将参与合作项目的工作量纳入员工年度绩效考核之中，并为项目参与工作量和业务工作量之间的合理折算制定针对性办法。

（二）以项目实践为抓手强化人才培养质量成效

能力的养成与精进一方面离不开相关理论知识的讲授和学习，譬如专业基础知识和科学研究知识，另一方面后天的反复练习同样重要。只有通过不断的试错和总结，个体才能在实践中将所学理论知识运用到实际问题的解决当中，从而提高相关能力的掌握熟练度。

考虑到当前高校学生对于各类实践活动往往具有浓厚的兴趣和诉求，因此高校文化产业专业管理者可以利用项目实践的方式通过孵化代表性成果激发和调动学生的参与积极性，在实践实操中积累相关经验、提升相关能力。按照性质的不同，项目可以分为科学研究和实践比赛两类，由学生自由选择参与哪种项目实践。

对于参加科学研究的学生，所在学院可以指派科研能力强的专业教师作为指导老师，首先为其讲解数字文化产业相关学术研究相关方法论的知识和技巧，例如如何进行数字文化产业热点问题的信息检索、文献阅读，在研究中需要注意哪些学术伦理问题，常见的研究方法有哪些，数据怎么收集和处理，如何撰写项目申报书和学术论文等。之后，为每位（组）学生确定一个研究选题，针对性地训练其信息检索、文献阅读、批判分析、文字表达等能力并形成学术论文，努力在高质量期刊上实现公开发表。

类似地，对于参加实践比赛的学生，所在学院可以与合作企业采取“双师制”的方式给予其实务上的指导，即各自委派业务实践能力强的专业教师和技术骨干共同作为指导老师，首先为其讲解数字文化产品创作过程中涉及的知识和技巧，例如如何进行前期调研和项目选题，项目方案怎么设计，作品（产品）如何创作（生产），后期制作常用软件如何操作等。之后，给每位（组）学生确定一个实践项目，有针对性地培养其创意设计、素材收集和整理、作品创作和编辑、团队合作等能力并形成实践作品，力争在省部级以上大学生实践类比赛中获奖。

（三）以学科交融为重点创新人才培养专业建设

作为文化产业人才培养主体的高校，应该基于对数字文化产业、文化科技融合等产业前沿的系统分析，树立文化产业学科与信息技术、人工智能、脑科学等前沿学科以及新闻传播学、数学、统计学、心理学等关联学科交叉融合的专业发展方向，并在队伍建设、培养方案以及教材建设等方面进行大胆改革和创新。

就专业建设来说，最重要的是师资建设，专业当中是否有拥有交叉学科背景的教师对于文化产业专业能否实现学科交叉起到决定作用。通常来说，可以通过两种办法予以解决，一是针对性地引进上述前沿学科或者关联学科的专业教师，通过日常的集中备课、学术交流、项目联合申报等方式在专业或者学科不同教师之间实现知识溢出，提高教师专业背景的复合性；二是引导专业现有教师尤其是年轻教师“苦修内功”，加大对数字文化产业、文化科技融合领域前沿理论知识、研究方法等的学习、领悟和融会贯通。

就培养方案来说，一方面各高校可以根据学校学科特色、师资专业优势，适当压缩与传统文化产业业态相关的理论课程数量和学分，增设与数字文化产业或者文化科技融合前沿相关的理论课程及其学分；另一方面，结合业务合作单位实务经验，在培养方案中适当增加与文化产业业界前沿联系紧密的实践类课程，或是在现有课程教学内容中增加与业界发展联系紧密的实务模块，提高高校文化产业人才（学生）对业界前沿的熟悉程度和经验积累。

就教材建设来说，为确保人才培养方案实施的有效性，高校文化产业专业可以考虑团队内部或者连同前沿学科、关联学科高水平师资组成专门团队，编写数字文化产业、文化科技融合方向的理论、实践类高质量教材；并且，定期根据业界发展前沿做好教材的动态更新和再版，防范专业方向、课程体系建设的“滞后性”，推动文化产业人才培养方案的不断优化和完善。

参考文献

[1] Henry A. Kissinger. The coronavirus pandemic will forever alter the world order[EB/OL]. https://conspiracyanalyst.org/2020/04/04/the-coronavirus-pandemic-will-forever-alter-the-world-order/.

[2] “新冠肺炎疫情对湖北文化企业影响研究”课题组，黄永林，黄勤，郝挺雷，等. 新冠肺炎疫情对湖北文化企业影响的调研报告[J]. 人民论坛：学术前沿，2020(9).

[3] 中新网. 统计局：2020 年上半年文化企业营业收入降幅明显收窄[EB/OL]. https://www.chinanews.com/cj/2020/07-31/9252755.shtml.

[4] 腾讯网. 阅文公布一季度网文大数据：新增作家超 30 万生产 50 万部作品[EB/OL]. https://tech.qq.com/a/20200420/009288.htm.

[5] 肖凤翔，黄晓玲. 职业教育治理：主要特点、实践经验及研究重点[J]. 河北师范大学学报：教育科学版，2015，17(2).

[6] 胡慧源. 文化产业人才培养:问题、经验与目标模式[J]. 学术论坛,2014,37(5).

[7] 陆诗雨,苏振昊,肖云峰. Come on 互联网职前人:大专院校学生数字择业轻调研[EB/OL]. https://www.ershicimi.com/p/cf98ae7aafedd273c559f26abfc17c87.

作者简介

欧阳红玉,吉林省吉林市人,华东政法大学传播学院助理研究员。研究方向为高等教育。

胡慧源,江苏省淮安市人,华东政法大学传播学院副教授。研究方向为文化与传媒经济。

Transformation of Cultural Industry Personnel Training in Colleges and Universities under the Background of the Normalization of Epidemic

Ouyang Hongyu　Hu Huiyuan

Abstract: The outbreak of the COVID－19 epidemic in early 2020 has profoundly changed the external environment for the cultivation of talents in the cultural industry in universities, so universities require transformation of their talent training for the cultural industry. Following the basic ideas of why to transform, what to transform and how to transform, this paper qualitatively analyzes the necessity, key direction and realization path on the transformation of cultural industry talents training in universities and colleges. The analysis shows that the superimposed impact of the outbreak of the epidemic on the development of cultural industry has formed anti-force effects on the cultivation of cultural industry talents in colleges and universities. The cultivation of cultural industry talents in colleges and universities demands breakthroughs and changes in three aspects, namely, the cultivation mode of attaching importance to higher education over social education, the cultivation mode of attaching importance to knowledge accumulation over ability cultivation, and the cultivation content of attaching importance to traditional subjects over interdisciplinary subjects. There are also three specific paths of transformation: to enrich the talent training level system based on school enterprise cooperation; to strengthen the quality and effectiveness of talent training by focusing on project practice; to innovate the construction of talent training specialty by focusing on the integration of disciplines.

Key Words: Normalization of epidemic　Digital cultural industry　School enterprise cooperation　Project system　Interdisciplinary subjects

大数据视域下高校图书馆嵌入式服务创新模式研究

李咏梅

摘　要:大数据时代的到来,给高校图书馆嵌入式学科服务的创新发展带来了新的机遇和挑战。本文在介绍总结高校图书馆嵌入式学科服务内涵与特征的基础上,分析发现我国高校图书馆在开展嵌入式学科服务的过程中仍存在诸多问题,如意识观念较落后、行政层面沟通不畅、人才队伍建设滞后、用户服务方式单一等。鉴于此,本文探讨在大数据背景下,我国高校图书馆嵌入式学科服务发展的四种新模式,包括物理空间嵌入模式、数字空间嵌入模式、社会空间嵌入模式以及组织空间嵌入模式,以期为嵌入式学科服务的创新发展献计献策。

关键词:大数据时代　高校图书馆　嵌入式学科服务　创新模式

一、引　言

伴随着互联网、大数据发展的日新月异,数据资源呈现出动态化、海量化的特征,用户普遍面临着如何快速获取所需信息以及掌握本学科发展趋势和前沿热点的问题。对于高校图书馆的发展而言,传统的服务模式和服务方式已无法适应信息环境的改变,迫切需要转变为智慧化、信息化和专业化的服务。(李双双,2019)在这样的背景下,嵌入式学科服务应运而生。早在2006年,中国科学院国家科学图书馆就率先实施了“融入一线、嵌入过程”的新型学科服务,自此以后,越来越多的高校图书馆和专业图书馆参与进来,纷纷设立学科馆员岗位,努力将嵌入式学科服务推向院系和科研一线。大数据时代的到来,给高校图书馆嵌入式学科服务的创新发展带来了新的机遇和挑战。但通过对当前文献的梳理,我们发现图书馆界对泛在环境下学科服务的研究较多,对大数据时代高校图书馆嵌入式学科服务体系构建方面的研究却非常缺乏。

鉴于此,本文针对大数据视域下高校图书馆嵌入式学科服务模式创新问题展开相关研究。首先,本文介绍了高校图书馆嵌入式学科服务的内涵与特征;其次,分析了高校图书馆嵌入式学科服务的现状和存在问题;最后,探讨提出了大数据视域下高校图书馆嵌入式学科服务创新模式,以期为嵌入式学科服务的创新发展献计献策。

二、高校图书馆嵌入式学科服务的内涵与特征

(一)高校图书馆嵌入式学科服务的内涵

针对高校图书馆嵌入式学科服务的概念,目前国内外学术界尚无统一的界定。刘颖和黄传惠(2010)认为高校图书馆嵌入式学科服务是以用户为中心,以学科单元为基础,以构建个性化信息保障环境为目标,实现机构重组和资源重组,进而提供集约化的深入信息服务。史一凡等(2019)认为高校图书馆嵌入式学科服务是指高校图书馆通过设置学科馆员岗位,整合和协同各方面资源和力量,将学科服务有机融入用户的教学和科研,在物理空间和虚拟空间两个层面搭建一个信息保障环境,有效满足用户的个性化信息需求。黄敏等(2018)认为高校图书馆嵌入式学科服务是指为适应新的信息环境,满足用户科研、教学和学习的信息服务需求,推动知识创新,进而开展的一系列将服务融入用户环境的活动。曹静仁(2019)认为嵌入式学科服务是指高校图书馆通过构建一套全新的资源重组机制,以学科为单元提供集约化的信息服务。

根据上述学者关于高校图书馆嵌入式学科服务概念的界定,同时结合国内外高校图书馆开展嵌入式学科服务的现实实践,我们认为高校图书馆嵌入式学科服务的内涵可以从广义和狭义两个层面进行理解。首先,从广义层面来说,嵌入式学科服务就是高校图书馆依托互联网技术,以满足学科用户的实际需求为目标,积极开展全面的、跨区域的、多样化的、增值性的知识信息服务;其次,从狭义层面来说,嵌入式学科服务就是高校图书馆学科馆员利用互联网技术为学科用户提供个性化的知识信息服务。综上所述,高校图书馆嵌入式学科服务最根本的内涵可以概括为主动嵌入、融汇学科、个性辅助、增值提效。

(二)高校图书馆嵌入式学科服务的特征

从上文对高校图书馆嵌入式学科服务内涵的界定可以发现,大数据背景下高校图书馆嵌入式学科服务具备诸多基本特征(如图1),具体如下:

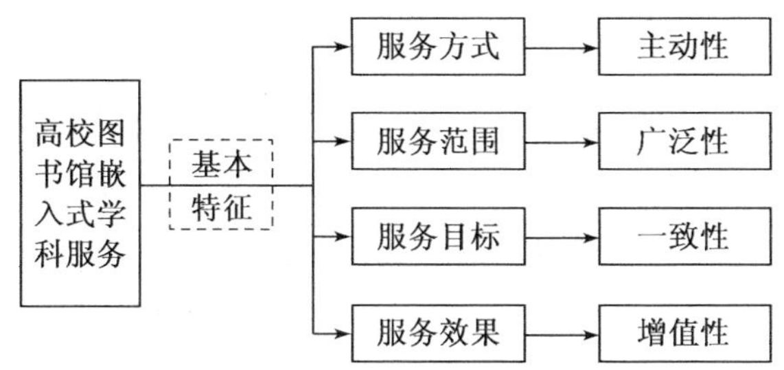

图1　高校图书馆嵌入式学科服务的基本特征

1. 服务方式具备主动性

高校图书馆嵌入式学科服务是一种主动性服务。高校图书馆嵌入式学科服务的主动性主要体现在服务方式方面，学科馆员作为高校图书馆嵌入式学科服务的行为主体，主动走出高校图书馆，深入高校教学科研第一线，积极了解学科发展的前沿动态，主动与院系师生建立良好的合作关系，熟悉用户在教学科研活动中的不同需求，进而因人而异，提供具有针对性的个性化有效信息服务，提高学科服务质量和水平。(朱丹和王静，2012；王琳，2018)

2. 服务范围具备广泛性

高校图书馆嵌入式学科服务是一种广泛性服务。高校图书馆嵌入式学科服务的广泛性主要体现在服务范围方面，即服务内容与服务对象的广泛。在服务内容方面，高校图书馆嵌入式学科服务的内容涉及方方面面，既包括常规的教学和科研活动，也包括学术竞赛和社团活动等。以嵌入式教学为例，高校图书馆可以把信息检索技术、信息素养等与专业课程教学有机结合，借助专题讲座、专业选修课以及课堂临时嵌入等诸多方式，让学生在学习专业课程的过程中辅助提升自身的信息素养，熟悉掌握基本的信息检索技术，增强学生的学习和科研能力。在服务对象方面，高校图书馆嵌入式学科服务的对象除了学生，还有老师和管理者，学生又包括不同年级、不同阶段、不同学制的学生。

3. 服务目标具备一致性

高校图书馆嵌入式学科服务是一种一致性服务。高校图书馆嵌入式学科服务的一致性主要体现在服务目标方面，即满足用户的实际需求。而用户的实际需求是动态的、各异的，因此，嵌入式学科服务是一种动态的、全面的跟进式服务。(刘苗，2018)学科馆员除了要做好信息服务以外，还要积极加强与用户群体之间的联系，努力融入其中，体现“嵌入”的人文内涵，实时了解用户的动态需求，推动高校图书馆学科服务能力的不断提升。

4. 服务效果具备增值性

高校图书馆嵌入式学科服务是一种增值性服务。高校图书馆嵌入式学科服务的增值性主要体现在服务效果方面,即通过开展嵌入式学科服务,可以给用户带来更多增值空间。不同于传统的学科服务,嵌入式学科服务的关键就是充分发挥现代信息网络技术方面的优势,在具备各种专业信息素养学科馆员的辅助下,最大限度地为用户提供各种良好的增值服务。而高校图书馆嵌入式学科服务的增值性特征具体体现在知识信息服务实践的每一个环节中,以嵌入式科研为例,既可以为科研用户提供前期的基础信息资料,还可以为其提供中后期的项目信息辅助,提升科研项目申报和运行效率,延伸其增值空间。

三、高校图书馆嵌入式学科服务存在问题分析

近年来,高校图书馆的数据资源迅速增长,用户的实际需求也日益多样化,两者之间的不匹配问题愈加突出,嵌入式学科服务应运而生。因此,嵌入式学科服务是一种针对性服务,很好地体现了一个高校图书馆的资源优势、人力优势和服务理念。虽然目前国内高校图书馆探索嵌入式学科服务工作开展得如火如荼,涌现出清华大学图书馆“互动合作”服务模式、武汉大学图书馆的 SERVICES 嵌入式服务营销体系的服务模式等,但实际上,仍有很多问题阻碍高校图书馆嵌入式学科服务的发展。

(一) 意识观念较为落后,宣传推广力度不够

当前嵌入式学科服务并没有渗透到每一所高校图书馆,还没有真正形成规模,究其原因,主要是以下两个方面:一方面,许多高校图书馆还没有清楚地认识到开展嵌入式学科服务的重要性和必要性,在终端设备购买、操作系统更新、服务软件升级等方面没有表现出太多的主动和热情。另一方面,即使部分高校图书馆已经开展嵌入式学科服务,但由于种种原因,并没有取得理想的效果,服务的质量和效率仍有待提高。以嵌入式科研为例,许多科研人员对学科馆员这一岗位并不知悉或者不信任,对学科馆员所提供的服务也持怀疑的态度。(冯丽,2015)此外,嵌入式学科服务的开展还需要丰富的学科资源作为有效支撑,但对于当前我国大多数高校图书馆而言,在学科资源建设和整合方面整体力度偏弱。除了在学科导航及学科服务平台建设方面比较缺乏以外,很多高校图书馆的数据库建设也比较落后,现有的自建数据库或者特色资源多为学位论文数据库。

(二)行政层面沟通不畅,服务范畴相对有限

高校图书馆嵌入式学科服务是在对馆内资源进行有效整合的基础上,根据用户的实际需求,提供具有个性化的知识信息服务,而这种服务质量与效率的高低在很大程度上取决于图书馆自身以及学校层面的行政支持力度,这种支持涉及高校图书馆嵌入式学科服务的方方面面,既包括对外的服务推广与执行实施,又包括对内的资源整合与人才培养等。但通过对当前我国高校图书馆嵌入式学科服务发展现状的研究分析,我们发现国内高校图书馆开展嵌入式学科服务普遍存在行政层面沟通不畅、行政支持力度较低的问题,这些问题导致嵌入式学科服务在规划、设计、渠道等方面都比较单一。与此同时,有效行政支持的缺乏还导致嵌入式学科服务无法引起管理层的足够重视,学科服务往往局限于成为某些馆员的兼职服务范畴,没有设置固定的物理空间,缺乏服务的前沿阵地,导致学科服务的专业性、服务力度、服务质量均受制于全馆乃至学校层面的服务、技术支撑不足所带来的困扰,无法实现现实实践和用户需求之间的平衡,严重阻碍高校图书馆学科服务的稳定有序发展。

(三)人才队伍建设滞后,服务队伍素质不高

作为嵌入式学科服务的基础保障之一,人才队伍建设至关重要。但除了部分国内一流高校以外,绝大多数的高校图书馆都存在服务队伍建设滞后的问题,现有的学科馆员多为非对应学科背景的馆员,嵌入式学科服务人才队伍体系没有得到有效构建与提升,服务质量和水平普遍不高。对于学科馆员而言,嵌入式学科服务是一项专业性、创新性的信息服务工作,要求学科馆员不仅要对馆藏资源非常熟悉,还要具有相应的学科专业知识,较高的信息素养。但现实情况是,国内高校图书馆学科馆员专业结构、学历结构等参差不齐,总体素质偏低,且缺乏相应的专业知识培训和继续教育培训。另外,由于嵌入式学科服务在国内很多高校开展较晚,学科服务的过程还广泛存在服务层次不够深、服务广度不够宽的问题。(周晓杰等,2012)一方面,很多学科馆员在开展嵌入式学科服务过程中,流于表面工作,没有真正融入用户,实时掌握用户的动态需求;另一方面,部分高校图书馆在开展嵌入式学科服务过程中,在服务对象方面无法做到全覆盖,过于偏向对本科生的培训及教师的科研信息服务。

(四)用户服务方式单一,缺乏评价反馈机制

不同于传统的被动式学科服务,嵌入式学科服务是一种主动行为,会根据用户的需求和习惯,在服务内容、方式、渠道方面为用户提供个性化服务,从而使得服务

的效果得到有效保障。然而，在具体实践过程中，当前国内部分高校图书馆所开展的嵌入式学科服务并未如此，仍停留在传统的被动服务、定式服务。这些高校图书馆在开展嵌入式学科服务过程中，不重视用户的实际需求，缺乏对用户需求的有效调研与分析，无法掌握用户信息需求的特征与层次，加上对信息伦理问题的认知和把握能力有限，导致嵌入式学科服务方式单一，无法取得预期服务效果。此外，嵌入式学科服务的有序开展需要一整套运行机制作为保障，除了行为主体学科馆员之外，还需要规范的工作流程和严格的管理制度。而在当前我国大部分高校图书馆所开展的嵌入式学科服务都忽略了这一点，只是简单地安排学科馆员，没有建立完善的规章制度，导致在具体实施过程中，嵌入式学科服务的质量差、效率低。更有甚者，由于缺乏必要的评价反馈机制，学科馆员在开展嵌入式学科服务过程中缺少必要监督，服务效果并不理想，很多用户对嵌入式学科服务并不认同，持有质疑态度。

四、大数据视域下高校图书馆嵌入式学科服务创新模式

大数据具有数据海量、多样化、快速处理和高价值的4V特性，与高校图书馆数字资源数据海量、多样化的特性相契合。通过上文中的分析，我们知道当前我国高校图书馆开展嵌入式学科服务仍存在诸多问题，而大数据时代的到来，为实现我国高校图书馆嵌入式学科服务的创新发展提供了可能。通过对现有文献的梳理，结合大数据和高校图书馆嵌入式学科服务的基本特征，本文提出大数据视域下我国高校图书馆嵌入式学科服务创新发展的四种模式，包括物理空间嵌入模式、数字空间嵌入模式、社会空间嵌入模式以及组织空间嵌入模式。

（一）物理空间嵌入模式

物理空间嵌入是指用户在获取学科服务过程中，不需要离开自有物理空间环境，所需学科资源和知识服务会主动嵌入其中，用户可直接获取相关信息。（张雪和宋红霞，2017；黄敏等，2018）早在2006年，联机计算机图书馆中心（OCLC）的一份研究报告就表明，即使是在数字化时代，图书馆仍是多数人获取信息、开展研究以及提高素养的重要场所，图书馆作为重要聚集场所不会因为数字化时代的到来而发生任何改变。因此，在大数据时代，高校图书馆开展嵌入式学科服务，物理空间的嵌入必不可少。

物理空间的嵌入是双向的，包括对内和对外两个方面。对内而言，主要是指调整高校图书馆的现有空间布局和服务内容，在传统图书馆服务之外，积极学习借

鉴，引入更多的新项目，努力将图书馆打造成一个多元化空间，迎合用户的多元化需求。比如，针对学生，除了提供传统资料查询以外，提供论文写作支持、就业培训指导等；针对教师，除了提供传统科研信息服务以外，提供教学支持服务、协作研究服务等。这样既可以拓展丰富高校图书馆的服务内容，又可以将更多的用户吸引到图书馆的物理空间中，密切与用户之间的联系，实现真正意义上的嵌入。对外而言，主要是指突破高校图书馆的现有物理空间，将学科服务的阵地延伸到馆外空间，包括教学楼、办公室、实验室、会议室甚至学生宿舍、食堂等。这也是嵌入式学科服务与传统学科服务的不同之处，即嵌入式学科馆员主动走出图书馆，到用户经常活动的空间，加强与用户之间的互动，了解用户的实际需求，增强学科服务的主动性和针对性，切实提高嵌入式学科服务的质量和效率。

（二）数字空间嵌入模式

面对大数据时代的海量信息网络，高校图书馆不能一味地固守在自己的网站和应用系统中，必须积极向外拓展，秉承"用户需求第一"的理念，按照"用户在哪里，图书馆就在哪里"的原则，主动嵌入用户所在的数字空间，保证用户可以在不脱离自有数字空间的基础上，就可实时地获取学习、教学和科研等活动所需的一切资源和服务。（朱丹和王静，2012；史一凡等，2019）

高校图书馆在开展嵌入式学科服务过程中，嵌入用户数字空间的方式有很多，包括嵌入信息平台、嵌入服务内容、嵌入服务方式等。首先，从嵌入信息平台来看，可以分为嵌入移动设备、嵌入桌面应用、嵌入常用网站等。其次，从嵌入服务内容来看，学科馆员可以向用户提供特色数据资源和动态知识信息，以及信息咨询服务和电子资源查询等。然后，从嵌入服务方式来看，又可以分为用户主动驱动和高校图书馆主动驱动。前者是指高校图书馆将学科服务嵌入用户日常应用系统等待用户利用，而用户通过给相关应用系统主动定制或安装插件才能享用高校图书馆所提供的嵌入式学科服务；后者是高校图书馆主动将学科服务和数据资源嵌入用户的信息平台，用户根据实际需要，可以直接从信息平台上获取使用。

（三）社会空间嵌入模式

近年来，在国内学术界，尤其是哲学、社会学、地理学等领域，社会空间这一概念引起广泛关注。社会空间是在数字化环境下，社会结构、社会关系和社会资源在网络世界的整合、拓展和重构。具体到互联网领域，社会空间通常是指社会网络，即社交网络和社会服务等。（周玲玲，2015；李梦楠和周秀会，2018）随着大数据时代的到来，社会空间的独特魅力为高校图书馆嵌入式学科服务的发展提供了前所未有的机遇，通过利用社会空间可以帮助学科服务更好地嵌入用户的社会关系。社会网络具备高交互性和高参与性的特征，在方便用户构建和维护个人社会关系的同时，可以帮助高校图书馆将学科服务更好地嵌入用户，极大地改善用户体验，加强两者间的信息服务关系和社会服务关系，提高嵌入式学科服务的用户忠诚度。

具体而言，基于社会空间构建的嵌入式学科服务模式主要包括以下三种：第一，以用户为中心，将图书馆信息资源和知识服务有机嵌入用户最常用的地方，即通过社交网站为其提供学科服务。第二，从用户分散的社交网站中获取相关信息，并利用跨界合作技术对获取的信息源进行整合提炼，然后将整合提炼后的信息丰富到图书馆的服务内容中，以此来为用户提供嵌入式学科服务。例如，丹麦的国家图书馆（State and University Library）就是采用该种模式为用户提供嵌入式学科服务，通过建立 Summa 集成检索系统，利用 AJAX 集成用户界面的外部服务，获取用户的学科服务需求信息。（罗亚泓和曾瑞，2017）第三，利用社会空间原理创建学科社区，形成完整的学科信息服务体系，同时积极鼓励用户主动参与其中。

（四）组织空间嵌入模式

组织空间的嵌入也可以称之为组织结构的嵌入，它不仅仅是指某个学科馆员或者某个用户的个人嵌入，而是两方面团队的相互嵌入。通过组织结构以及工作机制方面的相互嵌入，学科服务和用户两方面团队的联系可以更加密切、了解更加深入，高质高效推进学科服务工作。美国学者 Shumaker 和 Tyler（2007）最早提出了组织嵌入方式，认为可以将组织嵌入方式应用于图书馆的日常服务工作中，但他单方面强调了在组织嵌入过程中主要是图书馆员嵌入用户团队。而我们认为组织空间嵌入这种模式是双向的，既可以是学科馆员主动嵌入用户组织，也可以是用户主动嵌入学科服务组织。两者的不同之处在于，对于高校图书馆而言，前者属于外部化，后者属于内部化。

首先，通过学科馆员主动嵌入用户组织，进而成为用户团队成员。对于这种组织嵌入模式，当前国内外高校图书馆中做得最好的是美国匹兹堡大学的东亚图书馆。东亚图书馆的主要服务对象是美国匹兹堡大学亚洲研究中心，该馆通过派遣学科馆员主动嵌入亚洲研究中心，密切两者间的相互联系，形成了一个良好的有机体，充分发挥了其学科服务功能。对于国内大部分高校图书馆而言，院系资料室或者学科分馆普遍存在，主动嵌入院系组织结构的条件基本具备，可以利用学科馆员主动嵌入用户组织结构的模式为用户提供学科服务。而且这些院系资料室或者学科分馆的学科馆员基本具备相应的专业素质，可以通过兼任学术秘书的形式较为容易地嵌入院系的学术研究团队中。

其次，邀请用户主动嵌入学科服务组织，进而成为学科服务团队成员。这种模式主要是将用户这一外部环境要素实现内部化，具体可以通过以下两种方式来实现：一是聘请兼职员工。比如在对口院系中聘请图书馆教师顾问，在学生群体中聘请图书馆学生顾问，这些兼职员工不仅促进资源建设、指导学科服务等，还可以在图书馆和用户间建立起良好的纽带和桥梁，有助于促进和改善高校图书馆的学科服务工作。二是建立用户利益共同体。高校图书馆在推进学科服务工作过程中，可以通过互惠互利的方式，积极寻求合作伙伴，切实了解用户实际需求，构造用户利益共同体。以学生用户群体为例，高校图书馆可以选择与学生社团合作。一方面，对于这些学生社团而言，可以通过在学科服务工作实践中得到锻炼，提高社团影响力；另一方面，对于高校图书馆而言，学生社团比较熟悉学生的实际情况，所提供的学科服务更能迎合学生的需求。

五、结 语

综上所述，随着互联网、大数据发展的日新月异，数据资源呈现出动态化、海量化的特征，用户普遍面临如何快速获取所需信息以及掌握本学科发展趋势和前沿热点的问题。对于高校图书馆的发展而言，开展嵌入式学科服务已迫在眉睫。而大数据时代的到来，给高校图书馆嵌入式学科服务的创新发展带来了新的机遇和挑战。本文在介绍总结高校图书馆嵌入式学科服务内涵与特征的基础上，分析发现我国高校图书馆在开展嵌入式学科服务的过程中仍存在诸多问题，如意识观念较为落后、行政层面沟通不畅、人才队伍建设滞后、用户服务方式单一等。鉴于此，本文探讨提出在大数据背景下，我国高校图书馆嵌入式学科服务发展的四种新模式，包括物理空间嵌入模式、数字空间嵌入模式、社会空间嵌入模式以及组织空间嵌入模式，以期为嵌入式学科服务的创新发展献计献策。

参考文献

[1] 李双双. 大数据环境下高校图书馆嵌入式学科服务模式研究[J]. 传媒论坛，2019，2(19)：142—143.

[2] 刘颖，黄传惠. 嵌入用户环境：图书馆学科服务新方向[J]. 图书情报知识，2010(01)：52—59.

[3] 史一凡,张昕瑞,李英琦,等.中部地区高校图书馆联盟嵌入式学科服务探索[J].图书馆学刊,2019,41(10):94—99,104.

[4] 黄敏,张霞,周喆,等.高校图书馆嵌入科研过程的学科服务模式研究[J].图书馆学研究,2018(08):88—91.

[5] 曹静仁.高校图书馆学习共享空间与学科服务实证研究[J].图书馆工作与研究,2019(07):15—19.

[6] 王琳.基于ESI的高校图书馆嵌入式学科服务模式的构建与优化[J].图书馆研究与工作,2018(12):73—78.

[7] 朱丹,王静.高校图书馆嵌入式学科服务研究[J].河北经贸大学学报:综合版,2012,12(04):86—88.

[8] 刘苗.谈如何创新高校图书馆开展嵌入式服务[J].才智,2018(27):46.

[9] 冯丽.基于信息觅食理论的高校图书馆嵌入式学科服务创新[J].情报探索,2015(12):99—102.

[10] 周晓杰,刘海昕,张春杨.我国图书馆嵌入式服务研究述评[J].图书馆学研究,2012(12):19—22,26.

[11] 张雪,宋红霞."双一流"背景下高校图书馆嵌入式学科服务策略探析[J].科技与创新,2017(19):76—77.

[12] 周玲玲.MOOC环境下高校图书馆嵌入式学科化服务[J].盐城师范学院学报:人文社会科学版,2015,35(06):122—124.

[13] 李梦楠,周秀会.高校图书馆嵌入式学科服务研究——基于网络整合营销4I理论[J].图书馆工作与研究,2018(12):115—121.

[14] 罗亚泓,曾瑞.基于MBO视角的高校图书馆嵌入式服务实施路径研究[J].图书馆学研究,2017(12):65—69,64.

[15] Shumaker D., Tyler L. A.. Embedded Library Services: An Initial Inquiry into Practices for Their Development, Managementand Delivery[A]. A Contributed Paper for the Special Libraries Association Annual Conference Denver, 2007.

作者简介

李咏梅,江苏泰州人,南京师范大学图书馆馆员。研究方向为学科服务、公共文化研究。

Research on the Innovation Mode of Embedded Service in University Library from the Perspective of Big Data

Li Yongmei

Abstract: The arrival of big data era brings new opportunities and challenges to the innovation and development of embedded subject service in university library. Based on the introduction and summary of the connotation and characteristics of embedded subject service in university libraries, this paper analyzes and finds that there are still many problems in the process of developing embedded subject service in University Libraries in China, such as the backward concept of knowledge, the poor communication at the administrative level, the lag of talent team construction, the single user service mode and so on. In view of this, this paper discusses and puts forward four new modes of embedded subject service development in University Libraries under the background of big data, including physical space embedded mode, digital space embedded mode, social space embedded mode and organization space embedded mode, in order to make suggestions for the innovation and development of embedded subject service.

Key Words: Big data era University Library Embedded subject service Innovation mode

文化旅游

基于价值融合的西北五省区文旅融合水平测度与评价研究*

刘　倩

摘　要：通过对西北五省区文化产业和旅游产业从资源融合向价值融合转变的剖析，构建了以价值融合为导向的文旅融合水平测度指标体系。在此基础上，运用耦合协调度模型对西北五省区文旅融合水平做出评价。结果表明，2013—2018年，西北五省区文旅融合水平总体平稳，无较大波动。横向上，文旅融合水平存在较大省际差异，仅有陕西省文旅产业为协调发展状态，其余四省区均处于失调状态。纵向上，2013—2018年，各省文旅融合水平变化幅度均较小。立足区域协调发展的角度，整合特色文旅资源，完善文旅融合的区域协调机制；增加科技要素投入，构建文旅融合的创新驱动机制；加强基础设施建设，打造文旅融合的支撑保障机制；拓宽资金来源渠道，形成文旅融合的多元投入机制；联动东部发达省份，优化文旅融合发展的外部协同合作机制，形成推动西北五省区文旅融合发展的合力。

关键词：西北五省区　文旅融合　价值融合　耦合协调　提升机制

一、引　言

2020年，中共中央、国务院发布《关于新时代推进西部大开发形成新格局的指导意见》，对加快形成西部大开发新格局、推动西部地区高质量发展提出明确要求。党的十九届五中全会再次将推动西部大开发形成新格局作为促进区域协调发展的重要任务，并体现于所制定的"十四五"规划和2035年远景目标建议中。文化和旅游融合发展作为新发展格局背景下推动区域协调发展的举措，受到政策和规划的重点关注。文化和旅游要实现更高质量的融合，必须从资源驱动转向创新驱动。区域文化和旅游融合应洞悉文旅融合的规律特点，深谙文旅融合的发展趋势，在此

* 基金项目：本文受山东省社会科学规划研究项目青年基金项目（17DGLJ12）的资助。

基础上推动文旅融合的实践进程。陕西、甘肃、青海、宁夏、新疆五省区是“丝绸之路经济带”的国内核心区域，也是新发展阶段推动西部大开发形成新格局的重要战略地带。五省区文化旅游资源富集，人文、历史、自然等资源类型丰富，价值禀赋突出，发展文旅产业的优势得天独厚。然而，受地理位置、发展基础、生产要素结构与水平等多种因素的制约，西北地区的经济社会发展水平相对落后①，从整体上影响了文旅产业的发展水平和文旅融合程度，表现为产业基础薄弱、规模较小、类型单一、文旅融合不充分等现实问题。如何更好地推动西北地区文旅产业的高质量发展，并进一步深化文旅融合水平是亟待解决的问题。构建发展的对策体系、探索问题的解决之道离不开对当前区域文旅融合水平的测度和评价。

产业融合的概念最早起源于罗森伯格对美国机械工具业演化的研究②，其后相关研究逐渐增多，演化至今已成为产业经济领域最重要的研究内容之一。关于产业融合的动因、分类、途径等问题已有了丰硕的研究成果，这为研究文旅融合问题奠定了坚实的理论基础。关于文旅融合发展，国外的相关研究集中于对文化遗产地旅游③、影视旅游④、体验旅游⑤等具体融合业态的分析；研究视角偏向微观层面的个案研究；研究方法从早期的定性分析为主逐渐发展到现在的定性和定量方法相结合。国内相关研究起步较晚，但成果丰硕，主要分为文旅融合理论研究和文旅融合实证研究两类。理论研究方面，已有研究大多基于产业融合的基本理论，结合文旅融合的产业特性，多角度阐释文旅融合的机制、路径和模式等问题。实证研究方面，学者们以全国或不同区域为研究范围和空间尺度，应用投入产出法、耦合协调度理论测度和评价文旅融合程度。已有研究为西北五省区文旅融合发展的研究提供了理论参考和方法借鉴。但由于不同区域间文化产业和旅游产业发展的资源禀赋存在较大差异，研究思路和评价指标难以直接适用于西北五省区。因此，本

① 程广斌，陈曦，蓝庆新．丝绸之路经济带中国西北地区经济发展与生态环境耦合协调度分析——基于 DEA-熵权 TOPSIS 模型的实证研究[J]．国际商务，2018(5)：96—106，118.

② 李美云．国外产业融合研究新进展[J]．外国经济与管理，2005(12)：12—20.

③ J. Ebejer.. Urban Heritage and Cultural Tourism Development: a Case Study of Valletta's Role in Malta's Tourism[J]. Journal of Tourism and Cultural Change, 2019, 17(3): 306-320.

④ S. Kim. Audience Involvement and Film Tourism Experiences: Emotional Places, Emotional Experiences[J]. Tourism Management, 2012, 33(2): 387-396.

⑤ I. Booyens, Rogerson C. M.. Creative Tourism in Cape Town: An Innovation Perspective [J]. Urban Forum, 2015, 26(4): 405-424.

文以西北五省区为研究对象，基于对文旅融合从资源融合向价值融合转向的剖析，从价值创造的投入和产出两个维度构建了测度该区域文旅融合水平的指标体系。根据评价结果，从区域文旅产业价值创造能力整体提升的视角提出推动西北五省区文旅融合发展的对策建议。

二、从资源融合到价值融合：西北五省区文旅融合的转向

文化产业和旅游产业都是高度外向关联型的产业，两者在资源、市场、产品等多个领域存在重叠和关联。[①] 高度的产业关联性是文化产业和旅游产业融合发展的基础。[②] 从区域特点和发展现状来看，西北五省区文化产业和旅游产业间的高度关联性主要体现在资源融合引致的市场交叉和产品融合。资源融合是西北五省区文化产业和旅游产业融合的基点，也是当前文旅融合发展的主要路径。这得益于五省区类型多样、内涵丰富、价值突出的文旅资源。它们构成了区域内文化产业与旅游产业发展的共同资源基础。同时，也是五省区文化产业与旅游产业融合现状的直观反映。传统的观光型旅游是西北五省区旅游产业的主要形态[③]，而文化产业的发展则带有明显的旅游带动特点。无论是文化产业还是旅游产业，资源依赖性都比较强。现阶段该地区文旅融合的特点是依托于共同的资源基础，通过资源融合推动形成产品融合和业态融合。置言之，基于资源共享的文旅融合模式是当前西北五省区文化产业和旅游产业融合发展的主要选择。

以资源融合为基点的文旅融合主要包括两种形式。一是通过向旅游资源植入文化内涵，实现传统旅游资源的"文化化"，从而建构新的旅游吸引物[④]，提升已有旅游资源的文化价值。如青海省依托青海湖、茶卡盐湖、门源油菜花等重点旅游资源，推出《爱情的证悟》《天境祁连》《天空之境》等演艺产品，不仅满足了游客多样化的旅游需求、丰富了旅游活动的文化体验，还从整体上提升了旅游资源的文化品位和附加价值。二是通过文化价值的挖掘与塑造，实现文化资源的"旅游化"，从而对文化资源进行产业开发和价值转化。如陕西旅游集团结合旅游市场需求，对文学

---

① UNWTO. Tourism and Culture Synergies[M]. Madrid: UNWTO, 2018.

② 程晓丽，祝亚雯. 安徽省旅游产业与文化产业融合发展研究[J]. 经济地理，2012(9)：161—165.

③ 刘少和，桂拉旦. 西部地区 5A 级景区旅游产业融合集聚研究[J]. 甘肃社会科学，2018(5)：213—219.

④ 张朝枝，朱敏敏. 文化和旅游融合：多层次关系内涵、挑战与践行路径[J]. 旅游学刊，2020(3)：62—71.

作品《长恨歌》进行“旅游化”开发。开发方采用高科技舞美灯光，打造了中国首部大型实景历史舞剧《长恨歌》，并推向旅游市场，延伸文学作品文化价值、增加游客文化体验的同时，在资源层面实现了文化和旅游的融合。

西北五省区以资源融合为主要特点和基本内容的文旅融合属于浅层次的融合，是基于资源的同源性与内容的互文性而对资源本身进行的开发和包装。资源融合下，文化产业和旅游产业两大系统内部的子系统和各要素之间的融合互动关系不密切，表现为文旅融合的产业形态相对单一、要素体系不健全、产品和服务的层次不高，导致文旅融合后的价值链短促，价值转化和提升空间有限。文旅深度融合的关键是通过文化产业和旅游产业两大系统及各要素之间的相互渗透、交叉汇合或整合重组，逐步突破原有产业边界或要素领域，彼此交融而形成新的共生体①，以提高产业增加值和产业价值创造能力，推动文旅产业向价值链高端攀升。熊彼特指出，创新是“建立一种新的生产函数”，是一个“创造性毁灭的过程”。② 文旅深度融合的过程是打破文化产业和旅游产业两大系统内部原有的要素投入与价值产出关系，通过子系统和各要素的充分交叉融合，构建新的投入产出关系，从而实现价值创造和价值增加的过程。文化产业与旅游产业的融合本质上是价值创造与产业创新的过程。在以资源融合为主的模式下，西北五省区文旅融合的深入推进和高质量发展需要从以资源融合为主导转向以价值融合为主线。文化产业附加值高、变现能力强且最具融合力，旅游产业消费感染力、产业带动力和经济拉动力强。③ 文化产业与旅游产业的价值融合是在寻求两大产业价值链的契合点和融合点的基础上，通过推动两大产业人、财、物、信息等要素在价值链上的重新组合和融会贯通，使要素投入更高效地转化为产出价值的过程。相对于资源融合，价值融合凸显了文旅融合中的目标导向理念以及参与主体的价值共创思想。

三、基于价值融合的西北五省区文旅融合水平测度与评价

价值融合理念下的文旅融合对西北五省区文化产业和旅游产业的要素配置水平和要素投入产出水平都提出了更高要求。产业要素配置状况以及体现配置水平的投入和产出因素恰是直观反映一个区域文旅融合水平的关键。因此，对西北五

---

① 刘安乐，杨承玥，明庆忠，等. 中国文化产业与旅游产业协调态势及其驱动力[J]. 经济地理，2020(6)：203—213.

② [美]约瑟夫·熊彼特. 经济发展理论[M]. 王永胜，译. 上海：立信会计出版社，2017.

③ 范周. 文旅融合的理论与实践[J]. 人民论坛：学术前沿，2019(11)：43—49.

省区文旅融合水平的测度需要首先着眼于该地区文化产业和旅游产业的投入与产出状况，在此基础上对文旅产业的耦合协调程度做出分析。耦合是指两个或两个以上的系统或运动方式之间通过各种相互作用而彼此影响乃至联合起来的现象。① 耦合协调度是对系统之间或者系统内部各要素之间在发展过程中彼此和谐一致程度的度量。② 文化产业与旅游产业的价值融合是文化产业与旅游产业两大系统间通过相互融合、相互渗透、相互影响，形成新的产业共同体，并促进价值弥合与增长的现象。这与产业耦合的概念具有高度一致性。已有研究表明，以耦合协调度作为衡量地区文旅融合水平的指标，能够准确客观地反映区域内的文旅融合水平。③④⑤

（一）西北五省区文旅融合水平测度指标体系构建

西北五省区文化产业和旅游产业融合发展水平与当前两类产业的发展现状直接相关。因此需要首先通过构建评价指标体系对西北五省区文旅产业的发展状况做出评价，然后结合耦合协调度模型对文化产业和旅游产业的融合程度进行分析。文旅融合产品价值实现的过程是随着文化产业与旅游产业价值链的不断延伸和相互渗透，产品逐渐被市场接受的过程。在此过程中完成了从要素投入到价值产出的转化，投入和产出是构成价值创造和价值增值活动的两个主要维度。因此，我们基于投入和产出两个维度构建文旅融合水平测度和评价的指标体系（见表 1）。投入方面，依据柯布-道格拉斯生产函数，选取文化及相关产业固定资产投资额和从业人员数作为衡量资本和人力投入的指标。科技为文化产业的内容表达和文化传播提供了无限可能性。⑥ 考虑到科技在文化产业发展中的重要作用，将文化及相关产业的专利授权数作为衡量科技投入的指标。文化及相关产业法人单位是承载

---

① 舒小林，高应蓓，张元霞，等.旅游产业与生态文明城市耦合关系及协调发展研究[J].中国人口资源与环境，2015(3)：82—90.

② 刘安乐，王成，杨承玥，等.边疆山区旅游城市的交通与旅游发展耦合关系——以丽江市为实证案例[J].经济地理，2018(1)：196—203.

③ 侯兵，周晓倩.长三角地区文化产业与旅游产业融合态势测度与评价[J].经济地理，2015(11)：211—217.

④ 王兆峰.民族文化产业与旅游业耦合发展研究——以湖南湘西为例[J].中央民族大学学报：哲学社会科学版，2012(6)：31—37.

⑤ 翁钢民，李凌雁.中国旅游与文化产业融合发展的耦合协调度及空间相关分析[J].经济地理，2016(1)：178—185.

⑥ 史学慧，张振鹏.新时代文化产业高质量发展的新亮点、新要求和着力点[J].出版广角，2019(9)：14—17.

文化产业资金、人才等投入要素的重要载体。① 因此,我们选择将文化及相关产业法人单位数作为衡量投入的指标。根据旅游产业的结构特点和主要要素,选取旅行社数量、星级饭店个数、A级景区个数和从业人员数量来衡量旅游产业的投入指标。产出方面,按照由产业整体到行业细分的标准,选择文化及相关产业的增加值作为衡量文化产业产出的指标。考虑到数据的可得性和可比性,选取《中国文化及相关产业统计年鉴》中列示的规模以上文化制造业企业营业利润、限额以上文化批发和零售业企业营业利润、重点文化服务业企业利润来衡量主要细分行业的产出。按照国际和国内的区别,选取国内旅游者人数、入境过夜游客数、国内旅游收入来衡量旅游产业的产出。

表1 西北五省区文旅融合水平测度指标体系

系统	一级指标	二级指标
文化产业	产出	文化及相关产业增加值(亿元)
		规模以上文化制造业企业营业利润(万元)
		限额以上文化批发和零售业企业营业利润(万元)
		重点文化服务业企业营业利润(万元)
	投入	文化及相关产业法人单位数(个)
		文化及相关产业固定资产投资(万元)
		文化及相关产业专利授权总数(项)
		从业人员数(人)
旅游产业	产出	国内旅游者人数(万人次)
		入境过夜游客人数(万人次)
		国内旅游收入(亿元)
		旅游外汇收入总额(万美元)
	投入	旅行社数(个)
		星级饭店个数(个)
		A级景区个数(个)
		从业人员数(人)

① 王秀伟.大运河文化带文旅融合水平测度与发展态势分析[J].深圳大学学报:人文社会科学版,2020(3):60—69.

(二) 西北五省区文旅融合水平评价方法

根据构建的评价指标体系，运用熵值法和耦合协调度模型对西北五省区文化产业和旅游产业融合发展水平进行评价，具体可分为三个前后相继的步骤：

首先，为了规避数据取值单位的不一致性，运用极差法对各指标进行标准化处理，处理方法如公式(1)所示。

$$Y_{ij}=[(X_{ij}-\min X_j)/(\max X_j-\min X_j)]+0.01 \tag{1}$$

其中，X_{ij} 表示省份 i 第 j 个指标的值，$\max X_j$ 和 $\min X_j$ 分别表示第 j 个指标的最大值和最小值，Y_{ij} 表示经过标准化处理后的指标取值。

其次，以标准化处理后的数据为基础，利用熵值法分别确定各指标的权重，计算方法如公式(2)和(3)①所示。

$$\mathrm{e}_j=\frac{-1}{\ln 5}\sum_{i=1}^{5}\left[\frac{Y_{ij}}{\sum_{i=1}^{5}Y_{ij}}\ln\left(\frac{Y_{ij}}{\sum_{i=1}^{5}Y_{ij}}\right)\right] \tag{2}$$

$$w_j=(1-\mathrm{e}_j)/\sum_{j=1}^{n}(1-\mathrm{e}_j) \tag{3}$$

其中，e_j 表示第 j 个指标的熵值；w_j 表示第 j 个指标的权重。

最后，运用耦合协调度模型测算各省区文化产业和旅游产业的耦合协调度。由于只涉及文化产业和旅游产业两个系统，因此可采用公式(4)计算两者的耦合协调度。②

$$D(U_C,U_T)=\sqrt{[C(U_C,U_T)]\times[T(U_C,U_T)]} \tag{4}$$

其中，$C(U_C,U_T)=\sqrt{U_C\times U_T/[(U_C+U_T)\times(U_C+U_T)]}$ 表示两个系统的耦合度，取值范围在 0—1 之间，$T(U_C,U_T)=\alpha U_C+\beta U_T$ 为文化产业与旅游产业综合发展评价指数，反映了文化产业和旅游产业的整体发展水平。假设文化产业和旅游产业的比重相同，待定系数 α 和 β 均取 0.5，表示文化产业和旅游产业在二者融合发展中的作用同等重要。U_C 的计算方法如公式(5)所示：

$$U_{ic}=\sum_{j=1}^{n}w_jY_{ij} \tag{5}$$

---

① 张玉娟，汤湘希. 基于熵值-突变级数法的企业创新能力测度——以创业板上市公司为例[J]. 山西财经大学学报，2017(8)：15—27.

② 赵传松，任建兰，陈廷斌，等. 全域旅游背景下中国省域旅游产业与区域发展时空耦合及驱动力[J]. 中国人口资源与环境，2018(3)：149—159.

其中，U_{ic}表示省份 i 文化产业发展情况的综合评价值，w_j 表示第 j 项指标的权重，Y_{ij}表示省份 i 第 j 项指标经过标准化处理后的取值。按照相同的方法可逐一计算并确定各省份 i 旅游产业发展态势的综合评价值 U_{iT}。

(三) 西北五省区文旅融合水平评价

根据数据可比性和一致性原则，同时考虑到数据的可获得性，原始数据主要来源于 2014—2019 年《中国文化及相关产业统计年鉴》《中国旅游统计年鉴》《中国统计年鉴》，各省区 2014—2019 年《文化及相关产业统计年鉴》《国民经济和社会发展统计公报》《旅游经济发展统计公报》，2019 年《中国文化和旅游统计年鉴》以及其他公开资料。

1. 西北五省区文旅融合水平综合评价

运用耦合协调度模型对 2013—2018 年西北五省区文化产业和旅游产业的耦合协调度分别进行测算。测算结果(见表 2)表明，2013—2018 年西北五省区文化产业和旅游产业总体呈现出融合不充分和区域不平衡的特点。

表 2　西北五省区文化产业与旅游产业耦合协调度数值

	2013 年	2014 年	2015 年	2016 年	2017 年	2018 年
陕西	0.703	0.707	0.709	0.693	0.706	0.711
甘肃	0.371	0.392	0.389	0.368	0.316	0.329
青海	0.136	0.156	0.124	0.189	0.136	0.159
宁夏	0.126	0.102	0.109	0.090	0.098	0.114
新疆	0.424	0.387	0.388	0.337	0.415	0.402

从时间维度来看，2013—2018 年各省文化产业与旅游产业耦合协调度整体走势较为平稳，未出现较大幅度的波动。这反映出近年来各省区文旅融合水平在纵向上并没有显著变化。文化产业和旅游产业耦合协调度数值普遍不高正是各地文旅融合不充分的表征。当前，西北五省区的文旅融合实践在政府和市场的共同推动下广泛开展，各地具有代表性的文旅融合项目受到社会的关注。但通过调研不难发现，大部分文旅融合项目尚停留于资源融合层面，融合深度和融合层次尚待提升。这从根本上导致文旅融合的规模和水平提升缓慢，融合程度总体较低，也表明西北五省区从资源融合向价值融合的转变还有相当长的路要走。

从空间维度来看，西北五省区文化产业与旅游产业耦合协调度呈现出较大的省际差异，表明该区域文旅融合水平存在较大的省际差异，区域内文旅融合的异质性突出。采用均匀分布函数法，根据耦合协调度的数值分布区间，按照从低到高的序列，将文化产业和旅游产业的耦合协调程度依次划分为十个等级，即极度失调(0.00—0.09)、严重失调(0.10—0.19)、中度失调(0.20—0.29)、轻度失调(0.30—0.39)、濒临失调(0.40—0.49)、勉强协调(0.50—0.59)、初级协调(0.60—0.69)、中级协调(0.70—0.79)、良好协调(0.80—0.89)和优质协调(0.90—1.00)。结合各省份文化产业和旅游产业耦合协调度测算结果(见表2)，并按照耦合协调度等级划分标准，可以确定各省份2013—2018年文化产业和旅游产业的耦合协调状态。据此，可知除陕西省处于中级协调或者初级协调状态外，其余四省区耦合协调度等级较低，基本处于失调状态。这反映了陕西省文化产业和旅游产业基本实现了协调发展，其余四省区文化产业和旅游产业的失调状态是文旅融合水平较低的直观映射。四省区的失调程度又有所不同，其中甘肃处于轻度失调状态，新疆处于濒临失调或轻度失调状态，青海处于严重失调状态，宁夏处于严重失调或者极度失调状态。从中也可看出区域内文旅融合水平的不均衡。

2. 西北五省区文旅融合水平省际评价

通过对比西北五省区文化产业(U_C)和旅游产业(U_T)的发展水平，我们可以进一步确定各省份文化产业和旅游产业的耦合协调度类型(见表3)。若$U_C<U_T$，表示文化产业发展相对滞后，说明文化产业的发展水平落后于旅游产业，文化产业对旅游产业的提升和渗透作用并不突出。若$U_C>U_T$，则表示旅游产业发展相对滞后，即旅游产业的发展落后于文化产业，旅游产业对文化产业发展的引致和扩散效应较为疲弱。上述两种情况均表明文化产业与旅游产业尚未达到协同发展的水平，两者处于非同步状态，文旅融合中存在结构失调问题。若$U_C=U_T$，表明文化产业和旅游产业为协调发展型，融合状态较好。

表3 西北五省区文化产业与旅游产业耦合协调度类型

	2013年	2014年	2015年	2016年	2017年	2018年
陕西	旅游滞后	旅游滞后	文化滞后	文化滞后	文化滞后	文化滞后
甘肃	文化滞后	旅游滞后	旅游滞后	文化滞后	文化滞后	文化滞后
青海	文化滞后	文化滞后	文化滞后	文化滞后	文化滞后	文化滞后
宁夏	旅游滞后	旅游滞后	旅游滞后	旅游滞后	旅游滞后	旅游滞后
新疆	文化滞后	文化滞后	文化滞后	文化滞后	文化滞后	文化滞后

根据西北五省区文化产业与旅游产业耦合协调度类型，2013—2018年陕西呈

现出由旅游产业滞后向文化产业滞后的发展趋势。一方面反映出该省文化产业和旅游产业在发展实践中交相融合的发展趋势，另一方面也昭示了今后促进省域文旅融合水平提升的关键在于提高本地文化产业的整体发展水平，并主动加强文化产业对旅游产业的提升作用。甘肃呈现出文化产业滞后和旅游产业滞后交替出现的状况，说明两者在互动中融合发展的势头已经显现，但由于文化产业和旅游产业的耦合协调度较低，且融合中的不平衡、不充分现象突出，这就造成近年来文旅融合中文化产业或旅游产业单极突出以及两者难以同步协调现象的出现。青海和新疆两省区的耦合协调度类型属于典型的文化产业滞后型，2013—2018 年文化产业的发展水平明显滞后于旅游产业。反映出文化产业水平相对滞后是导致文化产业和旅游产业结构失调和两者协调度较低的主要原因。与之相反，宁夏的耦合协调度类型为旅游产业滞后型，旅游产业发展水平连年滞后于文化产业发展水平。旅游产业与文化产业的发展不同步、不协调，前者向后者的主动融入作用不突出，最终降低了省域整体文旅融合水平。

（四）西北五省区文旅融合现状的成因分析

从两大产业投入产出系统来看，通过与同一时期东部省份相比，发现表征科技投入、投资规模和旅游基础设施的各项指标均存在不同程度的差距。上述投入直接影响到文化产业和旅游产业的发展规模和产出质量。由此可以推测，创新能力不足、融资渠道单一和基础设施相对落后是制约西北五省区文旅融合水平的主要因素。具体而言，创新能力不足将导致西北五省区在文旅融合中不能有效创新融合模式、及时运用新技术、提供新型产品、创新融合业态，也就难以满足消费者多样化的文旅消费需求，从而阻碍了文化产业和旅游产业价值融合的实现。政府投资是当前西北五省区文化产业和旅游产业发展的主要资金来源，相对单一的融资渠道不仅会钳制市场化程度较高的文化产业和旅游产业的发展，也将束缚文化产业和旅游产业基于价值链的深度融合。相对落后的旅游基础设施和整体较低的数字化水平使得西北五省区的旅游承载能力和服务能力有限，难以同时满足大量游客的需求，同时也限制了融合型文旅产品的落地，制约了文旅融合型业态的形成，影响到文旅融合水平的提升。

从两大产业协同发展现状来看，各省区均不同程度地存在文化产业和旅游产业发展不同步、不协同的问题。从系统论的角度来看，文化产业和旅游产业的融合发展是文化产业和旅游产业两大系统以及两大系统内各组成要素不断互动融合的过程。按照现代系统论的观点，系统的发展变化最终是通过系统整体的发展变化表现出来，但系统整体的发展变化则是系统内的要素、层次、结构、功能以及系统所处的环境等因素综合作用的结果。① 系统控制的目标是使系统内各要素和系统间实现协调一致，进而产生新的更高的系统结构和功能。通过评价结果可知，西北五省区均不同程度地存在文化产业和旅游产业发展不同步、不协调的问题。这直接影响了相关产业构成要素在两大产业系统间的配置效率，阻碍了两大产业系统内部关键价值环节的融会贯通，妨碍了文旅产业的结构优化和升级，最终阻碍了省域文旅融合综合水平的提升。同时，与文旅产业相对发达的东部地区相比，五省区文旅融合所面临的产业基础、消费市场、自然环境、科技条件等均存在较大差距，这也限制了文旅两大系统的进一步融合发展。

四、提升西北五省区文旅融合水平的对策

西北五省区既是西部大开发的前沿阵地，也是“丝绸之路经济带”的核心地带。在新时代推进西部大开发形成新格局的背景下，探讨作为区域整体的西北五省区文旅融合水平和各省份的文旅融合分异状况，对推动区域文旅融合、促进文旅产业的提质增效具有突出的现实意义。针对当前西北五省区文旅融合不充分、区域发展不平衡、省际融合水平差异大的现状，应从区域协调发展的角度，思考提升区域文旅融合水平的对策，形成一体化助推区域文旅融合长效发展的机制。

(一) 整合区域文旅资源，完善文旅融合的区域协调联动机制

文化旅游资源是文旅融合的基础，在一定程度上决定了区域文化旅游核心竞争力的强弱。西北五省区各省份均具有特色的文化旅游资源，对五省区以外的市场具有较强的吸引力，然而，五省区在基础设施、人口素质、资金投入、科技水平等方面存在差距，导致五省区文旅融合发展呈现出省际不平衡的状态且大部分省份文化产业发展滞后于旅游产业，文化旅游资源尚未得到充分发挥。为了突破区域发展短板，有必要以提升区域文化旅游产业竞争力为目标对西北五省区特色文化旅游资源进行系统整合，形成能够辐射带动西北五省区文化旅游全面融合的协调联动机制。从组织层面上，由各省文旅厅牵头组织对本省文旅资源进行系统梳理，并统筹区域文旅资源中的关联性资源，推动区域文旅产业空间布局突破传统行政区划阻隔。发展布局方面，应立足各省区文旅融合的发展现状和文旅资源的异质性特征，制定差异化的文旅资源开发战略，实现西北五省区文旅融合业态和产品的

① 常绍舜．从经典系统论到现代系统论[J]．系统科学学报，2011(8)：1—4.

差异化布局，并形成区域一体化的文化旅游消费聚集带。资源要素流动上，建立区域内文旅产业人才、资金、技术、数据等资源要素的共享平台，充分利用东部发达地区的空间溢出效应，推动区域文旅资源的开发和文旅产业的融合发展。

（二）增加科技要素投入，建立文旅融合发展的创新驱动机制

产业融合是伴随着以信息技术为核心的新一轮科技革命和产业变革而兴起的。从狭义的角度讲，产业融合是为了适应技术变革而出现的产业边界的收缩或者消失。① 科技创新是推动文化产业和旅游产业融合发展的重要动力领域。② 文化产业和旅游产业都属于广义的体验经济范畴，体验经济注重消费过程中顾客的自我体验和满足程度。因此，通过增加科技要素的投入，对既有文旅融合业态产品进行改造升级并创造新的融合形态是提升顾客感知价值和顾客的消费体验，从而改善文旅融合产品价值创造能力的重要途径。从改造升级既有文旅融合业态产品的角度来看，对于主题公园、旅游演艺等西北五省区文旅融合中的主要业态，可通过运用5G技术、虚拟现实、全息技术等现代数字技术，营造沉浸式的消费场景，提升传统文旅融合业态的经济附加值和文化影响力。从创造新的文旅融合业态产品的角度来看，针对五省区文化产业发展相对滞后和旅游产业以观光旅游为主的现状，应充分发挥数字科技在提升消费体验方面的媒介作用和催化功能，推动文旅融合在内容生产、传播方式、表现手段等多方面的创新，将西北五省区丰富的文化旅游资源转化为具有市场前景的文旅融合新业态、新产品、新模式，从而驱动文旅融合的深入发展。

（三）加强基础设施建设，打造文旅融合发展的支撑保障机制

基础设施建设是文化旅游发展的前提条件，也是文旅融合发展的重要支撑保障。当前西北五省区旅游基础设施及配套服务设施相对落后，各省间基础设施建设水平存在较大差距，阻碍了文旅产业规模的扩大和文旅融合的深入推进。要从根本上提升西北五省区的文旅融合水平，必须加强对文化旅游基础设施和文旅公共服务体系的建设，同时加强五省区间旅游基础设施互联互通的水平。硬件方面，加强交通设施、环卫设施、安全设施、游客公共服务中心、移动互联网基础设施等硬件基础设施建设，提升综合接待能力，为文旅融合新业态新产品的落地实施提供强

---

① 张来武.产业融合背景下六次产业的理论与实践[J].中国软科学，2018(5)：1—5.

② 李先跃.中国文化产业与旅游产业融合研究进展及趋势——基于Citespace计量分析[J].经济地理，2019(12)：212—220，229.

有力的硬件支撑。软件方面，推动交通服务体系、公共服务信息平台、旅行休闲服务网络、安全保障服务体系等的不断完善，健全搭载文旅融合新业态新产品的软件支撑体系，实现吃、住、行、游、购、娱全要素一站式服务，满足消费者多样化、个性化的消费需求。区域互联互通方面，提升五省区间的交通融合、规划融合、项目融合，以文旅产业的先通先联带动区域经济社会发展的互通互联。

（四）拓宽资金来源渠道，形成文旅融合发展的多元投入机制

持续而稳定的资金供给是保障区域文旅融合所需要素投入的基础和前提。目前西北五省区的文化旅游发展资金主要来源于政府，资金来源渠道相对单一，难以满足文化旅游深度融合发展对资金的需求。为保证资金的多元化投入，必须借助市场化方式，积极引导和鼓励各方力量尤其是民营资本参与文旅融合项目的投资，逐渐由当前政府主导的资金投入模式转变为市场主导、政府监管、社会参与的多元化、可持续的资金投入机制。近年来，随着文旅融合实践的推进，文旅融合项目吸引了社会资本的广泛关注。在此背景下，西北五省区可在符合条件的文旅融合项目中引入政府和社会资本合作模式（简称 PPP 模式）。PPP 模式能够实现不同性质资本间的协同联动，已在不少文旅融合项目中成功运用，取得了较好的社会效益和经济效益，有效保障了文旅融合发展所需的资金投入。长远来看，该模式能够提升文旅融合产品的供给效率和供给质量。

（五）联动东部发达省份，优化文旅融合发展的外部协同合作机制

西北五省区具有丰富的自然生态、民族民俗、历史文化等文化旅游资源，这些文化旅游资源精品多、品位高、可开发空间大，是文旅融合发展的坚实基础。而东部发达省份则具有充裕的资金、技术、人才、数据等要素资源。按照比较优势理论，西北五省区与东部较发达省份在文化旅游领域存在优势互补、联动发展的可能性。抓住我国推动“一带一路”倡议的历史性机遇，利用西北五省区的地理区位优势，通过资源＋技术、资源＋资金、资源＋市场等多种合作形式引进东部地区已经相对成熟的文旅融合项目。发挥西北五省区资源丰富、要素成本低、市场潜力大的优势，因地制宜积极承接发展东部地区转移的文化和旅游产业项目。抓住巩固脱贫攻坚成果的五年过渡期，深化与东部对口支援和协作省份在文化旅游领域的合作，积极开展文化旅游领域的人才交流和产业合作，争取将更多的资源优势转化为经济优势。

五、结　语

在我国经济由高速增长阶段转向高质量发展阶段的背景下，文化产业和旅游产业的融合发展也面临新的发展格局。西北五省区文化产业和旅游产业的高质量融合发展是地区经济转型和产业升级的重要抓手。面对该地区文旅融合不充分、区域发展不平衡、省际融合水平差异大的现实情况,应立足区域整体视角,推动文旅产业由资源融合向价值融合转型。以丝绸之路为纽带串联起西北五省区的文化旅游资源,推动区域文旅产业空间布局突破传统行政区划阻隔,形成既体现差异化发展又能够优势互补的发展格局。以科技要素投入为驱动,带动现有文旅融合业态产品的优化升级和新的文旅融合业态产品的创新发展,能够提升文旅产业链的增加值,形成经济增长的新动能。以完善的软硬件基础设施为支撑,可以有效带动人流、物流、服务流、信息流、商业流在西北五省区间的互动联动,促进区域内文旅产业的互联互通。积极引导和鼓励各方力量尤其是民营资本参与文旅融合项目的投资,有助于形成西北五省区文旅融合发展的多元投入机制,为区域文旅融合提供资金保证。加强与东部发达省份在文化旅游领域的合作,积极构建文旅融合发展的区域协调联动机制。推动西北五省区文化产业和旅游产业的融合发展是新时代推动西部大开发形成新格局的背景下西北地区实现高质量发展的具体抓手,也是推动西北五省区文旅产业协调发展的重要路径,必将为新时期推动西北地区的高质量发展创造良好的产业氛围和协同治理环境。

作者简介

刘倩,山东新泰人,青岛理工大学商学院讲师。研究方向为文化创意产业管理。

Research on the Measurement and Evaluation of the Culture and Tourism Integration in Five Northwest Provinces and Autonomous Regions Based on Value Integration

Liu Qian

Abstract: By analyzing the transformation of cultural industry and tourism industry from resource integration to value integration in five northwestern provinces and autonomous regions, an index system for measuring the level of cultural and tourism integration guided by value integration is established. On this basis, the coupling coordination degree model is used to evaluate the integration level of culture and tourism in five northwestern provinces and autonomous regions. The results show that, from 2013 to 2018, the integration of culture and tourism in the five northwestern provinces and autonomous regions is generally stable, with no major fluctuations. Horizontally, the cultural and tourism integration is quite different among provinces. Only the cultural and tourism industry in Shaanxi Province is in a state of coordinated development, while the other four provinces and autonomous regions are in a state of imbalance. Vertically, from 2013 to 2018, the level of cultural and tourism integration in all provinces changed slightly. Based on the perspective of regional coordinated development, integrate the resources of characteristic cultural tourism and improve the regional coordination mechanism of cultural tourism integration; Increase investment in scientific and technological elements and build an innovation-driven mechanism for the integration of culture and tourism; Strengthen infrastructure construction and create a support and guarantee mechanism for the integration of culture and tourism; Broaden the sources of funds and form a multi-input mechanism for the integration of culture and tourism; Link the developed provinces in the east, optimize the external cooperation mechanism for the integration of culture and tourism, and form a joint force to promote the integration of culture and tourism in the five northwestern provinces and autonomous regions.

Key Words: Five northwest provinces and autonomous regions　Culture and tourism integration　Value integration　Coupling coordination　Lifting mechanism

文化与旅游产业的耦合协调度研究：模型与实证

陈　艳　贺小荣

摘　要：文化与旅游融合发展是文化建设和旅游发展的内在要求和必然结果，必须坚持以文促旅、以旅彰文的协调发展原则。本文采用定量研究方法，首先科学设定文化与旅游产业耦合协调评价指标；其次构建文化与旅游产业耦合协调评价模型，并以湖南文化与旅游产业为研究案例，全面测度了湖南文化与旅游产业的耦合协调水平。最后，本文系统提出了促进文化与旅游产业职能融合、市场融合、服务融合以及技术推动融合等提升文化与旅游产业耦合协调水平的相应策略。

关键词：文化产业　旅游产业　文化与旅游产业融合　耦合协调

一、引　言

文化产业与旅游产业的技术、产品、运作和市场边界各不相同，但二者同属国民经济中的第三产业，具有共同的属性和特征。从共有属性看，旅游产业与文化产业都是既有文化属性又有经济属性的综合性产业。从共有特征看，旅游产业与文化产业具有地域性、消遣性、经济性、创造性等共同特征。[1]自 2009 年 8 月文化部和国家旅游局联合发布《关于促进文化与旅游结合发展的指导意见》开始，我国文化产业与旅游产业的融合（简称“文旅融合”或“文旅产业融合”）发展开始提上日程。2018 年，文化和旅游部的成立，标志着文化产业与旅游产业的融合发展正式步入正轨。文化产业与旅游产业融合发展、共同繁荣，已经成为我国建设旅游强国的必由之路，也是实现文化强国目标的客观要求。[2]

二、文化和旅游产业耦合协调的理论评述

随着人们对文化旅游的兴趣日益浓厚，旅游业与文化产业的耦合与协调问题

日益凸显，尤其是在中国政府将国家旅游局和中国文化部合并为文化和旅游部之后。[3]在物理学中，耦合是指两个或多个系统通过各种相互作用而彼此相互作用以产生联合关系的现象。耦合协调理论通常用于描述两个或多个子系统之间的相互作用程度。如果两个系统中构成要素之间的相互作用和相互影响的程度很高，则存在协调发展，即两方的耦合程度也很高。[4]产业耦合是产业联盟和产业整合的继承、发展和壮大。产业之间的耦合关系是一种更有效、更全面的发展模式，具有开发成本低、机制灵活、产业合理的优势。衡量产业之间耦合协调程度的指标是耦合度。耦合度是衡量相互影响程度的指标以及系统或元素之间形成的相互依存、协调和相互促进的动态关系的指标[5][6][7]。它的值可以反映两个系统之间相关性的强度，即如果耦合值逐渐减小，则意味着这两个系统逐渐减少；如果耦合值逐渐增加，则两个系统之间的相互作用逐渐增加。[8][9]耦合关系评估的一个重要目的是使用耦合模型来评估行业之间的耦合协调关系，分析评估结果，然后提出对策。

近年来，学界开始运用耦合协调理论对经济与旅游业，旅游与区域经济，旅游、经济与环境的协调进行研究。[6]文化产业和旅游业之间的良好耦合关系不仅可以促进文化产业和旅游业的发展，也可以促进区域产业的发展，增强竞争力，从而促进经济和社会发展。[8]总体上，已有的学术研究中对文化产业和旅游产业融合的相关研究还处在起步阶段，主要着重于文旅产业融合发展的概念、类型、必要性等基础理论方面的探讨[3][4][5][6]，有少量的研究开始关注文旅产业的关联度[7][8][9]，但对其协调度的研究还几乎没有涉及，更没有相关的实证研究。本文以文旅产业耦合协调度测度为研究问题，以文旅产业融合为切入口，以定量研究为主要手段，以湖南省文旅产业为研究案例，从整体上测量出湖南省文化产业与旅游产业的耦合协调度，并提出提升协调度的策略。

三、文化与旅游产业耦合协调度评估指标设定

(一) 指标设定

依据 2017 年颁布的《文化及相关产业分类 2017》，我国把文化产业分为 9 个大类，其中前 6 大类为文化核心领域，后三类大类为文化相关领域，它们分别为新闻信息服务、内容创作生产、创意设计服务、文化传播渠道、文化投资运营、文化娱乐休闲服务、文化辅助生产和中介服务、文化装备生产、文化消费终端生产。文化产业的评价指标与各个分类紧密相关，相关指标主要来源于中国文化文物统计年鉴及各年度的国民经济统计公报。旅游产业是涉及“吃、住、行、游、购、娱”各个方

面的综合性产业，考虑到数据的可靠性及可获得性，本文选取了 14 个旅游产业指标和 24 个文化产业指标（见图 1）进行实证分析。

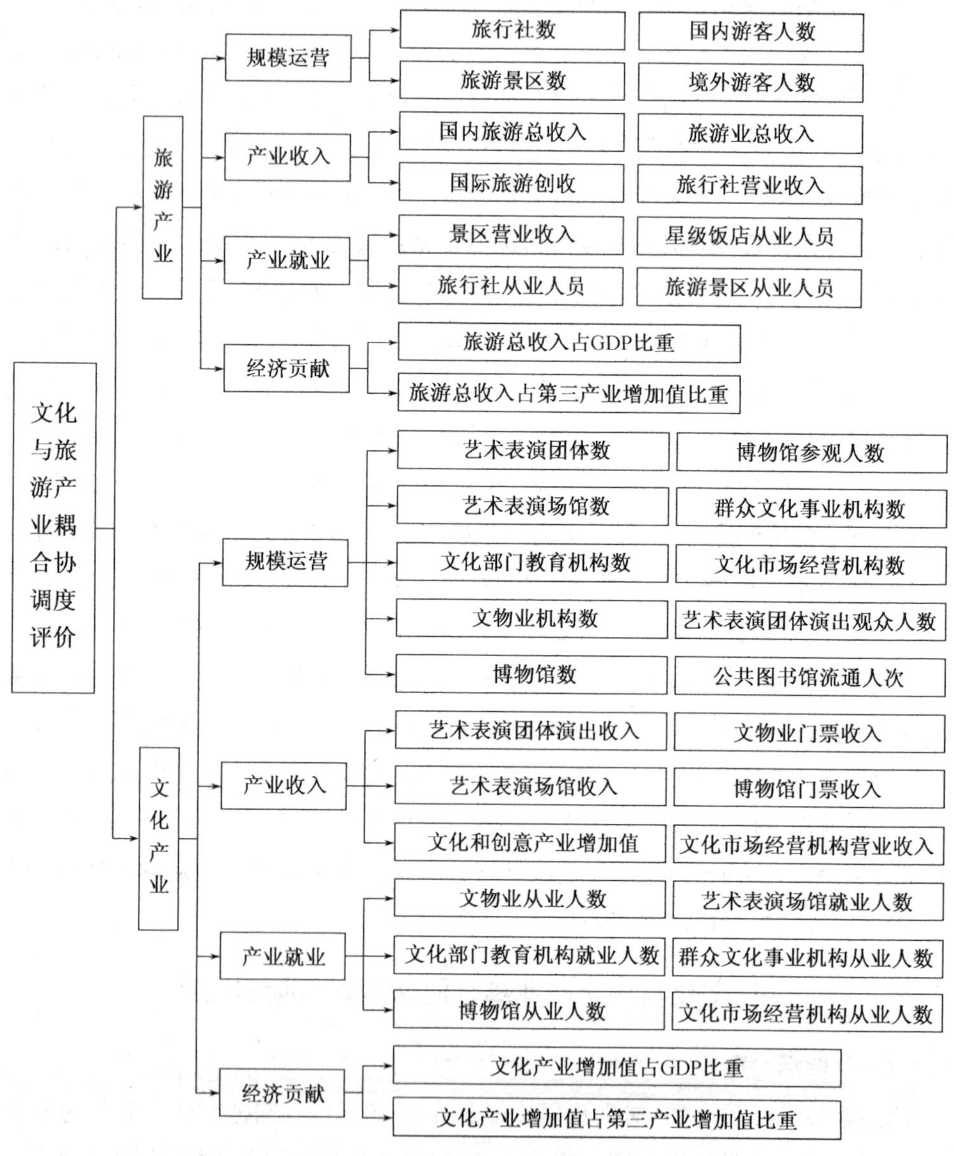

图 1 文化产业与旅游产业耦合评估指标体系图

（二）指标权重测度及综合发展水平测度

本文选用熵值法来测度指标权重。用熵值法来评价文化产业与旅游产业的各项指标权重，能够有效地避免各项数据产生的误差，为多指标的综合评价提供依据。熵值法推导步骤如下：

步骤一：构建原始矩阵

$$X=(X_{ij})_{m\times n}=\begin{pmatrix} X_{11} & \cdots & X_{1n} \\ \vdots & \ddots & \vdots \\ X_{m1} & \cdots & X_{mn} \end{pmatrix} \tag{1}$$

矩阵中表示有 m 个年份，n 个评价指标数，X_j 表示第 j 个指标，X_{ij} 表示湖南省第 i 年文化产业或旅游产业第 j 项指标的数值。

步骤二：数据的无量纲化处理

本文采取的极值化法中的无量纲化处理方法，即用将每一变量 X_{ij} 与其序列中的最小值作差并除以该序列的极差值，并将所有处理后的数值整体向右平移 0.000 1，具体公式为：

$$X_{ij}=\frac{X_{ij}-\min(X_j)}{\max(X_j)-\min(X_j)}+0.0001,(i=1,2\cdots,m;j=1,2\cdots,n) \tag{2}$$

其中，$\max(X_j)$ 为 j 项指标最大值，$\min(X_j)$ 为 j 项指标最小值。

步骤三：计算第 i 年第 j 项指标所占比重 Y_{ij}，

$$Y_{ij}=\frac{X_{ij}}{\sum_{i=1}^{m}X_{ij}}(i=1,2\cdots,m;j=1,2\cdots,n) \tag{3}$$

其中，$\sum_{i=1}^{m}Y_{ij}=1$

步骤四：计算熵值 δ_j

$$\delta_j=-\frac{1}{\ln m}\sum_{i=1}^{m}Y_{ij}\ln Y_{ij},(i=1,2\cdots,m;j=1,2\cdots,n) \tag{4}$$

注意，$0\leqslant\delta_j\leqslant1$。

步骤五：计算差异系数

$$\gamma_j=1-\delta_j \tag{5}$$

步骤六：计算第 j 项指标权重

$$\omega_j=\frac{\gamma_j}{\sum_{j=1}^{n}\gamma_j},(j=1,2\cdots,n) \tag{6}$$

四、文化与旅游产业耦合协调度评估模型构建

本文在借鉴前人研究成果的基础上[7][10]，从初始物理学中容量耦合系统模型

进行推导。综合以往学者耦合度模型测度公式，主要有两种表达形式：

$$C_1(V_1,V_2,\cdots,V_n)=n\times\left[\frac{V_1V_2\cdots V_n}{(V_1+V_2+\cdots+V_n)^n}\right]^{\frac{1}{n}} \tag{7}$$

$$C_2(V_1,V_2,\cdots,V_n)=2\times\left[\frac{V_1V_2\cdots V_n}{\prod\limits_{i<j}(V_i+V_j)^{\frac{2}{(n-1)}}}\right]^{\frac{1}{n}} \tag{8}$$

其中，C_1、C_2 表示耦合度，$V_n\geqslant0$ 代表系统的评价值，$n\geqslant2$。注意，式中任何一个 V 系统为 0，耦合度就等于 0，如果所有系统的值都为 0 时，耦合度无意义。式(7)式(8)在数学计算逻辑中是完全统一的，但作为两种不同的耦合度的表现形式存在。本文在回顾关于文化与旅游产业耦合度的相关文献中发现大部分学者运用式(7)的表达形式，因此，本文就式(7)进行推导。

推导步骤：集合$\{V_1,V_2,\cdots,V_n\}$中任意两个系统的几何平均数为 $A(V_i,V_j)=\frac{V_i+V_j}{2}(i<j)$，那么，集合$\{V_1,V_2,\cdots,V_n\}$中所有系统值的算数平均数为任意两个系统的几何平均数之和除以几何平均数的个数，即：

$$\frac{\sum\limits_{i<j}\left(\frac{V_i+V_j}{2}\right)}{X_n}=\frac{\frac{(n-1)(V_1+V_2+\cdots+V_n)}{2}}{\frac{n(n-1)}{2}}=\frac{(V_1+V_2+\cdots+V_n)}{n} \tag{9}$$

其中，X_n 表示集合中关于 A 这样的算数平均数有$\frac{n(n-1)}{2}$个，最后，使用所有系统值的几何平均数除以式(3)，即可得到 C_1：

$$\frac{(V_1V_2\cdots V_n)^{\frac{1}{n}}}{\frac{(V_1+V_2+\cdots+V_n)}{n}}=n\times\left[\frac{V_1V_2\cdots V_n}{(V_1+V_2+\cdots+V_n)^n}\right]^{\frac{1}{n}}=C_1(V_1,V_2,\cdots,V_n) \tag{10}$$

结合容量耦合系数模型推导，本文应用数学模型中变异系数，从系统论的角度出发，把文化产业和旅游产业设定成两个相互作用的系统，将两个子系统带入其中，建立文化与旅游产业的耦合度模型及耦合协调度模型。

变异系数(CV)又称离散系数，是两组数据标准差 φ 与平均值$\bar{x}$的比值，可以衡量系统中不同数据的变异程度，但对两个不同系统数值比较时，变异系数只是一个数值，比较大小没有意义，因此此适用于不同单位的离散程度。文化与旅游产业属于两个完全不同系统，鉴于此，利用变异系数来构建文化与旅游产业耦合度模型，变异系数公式为：

$$CV=\frac{\varphi}{\bar{x}}=\frac{\sqrt{\frac{1}{n}\sum_{i=1}^{n}(X_i-\bar{x})^2}}{\bar{x}}=\sqrt{2\left[1-\frac{4XY}{(X+Y)^2}\right]^2} \tag{11}$$

其中，$\bar{x}=\frac{X+Y}{2}$，由离散系数性质可知，CV 的值越小，系统数据 X 与系统数据 Y 之间的离散程度就越低：反之，两个系统的离散程度越高。因此，为了保证两个系统数据之间的有序性，CV 必须取最小值，即$\frac{4XY}{(X+Y)^2}$取最大值。以此，根据前文中关于容量耦合模型推导和差异系数引用，并结合文化与旅游产业综合得分无量纲值的计算，将文化与旅游产业耦合度 C 定义为：

$$C=2\times\left[\frac{F(x)\times P(x)}{(F(x)+P(x))^2}\right]^{\frac{1}{2}} \tag{12}$$

式中，C 值介于 0—1 之间，C 值越大，说明文化与旅游产业之间的耦合程度越高，表示文化、旅游两个系统有一个较好的良性耦合状态，反之，两系统耦合程度就越低；当 C=1 时，表明两个系统已经达到完全耦合的状态；当 C 值为 0 时，说明系统之间不存在耦合现象，两系统之间没有互动关系，系统间朝着无序的方向发展，甚至发展停滞。

耦合度只能从数值上反映两个系统之间的耦合程度，不能比较清晰地考量出两个系统之间的协调度，例如在两个产业中综合发展水平值都较低，但产业协调度较好的情况也经常存在，因此，本文借鉴以往学者关于耦合协调度模型来进一步阐述文化产业、旅游产业之间耦合协调关系，公式为：

$$D=(C\cdot T)^{\theta}，其中，T=aF(x)+bP(x) \tag{13}$$

式中，D 表示文化与旅游产业的耦合协调度，T 为两大产业的调和指数；a，b 代表权重，$a+b=1$，表示两个产业的重要程度，一般都为 0.5；θ 为调节系数，一般取值 0.5。本文参考以往学者的耦合协调度等级划分标准[3]，如表 1 所示。

表 1　耦合协调等级表

序号	耦合协调度区间	协调等级	序号	耦合协调度区间	协调等级
1	0.000 0—0.100 0	极度失调	6	0.500 1—0.600 0	勉强协调
2	0.100 1—0.200 0	严重失调	7	0.600 1—0.700 0	初级协调
3	0.200 1—0.300 0	中级失调	8	0.700 1—0.800 0	中级协调
4	0.300 1—0.400 0	初级失调	9	0.800 1—0.900 0	良好协调
5	0.400 1—0.500 0	濒临失调	10	0.900 1—1.000 0	优质协调

五、文化与旅游产业耦合协调度实证分析:以湖南省为例

本文相关数据的来源主要是《中国旅游统计年鉴》及湖南省旅游统计公报。主要选取了《中国旅游统计年鉴(2010—2019)》《湖南统计年鉴(2010—2019)》和《湖南省国民经济和社会发展统计公报(2009—2018)》中的相关产业数据进行实证分析。

(一)湖南文化与旅游产业耦合协调度评价指标权重计算

本文利用2009—2018年湖南省文化与旅游产业数据计算出10年间湖南地区文化产业和旅游产业综合发展水平评价的权重值,如表2所示。

表2 湖南省文化与旅游产业综合发展水平评价的权重分配

产业类型	一级指标(权重)	二级指标	权重
旅游产业	规模运营(0.257 3)	旅行社数	0.051 1
		旅游景区数	0.103 4
		国内游客人数	0.062 9
		境外游客人数	0.039 9
	产业收入(0.340 1)	国内旅游总收入	0.086 1
		国际旅游创汇	0.060 6
		旅游业总收入	0.085 4
		旅行社营业收入	0.036 8
		景区营业收入	0.071 2
	产业就业(0.217 8)	旅行社从业人员	0.063 1
		星级饭店从业人员	0.033 4
		旅游景区从业人员	0.121 3
	经济贡献(0.181 7)	旅游总收入占GDP比重	0.106 3
		旅游总收入占第三产业增加值比重	0.075 4
文化产业	规模运营(0.451 6)	艺术表演团体数	0.082 5
		艺术表演场馆数	0.040 2
		文化部门教育机构数	0.091 6
		文物业机构数	0.041 2
		博物馆数	0.037 7
		群众文化事业机构数	0.032 5

（续表）

产业类型	一级指标（权重）	二级指标	权重
		文化市场经营机构数	0.038 4
		艺术表演团体演出观众人数	0.034 6
		公共图书馆流通人次	0.025 0
		博物馆参观人次	0.028 1
旅游产业	产业收入（0.241 8）	艺术表演团体演出收入	0.032 6
		文化和创意产业增加值	0.022 5
		文物业门票收入	0.031 9
		艺术表演场馆收入	0.055 1
		博物馆门票收入	0.048 3
		文化市场经营机构营业收入	0.051 5
	产业就业（0.175 8）	文物业从业人数	0.024 7
		文化部门教育机构就业人数	0.020 1
		博物馆从业人员	0.035 5
		艺术表演场馆就业人数	0.047 5
		群众文化事业机构从业人数	0.017 3
		文化市场经营机构从业人员	0.030 7
	经济贡献（0.153 9）	文化产业增加值占 GDP 比重	0.072 5
		文化产业增加值占第三产业增加值比重	0.081 4

（二）湖南文化与旅游产业综合发展水平测度

从表 2 可知湖南省文化产业与旅游产业指标的权重，接下来继续使用熵值法计算出湖南省 2009—2018 年的综合发展水平。假定旅游产业综合发展水平函数为 $F(x)$，文化产业综合发展水平函数为 $P(x)$，可得到文化与旅游产业综合发展水平测算的公式为：

$$F(x) = \sum_{i=1}^{m} \omega_j \cdot X_{ij}, (i = 1, 2\cdots, m; j = 1, 2\cdots, n) \tag{14}$$

$$P(x) = \sum_{i=1}^{m} \omega_j \cdot X_{ij}, (i = 1, 2\cdots, m; j = 1, 2\cdots, n) \tag{15}$$

依据公式(14)和公式(15)计算得出湖南省 2009—2018 年文化产业与旅游产业综合发展得分如表 3：

表 3　湖南省 2009—2018 年文化产业与旅游产业综合发展评价得分表

年份	2009	2010	2011	2012	2013
文化产业	0.351 7	0.355 7	0.289 5	0.233 4	0.235 7
旅游产业	0.040 7	0.104 5	0.187 6	0.242 5	0.252 3
年份	2014	2015	2016	2017	2018
文化产业	0.255 6	0.417 5	0.552 7	0.612 2	0.625 7
旅游产业	0.385 6	0.463 5	0.586 1	0.759 2	0.917 5

依据表 3 中湖南省 2009—2018 年文化产业与旅游产业综合发展得分值，获得湖南省文化产业和旅游产业综合发展水平情况如图 2：

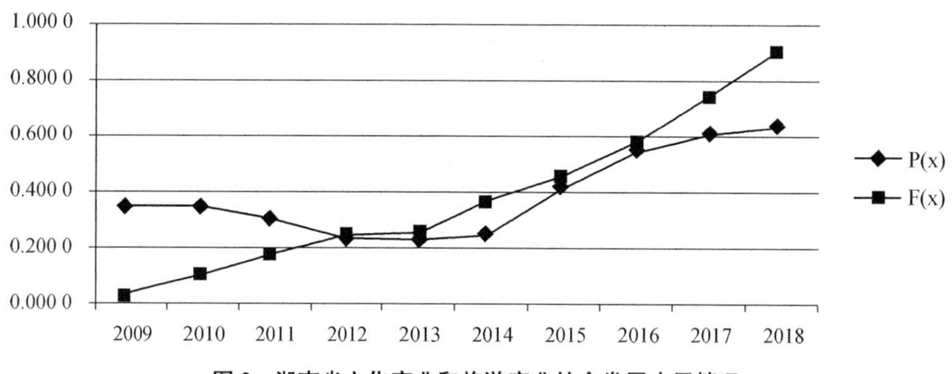

图 2　湖南省文化产业和旅游产业综合发展水平情况

由图 2 可得知，湖南省文化产业与旅游产业在近 10 年期间综合发展水平在整体上有所上升。就两大产业比较而言，湖南省文化产业的综合发展水平在 10 年前要远超旅游产业综合发展水平，在 2009 年时，文化产业已经达到 0.353 8，而旅游产业只有 0.041 7，在 2018 年，文化产业综合发展水平为 0.626 7，旅游产业为 0.907 4，这表明在近年来湖南省旅游产业的综合发展有着较为迅速的提升，文化产业的综合发展有所放缓。其中，文化产业总体的综合发展水平上升速度最快的为 2014—2016 年，两年的平均增长速率达到 48.34%，旅游产业综合发展水平上升速度最快的为 2016—2018 年，两年平均增长速率为 24.97%。

从单个产业来看，文化产业的综合发展分为两个阶段，第一个阶段是 2009—2013 年，综合发展水平不断下降，水平值由 0.351 7 降到 0.235 7。这一阶段中，文化产业整体发展还不能完全达到文化体制改革的全面要求，所以综合发展水平有所下降。第二阶段为 2014—2018 年。这一阶段中，文化与旅游产业的综合发展水平逐渐上升。在 2009—2014 年，旅游产业 $F(x)$ 值均低于 0.4，其发展速度在总体上也是比较缓慢，而在 2015—2018 年，湖南省旅游产业综合发展水平突破低发展水平阶段，逐年加快其发展速率。

(三) 湖南省文化与旅游产业耦合协调度测算

根据耦合模型，通过对湖南省 2009—2018 年文化产业与旅游产业耦合度及耦合协调度的计算，可得到各年份数据如表 4 所示。

表 4　湖南省文化与旅游产业耦合度及耦合协调等级

年份	2009	2010	2011	2012	2013
耦合度 C	0.641 2	0.827 1	0.956 9	0.923 9	0.934 5
耦合协调度 D	0.356 1	0.439 3	0.482 3	0.490 3	0.488 4
协调等级	初级失调	濒临失调	濒临失调	濒临失调	濒临失调
年份	2014	2015	2016	2017	2018
耦合度 C	0.978 1	0.983 6	0.989 7	0.994 3	0.985 2
耦合协调度 D	0.559 0	0.662 8	0.753 0	0.824 6	0.834 7
协调等级	勉强协调	初级协调	中级协调	良好协调	优质协调

根据表 4 可知，近 10 年来湖南省文化产业与旅游产业耦合度 C 值基本处于一个较高水平，其中 2009 年耦合度水平稍微偏低，处于中等耦合度水平，平均值为 0.94。这表明在近 10 年来，湖南省文化产业与旅游产业呈现出较好的耦合发展趋势。但耦合度也只能表明耦合趋势的好坏，并不能体现出耦合协调的现状，因此，根据表 4 中耦合协调度 D 可以知道，随着时间的变化，湖南省文化与旅游产业耦合协调度在不断上升，从 2009 年 D 值的 0.356 1 至 2018 年 0.834 7。从协调等级来看，两大产业在 2014 年从失调过渡到了勉强协调，并在 2018 年实现了优质协调的转变。

六、提升文化产业与旅游产业耦合协调度的策略

(一) 明确职责标准，实现职能融合

我国文化历史悠久，底蕴深厚，旅游产业已经成为第三产业中的支柱产业，但文化资源和旅游产业在融合的过程中出现了职责标准不明确的情况。原旅游管理部门和原文化管理部门都各有各的管理职能、各有各的下辖业务，现在除了西藏以外，各省(市、区)的文化和旅游管理机构都已经完全合并，人员整合只是开始，重头

戏还是职责融合到位。[4]为此，首先要加强顶层设计，明确方向目标。文化与旅游产业“十四五”规划已经开始编制，各地各级文化与旅游管理部门要以此为契机，提前准备、及早谋划，开展充分、深入的调查研究，总结已有经验，探索研究文化与旅游产业耦合协调发展的新思路、新方法，制定体现文化与旅游产业耦合协调发展的战略规划和有效政策。[5]其次要打破行业边界，设定职能岗位。文化与旅游产业融合，关键在打破文化和旅游行业边界，设计好内设部门职能，确保履职到位。最后要整合政策资源，明确职责标准。文化和旅游行政管理要加强已有的文化和旅游领域政策、法规、规划、标准的清理、对接、修订等工作，确保相互兼容、不留空白、不留死角。积极推进文化和旅游资源、平台、工程、项目、活动等全方位融合[6]；坚持从实际出发，文化与旅游管理部门职责该清理的清理、该合并的合并、该扩大的扩大，确保各项政策、制度发挥最佳效益，实现文化与旅游管理职责的真正融合。

（二）搞活文旅市场，推动市场融合

文化与旅游产业耦合协调发展必须充分发挥市场在资源配置中的决定性作用。习近平总书记指出：“使市场在资源配置中起决定性作用、更好发挥政府作用，既是一个重大理论命题，又是一个重大实践命题。”我国“市场主导型”发展对应于旅游产业发展的成熟阶段，主要强调通过建立完善的市场机制，市场主体在“以契约关系为基础的市场经济”中实现资源的最优化配置，主要依靠市场的价格、供求、竞争等调节机制，进一步推动文化与旅游产业内部的自行调节与自行均衡。[8]文旅市场一头连着游客的体验感，一头连着从业人员饭碗，一头连着地方经济可持续发展。好山好水还需匹配好的资源配置手段，得有长远的发展目标。

更好地发挥政府的规划引导作用。市场主导是政府主导的继承和完善而非否定，是在尊重企业市场主体的前提下，通过政府的产业发展规划、产业政策、财政资金分配及规范市场法律法规等众多手段，进一步丰富和提升文化与旅游产品的业态和品质。[9]改变文旅产品形态、提升文旅品质，需要整治旅游环境，需要综合服务发展提升，让旅游者流连忘返。[10]这不仅依赖于自然条件、硬件设施建设，更是仰仗于规范的行业秩序[11][12][13]，补足过往的“短板”，在满足消费升级需求的同时，既挣回“面子”，更涵养“里子”。[12]要想让文旅市场释放更大活力，一要多部门联合执法，明确职责权属，协调旅游、发改、工商、公安、交通、消防等单位联合行动；二要严格把关网络舆情，整治在线旅游市场虚假旅游信息，建立“黑名单”制度；三要正本清源，完善信息发布与咨询平台，利用微信等媒介开展宣传，发布旅游消费提示。[14][15][16][17]

（三）完善公共服务，推动服务融合

全面提高公共服务共建能力和共享水平，满足老百姓多样化的文化与旅游需求，是让改革发展成果更多、更公平地惠及旅游目的地广大人民群众，使人民群众在共建共享发展中有更多获得感的重要保障。文化资源与旅游产业的耦合协调发展就必须加强公共服务建设。

首先，要大力发展标准化服务。标准化服务是文化与旅游产业耦合协调发展的基础。文化与旅游产业的竞争归根结底是产品和品牌的竞争。在旅游产业的六大环节（行、食、住、游、娱、购）上，提高服务和产品质量，增强品牌竞争力，才是文化与旅游产业在残酷竞争中立于不败之地的法宝。[23][24][25]因此，旅游目的地政府及文旅行业主管部门应制定当地的优质服务标准，监督引导文化和旅游产业各链条严格执行这一标准。[24]文化与旅游企业要树立“优质服务”理念，自觉提升从业人员素质，提升专业技术水平，提供合标准甚至超标准服务，赢得良好口碑。

其次，要充分完善公益性服务。[17]公益性服务是文化与旅游产业耦合协调发展的目的。要探索建设并改造一批亟须完善的文化和旅游综合服务设施，加大统筹公共服务机构功能设置力度。在旅游公共服务设施的修建、改造中，需要增加文化内涵、彰显旅游目的地的地方特色。进一步利用公共文化机构平台，持续加强文明旅游的宣传力度，统筹各类公共服务资源配置。[18]不断推动文化与旅游公共服务进景区、进社区，构建主客共享的文化和旅游新空间，特别是在游客聚集区积极引入影院、剧场、书店等公共文化服务设施，推进公共文化服务和旅游公共服务协同发展。[19][20]

最后，要不断丰富差异化服务。差异化服务是文化与旅游产业耦合协调发展的命脉。除了建设可人人共享的基础公共服务设施外，针对特定群体制定定向服务。文化旅游产业具有多样性、复杂性、针对性和社会性的特点，需要政府、社会经济组织和企业的相互配合，共同促进文化旅游产业的发展。[21]例如，由于民族地区相对较低的经济水平，这些地区长期面临文化与旅游专业人才流失和缺乏后备人才的问题。当地政府和志愿组织应共同培养本地人才，促进两个产业的协调发展。政府还可以向文化创意旅游企业提供融资和税收方面的援助和优惠政策，鼓励文化创意旅游产品申请专利，制定相关法律法规，保护旅游企业和文化旅游企业的权益。[22]

（四）加强技术应用，技术推动融合

加强文旅产业融合中的信息化建设，需要做好三方面服务。[26][27][28]一是做好面向游客的服务，即需要通过信息化旅游建设，提升游客的文化旅游体验质量。加快文化与旅游综合查询服务系统、导游私人定制系统、自驾游系统、消费质量与投诉系统、分享互动系统等旅游消费服务系统建设，重点提升平台系统服务品质，为游客出行提供便利；[29]启动和完善旅游大数据平台建设标准，加快形成旅游大数据共享体系，为文化与旅游行业管理、产业监管、统计分析、应急指挥、信息查询、宣传营销等提供决策支持，保障游客权益。[26][30]二是做好面向产业的服务，利用信息化平台与技术应用，提高旅游目的地文化和旅游产业协调发展能力。文化旅游产业的整合应形成产业集聚的协调效应，并采用创新的观点促进文化旅游产业的产业链发展。[27]政府可以制订发展文化创意产业园区的计划，在工业园区和文化创意产业集群中发展高价值产业链，以开发创意文化旅游产品。[31]可以举办创意展览和节日，将文化融入旅游市场，并重塑少数民族的品牌形象。三是做好面向文化旅游企业的服务，通过充分利用大数据、人工智能等新技术，实现文化创意与旅游产业的融合。[33]对于文化与旅游企业来说，它们不应该仅仅依靠外部资源的获取，它们还应使用大数据和其他技术来充分了解旅游市场的需求，并最大限度地发挥自身的内部创新潜力，并重新创造新的文化和创意旅游产品。

参考文献

[1] 徐仁立.旅游产业与文化产业融合发展的思考[J].宏观经济管理，2012(1)：61—65.

[2] 冯子标.分工、比较优势与文化产业发展[M].北京：商务印书馆，2005.

[3] 刘奕，夏杰长，李垚.生产性服务业集聚与制造业升级[J].中国工业经济，2017(07)：24—42.

[4] 李晓超，余芳东，石婷，等.国外关于文化产业统计的界定[J].中国统计，2018(2)：32—36.

[5] 胡惠林.我国文化产业创新体系的若干问题[J].学术月刊，2001(11)：59—65.

[6] 邓安球.论文化产业概念与分类[J].湘潭大学学报：哲学社会科学版，2008，32(5)：144—147.

[7] 肖萍.文化与旅游产业的耦合与协同发展研究[D].南京：南京师范大学，2015.

[8] 张凌云.试论有关旅游产业在地区经济发展中地位和产业政策的几个问题[J].旅游学刊，2017(1)：10—14.

[9] 王缉慈.关于发展创新型产业集群的政策建议[J].经济地理，2004(04)：433—436.

[10] 李丽，徐佳.中国文旅产业融合发展水平测度及其驱动因素分析[J].统计与决策，

2020,36(20):49—52.

[11] Syrquin M., Chenery H.. Three Decades of Industrialization [J]. Wold Bank Economic Review, 1989, 3(2): 145 - 181.

[12] Heinz D. Kurz, Neri Salvadori. 'Classical' Roots of Input-Output Analysis: A Short Account of its Long Prehistory[J]. 2000, 12(2): 153 - 179.

[13] Tarnamura Chiharu. Structural Changes in International Industrial Linkages and Export Competitiveness in the Asia-Pacific Region[J]. Asian Economic Bulletin, 2002,(1): 52.

[14] Michael Peneder. Industrial structure and aggregate growth. Structural Change and Economic Dynamics[J]. Journal of Economic Studies, 2003,14: 427 - 448.

[15] Boschma, Iammarino. Related Variety, Trade Linkages, and Regional Growth in Italy [J]. Economic Geography, 2019, 85(3): 289 - 311.

[16] Enrico Marelli. Evoluntion of employment structures and regional specialization in the EU[J]. Economic systems, 2004, 28: 35 - 59.

[17] Paul Dewick, Ken Green, Toby Fleetwood, et al. Modelling creative destruction: Technological diffusion and industrial structure change to 2050[J]. Technological Forecasting and Social Change, 2016, 73(9): 1084 - 1106.

[18] Reiner Franke, Peter Kalmbach. Structural change in the manufacturing sector and its impact on business-related services: an input - output study for Germany[J]. Structural Change and Economic Dynamics, 2014, 16(4): 467 - 488.

[19] 李汝资,刘耀彬,谢德金.中国产业结构变迁中的经济效率演进及影响因素[J].地理学报,2017,72(12):2179—2198.

[20] Dong Hyun Lee, Ga Youn Hong, Sang-Gun Lee. The relationship among competitive advantage, catch-up, and linkage effects: a comparative study on ICT industry between South Korea and India[J]. Service Business, 2019, 13(3): 603 - 624.

[21] Ziyan Zheng, Fangdao Qiu, Xinlin Zhang. Heterogeneity of correlation between the locational condition and industrial transformation of regenerative resource-based cities in China [J]. Growth and Change, 2020(51): 771 - 791.

[22] 刘艳军,李诚固,董会和,等.东北地区产业结构演变的城市化响应:过程、机制与趋势[J].经济地理,2017,28(3):433—437.

[23] 吕月英.山西省产业结构演变规律研究[J].工业技术经济,2011(11):41—50.

[24] 王兆峰.基于产业集群的旅游产业结构升级优化的传导机制与途径研究[J].财经理论与实践,2018,32(01):105—109.

[25] 黄庆华,周志波,刘晗.长江经济带产业结构演变及政策取向[J].经济理论与经济管

理,2019(6):92—101.

[26] 钱宏胜,杜霞,梁亚红.河南省产业结构演变的城镇化响应研究[J].地域研究与开发,2019,36(1):23—28.

[27] 武义青,张晓宇.京津冀产业结构演变趋势与优化升级[J].河北师范大学学报,2017,40(3):5—11.

[28] 韩勇,李茂,赵勇.中国产业关联网络演变及其影响机制研究[J].南京社会科学,2017(06):38—45.

[29] 王成韦,赵炳新.金融集聚与城市格局时空演变研究——基于产业投入产出关联的视角[J].经济问题探索,2019(06):71—79.

[30] 温婷.生产性服务业集聚、空间溢出与产业结构升级——基于全国239个地级城市的实证检验[J].科技管理研究,2020,40(21):143—153.

[31] 杨军,李秋利.体育产业结构现状与波及效应研究——基于产业关联角度[J].广州体育学院学报,2020,40(06):20—23,101.

[32] 孙韩钧.我国产业结构高度的影响因素和变化探析[J].人口与经济,2012(3):39—44.

[33] 高远东,张卫国,阳琴.中国产业结构高级化的影响因素研究[J].经济地理,2015,35(6):96—108.

作者简介

陈艳,湖南省衡东县人,湖南商务职业技术学院副教授。研究方向为旅游市场管理。

贺小荣,湖南省衡南县人,湖南师范大学教授、湖南商务职业技术学院咨询专家。研究方向为旅游目的地管理。贺小荣为通讯作者。

Study on the Coupling Coordination between Culture and Tourism Industry: Model and Empirical Study

Chen Yan　He Xiaorong

Abstract: The integration and development of culture and tourism is the inherent requirement and inevitable result of cultural construction and tourism development, so the coordinated development principle of promoting tourism with culture and promoting culture with tourism must be followed. In this paper, the quantitative research method is adopted. Firstly, the evaluation index of coupling coordination between culture and tourism industry is set scientifically. Secondly, the evaluation model of coupling and coordination between culture and tourism industry is constructed. Taking Hunan culture and tourism industry as a case study, the coupling and coordination level of Hunan culture and tourism industry is comprehensively measured. Finally, the paper systematically puts forward strategies for promoting the integration of functions, markets, services and technologies to improve the coupling and coordination between culture and tourism industry.

Key Words: Culture industry　Tourism industry　Integration of culture and tourism industry　Coupling coordination

文旅融合背景下我国博物馆旅游创新发展策略研究

陆　嘉　何守慧

摘　要:博物馆是传播公共文化的有效途径,更是记载历史文化、传承优秀文化的重要载体,在文旅融合背景下,推动博物馆旅游创新发展,对于增强城市文化软实力、促进区域城市经济增长具有重要意义。当前,我国博物馆旅游在发展过程中已取得一定的成绩,但信息化服务水平低、文创产品单一、品牌效应不强等问题仍制约着我国博物馆旅游的进一步发展。对此,系统梳理文旅融合背景下我国博物馆旅游发展的时代机遇,并深入分析博物馆旅游发展的现实状况与面临的问题,进而针对性地提出活用数字技术、加强跨界融合、加大宣传推广、创新管理方式等策略建议。

关键词:文旅融合　博物馆旅游　创新发展

一、引　言

2021年文化和旅游部发布的《"十四五"文化和旅游发展规划》指出,要坚持以文塑旅、以旅彰文,推动文化和旅游深度融合、创新发展,不断巩固优势叠加、双生共赢的良好局面。文化与旅游从来都不是单独发展的个体,文化是旅游的灵魂,旅游是文化的载体,两者之间相互交融,对于推动社会文明进步和经济转型升级具有重要作用。随着人民群众的精神文化需求不断增长,其对旅游的认识不再停留在"看山看水看风景"的初级阶段,而是开始走向"体验文化、品味生活"的新阶段。而博物馆作为历史文化的集中展示载体,逐渐成为一个城市的文旅地标,成为游客走进当地历史、了解中华文化的重要渠道。因此,推动博物馆旅游创新发展,不仅能够促进优秀传统文化的传播与传承,还有利于提升地区文化软实力、推进区域经济高质量发展。然而,当前博物馆旅游仍存在群众覆盖面窄、旅游体验性差、科技水平低、经济效益弱等诸多问题,难以满足人民群众场景化、多元化、个性化的文旅消费需求。基于此,在文旅融合的背景下,探究如何更好地推动博物馆旅游创新发展,已成为刻不容缓的工作。

目前学界关于博物馆旅游方面的相关研究主要集中在以下方面:一是对当前博物馆旅游发展状况进行分析。章尚正等(2010)提出,我国博物馆旅游受特色不够突出、管理水平不高、科技水平不高、资金和人才短缺等因素影响,规模与效益都不理想。① 苗宾(2020)指出博物馆发展仍存在基础理论研究发展慢、现代化程度不够高、资源梳理和利用效率整体不高等问题。② 赵迎芳(2021)提出目前我国博物馆旅游出现产品缺乏创新、基础设施和服务能力不尽完善、营销手段落后等瓶颈。③ 二是对博物馆旅游的满意度、体验度等方面进行分析。冯英杰等(2018)运用 Tobit 受限因变量模型探讨博物馆游客满意度影响因子,认为基础设施条件、配套服务设施和宣传推广是影响博物馆实际供给效果的关键性因素。④ 张春香(2018)利用因子分析法总结出文化性、有形性、交流性、便利性 4 个博物馆游客感知评价因子。⑤ 完颜邓邓等(2021)从"游客分享游记数量占平台同时期游记总量的比例""游记中高频出现的词汇""游记文本表述的情感倾向""游客在游览过程中拍照留念的意愿"4 个维度总结游客在博物馆的旅游体验度。⑥ 三是对博物馆旅游发展策略的探讨。何东蕾(2019)认为我国博物馆从业人员需要从意识、理论、实践三方面探索文旅融合背景下中国博物馆未来发展的方向和策略。⑦ 张晓云(2021)指出,要通过转变观念、完善政策、挖掘潜力、突出特色去推动博物馆旅游高质量发展。⑧

综上可见,学者们基于多元视角,对博物馆创新发展已进行了较为深入的研究,但总体来看,从文旅融合的视角探究博物馆旅游创新策略的相关研究仍然较

---

① 章尚正,刘晓娟.我国博物馆旅游的制约因素与突破思路[J].安徽大学学报:哲学社会科学版,2010,34(06):131—137.

② 苗宾.文旅融合背景下的博物馆旅游发展思考[J].中国博物馆,2020(02):115—120.

③ 赵迎芳.论文旅融合背景下的博物馆旅游创新发展[J].东岳论丛,2021,42(05):14—22.

④ 冯英杰,钟水映.全域旅游视角下的博物馆文化旅游发展研究——基于游客满意度的调查[J].西北民族大学学报:哲学社会科学版,2018(03):66—75.

⑤ 张春香.基于因子分析的屯垦博物馆游客感知评价体系研究——以新疆兵团军垦博物馆为例[J].资源开发与市场,2018,34(03):433—438.

⑥ 完颜邓邓,王子健,陈晓婷.公共文化场馆旅游吸引力评价及旅游功能开发策略[J].图书馆建设,2021(03):133—142.

⑦ 何东蕾.文旅融合背景下对中国博物馆发展的思考[J].中国博物馆,2019(04):112—117.

⑧ 张晓云.文旅融合语境下的博物馆旅游探析[N].中国文物报,2021-03-16(006).

少。因此，本文在前人研究的基础上，梳理文旅融合背景下博物馆旅游发展的时代机遇，分析博物馆旅游现状与问题，进而提出推动博物馆旅游创新发展的策略建议。

二、文旅融合背景下博物馆旅游发展的时代机遇

博物馆的出现是人类社会发展至一定阶段的必然现象。作为一种文化载体，博物馆记录的文化时间跨度长达数千年，涵盖了从人类原始形态到传统农耕文明再到现代工业文明各个历史阶段的文化。通过博物馆，人们可以释读华夏大地上绵亘不绝的人类历程与文化脉络，探寻中国在历史洪流中的深刻变化。当前，博物馆的形态、功能、结构已经发生了十分巨大的改变，规模不断扩展，内容资源日渐丰富，特色愈加凸显，对旅游行业带来了十分深远的影响。而随着文旅融合程度不断深化，博物馆旅游迎来了发展契机。

（一）文博旅游需求逐步扩大

随着社会经济的持续发展和综合国力的不断增强，人们的生活水平日益提升，需求不再局限于物质方面，而更多聚焦于追求美好生活、身心健康的精神文化层面。在种种精神文明需求的不断酝酿中，旅游产业、健康产业、养老产业等“幸福”产业迅速崛起并蓬勃发展，成为提高人民生活满意度、推动国民经济发展的新动能。而作为历史文物最主要的集中展示空间，博物馆既有形于创意的整体建筑、文物收藏，又无形于所传播的文化和这种文化对公众的影响力①，在为人们提供适合参观、休闲、娱乐旅游场所的同时，极大地满足了人们对文化教育的渴求，帮助人们在欣赏文物的过程中进一步了解当地历史文化、丰富自身文化体验、提高个人文化素质。如今，在体验经济浪潮的推动下，以博物馆为主要旅游目的地的文博旅游逐渐成为深受大众追捧的文旅形式之一。需求催生市场，文博旅游的旺盛需求驱动博物馆行业不断发展，2015—2019 年全国登记备案的博物馆数量从 3 852 个增加至5 132个，博物馆接待人次从 7.81 亿增长至 11.22 亿②，博物馆数量和类型日渐提升，参观人次规模持续扩大，博物馆旅游进入全新发展时期。

（二）政策红利营造良好环境

自 2018 年 3 月文化和旅游部组建以来，我国文旅融合发展趋势进一步加强，

---

① 何东蕾. 文旅融合背景下对中国博物馆发展的思考[J]. 中国博物馆，2019(04)：112—117.

② 中华人民共和国文化和旅游部. 中国文化文物和旅游统计年鉴[J]. 国家图书馆出版社，2016—2020.

文化旅游产业发展迎来重大机遇。在此背景下,推动文化与旅游深度融合成为新的时代要求。当前,随着文化日益多元化、知识经济不断发展、信息科技快速成长,博物馆逐渐成为推动文化旅游业发展的前沿阵地,促进经济增长的重要力量。① 2020年全国博物馆举办2.9万多个展览,策划22.5万余场教育活动,接待游客5.4亿人次②,博物馆日益成为文旅融合发展的重要载体。近年来,我国在文化事业建设的过程中,高度重视文化和旅游融合发展,颁布系列政策法规、战略,为博物馆旅游创新发展提供了重要支持。其中,中国旅游"515战略"提出要以"特色化、品牌化、国际化、系列化"为目标,创新产业促进机制、大力开发新产品新业态;《关于全国博物馆、纪念馆免费开放的通知》则明确了博物馆在展示、宣传优秀文化方面的重要作用,提出免费开放博物馆既有利于开发其社会价值,也有利于加强对中华民族优秀文化的宣传推广;《关于推动文化文物单位文化创意产品开发的若干意见》指出,要充分调动博物馆等文化文物单位的积极性,提升文创产品开发水平,完善营销体系,加强品牌建设和保护,推动跨界融合。此外,《国家文物事业发展"十三五"规划》《关于进一步激发文化和旅游消费潜力的意见》《关于实施旅游服务质量提升计划的指导意见》等政策意见的陆续发布,进一步明确了塑造特色品牌形象、提升服务水平、加快文创产品开发设计、增强品牌影响力等博物馆旅游创新发展的重点任务,也为有效推动博物馆旅游实现供给品质化、治理规范化、效益最大化营造了良好的政策环境。

(三)新兴科技深化用户体验

随着现代化技术的进步,科技与旅游之间的融合趋势愈加明显,推动科技与旅游的融合,构建文旅新场景成为旅游产业发展的新引擎。近年来,"互联网+"的价值在博物馆旅游场景建设中不断彰显,5G技术可为游客自主支付文创产品提供优异的消费体验,从而推动便捷性旅游消费场景构建;自动讲解、应用红外自动感应讲解、方位辨识等高新技术提升了游客的观展体验,从而促进智能化旅游服务场景搭建;全息投影、VR、AR等技术的应用使游客通过第一视角感知古代人民的真实生活,不仅提升了文物活化程度,而且给游客留下了鲜明的印象,从而促进立体化旅游展览场景构建。如故宫博物院创新推出《韩熙载夜宴图》App,利用超高清扫描技术,将文物影像导入软件,通过40倍图像放大模式向观众全方位展示画作中

① 赵迎芳.论文旅融合背景下的博物馆旅游创新发展[J].东岳论丛,2021,42(05):14—22.

② 陈海峰.中国官方:"到博物馆去"成为社会新风尚[N].中国新闻网,2021-05-25.

的每个细节;杭州博物馆利用3D扫描技术,对馆藏文物进行数字化采集,不仅可以清晰展示文物各个细节,还能实现三维立体打印,方便游客多渠道了解文物信息;湖南博物馆应用AHP法构建评价指标体系,并在大数据分析中计算出其中的旅游科技应用指数,并借助IPA模型评估游客在博物馆中的实际旅游体验,进而针对性实施展陈方案、活动方案,以期为游客们提供高质量的旅游体验。可以看出,新兴科技的不断应用,开拓了博物馆的文化体验空间,拓展了文旅消费的新平台,创建了文化传播的新载体,为博物馆发挥文化旅游价值提供了重要的发展契机。

三、博物馆旅游发展的现状与问题

博物馆在文化展示、旅游消费中始终发挥着十分重要的作用。从展示方式上看,科技博物馆、生态博物馆等新型博物馆的出现改变了传统展览方式,封闭性博物馆开始转变为开放性博物馆;从数量上来看,从20世纪80年代开始,我国博物馆数量不断增长,博物馆体系逐步形成,特别是在改革开放初期,我国博物馆旅游资源的市场规模不断扩大,吸引了大量的外来游客与专业研究人员,全国博物馆的整体接待量几乎直逼顶峰,博物馆旅游的社会影响力也不断提高。① 然而随着现代社会高度信息化、技术化、市场化发展,我国博物馆旅游仍存在如下问题。

(一)信息化服务水平有待提升

当前,我国博物馆信息化水平整体较低,智慧博物馆建设仍处于探索阶段,高新技术仍难以被运用于博物馆的展陈设计、运营管理中。究其原因,一是信息化顶层设计不足。目前关于博物馆信息技术标准规范、数据资源管理等方面的政策法规仍然不够完善,难以为博物馆的智慧化发展提供规范引导。二是博物馆信息化管理程度低。部分博物馆在保存文物时往往忽视其极高的历史研究价值,将文物长期尘封于库房,而游客因此也难以真正欣赏到这些文物。三是资金支持力度不够。2019年我国博物馆财政资金补助达276.6亿元,但全国博物馆财政补助实际高于平均值(8.9亿元)的仅有11个省域,占比仅为35%左右②,博物馆财政补助资金主要集中于东部发达地区,而大部分省域由于缺乏足够的资金支持,未能及

① 苗宾.文旅融合背景下的博物馆旅游发展思考[J].中国博物馆,2020,141(02):117—122.

② 中华人民共和国文化和旅游部.中国文化文物和旅游统计年鉴[J].北京:国家图书馆出版社,2020,304—313.

时、高效引进高新技术，导致博物馆的整体展陈水平较低、信息化服务水平难以提升。四是缺乏信息化专业技术人员。我国博物馆从业人员的专业背景主要为历史、考古等领域，而建设智慧博物馆需要更多领域的专业人才与团队，2019 年全国博物馆专业技术人才有 39 312 人，但有近 20 个省域低于全国平均水平（1 268 人），所占比重高达 65%①，可见提升博物馆信息化水平缺乏必要的智力支撑。

（二）产品开发较为单一

多数博物馆所在区域的文博业、旅游业之间普遍缺乏商业合作，对于发展博物馆旅游经济的态度消极且被动，并未充分挖掘游客文旅需求，从而无法对博物馆旅游资源进行创造性转化和创新性发展。究其原因，从运营观念上来看，我国多数博物馆普遍对“非盈利”“非营利”的认知存在偏差，对具有公益性的公共文化服务机构开展商业经营活动存在疑虑，因此难以充分利用博物馆资源进行创意产品开发。从学术角度上来看，博物馆呈现出来的世界并非普通大众们所认识、熟悉的世界，而是一种在极具历史观、时代观的状态中所构建起来的特殊世界。因此对于非专业人士而言，博物馆所呈现的展品并无特殊之处，展陈方式模式化。如革命文化、红色文化主题博物馆多以图文展板、实景还原、人物雕塑、沙盘展示等展陈方式，展陈内容固定化且缺乏新意，展览活动也主要采取静态陈列方式，缺乏体验感和互动感。从创意角度来看，大多博物馆在文创产品研发中并未充分考虑到创意、旅游、美学等因素，导致其产品开发极具单一化，产品同质化现象十分严重。以南京市博物总馆为例，2016—2018 总馆文化创意产品开发种类虽分别多达 300 种、357 种和 256 种，实质上仍主要集中于书签、明信片、手账、徽章、挂坠等类型，缺乏创意、美感和地区特色，难以激发游客的消费欲望，营业利润从 2016 年的 83.4 万元骤降至 2018 年的 32.71 万元。② 从发展资金来看，政府财政拨款和项目补贴仍是众多博物馆的主要资金来源，有限的经费阻碍了博物馆衍生业务的发展，文创产品店、咖啡吧、茶餐厅等文旅配套服务设施少且服务质量较差，无法充分发挥博物馆的旅游休闲功能。

（三）品牌效应不强

博物馆是一个地区优秀文化的重要载体，是集中展示区域历史文化、民俗风

---

① 中华人民共和国文化和旅游部. 中国文化文物和旅游统计年鉴[J]. 北京：国家图书馆出版社，2020，304—313.

② 南京市文化和旅游局. 南京市博物馆文创产业发展[EB/OL]. http://wlj.nanjing.gov.cn/，2021-06-11.

情、地方特色的主要窗口。然而除了故宫博物院、南京博物院、苏州博物馆等少数博物馆具有较高知名度,国内多数博物馆并未形成具有地区知名度和广泛影响力的文化 IP,难以发挥强有力的品牌效应。

一是品牌形象缺乏特色。国内大部分博物馆没有深入挖掘区域文化内涵,仅仅发挥简单的文物展示作用,且展示的藏品与其他博物馆大同小异,博物馆周边产品同质化程度高,并未开辟有特色、有创意、有亮点的文化产品与服务,无法树立具有地区人文特色的品牌形象,品牌核心竞争力难以形成。

二是品牌宣传力度有待加强。大部分博物馆以举办线下主题展览、发布海报等传统宣传方式为主,未能有效依托互联网技术创新博物馆文化表达方式。截至 2019 年,全国共有博物馆 5 132 个,而博物馆网站数量只有 1 316 个,建立官网的博物馆数量占比仅 25.64%,全省博物馆官网数量低于 20 的省域多达 9 个,占比超四分之一①,文物“曝光率”低。而随着微博、微信、抖音等新媒体的快速发展,部分博物馆开始利用“两微一抖”宣传品牌形象,然而截至 2019 年,各省博物馆共建立微信公众号、微博(两微)8 474 个,其中博物馆“两微”数量远低于全国平均值(273 个)的省份多达 23 个,占比高达 74.19%②,宣传方式仍较为单一,受众面较为狭窄。此外,大多数博物馆仅仅通过“两微”进行信息发布,并未充分开发新媒体多元功能,且信息推送内容乏味、频率不固定,难以引起广大受众群体的兴趣。多数省份博物馆“两微”总计关注人数不到 10 万,无法真正触达受众群体。

三是博物馆业务人员专业素养普遍较低。相关从业人员科研水平不足,这导致了博物馆整体专业质量不高,文物保护、展陈设计、创意研发、营销推广等工作难以有效开展。

四、文旅融合视角下博物馆旅游创新发展的策略

现阶段文旅融合已经逐渐发展成熟,为博物馆旅游经济的发展奠定了厚实的基础。因此,博物馆应当紧跟文旅融合发展趋势,在“大旅游”格局中,立足自身的具体情况,既要坚持以人为本原则,在谋求文化发展中服务更多群众,更要充分挖掘自身文旅资源,大力发展旅游经济。

---

① 中华人民共和国文化和旅游部. 中国文化文物和旅游统计年鉴[J]. 北京:国家图书馆出版社,2020,304—313.

② 中华人民共和国文化和旅游部. 中国文化文物和旅游统计年鉴[J]. 北京:国家图书馆出版社,2020,304—313.

(一) 活用数字技术,提升博物馆展陈水平

第一,充分利用高新技术提高博物馆旅游产品质量,如借助大数据技术进一步获悉游客消费需求,并以此为导向创新开发研学旅游、房车自驾旅游、城市购物旅游等产品与服务,充分满足不同人群对博物馆旅游的多样性、差异化需求。

第二,借助新型科技手段提升游客的体验度与参与感,利用高新技术开发一批互动体验性强的新型智慧旅游项目,如借助 5G、AI、传感器及全息投影等技术,为博物馆展品提供更为丰富、新颖的展示效果;大力发展文化旅游演艺,积极发展全息夜游、AR/VR/MR 沉浸式体验等项目,使博物馆存量资源在新型科技手段应用中不断迸发新活力。

第三,提升博物馆的智慧服务水平,开发以游客为中心的博物馆导览系统,利用语音识别、交互技术等手段为游客提供藏品检索、问题查询、路线导览、AR 互动等服务;以手机等移动互联网终端为载体,研发官方 App,推出如线上观展、预约购票、游客数量查询、活动预告等多种服务栏目;打造藏品智慧管理平台,集采集、分析、储存、监控等功能为一体,实现博物馆藏品的综合性管理。

(二) 强化融合理念,推动博物馆与其他行业的跨界合作

首先,推动博物馆与旅游业深度融合。与旅行社深度合作,串联博物馆与其他著名景点,设计博物馆主题游线路,实现博物馆及其文创产品与广大游客有效对接,从而不断提升博物馆的知名度;与旅游住宿、餐饮企业合作,进行博物馆 IP 授权,鼓励餐饮食宿企业进行博物馆 IP、文物 IP 产品开发,改变以往博物馆给游客们所呈现出来的单一化旅游服务模式。

其次,强化博物馆与创意设计业的融合发展。加强对博物馆文物资源的创意开发,设计生产文化创意产品,策划系列趣味性、互动性强的文化体验活动,打造生动、立体的知名博物馆 IP,提供多元化多层次的创意文化产品和服务,盘活传统文化活力,推动文物中蕴含的优秀传统文化创新传承和传播。然后,推动博物馆与影视业的跨界合作。以博物馆及其文物资源为主题打造有情感、有温度、有灵魂的影视剧、动漫、纪录片、综艺节目等影视产品,跨越时空等条件限制,以更加活泼有趣、立体形象的影视化演绎方式提升展现中华优秀文化的魅力,提升观众的参观兴趣。

最后,推动博物馆与金融业跨界融合。借鉴建筑 PPP 模式,推动政府与社会资本的共同参与、合作,有效拓宽社会资金流入渠道,全面构建博物馆经济产业链,

在秉承博物馆公益性发展原则中，谋求更为长远的可持续发展道路。①

(三) 加强宣传推广，塑造博物馆文旅品牌

第一，明确博物馆的品牌定位。通过市场调研明晰游客需求，立足区域特色文化，客观评估自身的优劣势，从藏品展示、文创产品、公共服务等方面实现差异化经营，明确发展定位，树立独具特色的品牌形象。

第二，依托系列特色主题活动打响博物馆品牌。开创文化旅游节、博物馆狂欢节、文博嘉年华等主题品牌节庆活动，提高博物馆旅游的趣味性、互动性和体验性；鼓励博物馆工作人员积极参与国内外主题展会，向外推介文化品牌，提升博物馆文旅品牌的国际影响力。

第三，充分利用各大媒体平台，全方位加强对博物馆文旅品牌的宣传推广。鼓励地方专业纸媒、网媒进行报道宣传，创新建立微博、微信公众号、抖音短视频等官方自媒体账号，定期推送博物馆相关信息，积极开展内容丰富、形式多样的线上活动，构建全方位网络传播矩阵。

最后，联动协作提高品牌影响力。加强各地博物馆之间、博物馆与其他展馆之间的联合宣传，与当地高校、文化展馆开展文旅项目合作，与国际知名博物馆、展览馆联合举办主题展览、共同开发文创 IP 联名产品，多渠道、多方位地推广品牌形象。

(四) 创新管理方式，完善博物馆运营机制

第一，因人制宜设计针对性服务方案。由于博物馆的受众群体在年龄、性别、知识结构等方面均存在较大差异，因此博物馆需要根据不同的人群提供相应的服务②，通过市场调查、大数据分析等方式，了解受众群体的基本需求，进而设计更具个性化的服务措施。

第二，因地制宜采用差异化、特色化的博物馆管理机制。各地博物馆需确切了解自身特点，同时联系国家出台的相关管理办法，根据自身实际情况制定完善运营管理机制；分类推进博物馆理事会制度建设，不断完善权责对等、运转协调、有效制衡的决策执行监督机制。

第三，充分借助计算机技术进行信息化管理。招引一批专业化技术人员，开发

---

① 张媛媛，刘姝. 文旅融合视域下博物馆旅游发展研究[C]//中国博物馆协会博物馆学专业委员会 2019 年"新时代博物馆专业能力建设"学术研讨会，2019.

② 徐菠. 文旅融合下发展博物馆旅游经济的思考[J]. 艺术品鉴，2020(24)：124—125.

一套完整的博物馆信息管理系统，并对系统应用进行常态化维护与更新，确保系统能够长期服务于博物馆运营管理之中，从而有效提高博物馆管理工作质量与效率。

第四，提升博物馆管理人员素质。加强对馆内工作人员的专业培训，根据不同岗位要求开展分级分类培训，引导其不断汲取新知识、学习新理念、开发新思路，提高博物馆行业管理队伍的专业能力和素质。

五、结　语

在文旅融合背景下，博物馆旅游具有较良好的发展前景，充分发挥博物馆的文化和旅游功能，不仅是振兴博物馆文化、彰显城市特色魅力的现实需要，更是推动产业提质升级、促进城市经济高质量发展的必然选择。基于此，博物馆相关工作人员也应该清晰地认识到发展旅游经济的必然性，推动博物馆与旅游跨界融合，深入挖掘并活化利用博物馆文旅资源，创新博物馆文化传播理念和传播方式，在有效发挥博物馆人文教育功能、传承优秀文化的同时，充分满足大众群体对文化旅游的消费需求，开创文化旅游的新局面。

作者简介

陆嘉，江苏南京人，南京市博物总馆太平天国历史博物馆馆员。研究方向为博物馆经济学。

何守慧，福建泉州人，南京师范大学新闻与传播学院硕士研究生。研究方向为文化遗产创意传播。

Research on Innovative Development Strategy of Museum Tourism in China Under the Background of Cultural Tourism Integration

Lu Jia He Shouhui

Abstract: Museum is an effective way to spread public culture, and also an important carrier for recording historical culture and inheriting excellent culture. In the context of cultural tourism integration, it is of great significance to promote the innovation and development of museum tourism, which is of great significance to strengthen the soft power of urban culture and promote the economic growth of regional cities. At present, museum tourism in China has made some achievements in the development process, but the problems such as low information service level, single cultural and creative products, and weak brand effect still restrict the further development of museum tourism in China. In this regard, the paper systematically combs the times opportunities of museum tourism development in China under the background of cultural tourism integration, and analyzes the current situation and problems of museum tourism development, and then puts forward some strategic suggestions, such as using digital technology, strengthening cross-border integration, increasing publicity and promotion, and innovating management methods.

Key Words: Integration of culture and tourism Museum tourism Innovation-driven development